에듀윌과 함께 시작하면,
당신도 합격할 수 있습니다!

오랜 직장 생활을 마감하며 찾아온 앞날에 대한 막연한 두려움
에듀윌만 믿고 공부해 합격의 길에 올라선 50대 은퇴자

출산한지 얼마 안돼 독박 육아를 하며 시작한 도전!
새벽 2~3시까지 공부해 8개월 만에 동차 합격

만년 가구기사 보조로 5년 넘게 일하다, 달리는 차
포기하지 않고 공부해 이제는 새로운 일을 찾게 된

누구나 합격할 수 있습니다.
시작하겠다는 '다짐' 하나면 충분합니다.

마지막 페이지를 덮으면,

에듀윌과 함께
공인중개사 합격이 시작됩니다.

13년간 베스트셀러 1위
에듀윌 공인중개사 교재

기초부터 확실하게 기초/기본 이론

기초입문서(2종)

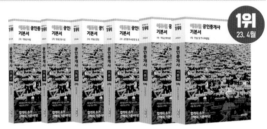

기본서(6종)

출제경향 파악 기출문제집

단원별 기출문제집(3종)

다양한 출제 유형 대비 문제집

기출응용 예상문제집(6종)

<이론/기출문제>를 단기에 단권으로 단단

단단(6종)

부족한 부분을 빠르게 보강하는 요약서/실전대비 교재

1차 핵심요약집+기출팩
(1종)

임선정 그림 암기법
(공인중개사법령 및 중개실무)(1종)

오시훈 키워드 암기장
(부동산공법)(1종)

심정욱 합격패스 암기노트
(민법 및 민사특별법)(1종)

7일끝장 회차별 기출문제집
(2종)

실전모의고사 완성판
(2종)

합격을 위한 비법 대공개 합격서

이영방 합격서
부동산학개론

심정욱 합격서
민법 및 민사특별법

임선정 합격서
공인중개사법령 및 중개실무

김민석 합격서
부동산공시법

한영규 합격서
부동산세법
*개정판 출시 예정

오시훈 합격서
부동산공법

신대운 합격서
쉬운 민법체계도

합격을 결정하는 파이널 교재

이영방 필살키

심정욱 필살키

임선정 필살키

오시훈 필살키

김민석 필살키

한영규 필살키

더 많은
공인중개사 교재

공인중개사, 에듀윌을 선택해야 하는 이유

8년간 아무도 깨지 못한 기록
합격자 수 1위

합격을 위한 최강 라인업
1타 교수진

공인중개사

합격만 해도 연 최대 300만원 지급
에듀윌 앰배서더

업계 최대 규모의 전국구 네트워크
동문회

1위 에듀윌만의
체계적인 합격 커리큘럼

합격자 수가 선택의 기준, 완벽한 합격 노하우

온라인 강의

① 전 과목 최신 교재 제공
② 업계 최강 교수진의 전 강의 수강 가능
③ 합격에 최적화 된 1:1 맞춤 학습 서비스

쉽고 빠른 합격의 첫걸음 기초용어집 무료 신청

최고의 학습 환경과 빈틈 없는 학습 관리

직영학원

① 현장 강의와 온라인 강의를 한번에
② 합격할 때까지 온라인 강의 평생 무제한 수강
③ 강의실, 자습실 등 프리미엄 호텔급 학원 시설

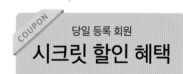

COUPON 당일 등록 회원
시크릿 할인 혜택

설명회 참석 당일 등록 시 특별 수강 할인권 제공

친구 추천 이벤트

" **친구 추천**하고 한 달 만에
920만원 받았어요 "

친구 1명 추천할 때마다 현금 10만원 제공
추천 참여 횟수 무제한 반복 가능

※ *a*o*h**** 회원의 2021년 2월 실제 리워드 금액 기준
※ 해당 이벤트는 예고 없이 변경되거나 종료될 수 있습니다.

친구 추천 이벤트
바로가기

자세한 내용이 궁금하다면 1600-6700

* 2023 대한민국 브랜드만족도 공인중개사 교육 1위 (한경비즈니스)

합격자 수 1위 에듀윌
6만 건이 넘는 후기

고○희 합격생

부알못, 육아맘도 딱 1년 만에 합격했어요.

저는 부동산에 관심이 전혀 없는 '부알못'이었는데, 부동산에 관심이 많은 남편의 권유로 공부를 시작했습니다. 남편 지인들이 에듀윌을 통해 많이 합격했고, '합격자 수 1위'라는 광고가 좋아 에듀윌을 선택하게 되었습니다. 교수님들이 커리큘럼대로만 하면 된다고 해서 믿고 따라갔는데 정말 반복 학습이 되더라고요. 아이 둘을 키우다 보니 낮에는 시간을 낼 수 없어서 밤에만 공부하는 게 쉽지 않아 포기하고 싶을 때도 있었지만 '에듀윌 지식인'을 통해 합격하신 선배님들과 함께 공부하는 동기들의 위로가 큰 힘이 되었습니다.

이○용 합격생

군복무 중에 에듀윌 커리큘럼만 믿고 공부해 합격

에듀윌이 합격자가 많기도 하고, 교수님이 많아 제가 원하는 강의를 고를 수 있는 점이 좋았습니다. 또, 커리큘럼이 잘 짜여 있어서 잘 따라만 가면 공부를 잘 할 수 있을 것 같아 에듀윌을 선택했습니다. 에듀윌의 커리큘럼대로 꾸준히 따라갔던 게 저만의 합격 비결인 것 같습니다.

안○원 합격생

5개월 만에 동차 합격, 낸 돈 그대로 돌려받았죠!

저는 야쿠르트 프레시매니저를 하다 60세에 도전하여 합격했습니다. 심화 과정부터 시작하다 보니 기본이 부족했는데, 교수님들이 하라는 대로 기본 과정과 책을 더 보면서 정리하며 따라갔던 게 주효했던 것 같습니다. 합격 후 100만 원 가까이 되는 큰 돈을 환급받아 남편이 주택관리사 공부를 한다고 해서 뒷받침해 줄 생각입니다. 저는 소공(소속 공인중개사)으로 활동을 하고 싶은 포부가 있어 최대 규모의 에듀윌 동문회 활동도 기대가 됩니다.

다음 합격의 주인공은 당신입니다!

더 많은
합격 비법

부동산공시법 3회독 플래너 📅

합격을 위한 나의 목표!

※ 1회독 완료: _____ 월 _____ 일까지　　　　2회독 완료: _____ 월 _____ 일까지　　　　3회독 완료: _____ 월 _____ 일까지

단 원			1회독	2회독	3회독
PART 1 **공간정보의** **구축 및 관리** **등에 관한 법률**	CHAPTER 01 토지의 등록	1절 지적제도 개관	☑	☐	☐
		2절 공간정보의 구축 및 관리 등에 관한 법률 총칙	☐	☐	☐
		3절 토지(필지)	☐	☐	☐
		4절 등록의 기본원칙 및 등록사항	☐	☐	☐
	CHAPTER 02 지적공부 및 부동산종합공부	1절 지적공부의 의의	☐	☐	☐
		2절 지적공부의 종류	☐	☐	☐
		3절 지적공부의 보존·공개·이용 및 복구	☐	☐	☐
		4절 부동산종합공부	☐	☐	☐
	CHAPTER 03 토지의 이동 및 지적정리	1절 토지의 이동(異動)	☐	☐	☐
		2절 지적정리의 개시 유형	☐	☐	☐
		3절 지적정리	☐	☐	☐
		4절 등기촉탁 및 지적정리 등의 통지	☐	☐	☐
	CHAPTER 04 지적측량	1절 지적측량의 개요	☐	☐	☐
		2절 지적측량의 절차	☐	☐	☐
		3절 지적위원회 및 지적측량성과 적부심사	☐	☐	☐

1회독
완성!

2회독
완성!

3회독
완성!

ENERGY

세상을 움직이려면
먼저 나 자신을 움직여야 한다.

− 소크라테스(Socrates)

➕ 합격할 때까지 책임지는 개정법령 원스톱 서비스!

법령 개정이 잦은 공인중개사 시험. 일일이 찾아보지 마세요!
에듀윌에서는 필요한 개정법령만을 빠르게! 한번에! 제공해 드립니다.

에듀윌 도서몰 접속 (book.eduwill.net)	▶	우측 정오표 아이콘 클릭	▶	카테고리 공인중개사 설정 후 교재 검색

개정법령
확인하기

2024

에듀윌 공인중개사

기본서 2차

부동산공시법

정년이 없어요

평생 일할 수 있어요!
갱신이 없는 자격증이거든요.

전망이 좋아요

국가전문자격시험 중 접수인원 무려 1위!*
일자리전망, 발전가능성, 고용평등성 높은 직업!**

*한국산업인력공단, 2021
** 커리어넷, 2021

누구나 도전할 수 있어요

나이, 성별, 경력, 학력 등 아무 것도 필요 없어요!
응시 자격이 없는 열린 시험이에요.

학습부담이 적어요

평균 60점 이상이면 합격하는 절대평가 시험!
경쟁자 걱정 없는 시험이에요!!

자격증 자체가 스펙이에요

부동산 관련 기업에 취업할 수도 있고 창업도 할 수 있어요. 각종 공기업 취업 시에 가산점도 있어요!
정년퇴직 후 전문직으로 제2의 인생 시작도 가능하죠.
경매, 공매 행위까지 대행가능한 넓어진 업무영역은 보너스!

이렇게 좋은 공인중개사!
에듀윌과 함께라면 1년 이내에 합격할 수 있어요.

시험정보

☑ 시험 일정

시 험		2024년 제35회 제1 · 2차 시험(동시접수 · 시행)
접수기간	정 기	매년 8월 2번째 월요일부터 금요일까지
	빈자리	매년 10월 2번째 목요일부터 금요일까지
시험일정		매년 10월 마지막 주 토요일

※ 정확한 시험 일정은 큐넷 홈페이지(www.Q-Net.or.kr)에서 확인이 가능함

☑ 시험과목 및 방법

– 제1차 및 제2차 시험을 모두 객관식 5지 선택형으로 출제(매 과목당 40문항)하고, 같은 날[제1차 시험 100분, 제2차 시험 150분(100분, 50분 분리시행)]에 구분하여 시행
– 제1차 시험에 불합격한 자의 제2차 시험은 무효로 함

구 분	시험과목	문항 수	시험시간
제1차 시험 1교시 (2과목)	1. 부동산학개론(부동산감정평가론 포함) 2. 민법 및 민사특별법 중 부동산 중개에 관련되는 규정	과목당 40문항	100분 (09:30~11:10)
제2차 시험 1교시 (2과목)	1. 공인중개사의 업무 및 부동산 거래신고 등에 관한 법령 및 중개실무 2. 부동산공법 중 부동산 중개에 관련되는 규정	과목당 40문항	100분 (13:00~14:40)
제2차 시험 2교시 (1과목)	1. 부동산공시에 관한 법령(부동산등기법, 공간정보의 구축 및 관리 등에 관한 법률) 및 부동산 관련 세법	40문항	50분 (15:30~16:20)

※ 답안은 시험시행일에 시행되고 있는 법령을 기준으로 작성

☑ 합격 기준

구 분	합격결정기준
제1차 시험	매 과목 100점을 만점으로 하여 매 과목 40점 이상, 전 과목 평균 60점 이상 득점한 자
제2차 시험	매 과목 100점을 만점으로 하여 매 과목 40점 이상, 전 과목 평균 60점 이상 득점한 자

※ 1차 · 2차 시험 동시 응시 가능하나, 1차 시험에 불합격하고 2차만 합격한 경우 2차 성적은 무효로 함

부동산공시법 뿌시기

구 분	CHAPTER	주요 키워드	10개년 출제비중	최신 제34회
PART1 공간정보의 구축 및 관리 등에 관한 법률	01 토지의 등록	지번, 지목, 지상 경계의 결정 등, 면적	14.2%	3(12.4%)
	02 지적공부 및 부동산종합공부	지적공부의 등록사항, 지적공부의 복구자료, 지적공부의 보존·공개, 부동산종합공부 등록사항	12.9%	1(4.2%)
	03 토지의 이동 및 지적정리	축척변경의 절차, 토지이동의 신청, 지적정리 및 통지	12.9%	4(16.7%)
	04 지적측량	지적측량의 대상, 지적측량의 절차, 지적위원회 및 적부심사	10%	4(16.7%)
	소계		50%	12(50%)
PART2 부동산 등기법	01 등기제도 총칙	등기할 사항인 물건 및 권리, 등기의 유효요건, 등기의 효력	2.5%	2(8.3%)
	02 등기의 기관과 그 설비	구분건물에 관한 등기	2.9%	1(4.2%)
	03 등기절차 총론	등기신청의 각하, 등기절차의 개시유형, 이의신청	15.8%	5(20.9%)
	04 각종 권리의 등기절차	소유권에 관한 등기, (근)저당권에 관한 등기, 전세권에 관한 등기	19.2%	3(12.4%)
	05 각종의 등기절차	말소등기, 가등기, 부기등기	9.6%	1(4.2%)
	소계		50%	12(50%)
합계			100%	24(100%)

공시법 정복하는 에듀윌의 정규 커리큘럼

기초이론
11월~12월
교재 기초입문서

여기에요!

핵심이론&기출문제
3월~5월
교재 단원별 기출문제집

기본이론
1월~3월
교재 기본서

기출응용&요약정리
6월~7월
교재 기출응용 예상문제집

부동산공시법은 어떻게 공부해야 할까?

☑ 공시법의 과목 특징!

1. '공시법'은 '세법'과 2과목이 하나로 묶여서 출제돼요.
2. 보통 24문제 출제되며, 공간정보관리법과 부동산등기법이 각 12문제씩 출제돼요.
3. 암기만 잘하면 점수를 얻기 쉬운 공간정보관리법에서 고득점을 노려야 해요.

☑ 최신시험 경향은?

제34회 시험에서 공간정보관리법은 축척변경과 관련된 2문제를 제외하면 전체적으로 무난하게 출제되었어요. 예전에 비하여 단답형 문제가 많아 문제를 읽고 파악하는데 큰 어려움이 없었고, 박스형 문제와 괄호 넣기 문제도 빈출 내용으로 출제되어 정답 찾기가 수월했어요. 특이점이라면 그동안 2~3문제 출제되었던 지적측량에서 4문제가 출제된 것이에요.

부동산등기법은 출제된 적 없었던 '인감증명 제출'과 '등기필정보의 구성' 등을 정답으로 한 문제들이 출제되면서 전체적으로 난이도가 높았어요. 다만, 그 외 기출문제 범위에서 출제된 문제들은 무난하게 정답을 고를 수 있어서 기출문제를 충실히 학습했다면 7~8개 정도는 거뜬히 맞힐 수 있었을 거에요.

☑ 우리는 이렇게 대비하도록 해요

1. **공간정보관리법은 법조문 정리가 핵심!**

   공간정보관리법은 단순 열거식 암기사항이 많으니, 기출문제를 바탕으로 기본서에 있는 법조문 중심으로 정리해야 해요.

2. **부동산등기법은 절차를 이해하며 전체적인 흐름을 파악!**

   부동산등기법은 종합적인 문제가 많이 출제되고, 최근 출제범위가 넓어져 대비하기가 만만치 않아요. 절차를 다루는 법이기 때문에 전체적인 시각에서 바라보고, 과정을 익히는 학습이 꼭 필요해요.

단원별 모의고사		동형 모의고사	
8월		10월	

족집게 100선

9월

교재 필살키

축하합니다

합격

자세한 내용은
QR 스캔

기본기를 탄탄하게 하는!
기본서의 구성과 특징

공부 시작 전, 학습방향 잡기!

10개년 기출분석 기반, 핵심이론 파악

BIG DATA 기반 학습 가이드!

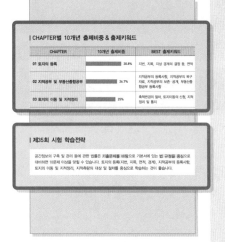

┌─ 해당 CHAPTER가 10개년 동안 얼마나 출제되었는지, 어떤 공부를 해야할지를 설명해 줍니다.

PART 내 CHAPTER의 10개년 출제 비중을 보여주고, 이를 바탕으로 제35회 시험 학습전략을 제시하였습니다.

3회독 플래너로 학습도 손쉽게!

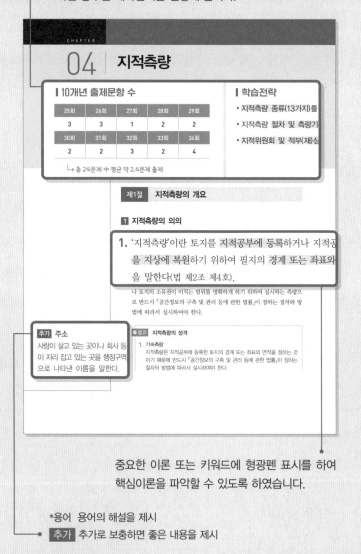

중요한 이론 또는 키워드에 형광펜 표시를 하여 핵심이론을 파악할 수 있도록 하였습니다.

*용어 용어의 해설을 제시

추가 추가로 보충하면 좋은 내용을 제시

이해를 UP! 시키는 기출&예상문제 수록

완벽한 마무리!

문제가 출제된 적이 있는 중요한 부분에 기출표시를 하였습니다.

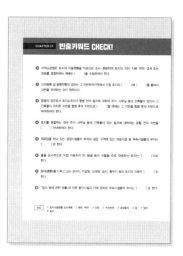

CHAPTER마다 빈칸 채우기 문제를
풀며, 빈출키워드를 점검할 수 있도록
하였습니다.

제34회 최신기출로 출제경향 파악!

선별한 OX문제를 다시 풀어보며
이론 재점검! (12월 중 오픈예정)

8 축척변경 · 24회 · 26회 · 27회 · 28회 · 29회 · 30회 · 31회 · 32회 · 33회

1. 의의 및 목적

(1) '축척변경'이란 지적도에 등록된 경계점의 정밀도를 높이기 위하여 **작은 축척을 큰 축척으로 변경하여 등록**하는 것을 말한다(법 제2조 제34호). 축척변경은 지적도에 등록된 토지만 할 수 있고 임야도에 등록된 토지는 허용되지 않음을 주의하여야 한다.

(2) 축척변경의 경우 단순히 작은 축척을 큰 축척으로 변경하여 등록하는 것으로 그치지 않고, 토지의 현재 점유상태에 따라 경계와 좌표 및 면적을 새로 정하고 현재 이용 현황에 따라 지목을 변경하며 지적확정측량을 실시한 지역의 지번부여 방법을 준용하여 지번을 변경한다. 결국 지적소관청은 축척변경 시행지역의 각 필지별 지번 · 지목 · 면적 · 경계 또는 좌표를 새로 정하여야 하므로(영 제72조 제1항) 축척변경은 토지의 이동에 해당한다.

2. 대상토지

지적소관청은 지적도가 다음의 어느 하나에 해당하는 경우에는 토지소유자의 신청 또는 지적소관청의 직권으로 **일정한 지역**을 정하여 그 지역의 축척을 변경할 수 있다(법 제83조 제2항).

기출지문OX
지적소관청은 하나의 지번부여지역에 서로 다른 축척의 지적도가 있는 경우에는 토지소유자의 신청 또는 지적소관청의 직권으로 일정한 지역을 정하여 그 지역의 축척을 변경할 수 있다.
· 24회
정답 (○)

기출지문OX
축척변경을 신청하는 토지소유자는 축척변경 사유를 적은 신청서에 토지소유자 3분의 2 이상의 동의서를 첨부하여 지적소관청에 제출하여야 한다. · 24회
정답 (○)

기출&예상 문제

01 공간정보의 구축 및 관리 등에 관한 법령상 축척변경에 따른 등에 관한 설명으로 틀린 것은?

① 지적소관청은 청산금의 결정을 공고한 날부터 20일 이내에 토지에게 청산금의 납부고지 또는 수령통지를 하여야 한다.

② 청산금의 납부고지를 받은 자는 그 고지를 받은 날부터 1년 청산금을 지적소관청에 내야 한다.

③ 지적소관청은 청산금의 수령통지를 한 날부터 6개월 이내에 을 지급하여야 한다.

④ 지적소관청은 청산금을 지급받을 자가 행방불명 등으로 받을 나 받기를 거부할 때에는 그 청산금을 공탁할 수 있다.

⑤ 수령통지된 청산금에 관하여 이의가 있는 자는 수령통지를 받터 1개월 이내에 지적소관청에 이의신청을 할 수 있다.

문제해결능력을 키울 수 있도록 관련 이론 아래에
기출&예상문제를 수록하였습니다.

이론을 정확히 이해하였는지 확인할 수 있도록,
관련 내용 옆 보조단에 OX문제를 수록하였습니다.

※ PDF제공: 에듀윌 도서몰(book.eduwill.net)
▶ 부가학습자료

머리말

공인중개사 시험은 간간이 출제되는 어려운 문제 때문에 기본서의 분량이 늘어나고 수험생의 학습 부담도 꾸준히 증가하였습니다. 이런 상황에서도 우리 수험생들은 경이로운 노력으로 이를 극복하고 합격의 기쁨을 누립니다. 물론, 많은 수험생이 고배를 마시는 것도 현실이므로 가르치는 선생으로서 책임을 느끼지 않을 수 없습니다. 더 많이 노력하고 연구하는 것만이 공부하는 수험생에 대한 도리라고 다짐합니다.

부동산공시법은 「공간정보의 구축 및 관리 등에 관한 법률」과 「부동산등기법」으로 구성되어 있습니다. 「공간정보의 구축 및 관리 등에 관한 법률」은 일상에서 접하기 어려운 내용으로 구성되지만, 문제를 응용하여 출제하는 경우는 거의 없으므로 법조문을 정확하게 숙지한다면 어렵지 않게 해결할 수 있습니다.
「부동산등기법」은 「민법」의 부속절차법으로 「민법」과 연계하여 학습하는 것이 좋습니다. 다만, '등기절차와 첨부정보'는 순전히 등기절차만을 다루는 부분으로 가장 「부동산등기법」다운 부분이라 할 수 있습니다. 이 책은 과목의 특성을 고려하여 도표와 그림, 등기 기록례를 많이 활용하여 현실감 있게 공부할 수 있도록 하였습니다.

공인중개사 시험을 준비하는 수험생의 상황을 누구보다 잘 알고 있는 선생으로서 시험에 적합한 수험서가 되도록 노력하였지만 부족한 부분이 없지 않습니다. 수험생 여러분의 좋은 의견을 충실히 반영하고 끊임없이 노력하여 보다 완벽한 수험서가 될 수 있도록 힘쓰겠습니다.
수험생 여러분의 합격을 진심으로 기원합니다.

저자 김민석

약 력
- 現 에듀윌 부동산공시법 전임 교수
- 前 방송대학TV(2013년~2019년) 강사
- 前 주요 공인중개사학원 부동산공시법 강사

저 서
에듀윌 공인중개사 부동산공시법 기초입문서,
기본서, 단단, 합격서, 단원별/회차별 기출문제집,
핵심요약집, 기출응용 예상문제집, 실전모의고사, 필살키 등 집필

이런 내용을 배워요!

차례

최근 10개년 출제비중

50%

제34회 출제비중

50%

▍CHAPTER별 10개년 출제비중 & 출제키워드

CHAPTER	10개년 출제비중	BEST 출제키워드
01 토지의 등록	30.8%	지번, 지목, 지상 경계의 결정 등, 면적
02 지적공부 및 부동산종합공부	26.7%	지적공부의 등록사항, 지적공부의 복구자료, 지적공부의 보존·공개, 부동산종합공부 등록사항
03 토지의 이동 및 지적정리	25%	축척변경의 절차, 토지이동의 신청, 지적정리 및 통지
04 지적측량	17.5%	지적측량의 대상, 지적측량의 절차, 지적위원회 및 적부심사

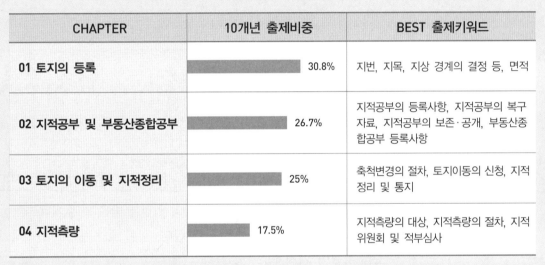

* 여러 CHAPTER의 개념을 묻는 복합문제이거나, 법률이 개정 및 제정된 경우 분류 기준에 따라 수치가 달라질 수 있습니다.

▍제35회 시험 학습전략

공간정보의 구축 및 관리 등에 관한 법률은 기출문제를 바탕으로 기본서에 있는 법 규정을 중심으로 대비하면 10문제 이상을 맞힐 수 있습니다. 토지의 등록(지번, 지목, 면적, 경계), 지적공부의 등록사항, 토지의 이동 및 지적정리, 지적측량의 대상 및 절차를 중심으로 학습하는 것이 좋습니다.

01 | 토지의 등록

┃ 10개년 출제문항 수

25회	26회	27회	28회	29회
3	3	5	5	4
30회	31회	32회	33회	34회
4	2	3	2	3

↳ 총 24문제 中 평균 3.4문제 출제

┃ 학습전략

• 등록의 기본원칙, 토지의 등록사항(지번 · 지목 · 경계 · 면적)에 관한 문제가 주로 출제되므로 관련 내용을 정리하여야 합니다.

제1절 지적제도 개관

1 지적의 의의

'지적'이란 대한민국의 모든 토지를 필지 단위로 구획하여 토지의 표시(물리적 현황)와 소유자 등을 국가 또는 국가의 위임을 받은 기관(지적소관청)이 지적공부에 등록하여 관리하는 기록을 말한다. 이를 효율적으로 관리하기 위한 제도를 통틀어 지적제도라고 한다.

2 지적의 3요소

지적을 구성하는 핵심적 요소인 '토지, 지적공부, 등록'을 지적의 3요소라고 한다.

1. 토 지

지적의 대상이 되는 '토지'는 대한민국 영토 내의 모든 토지이다. 육지는 물론 유인도 · 무인도를 가리지 않으며, 과세지 · 비과세지, 국유지 · 사유지를 불문하고 최대만조위를 기준으로 바다에 잠기지 않은 토지는 모두 등록 대상이 된다.

2. 지적공부

'지적공부'란 토지대장, 임야대장, 공유지연명부, 대지권등록부, 지적도, 임야도 및 경계점좌표등록부 등 지적측량 등을 통하여 조사된 토지의 표시와 해당 토지의 소유자 등을 기록한 대장 및 도면(정보처리시스템을 통하여 기록·저장된 것을 포함한다)을 말한다.

3. 등 록

'등록'이란 지적소관청이 필지 단위로 구획된 토지의 표시(소재, 지번, 지목, 면적, 경계 또는 좌표)와 소유자 등을 지적공부에 기록하는 것을 말한다. 토지의 이동(예 분할이나 지목변경 등)이 있을 때 이를 지적공부에 등록하여야만 법적 효력이 발생하는데, 이를 지적형식주의라고 한다. 예를 들어 임야를 깎아서 공장부지로 만드는 형질변경 공사를 준공하였더라도 이를 지적공부에 등록하지 않으면 지목변경의 효력이 발생하지 않고, 지적공부상의 지목을 '공장용지'로 변경등록하여야만 그 효력이 발생한다. 산을 깎는 행위를 형질변경이라고 하고, 형질변경 공사가 준공되면 지목변경을 신청할 수 있게 된다.

3 지적제도와 부동산등기제도

1. 지적제도

지적은 부동산 중에서도 토지만을 등록의 대상으로 한다. 토지에 대한 사실관계와 권리관계 중에서 주로 사실관계를 주된 공시내용으로 하므로 토지에 대한 소재, 지번, 지목, 면적, 경계 또는 좌표를 지적공부상에 자세하게 등록하지만, 권리관계는 해당 필지의 소유자만을 등록하는 정도이다.

2. 부동산등기제도

부동산등기는 토지뿐만 아니라 건물도 공시의 대상으로 한다. 부동산에 대한 사실관계와 권리관계 중에서 주로 권리관계를 주된 공시내용으로 하므로 부동산에 대한 소유권에 관한 사항 및 소유권 외의 권리(예 지상권, 지역권, 전세권, 임차권, 저당권, 권리질권, 채권담보권 등)에 관한 사항을 상세하게 등기한다. 반면, 부동산의 표시는 부동산을 특정하기 위한 정도만 등기부에 기록한다.

3. 지적제도와 부동산등기제도의 관계

지적은 토지의 사실관계(= 토지의 표시)를 주된 공시내용으로 하고, 등기는 부동산의 권리관계를 주된 공시내용으로 한다. 이에 따라 토지의 표시에 대하여는 지적공부인 대장의 기록내용을 기준으로 정리하고, 소유자에 대한 사항 및 권리관계에 대하여는 등기부의 기록내용을 기준으로 정리한다.

제2절   공간정보의 구축 및 관리 등에 관한 법률 총칙

1 「공간정보의 구축 및 관리 등에 관한 법률」의 목적

「공간정보의 구축 및 관리 등에 관한 법률」은 측량의 기준 및 절차와 지적공부·부동산종합공부의 작성 및 관리 등에 관한 사항을 규정함으로써 국토의 효율적 관리 및 국민의 소유권 보호에 기여함을 목적으로 한다(법 제1조).

2 「공간정보의 구축 및 관리 등에 관한 법률」의 기본이념

「공간정보의 구축 및 관리 등에 관한 법률」은 전 국토의 모든 토지를 필지별로 구획하여 각 필지의 물리적 현황(토지의 표시)과 소유자 등을 등록·공시하기 위한 기본법으로서 지적국정주의, 지적형식주의, 지적공개주의, 실질적 심사주의, 직권등록주의를 기본이념으로 한다.

1. 지적국정주의

지적공부의 등록사항, 즉 토지의 소재·지번·지목·면적·경계 또는 좌표 등은 국가의 공권력에 의하여 국가만이 이를 결정할 수 있는 권한을 가진 다는 이념이다.

2. 지적형식주의

국가의 통치권이 미치는 모든 영토를 필지 단위로 구획하여 지번·지목·면 적·경계 또는 좌표를 국가 및 국가기관인 지적소관청이 지적공부에 등록 하여야만 공식적인 효력이 인정된다는 이념이다. 예를 들어 임야를 형질 변경하여 창고부지로 만들었다 하더라도 지적공부의 지목을 바꾸어 등록 하기 전에는 지목변경의 효력이 발생하지 않는다.

3. 지적공개주의

지적공부에 등록된 모든 사항을 토지소유자나 이해관계인은 물론, 일반 국 민에게 공개하여 그 내용을 정확하게 알고 이용할 수 있도록 하는 이념이 다. 지적공부의 열람 및 등본발급, 지적전산자료의 이용, 지적측량성과의 이용 등이 지적공개주의의 예가 된다.

4. 실질적 심사주의

토지의 표시를 지적공부에 등록하거나 변경 또는 말소하는 경우, 지적소관 청이 「공간정보의 구축 및 관리 등에 관한 법률」이 정한 절차상의 적법성 뿐만 아니라 실체상의 적법성 여부까지 조사하여 지적공부에 등록하여야 한다는 이념이다. 실질적 심사의 실현방법으로서 지적소관청은 등록을 하 기 전에 측량성과를 검사하거나 토지이동조사를 실시하도록 하고 있다.

5. 직권등록주의

국가의 통치권이 미치는 모든 영토를 필지 단위로 구획하여 지적소관청이 강제적으로 지적공부에 등록·공시하여야 한다는 이념이다. 현행법은 이러 한 직권등록주의의 실현방법으로 토지소유자의 신청이 없는 경우라도 지적 소관청이 직권으로 조사·측량하여 지적정리를 할 수 있도록 함으로써 등록 이 누락되거나 등록사항이 실제와 부합하지 않는 경우를 방지하고 있다.

3 용어의 정의(법 제2조)

1. '지적소관청'이란 지적공부를 관리하는 특별자치시장, 시장(제주특별자치도 설치 및 국제자유도시 조성을 위한 특별법 제10조 제2항에 따른 행정시의 시장을 포함하며, 지방자치법 제3조 제3항에 따라 자치구가 아닌 구를 두는 시의 시장은 제외한다) · 군수 또는 구청장(자치구가 아닌 구의 구청장을 포함한다)을 말한다(제18호).

   예 지적공부에 등록하는 지번 · 지목 · 면적 · 경계 또는 좌표는 토지의 이동이 있을 때 토지소유자의 신청을 받아 지적소관청이 결정한다(법 제64조 제2항).

   예 토지소유자는 지적공부의 등록사항에 잘못이 있음을 발견하면 지적소관청에 그 정정을 신청할 수 있다(법 제84조 제1항).

2. '지적공부'란 토지대장, 임야대장, 공유지연명부, 대지권등록부, 지적도, 임야도 및 경계점좌표등록부 등 지적측량 등을 통하여 조사된 토지의 표시와 해당 토지의 소유자 등을 기록한 대장 및 도면(정보처리시스템을 통하여 기록 · 저장된 것을 포함한다)을 말한다(제19호).

   예 국토교통부장관은 모든 토지에 대하여 필지별로 소재 · 지번 · 지목 · 면적 · 경계 또는 좌표 등을 조사 · 측량하여 지적공부에 등록하여야 한다(법 제64조 제1항).

   예 지적공부를 열람하거나 그 등본을 발급받으려는 자는 해당 지적소관청에 그 열람 또는 발급을 신청하여야 한다. 다만, 정보처리시스템을 통하여 기록 · 저장된 지적공부(지적도 및 임야도는 제외한다)를 열람하거나 그 등본을 발급받으려는 경우에는 특별자치시장, 시장 · 군수 또는 구청장이나 읍 · 면 · 동의 장에게 신청할 수 있다(법 제75조 제1항).

3. '연속지적도'란 지적측량을 하지 아니하고 전산화된 지적도 및 임야도 파일을 이용하여, 도면상 경계점들을 연결하여 작성한 도면으로서 측량에 활용할 수 없는 도면을 말한다(제19의2호).

   예 지적공부에 관한 전산자료(연속지적도를 포함한다)를 이용하거나 활용하려는 자는 다음의 구분에 따라 국토교통부장관, 시 · 도지사 또는 지적소관청에 지적전산자료를 신청하여야 한다(법 제76조 제1항).

4. '부동산종합공부'란 토지의 표시와 소유자에 관한 사항, 건축물의 표시와 소유자에 관한 사항, 토지의 이용 및 규제에 관한 사항, 부동산의 가격에

관한 사항 등 부동산에 관한 종합정보를 정보관리체계를 통하여 기록·저장한 것을 말한다(제19의3호).

예 지적소관청은 부동산의 효율적 이용과 부동산과 관련된 정보의 종합적 관리·운영을 위하여 부동산종합공부를 관리·운영한다(법 제76조의2 제1항).

5. '토지의 표시'란 지적공부에 토지의 소재·지번(地番)·지목(地目)·면적·경계 또는 좌표를 등록한 것을 말한다(제20호).

예 지적소관청은 부동산종합공부에 이 법에 따른 지적공부의 내용에 의하여 토지의 표시와 소유자에 관한 사항을 등록하여야 한다(법 제76조의3 제1호).

예 지적소관청은 신규등록을 제외한 토지의 이동 사유로 토지의 표시 변경에 관한 등기를 할 필요가 있는 경우에는 지체 없이 관할 등기관서에 그 등기를 촉탁하여야 한다(법 제89조 제1항).

6. '필지'란 대통령령으로 정하는 바에 따라 구획되는 토지의 등록단위를 말한다(제21호).

예 국토교통부장관은 모든 토지에 대하여 필지별로 소재·지번·지목·면적·경계 또는 좌표 등을 조사·측량하여 지적공부에 등록하여야 한다(법 제64조 제1항).

예 법 제2조 제21호에 따라 지번부여지역의 토지로서 소유자와 용도가 같고 지반이 연속된 토지는 1필지로 할 수 있다(영 제5조 제1항).

7. '지번'이란 필지에 부여하여 지적공부에 등록한 번호를 말한다(제22호).

8. '지번부여지역'이란 지번을 부여하는 단위지역으로서 동·리 또는 이에 준하는 지역을 말한다(제23호).

예 지번은 지적소관청이 지번부여지역별로 차례대로 부여한다(법 제66조 제1항).

9. '지목'이란 토지의 주된 용도에 따라 토지의 종류를 구분하여 지적공부에 등록한 것을 말한다(제24호).

10. '경계점'이란 필지를 구획하는 선의 굴곡점으로서 지적도나 임야도에 도해(圖解) 형태로 등록하거나 경계점좌표등록부에 좌표 형태로 등록하는 점을 말한다(제25호).

11. '경계'란 필지별로 경계점들을 직선으로 연결하여 지적공부에 등록한 선을 말한다(제26호).

12. '면적'이란 지적공부에 등록한 필지의 수평면상 넓이를 말한다(제27호).

13. '토지의 이동(異動)'이란 토지의 표시를 새로 정하거나 변경 또는 말소하는 것을 말한다(제28호).

예 지적공부에 등록하는 지번·지목·면적·경계 또는 좌표는 토지의 이동이 있을 때 토지소유자의 신청을 받아 지적소관청이 결정한다(법 제64조 제2항).

예 지적소관청은 신규등록을 제외한 토지의 이동 사유로 토지의 표시 변경에 관한 등기를 할 필요가 있는 경우에는 지체 없이 관할 등기관서에 그 등기를 촉탁하여야 한다(법 제89조 제1항).

14. '신규등록'이란 새로 조성된 토지와 지적공부에 등록되어 있지 아니한 토지를 지적공부에 등록하는 것을 말한다(제29호).

15. '등록전환'이란 임야대장 및 임야도에 등록된 토지를 토지대장 및 지적도에 옮겨 등록하는 것을 말한다(제30호).

16. '분할'이란 지적공부에 등록된 1필지를 2필지 이상으로 나누어 등록하는 것을 말한다(제31호).

17. '합병'이란 지적공부에 등록된 2필지 이상을 1필지로 합하여 등록하는 것을 말한다(제32호).

18. '지목변경'이란 지적공부에 등록된 지목을 다른 지목으로 바꾸어 등록하는 것을 말한다(제33호).

19. '축척변경'이란 지적도에 등록된 경계점의 정밀도를 높이기 위하여 작은 축척을 큰 축척으로 변경하여 등록하는 것을 말한다(제34호).

20. '지적측량'이란 토지를 지적공부에 등록하거나 지적공부에 등록된 경계점을 지상에 복원하기 위하여 필지의 **경계 또는 좌표와 면적**을 정하는 측량을 말하며, 지적확정측량 및 지적재조사측량을 포함한다(제4호).

21. '지적확정측량'이란 도시개발사업, 농어촌정비사업, 그 밖에 대통령령으로 정하는 **토지개발사업이 끝나 토지의 표시를 새로 정하기** 위하여 실시하는 지적측량을 말한다(제4의2호).

22. '지적재조사측량'이란 「지적재조사에 관한 특별법」에 따른 **지적재조사사업**에 따라 토지의 표시를 새로 정하기 위하여 실시하는 지적측량을 말한다 (제4의3호).

제3절 토지(필지)

1 의의 및 특성

1. 지적의 대상이 되는 토지를 지적공부에 등록하기 위해서는 대통령령으로 정하는 바에 따라 개별 단위로 구획하여야 하는데, 이처럼 한 개씩 구획된 토지의 등록단위를 필지라고 한다(법 제2조 제21호). 지적도면을 통하여 필지의 소유권이 미치는 범위를 표시할 때에는 필지의 경계점들을 직선으로 연결하는 경계로 나타내고, 경계점좌표등록부를 통하여 필지의 소유권이 미치는 범위를 나타낼 때에는 필지의 경계점들의 좌표를 표시하여 나타낸다.

2. 필지는 토지의 **크기와 상관 없이** 성립하므로 면적이 10제곱미터인 1필지가 있는 반면, 면적이 10만제곱미터인 1필지가 있을 수도 있다. 한편, 필지는 토지의 **모양과 상관 없이** 성립할 수 있으므로 원형, 사각형, 삼각형, 부정형 등의 토지도 1필지가 될 수 있다.

2 1필지의 성립요건

토지가 하나의 필지로 성립하기 위해서는 다음과 같은 요건을 갖춰야 한다 (영 제5조 제1항, 영 제66조 제3항).

1. 지번부여지역의 동일

'지번부여지역'이란 지번을 부여하는 단위지역으로서 동·리 또는 이에 준하는 지역을 의미하므로, 1필지가 되기 위해서는 토지가 같은 동(洞)이나 리(里) 안에 있어야 한다. 동(洞)이나 리(里)가 다르면 1필지가 될 수 없다.

2. 소유자의 동일

1물 1권주의의 원칙에 따라 1필지의 소유권은 1개뿐이므로 소유자가 같아야 1필지가 될 수 있다. 주의할 것은 단독소유뿐만 아니라 공동소유도 가능하므로 반드시 소유자가 1인임을 요하는 것은 아니다.

3. 용도의 동일

1필지는 지목이 1개만 정하여지므로 원칙적으로 용도가 동일하여야 한다. 다만, 이에 대한 예외로서 일부 용도가 다르더라도 1필지가 될 수 있는데, 용도가 다른 부분을 '양입지'라고 한다.

4. 연접한 토지(= 지반이 연속된 토지)

1필지는 소유권이 미치는 범위를 나타내므로 서로 연결되어 있을 것을 요한다. 지형·지물(예 도로, 구거, 하천, 계곡 등) 등에 의하여 토지가 끊긴 경우는 1필지가 될 수 없다.

5. 등기 여부 동일

1필지가 되기 위해서는 전부가 등기되거나 전부가 미등기여야 한다. 즉, 1필지의 일부는 등기되고 나머지 부분은 미등기인 경우는 있을 수 없다.

6. 축척의 동일

토지의 경계는 지적도면에 등록된 선을 의미하므로 1필지의 일부가 서로 다른 축척의 도면에 등록될 수는 없다.

> **◆ 참고   양입지**
>
> **1. 의 의**
> 1필지가 되기 위해서는 법에서 요구하는 1필지 성립요건을 갖춰야 하지만, 이에 대하여 예외가 인정된다. 즉, 토지의 일부분이 주된 부분과 용도가 다르더라도 일정한 요건하에 주된 용도의 토지에 편입하여 1필지로 할 수 있는데, 이때 편입되는 부분을 '양입지'라고 한다. 예를 들어 과수원 내에 연못이 있는 경우 연못을 별도의 필지로 하지 않고 주된 부분인 과수원에 포함하여 1필지로 등록할 수 있는데, 이때 편입되는 연못 부분을 양입지라고 한다. 이는 지목설정원칙 중 주용도(지목)추종의 원칙의 예가 된다.
>
> **2. 양입지의 요건 및 제한요건(영 제5조)**
>
> | 성립요건 | ① 도로나 구거 등 주된 용도의 토지의 편의를 위해 제공되는 토지
② 주된 용도의 토지에 접속되거나 둘러싸여 있을 것 |
> |---|---|
> | 제한요건 | 다음의 경우에는 위의 양입지 성립요건을 갖추었더라도 주된 용도의 토지에 편입되지 않고, 별개의 필지로 확정하여야 한다.
① 종된 용도의 토지의 지목이 '대'인 경우
② 종된 용도의 토지의 면적이 주된 용도의 토지 면적의 10%를 초과하는 경우
③ 종된 용도의 토지 면적이 330m^{2}를 초과하는 경우 |

제4절	**등록의 기본원칙 및 등록사항**

1 등록의 기본원칙 · 24회 · 28회 · 32회 · 33회

1. 지적국정주의

"국토교통부장관은 모든 토지에 대하여 필지별로 소재·지번·지목·면적·경계 또는 좌표 등을 조사·측량하여 지적공부에 등록하여야 한다(법 제64조 제1항)."고 하여 대한민국 내의 모든 토지를 국토교통부장관으로 하여금 등록하도록 하고 있다.

2. 직권등록주의

지적공부에 등록하는 지번·지목·면적·경계 또는 좌표는 **토지의 이동이** 있을 때 토지소유자(법인이 아닌 사단이나 재단의 경우에는 그 대표자나 관리인)의 신청을 받아 **지적소관청이 결정**한다. 다만, 신청이 없으면 **지적소관청이 직권으로** 조사·측량하여 결정할 수 있다(법 제64조 제2항).

3. 직권에 의한 등록절차

(1) 지적소관청은 토지의 이동현황을 직권으로 조사·측량하여 토지의 지번·지목·면적·경계 또는 좌표를 결정하려는 때에는 **토지이동현황 조사계획을** 수립하여야 한다. 이 경우 토지이동현황 조사계획은 **시·군·구별로 수립**하되, 부득이한 사유가 있는 때에는 읍·면·동별로 수립할 수 있다(규칙 제59조 제1항).

(2) 지적소관청은 토지이동현황 조사계획에 따라 토지의 이동현황을 조사한 때에는 **토지이동 조사부**에 토지의 이동현황을 적어야 한다(규칙 제59조 제2항).

(3) 지적소관청은 지적공부를 정리하려는 때에는 토지이동 조사부를 근거로 **토지이동 조서**를 작성하여 **토지이동정리 결의서**에 첨부하여야 하며, 토지이동 조서의 아래 부분 여백에 '법 제64조 제2항 단서에 따른 직권정리'라고 적어야 한다(규칙 제59조 제4항).

(4) 지적소관청은 토지이동현황 조사 결과에 따라 토지의 지번·지목·면적·경계 또는 좌표를 결정한 때에는 이에 따라 **지적공부를 정리**하여야 한다(규칙 제59조 제3항).

2 지 번 ·24회 ·26회 ·27회 ·28회 ·29회 ·30회

1. 의 의

사람에게는 성명이 있듯이 토지에는 지번이 있는데, '지번'이란 필지에 부여하여 **지적공부에 등록한** 번호를 말한다(법 제2조 제22호). 지번은 토지의 개별성과 특정성을 확보하기 위하여 지적소관청이 지번부여지역인 동·리 단위로 필지마다 아라비아숫자로 순차적으로 부여한다.

2. 지번부여의 기본원칙

(1) 지번은 지적소관청이 지번부여지역별로 차례대로 부여한다(법 제66조 제1항).

(2) 지번은 아라비아숫자로 표기하되, 임야대장 및 임야도에 등록하는 토지의 지번은 숫자 앞에 '산'자를 붙인다(영 제56조 제1항). 지번 앞에 '산'이 붙는 것과 붙지 않는 것은 등록하는 지적공부의 차이일 뿐 지목과는 관련이 없으므로 '양촌리 산72번지'라고 하여 지목이 반드시 '임야'인 것은 아니다.

(3) 지번은 본번과 부번으로 구성하되, 본번과 부번 사이에 '−' 표시로 연결한다. 이 경우 '−' 표시는 '의'라고 읽는다(영 제56조 제2항). 예를 들어 부번은 '72-3', '72-5'라고 표시하고, '72의 3', '72의 5'라고 읽는다.

(4) 지번은 북서에서 남동으로 순차적으로 부여한다(영 제56조 제3항 제1호). 이를 북서기번법이라고 한다.

3. 토지이동에 따른 지번의 부여방법

(1) 신규등록 및 등록전환(영 제56조 제3항 제2호)

원칙	그 지번부여지역에서 인접 토지의 본번에 부번을 붙여서 지번을 부여한다.
예외	다음의 어느 하나에 해당하는 경우에는 그 지번부여지역의 최종 본번의 다음 순번부터 본번으로 하여 순차적으로 지번을 부여할 수 있다. ① 대상토지가 당해 지번부여지역의 최종 지번의 토지에 인접하여 있는 경우 ② 대상토지가 이미 등록된 토지와 멀리 떨어져 있어서 등록된 토지의 본번에 부번을 부여하는 것이 불합리한 경우 ③ 대상토지가 여러 필지로 되어 있는 경우

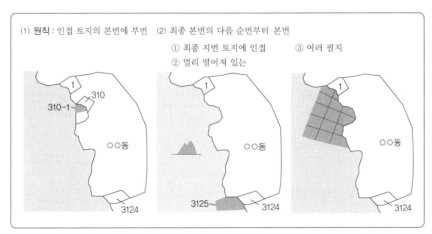

(2) 분할(영 제56조 제3항 제3호)

원칙	분할 후의 필지 중 1필지의 지번은 분할 전의 지번으로 하고, 나머지 필지의 지번은 본번의 최종 부번 다음 순번으로 부번을 부여한다.
예외	주거·사무실 등의 건축물이 있는 필지에 대해서 분할 전의 지번을 우선하여 부여하여야 한다.

(1) 1필지는 분할 전 지번, 나머지는 본번의 최종 부번 다음 순번으로 부번　　(2) 건축물 – 우선하여 분할 전의 지번 부여

72-1	72-2	72-61	72-3	72-4	72-5
					72-60

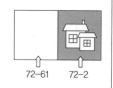

72-61　　72-2

(3) 합병(영 제56조 제3항 제4호)

원칙	합병대상 지번 중 선순위의 지번을 그 지번으로 하되, 본번으로 된 지번이 있을 때에는 본번 중 선순위의 지번을 합병 후의 지번으로 한다.
예외	토지소유자가 합병 전의 필지에 주거·사무실 등의 건축물이 있어서 그 건축물이 위치한 지번을 합병 후의 지번으로 신청할 때에는 그 지번을 합병 후의 지번으로 부여하여야 한다.

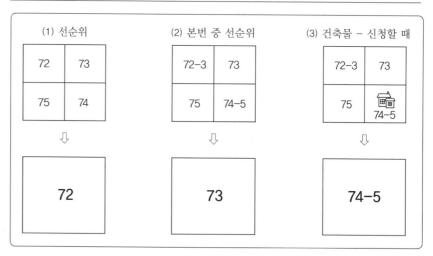

(4) 지적확정측량 시행지역

(= 도시개발사업 등 시행지역, 영 제56조 제3항 제5호, 제6호)

원 칙	지적확정측량을 실시한 지역의 각 필지에 지번을 새로 부여하는 경우에는 다음의 지번을 제외한 본번으로 부여한다. ① 지적확정측량을 실시한 지역의 종전의 지번과 지적확정측량을 실시한 지역 밖에 있는 본번이 같은 지번이 있을 때에는 그 지번 ② 지적확정측량을 실시한 지역의 경계에 걸쳐 있는 지번
예 외	부여할 수 있는 종전 지번의 수가 새로 부여할 지번의 수보다 적을 때 즉, 종전 지번의 본번의 갯수가 새로 만들어진 필지 갯수보다 적을 때에는 ① 블록단위로 하나의 본번을 부여한 후 필지별로 부번을 부여한다. ② 그 지번부여지역의 최종 본번 다음 순번부터 본번으로 하여 차례로 지번을 부여할 수 있다.
공사준공 전	지적소관청은 도시개발사업 등이 준공되기 전에 사업시행자가 지번부여 신청을 하는 때에는 지번을 부여할 수 있다. 지번을 부여하는 때에는 도시개발사업 등 신고에 있어서의 사업계획도에 따르되, 지적확정측량 시행지역에 있어서의 지번부여 방법에 의하여야 한다(영 제56조 제4항, 규칙 제61조).
준용하는 경우	지적확정측량 실시지역의 지번부여 방법을 준용하는 경우는 다음과 같다. ① 지번부여지역의 지번변경을 하는 때 ② 축척변경 시행지역의 필지에 지번을 부여할 때 ③ 행정구역 개편에 따라 새로 지번을 부여할 때

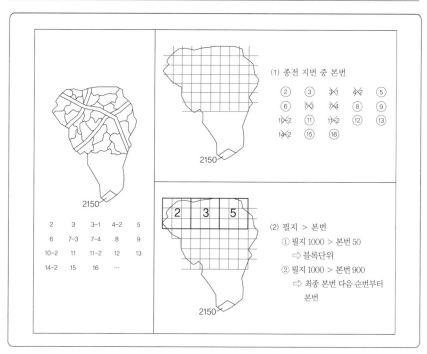

4. 지번변경

(1) 의 의

지적소관청은 지적공부에 등록된 지번 배열이 불규칙하여 지번을 변경할 필요가 있다고 인정하면 시·도지사나 대도시 시장의 승인을 받아 지번부여지역의 전부 또는 일부에 대하여 지번을 새로 부여할 수 있는데, 이를 지번변경이라고 한다(법 제66조 제2항).

(2) 지번변경의 절차

① 지적소관청은 지번을 변경하려면 지번변경 사유를 적은 승인신청서에 시번변경 대상지역의 지번·지목·면적·소유자에 대한 상세한 내용을 기재하여 시·도지사 또는 대도시 시장에게 제출해야 한다. 이 경우 시·도지사 또는 대도시 시장은 「전자정부법」 제36조 제1항에 따른 행정정보의 공동이용을 통하여 지번변경 대상지역의 지적도 및 임야도를 확인해야 한다(영 제57조 제1항).

② 지적소관청의 지번변경 신청을 받은 시·도지사 또는 대도시 시장은 지번변경 사유 등을 심사한 후 그 결과를 지적소관청에 통지하여야 한다(영 제57조 제2항).

(3) 지번부여 방법

지번변경의 경우 지번의 부여는 지적확정측량을 실시한 지역에서의 지번부여 방법을 준용한다(영 제56조 제3항 제6호).

5. 결 번

(1) 결번이란 종전에는 사용하다가 현재는 사용하지 않게 된 지번을 말한다. 도시개발사업, 지번변경, 축척변경, 행정구역개편, 지번정정, 합병, 등록전환 등이 결번 발생의 사유가 된다.

(2) 지적소관청은 지번에 결번이 생긴 때에는 지체 없이 그 사유를 결번대장에 적어 영구히 보존하여야 한다(규칙 제63조).

01 공간정보의 구축 및 관리 등에 관한 법령상 지번의 구성 및 부여 방법 등에 관한 설명으로 틀린 것은? • 29회

① 지번은 아라비아숫자로 표기하되, 임야대장 및 임야도에 등록하는 토지의 지번은 숫자 앞에 '산'자를 붙인다.

② 지번은 북서에서 남동으로 순차적으로 부여한다.

③ 지번은 본번과 부번으로 구성하되, 본번과 부번 사이에 '-' 표시로 연결한다.

④ 지번은 국토교통부장관이 시·군·구별로 차례대로 부여한다.

⑤ 분할의 경우에는 분할 후의 필지 중 1필지의 지번은 분할 전의 지번 으로 하고, 나머지 필지의 지번은 본번의 최종 부번 다음 순번으로 부번을 부여한다.

해설 ④ 지번은 지적소관청이 지번부여지역별로 차례대로 부여한다. 지번부여지역은 일반적으로 동·리와 일치하므로 지번은 지적소관청이 동·리별로 차례대로 부여한다.

정답 ④

02 지번의 부여 및 부여방법 등에 관한 설명으로 틀린 것은? • 23회

① 지적소관청은 지번을 변경할 필요가 있다고 인정하면 시·도지사나 대도시 시장의 승인을 받아 지번부여지역의 전부 또는 일부에 대하여 지번을 새로 부여할 수 있다.

② 신규등록의 경우에는 그 지번부여지역에서 인접 토지의 본번에 부번 을 붙여서 지번을 부여하는 것을 원칙으로 한다.

③ 분할의 경우에는 분할 후의 필지 중 1필지의 지번은 분할 전의 지번 으로 하고, 나머지 필지의 지번은 최종 본번 다음 순번의 본번을 순 차적으로 부여하여야 한다.

④ 등록전환 대상토지가 여러 필지로 되어 있는 경우에는 그 지번부여지 역의 최종 본번의 다음 순번부터 본번으로 하여 순차적으로 지번을 부여할 수 있다.

⑤ 합병의 경우로서 토지소유자가 합병 전의 필지에 대하여 주거 사무실 등의 건축물이 있어서 그 건축물이 위치한 지번을 합병 후의 지번으 로 신청할 때에는 그 지번을 합병 후의 지번으로 부여하여야 한다.

해설 ③ 분할의 경우에는 분할 후의 필지 중 1필지의 지번은 분할 전의 지번으로 하 고, 나머지 필지의 지번은 본번의 최종 부번 다음 순번으로 부번을 부여한다 (영 제56조 제3항 제3호).

정답 ③

3 지 목 •24회 •25회 •26회 •27회 •28회 •29회 •30회 •31회 •32회 •33회 •34회

1. 지목의 의의

'지목'이란 토지의 주된 용도에 따라 토지의 종류를 구분하여 지적공부에 등록한 것을 말한다(법 제2조 제24호). 우리나라는 토지의 주된 용도에 따라 지목을 분류하는 '용도지목'을 취하고 있다.

> **✓참고** **지목의 분류기준**
>
> 1. 용도지목
>   현실적인 토지의 이용 용도에 따라 지목을 결정하는 이론이다.
> 2. 지형지목
>   지표면의 형태, 즉 토지의 고저나 수륙의 분포상태 등 토지의 형상에 따라 지목을 결정하는 이론이다.
> 3. 토성지목
>   토지의 성질, 즉 지층이나 암석 또는 토양의 종류에 따라 지목을 결정하는 이론이다.

2. 지목의 설정원칙

(1) 지목법정주의

지목의 종류 및 내용을 법으로 규정한다는 원칙으로, 현행법은 「공간정보의 구축 및 관리 등에 관한 법률」 제67조에서 그 종류를 28종으로 정하고, 구체적인 내용은 「공간정보의 구축 및 관리 등에 관한 법률 시행령」 제58조에서 명시하고 있다.

(2) 1필지 1지목의 원칙

1필지마다 하나의 지목을 설정한다는 원칙을 말한다.

(3) 주용도(지목)추종의 원칙

1필지가 2가지 이상의 용도로 사용되는 경우에는 주된 용도에 따라 지목을 설정한다는 원칙을 말한다. 예를 들어 지상에는 도로가 있고 지하에는 지하철이 지나고 있어 1필지가 '도로'와 '철도용지'의 용도로 사용되는 경우 주된 용도인 '도로'로 지목을 등록한다.

(4) 영속성의 원칙(일시변경불변의 원칙)

토지가 일시적 또는 임시적인 용도로 사용되는 때에는 지목을 변경하지 않는다는 원칙을 말한다.

(5) 사용목적추종의 원칙

도시개발사업이나 토지구획정리사업 등의 공사가 준공된 토지는 그 사용목적에 따라 지목을 설정한다는 원칙으로 2001년 시행령 개정에서 삭제되었지만 여전히 지목설정원칙의 하나로 해석하고 있다.

3. 지목의 구분

지목의 구분은 토지의 주된 용도에 따라 다음과 같이 28개의 지목으로 정한 기준에 의한다(영 제58조).

지목구분		내 용
1	전 (전)	① 물을 상시적으로 이용하지 않고 곡물·원예작물(과수류는 제외한다)·약초·뽕나무·닥나무·묘목·관상수 등의 식물을 주로 재배하는 토지 ② 식용으로 죽순을 재배하는 토지
2	답 (답)	물을 상시적으로 직접 이용하여 벼·연(蓮)·미나리·왕골 등의 식물을 주로 재배하는 토지
3	과수원 (과)	① 사과·배·밤·호두·귤나무 등 과수류를 집단적으로 재배하는 토지와 이에 접속된 저장고 등 부속시설물의 부지 ② 다만, 주거용 건축물의 부지는 '대'로 한다.
4	목장용지 (목)	① 축산업 및 낙농업을 하기 위하여 초지를 조성한 토지 ② 「축산법」 제2조 제1호에 따른 가축을 사육하는 축사 등의 부지(예 양계장, 양돈장, 오리농장 등) ③ 위 ① 및 ②의 토지와 접속된 부속시설물의 부지 ④ 다만, 주거용 건축물의 부지는 '대'로 한다.
5	임 야 (임)	산림 및 원야를 이루고 있는 수림지·죽림지·암석지·자갈땅·모래땅·습지·황무지 등의 토지
6	광천지 (광)	① 지하에서 온수·약수·석유류 등이 용출되는 용출구와 그 유지에 사용되는 부지 ② 온수·약수·석유류 등을 일정한 장소로 운송하는 송수관·송유관 및 저장시설의 부지는 제외한다.
7	염 전 (염)	① 바닷물을 끌어들여 소금을 채취하기 위하여 조성된 토지와 이에 접속된 제염장 등 부속시설물의 부지 ② 다만, 천일제염 방식으로 하지 아니하고 동력으로 바닷물을 끌어들여 소금을 제조하는 공장시설물의 부지는 제외한다.

8	대 (대)	① 영구적 건축물 중 주거·사무실·점포와 박물관·극장·미술관 등 문화시설과 이에 접속된 정원 및 부속시설물의 부지 ② 「국토의 계획 및 이용에 관한 법률」 등 관계 법령에 따른 택지조성 공사가 준공된 토지(사용목적추종의 원칙의 예가 된다) ✚ 지목을 '대'로 하는 것 　㉠ 과수원 안의 주거용 건축물의 부지는 '대'로 한다. 　㉡ 목장 안의 주거용 건축물의 부지는 '대'로 한다. 　㉢ 아파트 단지 안에 설치된 통로의 부지는 '대'로 한다. 　㉣ 묘지의 관리를 위한 건축물의 부지는 '대'로 한다.
9	공장용지 (장)	① 제조업을 하고 있는 공장시설물의 부지 ② 「산업집적활성화 및 공장설립에 관한 법률」 등 관계 법령에 따른 공장부지 조성공사가 준공된 토지 ③ 위 ① 및 ②의 토지와 같은 구역에 있는 의료시설 등 부속시설물의 부지
10	학교용지 (학)	① 학교의 교사와 이에 접속된 체육장 등 부속시설물의 부지 ② 학교시설구역으로부터 완전히 분리된 실습지, 기숙사, 사택 등의 부지와 교육용에 직접 이용하지 않는 임야는 학교용지로 하지 않는다.
11	주차장 (차)	① 자동차 등의 주차에 필요한 독립적인 시설을 갖춘 부지와 주차전용 건축물 및 이에 접속된 부속시설물의 부지 ② 자동차 등의 판매 목적으로 설치된 물류장 및 야외전시장의 부지는 제외한다. ③ 「주차장법」 제2조 제1호 가목 및 다목에 따른 노상주차장 및 부설 주차장의 부지는 제외한다. ④ 다만, 「주차장법」 제19조 제4항에 따라 시설물의 부지 인근에 설치된 부설주차장의 지목은 '주차장'이다.
12	주유소 용지 (주)	① 석유·석유제품, 액화석유가스, 전기 또는 수소 등의 판매를 위하여 일정한 설비를 갖춘 시설물의 부지 ② 저유소 및 원유저장소의 부지와 이에 접속된 부속시설물의 부지 ③ 자동차·선박·기차 등의 제작 또는 정비공장 안에 설치된 급유·송유시설 등의 부지는 제외한다.
13	창고용지 (창)	물건 등을 보관하거나 저장하기 위하여 독립적으로 설치된 보관시설물의 부지와 이에 접속된 부속시설물의 부지 ✚ 참고: 실외에 물건을 쌓아두는 곳의 지목은 '잡종지'이다.
14	도 로 (도)	① 일반 공중의 교통 운수를 위하여 보행이나 차량운행에 필요한 일정한 설비 또는 형태를 갖추어 이용되는 토지 ② 「도로법」 등 관계 법령에 따라 도로로 개설된 토지 ③ 고속도로의 휴게소 부지 ④ 2필지 이상에 진입하는 통로로 이용되는 토지 ⑤ 다만, 아파트·공장 등 단일 용도의 일정한 단지 안에 설치된 통로 등은 제외한다.

15	철도용지 (철)	교통 운수를 위하여 일정한 궤도 등의 설비와 형태를 갖추어 이용되는 토지와 이에 접속된 역사·차고·발전시설 및 공작창 등 부속시설물의 부지
16	제 방 (제)	조수·자연유수·모래·바람 등을 막기 위하여 설치된 방조제·방수제·방사제·방파제 등의 부지
17	하 천 (천)	자연의 유수가 있거나 있을 것으로 예상되는 토지
18	구 거 (구)	① 용수 또는 배수를 위하여 일정한 형태를 갖춘 인공적인 수로·둑 및 그 부속시설물의 부지 ② 자연의 유수가 있거나 있을 것으로 예상되는 소규모 수로부지
19	유 지 (유)	① 물이 고이거나 상시적으로 물을 저장하고 있는 댐·저수지·소류지·호수·연못 등의 토지 ② 연·왕골 등이 자생하는 배수가 잘 되지 아니하는 토지
20	양어장 (양)	육상에 인공으로 조성된 수산생물의 번식 또는 양식을 위한 시설을 갖춘 부지와 이에 접속된 부속시설물의 부지
21	수도용지 (수)	물을 정수하여 공급하기 위한 취수·저수·도수·정수·송수 및 배수 시설의 부지 및 이에 접속된 부속시설물의 부지 ➕ 참고 : 온수·약수·석유류 등을 일정한 장소로 운송하는 송수관·송유관의 부지는 '광천지'나 '수도용지'로 하지 않는다.
22	공 원 (공)	일반 공중의 보건·휴양 및 정서생활에 이용하기 위한 시설을 갖춘 토지로서 「국토의 계획 및 이용에 관한 법률」에 따라 공원 또는 녹지로 결정·고시된 토지
23	체육용지 (체)	① 국민의 건강증진 등을 위한 체육활동에 적합한 시설과 형태를 갖춘 종합운동장·실내체육관·야구장·골프장·스키장·승마장·경륜장 등 체육시설의 토지와 이에 접속된 부속시설물의 부지 ② 체육시설로서의 영속성과 독립성이 미흡한 정구장·골프연습장·실내수영장 및 체육도장의 토지는 제외한다. ③ 유수(流水)를 이용한 요트장 및 카누장 등의 토지는 제외한다.
24	유원지 (원)	① 일반 공중의 위락·휴양 등에 적합한 시설물을 종합적으로 갖춘 수영장·유선장·낚시터·어린이놀이터·동물원·식물원·민속촌·경마장·야영장 등의 토지와 이에 접속된 부속시설물의 부지 ② 다만, 이들 시설과의 거리 등으로 보아 독립적인 것으로 인정되는 숙식시설 및 유기장의 부지와 하천·구거 또는 유지(공유인 것으로 한정한다)로 분류되는 것은 제외한다.
25	종교용지 (종)	일반 공중의 종교의식을 위하여 예배·법요·설교·제사 등을 하기 위한 교회·사찰·향교 등 건축물의 부지와 이에 접속된 부속시설물의 부지

기출지문 O X

자연의 유수(流水)가 있거나 있을 것으로 예상되는 소규모 수로 부지는 '하천'으로 한다. •29회
( )

정답 (×)
'구거'로 한다.

기출지문 O X

물이 고이거나 상시적으로 물을 저장하고 있는 댐·저수지·소류지·호수·연못 등의 토지와 물을 상시적으로 직접 이용하여 연·왕골 등의 식물을 주로 재배하는 토지는 '유지'로 한다. •32회
( )

정답 (×)
물을 상시적으로 직접 이용하여 연·왕골 등의 식물을 주로 재배하는 토지는 '답'으로 한다.

기출지문 O X

해상에 인공으로 조성된 수산생물의 번식 또는 양식을 위한 시설을 갖춘 부지는 '양어장'으로 한다. •29회
( )

정답 (×)
해상 ⇨ 육상

기출지문 O X

물을 정수하여 공급하기 위한 취수·저수·도수(導水)·정수·송수 및 배수 시설의 부지 및 이에 접속된 부속시설물의 부지는 '수도용지'로 한다. •33회
( )

정답 (○)

기출지문 O X

일반 공중의 보건·휴양 및 정서생활에 이용하기 위한 시설을 갖춘 토지로서 「국토의 계획 및 이용에 관한 법률」에 따라 공원 또는 녹지로 결정·고시된 토지는 '체육용지'로 한다. •29회 ( )

정답 (×)
'공원'으로 한다.

26	사적지 (사)	① 문화재로 지정된 역사적인 유적·고적·기념물 등을 보존하기 위하여 구획된 토지 ② 학교용지·공원·종교용지 등 다른 지목으로 된 토지에 있는 유적·고적·기념물 등을 보호하기 위하여 구획된 토지는 제외한다.
27	묘 지 (묘)	① 사람의 시체나 유골이 매장된 토지 ② 「도시공원 및 녹지 등에 관한 법률」에 따른 묘지공원으로 결정·고시된 토지 ③ 「장사 등에 관한 법률」 제2조 제9호에 따른 봉안시설과 이에 접속된 부속시설물의 부지 ④ 다만, 묘지의 관리를 위한 건축물의 부지는 '대'로 한다.
28	잡종지 (잡)	① 갈대밭, 실외에 물건을 쌓아두는 곳, 야외시장 및 공동우물 ② 돌을 캐내는 곳, 흙을 파내는 곳. 다만, 원상회복을 조건으로 돌을 캐내는 곳 또는 흙을 파내는 곳으로 허가된 토지는 제외한다. ③ 변전소, 송신소, 수신소 및 송유시설 등의 부지 ④ 여객자동차터미널, 자동차운전학원 및 폐차장 등 자동차와 관련된 독립적인 시설물을 갖춘 부지 ⑤ 공항시설 및 항만시설 부지 ⑥ 도축장, 쓰레기처리장 및 오물처리장 등의 부지 ⑦ 그 밖에 다른 지목에 속하지 않는 토지

4. 지목의 표기방법

(1) 지목을 토지대장 및 임야대장에 등록할 때에는 정식명칭을 사용하여 등록한다. 예를 들어 지목이 공장용지인 경우는 '공장용지'라고 등록하고, 유원지의 경우는 '유원지'라고 등록한다.

(2) 반면, 지적도 및 임야도에 등록하는 때에는 부호로 표기하여야 한다. 부호는 정식명칭의 첫 글자를 따는 것이 원칙이지만, '주차장, 공장용지, 하천, 유원지'는 두 번째 글자를 사용한다(규칙 제64조).

기출지문 OX

일반 공중의 종교의식을 위하여 예배·법요·설교·제사 등을 하기 위한 교회·사찰·향교 등 건축물의 부지와 이에 접속된 부속시설물의 부지는 '사적지'로 한다.
• 34회 ( )

정답 (×)
'종교용지'로 한다.

기출지문 OX

종교용지에 있는 유적·고적·기념물 등을 보호하기 위하여 구획된 토지는 '사적지'로 한다. • 33회
( )

정답 (×)
'사적지'에서 제외한다.

기출지문 OX

공항·항만시설 부지 및 물건 등을 보관하거나 저장하기 위하여 독립적으로 설치된 보관시설물의 부지의 지목은 '잡종지'이다.
• 31회 ( )

정답 (×)
물건 등을 보관하거나 저장하기 위하여 독립적으로 설치된 보관시설물의 부지의 지목은 '창고용지'이다.

지 목	부 호	지 목	부 호
전	전	철도용지	철
답	답	제 방	제
과수원	과	하 천	천
목장용지	목	구 거	구
임 야	임	유 지	유
광천지	광	양어장	양
염 전	염	수도용지	수
대	대	공 원	공
공장용지	장	체육용지	체
학교용지	학	유원지	원
주차장	차	종교용지	종
주유소용지	주	사적지	사
창고용지	창	묘 지	묘
도 로	도	잡종지	잡

기출지문 O X

지목이 공장용지인 경우 이를 지적도에 등록하는 때에는 '공'으로 표기하여야 한다. • 23회 (   )

정답 (×)

'장'으로 표기한다.

기출&예상 문제

01 공간정보의 구축 및 관리 등에 관한 법령상 지목과 지적도면에 등록하는 부호의 연결이 <u>틀린</u> 것을 모두 고른 것은? • 29회

ㄱ 공원 – 공   ㄴ 목장용지 – 장
ㄷ 하천 – 하   ㄹ 주차장 – 차
ㅁ 양어장 – 어

① ㄴ, ㄷ, ㅁ
② ㄴ, ㄹ, ㅁ
③ ㄷ, ㄹ, ㅁ
④ ㄱ, ㄴ, ㄷ, ㄹ
⑤ ㄱ, ㄴ, ㄹ, ㅁ

해설 지목 28개 중에서 '주차장 – 차, 공장용지 – 장, 하천 – 천, 유원지 – 원'을 제외한 나머지 지목 24개는 모두 첫 글자를 사용하여 부호를 나타낸다.
ㄴ 목장용지 – 목
ㄷ 하천 – 천
ㅁ 양어장 – 양

정답 ①

02 공간정보의 구축 및 관리 등에 관한 법령상 지목의 구분으로 옳은 것은?
· 34회

① 온수·약수·석유류 등을 일정한 장소로 운송하는 송수관·송유관 및 저장시설의 부지는 '광천지'로 한다.

② 일반 공중의 종교의식을 위하여 예배·법요·설교·제사 등을 하기 위한 교회·사찰·향교 등 건축물의 부지와 이에 접속된 부속시설물의 부지는 '사적지'로 한다.

③ 자연의 유수(流水)가 있거나 있을 것으로 예상되는 토지는 '구거'로 한다.

④ 제조업을 하고 있는 공장시설물의 부지와 같은 구역에 있는 의료시설 등 부속시설물의 부지는 '공장용지'로 한다.

⑤ 일반 공중의 보건·휴양 및 정서생활에 이용하기 위한 시설을 갖춘 토지로서 「국토의 계획 및 이용에 관한 법률」에 따라 공원 또는 녹지로 결정·고시된 토지는 '체육용지'로 한다.

> **해설** ① 온수·약수·석유류 등을 일정한 장소로 운송하는 송수관·송유관 및 저장시설의 부지는 '광천지'로 하지 않는다.
> ② 일반 공중의 종교의식을 위하여 예배·법요·설교·제사 등을 하기 위한 교회·사찰·향교 등 건축물의 부지와 이에 접속된 부속시설물의 부지는 '종교용지'로 한다.
> ③ 자연의 유수(流水)가 있거나 있을 것으로 예상되는 토지는 '하천'으로 한다.
> ⑤ 일반 공중의 보건·휴양 및 정서생활에 이용하기 위한 시설을 갖춘 토지로서 「국토의 계획 및 이용에 관한 법률」에 따라 공원 또는 녹지로 결정·고시된 토지는 '공원'으로 한다.
>
> 정답 ④

03 공간정보의 구축 및 관리 등에 관한 법령상 지목을 잡종지로 정할 수 있는 것으로만 나열한 것은? (단, 원상회복을 조건으로 돌을 캐내는 곳 또는 흙을 파내는 곳으로 허가된 토지는 제외함)
· 31회

① 변전소, 송신소, 수신소 및 지하에서 석유류 등이 용출되는 용출구(湧出口)와 그 유지(維持)에 사용되는 부지

② 여객자동차터미널, 자동차운전학원 및 폐차장 등 자동차와 관련된 독립적인 시설물을 갖춘 부지

③ 갈대밭, 실외에 물건을 쌓아두는 곳, 산림 및 원야(原野)를 이루고 있는 암석지·자갈땅·모래땅·황무지 등의 토지

④ 공항·항만시설 부지 및 물건 등을 보관하거나 저장하기 위하여 독립적으로 설치된 보관시설물의 부지

⑤ 도축장, 쓰레기처리장, 오물처리장 및 일반 공중의 위락·휴양 등에 적합한 시설물을 종합적으로 갖춘 야영장·식물원 등의 토지

해설 ① 지하에서 석유류 등이 용출되는 용출구(湧出口)와 그 유지(維持)에 사용되는 부지의 지목은 '광천지'이다.
③ 산림 및 원야(原野)를 이루고 있는 암석지·자갈땅·모래땅·황무지 등의 토지의 지목은 '임야'이다.
④ 물건 등을 보관하거나 저장하기 위하여 독립적으로 설치된 보관시설물의 부지의 지목은 '창고용지'이다.
⑤ 일반 공중의 위락·휴양 등에 적합한 시설물을 종합적으로 갖춘 야영장·식물원 등의 토지의 지목은 '유원지'이다.

정답 ②

4 경 계 •24회 •25회 •26회 •27회 •28회 •29회 •30회 •32회 •34회

1. 경계의 의의

(1) '경계'란 필지별로 경계점들을 직선으로 연결하여 지적공부에 등록한 선을 말한다(법 제2조 제26호). 지적도면의 경계는 토지 모양을 있는 그대로 제도하는 것이 아니라 경계점들을 직선으로 연결하여 등록한다는 특징이 있다. 지적도면의 경계는 실제 토지에 설치하는 둑이나 담과는 구별하여야 한다.

(2) 참고로, '경계점'이란 필지를 구획하는 선의 굴곡점으로서 지적도나 임야도에 도해(圖解) 형태로 등록하거나 경계점좌표등록부에 좌표 형태로 등록하는 점을 말한다(법 제2조 제25호).

판례

지적공부에 등록된 토지의 경계확정방법
구「지적법」에 따라 어떤 토지가 지적공부에 1필지 토지로 등록되면 그 토지의 경계는 다른 특별한 사정이 없는 한 이 등록으로써 특정되고, 지적공부를 작성함에 있어 기점을 잘못 선택하는 등의 기술적인 착오로 말미암아 지적공부상의 경계가 진실한 경계선과 다르게 잘못 작성되었다는 등의 특별한 사정이 있는 경우에는 그 토지의 경계는 지적공부에 의하지 않고 실제의 경계에 의하여 확정하여야 한다(대판 2000.5.26, 98다15446).

2. 지상 경계 및 지상경계점등록부

(1) 토지의 지상 경계는 둑·담장이나 그 밖에 구획의 목표가 될 만한 **구조물 및 경계점표지** 등으로 구분한다(법 제65조 제1항).

(2) 지상 경계를 새로이 결정하고자 하는 경우에는 다음의 기준에 따른다(영 제55조 제1항).

> ① 도로·구거 등의 토지에 **절토(땅깎기)**된 부분이 있는 경우 : 그 경사면의 **상단부**
> ② 연접되는 토지 간에 높낮이 **차이가 없는** 경우 : 그 구조물 등의 **중앙**
> ③ 연접되는 토지 간에 높낮이 **차이가 있는** 경우 : 그 구조물 등의 **하단부**
> ④ 토지가 **해면 또는 수면**에 접하는 경우 : **최대만조위*** 또는 **최대만수위***가 되는 선
> ⑤ 공유수면매립지의 토지 중 제방 등을 토지에 편입하여 등록하는 경우 : 바깥쪽 어깨부분

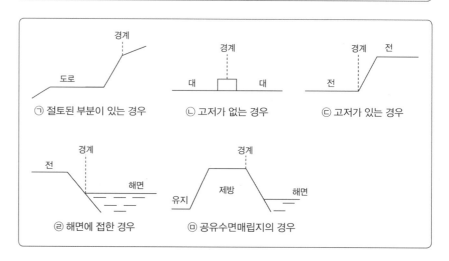

ⓐ 절토된 부분이 있는 경우 ⓑ 고저가 없는 경우 ⓒ 고저가 있는 경우
ⓓ 해면에 접한 경우 ⓔ 공유수면매립지의 경우

(3) 지상 경계의 구획을 형성하는 구조물 등의 소유자가 다른 경우에는 위 **(2)** 의 **①②③**의 내용에도 불구하고 그 소유권에 따라 지상 경계를 결정한다 (영 제55조 제2항).

최대만조위
바다에서 조수(= 바닷물)가 들어와 해수면이 가장 높아진 상태를 말한다.

최대만수위
호수나 하천 등에 물이 완전히 차 있을 때의 높이를 말한다.

기출지문OX

토지가 해면 또는 수면에 접하는 경우에는 최소만조위 또는 최소만수위가 되는 선을 지상 경계의 결정기준으로 한다. •32회
( )
정답 (×)
최소만조위 또는 최소만수위 ⇨ 최대만조위 또는 최대만수위

기출지문OX

공유수면매립지의 토지 중 제방 등을 토지에 편입하여 등록하는 경우 바깥쪽 어깨부분을 지상 경계의 결정기준으로 한다. •27회
( )
정답 (○)

(4) 지적소관청은 토지의 이동에 따라 **지상 경계**를 새로 정한 경우에는 지상 경계점등록부를 작성·관리하여야 한다(법 제65조 제2항). 지상경계점등록부에 다음의 사항을 등록하여야 한다(법 제65조 제2항, 규칙 제60조).

> ① 토지의 소재
> ② 지번
> ③ 경계점 위치 및 경계점표지의 종류
> ④ 경계점 위치 설명도
> ⑤ 경계점 좌표(경계점좌표등록부 시행지역에 한정한다)
> ⑥ 경계점의 사진 파일
> ⑦ 공부상 지목과 실제 토지이용 지목

3. 지상 경계점에 경계점표지를 설치한 후 측량할 수 있는 경우

다음의 어느 하나에 해당하는 경우에는 지상 경계점에 경계점표지를 설치하여 측량할 수 있다(영 제55조 제3항).

> ① 도시개발사업 등의 사업시행자가 사업지구의 경계를 결정하기 위하여 토지를 분할하려는 경우
> ② 공공사업시행자와 행정기관의 장 또는 지방자치단체의 장이 토지를 취득하기 위하여 분할하려는 경우
> ③ 「국토의 계획 및 이용에 관한 법률」의 규정에 따른 도시·군관리계획 결정고시와 지형도면 고시가 된 지역의 도시·군관리계획선에 따라 토지를 분할하려는 경우
> ④ 소유권이전, 매매 등을 위하여 분할하는 경우
> ⑤ 토지이용상 불합리한 지상 경계를 시정하기 위하여 분할하는 경우
> ⑥ 관계 법령에 따라 인가·허가 등을 받아 토지를 분할하려는 경우

PART 1

01 토지의 등록

기 출 지 문 O X

지적소관청은 토지의 이동에 따라 지상 경계를 새로 정한 경우에는 경계점 위치 설명도 등을 등록한 경계점좌표등록부를 작성·관리하여야 한다. •29회 (   )

정답 (×)

경계점좌표등록부 ⇨ 지상경계점등록부

기 출 지 문 O X

도시개발사업 등의 사업시행자가 사업지구의 경계를 결정하기 위하여 토지를 분할하려는 경우에는 지상 경계점에 경계점표지를 설치하여 측량할 수 있다. •29회 (   )

정답 (○)

4. 분할에 따른 지상 경계의 결정

분할에 따른 지상 경계는 지상건축물을 걸리게 결정해서는 아니 된다. 다만, 다음의 어느 하나에 해당하는 경우에는 그러하지 아니하다(영 제55조 제4항).

① 「국토의 계획 및 이용에 관한 법률」의 규정에 따른 도시·군관리계획 결정고시와 지형도면 고시가 된 지역의 도시·군관리계획선에 따라 토지를 분할하는 경우
② 도시개발사업 등의 사업시행자가 사업지구의 경계를 결정하기 위하여 토지를 분할하는 경우
③ 공공사업 등에 따라 학교용지·도로·철도용지·제방·하천·구거·유지·수도용지 등의 지목으로 되는 토지를 분할하는 경우
④ 법원의 확정판결이 있는 경우

5. 도시개발사업 등의 경계결정

도시개발사업 등이 완료되어 실시하는 지적확정측량의 경계는 공사가 완료된 현황대로 결정하되, 공사가 완료된 현황이 사업계획도와 다를 때에는 지적소관청은 미리 사업시행자에게 그 사실을 통지하여야 한다(영 제55조 제5항).

■■ 공간정보의 구축 및 관리 등에 관한 법률 시행규칙(별지 제58호 서식)〈개정 2017.1.31.〉

지상경계점등록부

토지의 소재	시·도		시·군·구		읍·면		동·리	
	지번		공부상 지목		실제 토지 이용 지목		면적(m²)	

위치도		토지이용계획	
		개별공시지가	
		측 량 자	년 월 일
(토지의 위치를 나타낼 수 있는 개략적 도면)		검 사 자	년 월 일
		입 회 인	측량의뢰인:
			이해관계인:

경계점 위치 설명도

경계점좌표(경계점좌표등록부 시행지역만 해당함)

부호	좌표		부호	좌표	
	X	Y		X	Y
1	m	m		m	m
2					

경계점 위치 사진

번호		표지의 종류		번호		표지의 종류	
		위치				위치	

번호		표지의 종류		번호		표지의 종류	
		위치				위치	

01 공간정보의 구축 및 관리 등에 관한 법령상 지상경계점등록부의 등록사항으로 <u>틀린</u> 것은? • 34회

① 지적도면의 번호
② 토지의 소재
③ 공부상 지목과 실제 토지이용 지목
④ 경계점의 사진 파일
⑤ 경계점표지의 종류 및 경계점 위치

해설 ① 지상경계점등록부에 다음의 사항을 등록하여야 한다(법 제65조 제2항, 규칙 제60조).

> 1. 토지의 소재
> 2. 지번
> 3. 경계점표지의 종류 및 경계점 위치
> 4. 경계점 위치 설명도
> 5. 경계점좌표(경계점좌표등록부 시행지역에 한정한다)
> 6. 경계점의 사진 파일
> 7. 공부상 지목과 실제 토지이용 지목

정답 ①

02 공간정보의 구축 및 관리 등에 관한 법령상 지상 경계의 결정기준으로 옳은 것은? (단, 지상 경계의 구획을 형성하는 구조물 등의 소유자가 다른 경우는 제외함) • 32회

① 연접되는 토지 간에 높낮이 차이가 있는 경우 : 그 구조물 등의 하단부
② 공유수면매립지의 토지 중 제방 등을 토지에 편입하여 등록하는 경우 : 그 경사면의 하단부
③ 도로·구거 등의 토지에 절토(땅깎기)된 부분이 있는 경우 : 바깥쪽 어깨부분
④ 토지가 해면 또는 수면에 접하는 경우 : 최소만조위 또는 최소만수위가 되는 선
⑤ 연접되는 토지 간에 높낮이 차이가 없는 경우 : 그 구조물 등의 상단부

해설 지상 경계의 결정기준은 다음의 구분에 따른다(영 제55조).
  ① 연접되는 토지 간에 높낮이 차이가 있는 경우 : 그 구조물 등의 하단부
  ② 공유수면매립지의 토지 중 제방 등을 토지에 편입하여 등록하는 경우 : 바깥쪽 어깨부분
  ③ 도로·구거 등의 토지에 절토(땅깎기)된 부분이 있는 경우 : 그 경사면의 상단부
  ④ 토지가 해면 또는 수면에 접하는 경우 : 최대만조위 또는 최대만수위가 되는 선
  ⑤ 연접되는 토지 간에 높낮이 차이가 없는 경우 : 그 구조물 등의 중앙

정답 ①

1. 면적의 의의 및 등록단위

(1) '면적'이란 지적공부에 등록한 필지의 수평면상 넓이를 말한다(법 제2조 제27호). 지적공부에 등록된 면적은 수평면상의 넓이이기 때문에 토지를 깊게 파거나 깎아 내더라도 지적공부상의 면적은 바뀌지 않는다. 일반적인 경우는 지적도면*의 경계에서 면적을 측정하여 끝수처리를 거쳐 토지대장이나 임야대장에 등록하고, 경계점좌표등록부가 갖춰진 지역은 좌표에 의해 면적을 측정한 후 끝수처리를 거쳐 토지대장에 등록한다.

* **지적도면**
지적도와 임야도를 합하여 '지적도면'이라고 한다.

(2) 면적의 단위는 제곱미터로 한다(법 제68조 제1항). 이전에는 평(坪) 또는 보(步)를 사용했으나, 1975년 12월 31일부터 제곱미터(m²)를 사용하고 있다.

2. 면적측정

(1) 면적측정의 의의

'면적측정'이란 지적도면(지적도, 임야도)의 경계나 경계점좌표등록부의 좌표에서 면적을 계산하는 것을 말한다.

(2) 면적측정의 방법

전자면적 측정기	평판측량 또는 전자평판측량방법으로 세부측량을 실시하여 필지의 경계를 지적도면(지적도 및 임야도)에 등록하는 지역에서 사용한다.
좌표면적 계산법	경위의측량방법으로 세부측량을 실시하여 필지의 경계점을 좌표로 경계점좌표등록부에 등록하는 지역에서 사용된다.

기 출 지 문 O X

경계점좌표등록부를 갖춰 두는 지역의 면적측정 방법은 좌표면적계산법에 의한다. ·28회
( )

정답 (○)

(3) 면적측정의 대상(지적측량 시행규칙 제19조)

면적측정 (O)	① 지적공부를 복구하는 경우
	② 신규등록하는 경우
	③ 등록전환하는 경우
	④ 분할하는 경우
	⑤ 축척변경하는 경우
	⑥ 면적 또는 경계를 정정하는 경우
	⑦ 경계복원측량 및 지적현황측량에 면적측정이 수반되는 경우
	⑧ 도시개발사업 등으로 인한 토지의 이동에 따라 토지의 표시를 새로 결정하는 경우

기 출 지 문 O X

지적공부의 복구를 하는 경우나 등록전환을 하는 경우는 필지마다 면적을 측정하여야 한다.
·24회 ( )

정답 (○)

면적측정 (×)	① 합병
	② 지목변경
	③ 지번변경
	④ 미터법의 시행으로 면적을 환산하는 경우
	⑤ 경계복원측량과 지적현황측량을 하는 경우

3. 면적의 결정방법 및 끝수처리(영 제60조 제1항)

경계나 좌표에서 면적을 측정하여 측정된 면적을 그대로 토지(임야)대장에 등록하는 것이 아니라 끝수처리 절차를 거쳐 결정된 면적을 등록하게 되는데 그 기준은 다음과 같다.

> (1) **일반지역**(영 제60조 제1항 제1호)
> ① 토지의 면적은 제곱미터 단위(=1의 자리)로 한다.
> ② 제곱미터 미만의 끝수가 있는 경우 0.5제곱미터 미만일 때에는 버리고, 0.5제곱미터를 초과하는 때에는 올리며, 0.5제곱미터일 때에는 구하려는 끝자리의 숫자가 0 또는 짝수이면 버리고 홀수이면 올린다.
> ③ 다만, 1필지의 면적이 1제곱미터 미만일 때에는 1제곱미터로 한다.
>
> (2) **지적도의 축척이 600분의 1인 지역과 경계점좌표등록부에 등록하는 지역**(영 제60조 제1항 제2호)
> ① 토지의 면적은 제곱미터 이하 한 자리 단위*(= 소수 첫째자리)로 한다.
> ② 0.1제곱미터 미만의 끝수가 있는 경우 0.05제곱미터 미만일 때에는 버리고, 0.05제곱미터를 초과할 때에는 올리며, 0.05제곱미터일 때에는 구하려는 끝자리의 숫자가 0 또는 짝수이면 버리고 홀수이면 올린다.
> ③ 다만, 1필지의 면적이 0.1제곱미터 미만일 때에는 0.1제곱미터로 한다.

■■ 끝수*처리 연습

축 척	1/1000 ~ 1/6000, 임야도지역		1/600, 경계점좌표등록부를 갖춰두는 지역	
내 용	• 제곱미터 단위로 등록 • 1제곱미터 미만이면 1제곱미터로 등록		• 제곱미터 이하 한 자리 단위로 등록 • 0.1제곱미터 미만이면 0.1제곱미터로 등록	
연 습	측정면적	등록면적	측정면적	등록면적
	63.6	64	65.78	65.8
	64.4	64	65.83	65.8
	63.5	64	65.75	65.8
	64.5	64	65.85	65.8
	0.3	1	0.03	0.1
	64.8	65	65.68	65.7
	64.86	65	65.672	65.7
	64.52	65	65.653	65.7

기출&예상 문제

01 공간정보의 구축 및 관리 등에 관한 법령상 세부측량 시 필지마다 면적을 측정하여야 하는 경우가 <u>아닌</u> 것은?　•24회

① 지적공부의 복구를 하는 경우
② 등록전환을 하는 경우
③ 지목변경을 하는 경우
④ 축척변경을 하는 경우
⑤ 도시개발사업 등으로 인한 토지의 이동에 따라 토지의 표시를 새로 결정하는 경우

해설 ③ 지목변경의 경우는 면적측정을 하지 않는다.

정답 ③

02 공간정보의 구축 및 관리 등에 관한 법령상 지적도의 축척이 600분의 1인 지역에서 신규등록할 1필지의 면적을 측정한 값이 145.450m²인 경우 토지대장에 등록하는 면적의 결정으로 옳은 것은?　　•34회

① 145m²
② 145.4m²
③ 145.45m²
④ 145.5m²
⑤ 146m²

해설 ② 지지적도의 축척이 600분의 1인 지역은 경계점좌표등록부를 갖춰두는 지역이므로 제곱미터 이하 한 자리 단위로 등록하여야 한다. 0.1제곱미터 미만의 끝수가 있는 경우 그 끝수가 0.05제곱미터일 때에는 구하려는 끝자리의 숫자가 0 또는 짝수이면 버리고, 홀수이면 올린다(영 제60조 제1항 제2호). 문제의 경우 끝수가 0.05이고 구하려는 끝자리의 숫자가 4이므로 145.4m²로 등록하여야 한다.

정답 ②

03 공간정보의 구축 및 관리 등에 관한 법령상 지적도의 축척이 600분의 1인 지역에서 신규등록할 1필지의 면적을 계산한 값이 0.050m²이었다. 토지대장에 등록하는 면적의 결정으로 옳은 것은?　　•30회

① 0.01m²
② 0.05m²
③ 0.1m²
④ 0.5m²
⑤ 1.0m²

해설 ③ 지적도의 축척이 600분의 1인 지역과 경계점좌표등록부에 등록하는 지역의 토지 면적은 1필지의 면적이 0.1m² 미만일 때에는 0.1m²로 한다(영 제60조 제1항 제2호).

정답 ③

① 지적소관청은 토지의 이동현황을 직권으로 조사·측량하여 토지의 지번·지목·면적·경계 또는 좌표를 결정하려는 때에는 (   )을 수립하여야 한다.

② 신규등록 및 등록전환의 경우는 그 지번부여지역에서 인접 토지의 (   )에 (   )을 붙여서 지번을 부여하는 것이 원칙이다.

③ 합병의 경우로서 토지소유자가 합병 전의 필지에 대하여 주거·사무실 등의 건축물이 있어서 그 건축물이 위치한 지번을 합병 후의 지번으로 (   )할 때에는 그 지번을 합병 후의 지번으로 부여하여야 한다.

④ 토지를 분할하는 경우 주거·사무실 등의 건축물이 있는 필지에 대하여는 분할 전의 지번을 (   ) 부여하여야 한다.

⑤ 제조업을 하고 있는 공장시설물의 부지와 같은 구역에 있는 의료시설 등 부속시설물의 부지는 '(   )'로 한다.

⑥ 물을 상시적으로 직접 이용하여 연·왕골 등의 식물을 주로 재배하는 토지는 '(   )'으로 한다.

⑦ 원야(原野)를 이루고 있는 암석지, 자갈땅, 모래땅, 습지, 황무지 등의 토지의 지목은 '(   )'로 한다.

⑧ 「장사 등에 관한 법률」에 따른 봉안시설과 이에 접속된 부속시설물의 부지는 '(   )'로 한다.

| 정답 | 1 토지이동현황 조사계획 2 본번, 부번 3 신청 4 우선하여 5 공장용지 6 답 7 임야 |
| | 8 묘지 |

⑨ 여객자동차터미널, 자동차운전학원 및 폐차장 등 자동차와 관련된 독립적인 시설물을 갖춘 부지의 지목은 '(   )'이다.

⑩ 지적소관청은 토지의 이동에 따라 지상 경계를 새로 정한 경우에는 (   )를 작성·관리하여야 한다.

⑪ 도로·구거 등의 토지에 절토된 부분이 있는 경우, 그 경사면의 (   )를 기준으로 지상 경계를 정한다.

⑫ 연접되는 토지 간에 높낮이 차이가 없는 경우, 그 구조물 등의 (   )을 기준으로 지상 경계를 정한다.

⑬ 공유수면매립지의 토지 중 제방 등을 토지에 편입하여 등록하는 경우 지상 경계의 결정기준은 (   )으로 한다.

⑭ 경위의측량방법으로 세부측량을 한 지역의 필지별 면적측정은 (   )에 의한다.

⑮ 공간정보의 구축 및 관리 등에 관한 법령상 지적도의 축척이 600분의 1인 지역에서 신규등록할 1필지의 면적을 측정한 값이 145.450m²인 경우 토지대장에는 (   )m²로 등록한다.

⑯ 면적 단위는 제곱미터로 하며, 경계점좌표등록부에 등록하는 지역의 토지 면적은 제곱미터 (   ) 단위로 한다.

정답   **9** 잡종지   **10** 지상경계점등록부   **11** 상단부   **12** 중앙   **13** 바깥쪽 어깨부분   **14** 좌표면적계산법
15 145.4   **16** 이하 한 자리

02 지적공부 및 부동산종합공부

학습전략

• 지적공부의 종류별 등록사항을 정리하고 암기하여야 합니다.

• 지적공부의 복구절차 및 복구자료를 정리하고 암기하여야 합니다.

• 부동산종합공부의 등록사항 및 관리·운영을 정리하여야 합니다.

제1절 지적공부의 의의

1. '지적공부'란 토지대장, 임야대장, 공유지연명부, 대지권등록부, 지적도, 임야도 및 경계점좌표등록부 등 지적측량 등을 통하여 조사된 토지의 표시와 해당 토지의 소유자 등을 기록한 대장 및 도면(정보처리시스템을 통하여 기록·저장된 것을 포함한다)을 말한다(법 제2조 제19호).

2. 지적공부의 분류 및 등록사항

지적공부 (O)	① 대장 – 토지대장, 임야대장, 공유지연명부, 대지권등록부 ② 도면 ┌ 지적도면 : 지적도, 임야도 └ 경계점좌표등록부 ③ 정보처리시스템을 통하여 기록·저장된 지적공부
지적공부 (X)	부동산등기부, 건축물대장, 부동산종합공부, 지상경계점등록부, 결번대장 등
등록사항	① 토지의 표시 : 소재, 지번, 지목, 면적, 경계 또는 좌표 ② 소유자 등

1 토지대장·임야대장 •25회 •26회 •27회 •28회 •31회

1. 의 의

토지대장은 일제가 1910년부터 실시한 '토지조사사업'의 결과로 조사한 토지를 등록하기 위하여 작성한 지적공부이고, 임야대장은 1918년부터 실시한 '임야조사사업'의 결과로 조사한 토지를 등록하기 위하여 작성한 지적공부이다. 대한민국의 모든 토지는 토지대장과 임야대장 중 하나에 등록되어 있어야 하는 것이 원칙이다.

2. 등록사항(법 제71조 제1항, 규칙 제68조 제2항)

① **토지의 소재** : 동·리 단위까지 행정구역을 기재한다.
② **지번** : 지번은 아라비아숫자로 표기하되, 임야대장 및 임야도에 등록하는 토지의 지번은 숫자 앞에 '산'자를 붙인다.
③ **지목** : 지목은 정식명칭을 기재한다.
④ **면적** : 면적은 m^2 단위로 등록한다.
⑤ 소유자의 성명 또는 명칭, 주소 및 (주민)등록번호
⑥ 토지소유자가 변경된 날과 그 원인
⑦ 토지의 고유번호(각 필지를 서로 구별하기 위하여 필지마다 붙이는 고유한 번호를 말한다)

■■ 토지의 고유번호

> <u>4326000101</u> – <u>1</u> <u>0077</u> – <u>0011</u>
>   ①   ②   ③
>
> 1. 고유번호는 19자리의 숫자로 나타내는데, 그 의미는 다음과 같다.
>   ① : 필지의 행정구역표시로서 '소재'를 나타낸다.
>   ② : 등록된 지적공부의 종류를 나타낸다.
>   (1 : 토지대장에 등록된 토지, 2 : 임야대장에 등록된 토지,
>   3 : 경계점좌표등록부에 등록된 토지)
>   ③ : 8자리 숫자로 지번을 표시하며 앞의 4자리는 본번을, 뒤의 4자리는 부번을 나타낸다.
> 2. 고유번호는 지적도면에만 등록하지 않고, 나머지 지적공부인 토지대장, 임야대장, 공유지연명부, 대지권등록부, 경계점좌표등록부에 등록한다.

⑧ 도면번호와 필지별 대장의 장 번호 및 축척
⑨ 토지의 이동 사유
⑩ 토지등급 또는 기준수확량등급과 그 설정·수정 연월일
⑪ 개별공시지가*와 그 기준일 : 토지의 과세기준으로서 그 기준일은 매년 1월 1일로 한다.
⑫ 그 밖에 국토교통부장관이 정하는 사항

* 개별공시지가
표준지공시지가를 기준으로 하여 산정한 개별토지에 대한 단위면적당(원/m²) 가격이다. 전국 251개 시장·군수·구청장은 중앙부동산평가위원회의 심의를 거쳐 매년 2월 말경에 공시된 표준지공시지가를 기준으로 5월 31일까지 전국의 약 3,143만 필지에 대한 개별공시지가를 산정해 공시한다.

기출&예상 문제

다음 중 부동산 중개업자 甲이 매도의뢰 대상토지에 대한 소재, 지번, 지목과 면적을 모두 매수의뢰인 乙에게 설명하고자 하는 경우 적합한 것은?
• 22회

① 토지대장 등본
② 지적측량기준점성과 등본
③ 지적도 등본
④ 임야도 등본
⑤ 경계점좌표등록부 등본

해설 ① 토지의 소재, 지번은 모든 지적공부의 등록사항에 해당한다. 반면, 지목은 토지대장과 임야대장, 지적도와 임야도에 등록하고, 면적은 토지대장과 임야대장에만 등록한다. 따라서 소재, 지번, 지목과 면적이 모두 등록된 지적공부는 토지대장과 임야대장뿐이다.

정답 ①

■ 토지대장(별지 제63호 서식)

고유번호	2818510600-10023-0045	도면번호	347	발급번호	20142818500001613
토지소재	인천광역시 연수구 송도동	장번호	3-1	처리시각	12시 03분 10초
지 번	23-45 축척 수치	비 고		발 급 자	

토 지 대 장

토 지 표 시

지목	면 적(m²)	사 유
(08)대	*57,654.6*	(21)2001년 11월 01일 991번에서 분할
(08)대	*57,654.6*	(52)2006년 03월 06일 동춘동 991-25번에서 행정관할구역변경
		---이하여백---

소 유 자

변 동 일 자 / 변 동 원 인	주 소	등 록 번 호 / 성명 또는 명칭
2000년02월21일 / (02)소유권보존	인천광역시	423
2004년02월18일 / (03)소유권이전	부산광역시 영도구 봉래동5가 29	주식회사한진중공업
2006년06월08일 / (21)대지권성정		110111-0******
	---이하여백---	

등급수정 년월일								
토지등급(기준수확량등급)	( )	( )	( )	( )	( )	( )	( )	
개별공시지가 기준일	2002년01월01일	2003년01월01일	2004년01월01일	2005년01월01일	2006년01월01일	2007년01월01일	2008년01월01일	용도지역 등
개별공시지가(원/m²)	160,000	500,000	800,000	900,000	1,200,000	2,100,000	2,500,000	

2 공유지연명부 ·27회 ·29회 ·31회 ·32회

1. 의 의

'공유지연명부'란 1필지에 대한 토지소유자가 2인 이상인 경우에 소유권의 표시사항을 효율적으로 등록·관리하기 위하여 토지(임야)대장과 별도로 작성하는 지적공부이다.

2. 정리방법

토지의 소유자가 2인 이상인 경우 토지대장·임야대장의 소유자란에 'ㅇㅇㅇ 외 ㅇ인'이라고 정리하고, 공유지연명부에는 소유자 전원의 성명, 주소, 주민등록번호와 소유권의 지분을 등록한다.

3. 등록사항(법 제71조 제2항, 규칙 제68조 제3항)

① 토지의 소재
② 지번
③ 소유자의 성명 또는 명칭, 주소 및 주민등록번호
④ 토지소유자가 변경된 날과 그 원인
⑤ 소유권 지분
⑥ 토지의 고유번호
⑦ 필지별 공유지연명부의 장 번호

■ 공유지연명부(별지 제65호 서식)

고유번호			공 유 지 연 명 부		장번호	
토지소재			지 번		비 고	
순 번	변 동 일 자	소유권 지분	소 유 자			
	변 동 원 인		주 소		등록번호	
					성명 또는 명칭	
	년 월 일					
	년 월 일					
	년 월 일					
	년 월 일					
	년 월 일					
	년 월 일					
	년 월 일					
	년 월 일					

3 대지권등록부 ·27회 ·29회 ·31회 ·32회 ·33회

1. 의 의

'대지권등록부'란 「부동산등기법」에 따라 대지권등기를 한 토지에 대하여 지적공부의 효율적 정리를 위하여 작성하는 지적공부를 의미한다. 대지권등기를 한 경우 토지대장의 소유자란에 '○○년 ○○월 ○○일 대지권설정'이라고 정리한다.

2. 등록사항(법 제71조 제3항, 규칙 제68조 제4항)

① 토지의 소재
② 지번
③ 소유자의 성명 또는 명칭, 주소 및 주민등록번호
④ 토지소유자가 변경된 날과 그 원인
⑤ 소유권 지분
⑥ 토지의 고유번호
⑦ 집합건물별 대지권등록부의 장 번호
⑧ 건물의 명칭
⑨ 전유부분의 건물표시
⑩ 대지권 비율

대지권등록부(별지 제66호 서식)

고유번호	2818510600-10023-0045		전유부분 건물표시	103동 9층 903호	장번호	3-1
토지소재	인천광역시 연수구 송도동		건물명칭	송도그린0아파트		
지 번	23-45					
대지권 비율	96.552/57654.6					

대 지 권 등 록 부

소 유 자				
변 동 일 자	주 소		등 록 번 호	성명 또는 명칭
변 동 원 인				
2006년 06월 08일	부산시 영도구 봉래동5가 29		110111-0******	주식회사한진중공업
(02)소유권보존				
2006년 07월 07일	인천광역시 남동구 함박뫼로 123 111동 202호(논현동, 논현주공0아파트)		520928-2*****	김희진
(03)소유권이전				
	---이하여백---			

소유권 지분

01 공간정보의 구축 및 관리 등에 관한 법령상 대지권등록부의 등록사항만으로 나열된 것이 <u>아닌</u> 것은?

• 33회

① 지번, 지목
② 토지의 소재, 토지의 고유번호
③ 대지권 비율, 전유부분(專有部分)의 건물표시
④ 소유권 지분, 토지소유자가 변경된 날과 그 원인
⑤ 건물의 명칭, 집합건물별 대지권등록부의 장번호

해설 ① 대지권등록부에는 다음의 사항을 등록하여야 한다(법 제71조 제3항, 규칙 제68조 제4항). 지목은 토지대장, 임야대장, 지적도, 임야도에 등록한다.

> 1. 토지의 소재
> 2. 지번
> 3. 소유자의 성명 또는 명칭, 주소 및 주민등록번호
> 4. 토지소유자가 변경된 날과 그 원인
> 5. 소유권 지분
> 6. 토지의 고유번호
> 7. 집합건물별 대지권등록부의 장 번호
> 8. 건물의 명칭
> 9. 전유부분의 건물표시
> 10. 대지권 비율

정답 ①

02 공간정보의 구축 및 관리 등에 관한 법령상 지적공부와 등록사항의 연결이 옳은 것은?

• 31회

① 토지대장 – 경계와 면적
② 임야대장 – 건축물 및 구조물 등의 위치
③ 공유지연명부 – 소유권 지분과 토지의 이동 사유
④ 대지권등록부 – 대지권 비율과 지목
⑤ 토지대장·임야대장·공유지연명부·대지권등록부 – 토지소유자가 변경된 날과 그 원인

해설 ① 경계는 지적도면에 등록한다.
② 건축물 및 구조물 등의 위치는 지적도면에 등록한다.
③ 토지의 이동 사유는 토지대장 및 임야대장에 등록한다.
④ 지목은 토지(임야)대장 및 지적(임야)도에 등록한다.

정답 ⑤

4 지적도면(지적도·임야도) ·24회 ·26회 ·27회 ·28회 ·29회 ·32회

1. 의의 및 관리방법

(1) '지적도'란 토지대장에 등록된 토지의 경계를 비롯한 일정한 사항을 도면으로 표시한 지적공부를 말하고, '임야도'란 임야대장에 등록된 토지의 경계를 비롯한 일정한 사항을 도면으로 표시한 지적공부를 말한다.

(2) 지적도면에는 지적소관청의 직인을 날인하여야 한다. 다만, 정보처리시스템을 이용하여 관리하는 지적도면의 경우에는 그러하지 아니하다(규칙 제69조 제4항).

(3) 지적소관청은 지적도면의 관리에 필요한 경우에는 지번부여지역마다 일람도와 지번색인표를 작성하여 갖춰 둘 수 있다(규칙 제69조 제5항).

2. 지적도면의 법정축척

지적도면에 실제 토지를 그대로 제도하는 것은 불가능하므로 일정한 비율로 축소시켜야 하는데, 이때 축소시킨 정도를 '축척'이라고 한다. 지적도면에서 사용할 수 있는 법정축척은 다음과 같다(규칙 제69조 제6항).

> ① **지적도** : 1/500, 1/600, 1/1,000, 1/1,200, 1/2,400, 1/3,000, 1/6,000
> ② **임야도** : 1/3,000, 1/6,000

3. 지적도면의 등록사항(법 제72조, 규칙 제69조)

① 토지의 소재
② 지번
③ **지목** : 지목은 지번의 오른쪽 옆에 부호로 등록한다.
④ **경계** : 경계란 필지별로 경계점들을 직선으로 연결하여 지적공부에 등록한 선을 말한다. 경계는 0.1밀리미터 폭의 선으로 제도한다(지적업무처리규정 제41조 제1항).

기 출 지 문 O X

지적도면의 색인도, 건축물 및 구
조물 등의 위치는 지적도면의 등
록사항에 해당한다. •29회

( )

정답 (○)

⑤ 지적도면의 **색인도***(인접 도면의 연결순서를 표시하기 위하여 기재한 도표
와 번호를 말한다)

⑥ **지적도면의 제명 및 축척** : 경계점좌표등록부를 갖춰 두는 지역 안의 지
적도에는 도면의 제명* 끝에 '(좌표)'라고 표시하고, 도곽선의 오른쪽
아래 끝에 '이 도면에 의하여 측량을 할 수 없음'이라고 적는다.

⑦ 좌표에 의하여 계산된 **경계점 간의 거리**(경계점좌표등록부를 갖춰 두는
지역으로 한정한다)

⑧ **도곽선***과 그 수치 : 지적도의 도곽 크기는 가로 40센티미터, 세로 30
센티미터의 직사각형으로 하고, 도면의 윗방향은 항상 북쪽으로 한다.
도곽선은 0.1밀리미터 폭으로 제도한다(지적업무처리규정 제40조).

⑨ 삼각점 및 지적기준점의 위치

⑩ 건축물 및 구조물 등의 위치

⑪ 그 밖에 국토교통부장관이 정하는 사항

한눈에 보기 **경계점좌표등록부를 갖춰 두는 지역의 지적도 특징**

1. 지적도의 제명 끝에 '(좌표)'라고 표시한다(규칙 제69조 제3항).
2. 좌표에 의하여 계산된 경계점 간 거리를 등록한다(규칙 제69조 제2항).
3. 도곽선의 오른쪽 아래 끝에 '이 도면에 의하여 측량을 할 수 없음'이라고 적는다
(규칙 제69조 제3항).

4. 지적도면의 복사

(1) 국가기관, 지방자치단체 또는 지적측량수행자가 지적도면(정보처리시스템
에 구축된 지적도면 데이터 파일을 포함한다)을 복사하려는 경우에는 지적도
면 복사의 목적, 사업계획 등을 적은 신청서를 지적소관청에 제출하여야
한다(규칙 제70조 제1항).

(2) 지적도면의 복사 신청을 받은 지적소관청은 신청 내용을 심사한 후 그 타
당성을 인정하는 때에 지적도면을 복사할 수 있게 하여야 한다. 이 경우
복사 과정에서 지적도면을 손상시킬 염려가 있으면 지적도면의 복사를 정
지시킬 수 있다(규칙 제70조 제2항).

(3) 복사한 지적도면은 신청 당시의 목적 외의 용도로는 사용할 수 없다(규칙
제70조 제3항).

■: 지적도(일반지역, 별지 제67호 서식)

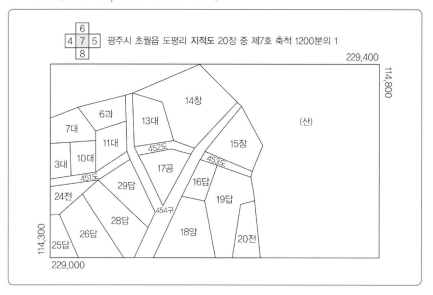

■: 지적도(경계점좌표등록부 시행지역)

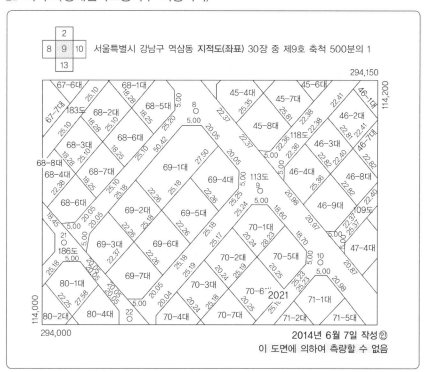

■ 임야도(별지 제68호 서식)

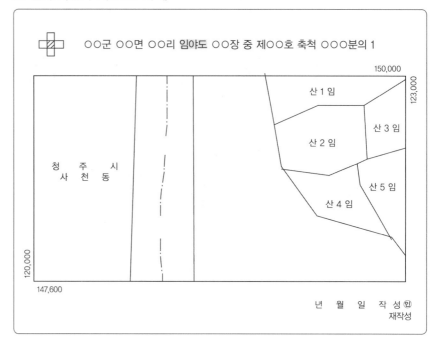

○○군 ○○면 ○○리 **임야도** ○○장 중 제○○호 축척 ○○○분의 1

150,000
123,000

산 1 임

산 3 임

산 2 임

청   주   시
사   천   동

산 5 임

산 4 임

120,000

147,600

년   월   일   작 성 ㉑
재작성

기출&예상   문제

01 공간정보의 구축 및 관리 등에 관한 법령상 지적도면 등의 등록사항 등에 관한 설명으로 **틀린** 것은?   • 29회

① 지적소관청은 지적도면의 관리에 필요한 경우에는 지번부여지역마다 일람도와 지번색인표를 작성하여 갖춰 둘 수 있다.

② 지적도면의 축척은 지적도 7종, 임야도 2종으로 구분한다.

③ 지적도면의 색인도, 건축물 및 구조물 등의 위치는 지적도면의 등록사항에 해당한다.

④ 경계점좌표등록부를 갖춰 두는 지역의 임야도에는 해당 도면의 제명 끝에 '(좌표)'라고 표시하고 도곽선의 오른쪽 아래 끝에 '이 도면에 의하여 측량을 할 수 없음'이라고 적어야 한다.

⑤ 지적도면에는 지적소관청의 직인을 날인하여야 한다. 다만, 정보처리시스템을 이용하여 관리하는 지적도면의 경우에는 그러하지 아니하다.

> **해설** ④ 경계점좌표등록부를 갖춰 두는 지역의 '지적도'에는 해당 도면의 제명 끝에 '(좌표)'라고 표시하고 도곽선의 오른쪽 아래 끝에 '이 도면에 의하여 측량을 할 수 없음'이라고 적어야 한다.

정답 ④

02 공간정보의 구축 및 관리 등에 관한 법령상 지적도 및 임야도의 등록사항을 모두 고른 것은? · 32회

> ㉠ 토지의 소재
> ㉡ 좌표에 의하여 계산된 경계점 간의 거리(경계점좌표등록부를 갖춰 두는 지역으로 한정)
> ㉢ 삼각점 및 지적기준점의 위치
> ㉣ 건축물 및 구조물 등의 위치
> ㉤ 도곽선(圖廓線)과 그 수치

① ㉠, ㉢, ㉣   ② ㉡, ㉢, ㉤

③ ㉡, ㉣, ㉤   ④ ㉠, ㉡, ㉢, ㉤

⑤ ㉠, ㉡, ㉢, ㉣, ㉤

해설 ⑤ 지적도 및 임야도에는 다음의 사항을 등록하여야 한다(법 제72조, 규칙 제 69조).

> 1. 토지의 소재
> 2. 지번
> 3. 지목
> 4. 경계
> 5. 지적도면의 색인도
> 6. 지적도면의 제명 및 축척
> 7. 도곽선(圖廓線)과 그 수치
> 8. 좌표에 의하여 계산된 경계점 간의 거리(경계점좌표등록부를 갖춰 두는 지역으로 한정한다)
> 9. 삼각점 및 지적기준점의 위치
> 10. 건축물 및 구조물 등의 위치

정답 ⑤

5 경계점좌표등록부 · 27회 · 28회

1. 의의 및 장·단점

(1) '경계점좌표등록부'란 각 필지의 경계점의 위치를 좌표로 등록·공시하는 지적공부를 말한다. 우리나라에서는 1975년의 구「지적법」에서 도입하였으며 처음에는 '수치지적부'라고 했다가 2001년 구「지적법」의 개정 시에 '경계점좌표등록부'로 명칭을 바꾸었다.

(2) 경계를 표시하는 방법으로 경계점좌표등록부는 도해지적(지적도면)에 비해 정밀도가 높다는 장점이 있지만, 일반인들이 표시내용을 이해하기 쉽지 않다는 단점이 있다.

2. 경계점좌표등록부를 갖춰 두는 지역

경계점좌표등록부는 전국적으로 작성하여 갖춰 두는 것이 아니라 지적소관청이 도시개발사업 등으로 인하여 필요하다고 인정되는 지역 안의 토지에 대하여 한정적으로 갖춰 두고 있다(법 제73조). 구체적으로 경계점좌표등록부를 갖춰 두는 토지는 지적확정측량 또는 축척변경을 위한 측량을 실시하여 경계점을 좌표로 등록한 지역의 토지로 한다(규칙 제71조 제2항).

3. 등록사항(법 제73조, 규칙 제71조 제3항)

① 토지의 소재
② 지번
③ 좌표
④ 부호 및 부호도
⑤ 토지의 고유번호
⑥ 필지별 경계점좌표등록부의 장 번호
⑦ 지적도면의 번호

4. 특 징

(1) 경계점좌표등록부를 작성하는 토지는 반드시 토지대장과 지적도를 함께 갖춰 둔다.

(2) 경계점좌표등록부를 갖춰 둔 지역에 있어서는 토지의 경계설정과 지표상의 복원은 '좌표'에 의하고 면적측정 또한 '좌표'에 의하여 실시한다. 이 경우 지적도에 의할 수 없음을 주의하여야 한다.

■ 경계점좌표등록부(별지 제69호 서식)

경 계 점 좌 표 등 록 부

고유번호				도면번호		장번호	
토지 소재				비고			

지번	부호	좌표		부호	좌표		장번호
		X (m)	Y (m)		X (m)	Y (m)	

부호	좌표		부호	좌표	
	X (m)	Y (m)		X (m)	Y (m)

부호	좌표		부호	좌표	
	X (m)	Y (m)		X (m)	Y (m)

공간정보의 구축 및 관리 등에 관한 법령상 경계점좌표등록부를 갖춰 두는 지역의 지적공부 및 토지의 등록 등에 관한 설명으로 **틀린** 것은?

• 28회

① 지적도에는 해당 도면의 제명 앞에 '(수치)'라고 표시하여야 한다.
② 지적도에는 도곽선의 오른쪽 아래 끝에 '이 도면에 의하여 측량을 할 수 없음'이라고 적어야 한다.
③ 토지 면적은 제곱미터 이하 한 자리 단위로 결정하여야 한다.
④ 면적측정 방법은 좌표면적계산법에 의한다.
⑤ 경계점좌표등록부를 갖춰 두는 토지는 지적확정측량 또는 축척변경을 위한 측량을 실시하여 경계점을 좌표로 등록한 지역의 토지로 한다.

해설 ① 경계점좌표등록부를 갖춰 두는 지역의 지적도에는 해당 도면의 제명 끝에 '(좌표)'라고 표시하고, 도곽선의 오른쪽 아래 끝에 '이 도면에 의하여 측량을 할 수 없음'이라고 적어야 한다(규칙 제69조 제3항).

정답 ①

6 지적에 관한 기타 공부

1. 일람도

(1) 의 의

'일람도'란 지적도 및 임야도의 배치나 그에 관한 접속관계를 한눈에 알아볼 수 있도록 지번부여지역마다 그 대략적인 지적내용을 표시하여 놓은 도면을 말한다. 일람도는 구체적인 필지에 대한 정보를 표시하는 것이 아니라 그 지번부여지역의 주요 지형지물과 각 지적도면의 접합관계를 용이하게 파악할 수 있게 작성된 것이다.

(2) 일람도의 작성

지적소관청은 지적도면의 관리에 필요한 경우에는 지번부여지역마다 일람도와 지번색인표를 작성하여 갖춰 둘 수 있다(규칙 제69조 제5항). 일람도를 작성할 경우 일람도의 축척은 그 도면축척의 10분의 1로 한다. 다만, 도면의 장수가 많아서 한 장에 작성할 수 없는 경우에는 축척을 줄여서 작성할수 있으며, 도면의 장수가 4장 미만인 경우에는 일람도의 작성을 하지 아니할 수 있다(지적업무처리규정 제38조).

(3) 일람도의 등재사항(지적업무처리규정 제37조)

① 지번부여지역의 경계 및 인접 지역의 행정구역명칭

② 도면의 제명 및 축척

③ 도곽선과 그 수치

④ 도면번호

⑤ 도로·철도·하천·구거·유지·취락 등 주요 지형·지물의 표시

2. 지번색인표

(1) 의 의

지적도의 도면번호별로 당해 도면에 등록된 지번의 색인과 결번된 지번을 쉽게 파악하고 특정지번의 토지가 등록되어 있는 지적도의 번호를 용이하게 찾아내기 위하여 작성한 도부(圖簿)로서 일람도 다음에 보관하는 도면이다.

(2) 지번색인표의 작성

지적소관청은 지적도면의 관리에 필요한 경우에는 지번부여지역마다 일람도와 지번색인표를 작성하여 갖춰 둘 수 있다(규칙 제69조 제5항). 지번색인표의 제명은 지번색인표 윗부분에 '○○시·도 ○○시·군·구 ○○읍·면 ○○동·리 지번색인표'라 제도한다. 지번색인표에는 도면번호별로 그 도면에 등록된 지번을, 토지의 이동으로 결번이 생긴 때에는 결번란에 그 지번을 제도한다(지적업무처리규정 제39조).

(3) 지번색인표의 등재사항(지적업무처리규정 제37조)

① 제명

② 지번·도면번호 및 결번

1 지적공부의 보존 및 반출 ·26회 ·27회 ·29회 ·31회 ·32회

1. 지적공부의 보존

(1) 지적소관청은 해당 청사에 지적서고*를 설치하고 그 곳에 지적공부(정보처리시스템을 통하여 기록·저장한 경우는 제외한다)를 영구히 보존하여야 한다 (법 제69조 제1항).

(2) 지적공부를 정보처리시스템을 통하여 기록·저장한 경우 관할 시·도지사, 시장·군수 또는 구청장은 그 지적공부를 지적정보관리체계에 영구히 보존하여야 한다(법 제69조 제2항).

(3) 국토교통부장관은 정보처리시스템을 통하여 기록·저장한 지적공부가 멸실되거나 훼손될 경우를 대비하여 지적공부를 복제하여 관리하는 정보관리체계를 구축하여야 한다(법 제69조 제3항).

> **◆참고　지적서고의 설치기준(규칙 제65조)**
>
> 1. **지적서고의 설치 및 구조**
>   ① 지적서고는 지적사무를 처리하는 사무실과 연접(連接)하여 설치하여야 한다.
>   ② 골조는 철근콘크리트 이상의 강질로 할 것
>   ③ 바닥과 벽은 2중으로 하고 영구적인 방수설비를 할 것
>   ④ 창문과 출입문은 2중으로 하되, 바깥쪽 문은 반드시 철제로 하고 안쪽 문은 곤충·쥐 등의 침입을 막을 수 있도록 철망 등을 설치할 것
>   ⑤ 온도 및 습도 자동조절장치를 설치하고, 연중 평균온도는 섭씨 20±5도를, 연중평균습도는 65±5퍼센트를 유지할 것
>   ⑥ 전기시설을 설치하는 때에는 단독퓨즈를 설치하고 소화장비를 갖춰 둘 것
>   ⑦ 열과 습도의 영향을 받지 아니하도록 내부공간을 넓게 하고 천장을 높게 설치할 것
>
> 2. **지적서고의 관리기준 및 방법**
>   ① 지적서고는 제한구역으로 지정하고, 출입자를 지적사무담당공무원으로 한정할 것
>   ② 지적서고에는 인화물질의 반입을 금지하며, 지적공부, 지적 관계 서류 및 지적측량장비만 보관할 것
>   ③ 지적공부 보관상자는 벽으로부터 15센티미터 이상 띄어야 하며, 높이 10센티미터 이상의 깔판 위에 올려놓아야 한다.

2. 지적공부의 반출

(1) 반출 사유

지적공부는 해당 청사 밖으로 반출할 수 없는 것이 원칙이지만, 다음의 어느 하나에 해당하는 경우에는 청사 밖으로 지적공부를 반출할 수 있다(법 제69조 제1항).

> ① 천재지변이나 그 밖에 이에 준하는 재난을 피하기 위하여 필요한 경우
> ② 관할 시·도지사 또는 대도시 시장의 승인을 받은 경우

(2) 반출 승인절차

① 지적소관청이 지적공부를 그 시·군·구의 청사 밖으로 반출하려는 경우에는 시·도지사 또는 대도시 시장에게 지적공부 반출사유를 적은 승인신청서를 제출하여야 한다(규칙 제67조 제1항).

② 반출 승인신청을 받은 시·도지사 또는 대도시 시장은 지적공부 반출사유 등을 심사한 후 그 승인 여부를 지적소관청에 통지하여야 한다(규칙 제67조 제2항).

2 지적공부의 열람 및 등본발급 •26회 •27회 •30회

(1) 지적공개주의 원칙에 따라 누구든지 일정한 절차에 따라 지적공부를 열람하거나 그 등본을 발급받을 수 있다.

(2) 지적공부를 열람하거나 그 등본을 발급받으려는 자는 해당 지적소관청에 이를 신청하여야 한다(법 제75조 제1항 본문).

(3) 다만, 정보처리시스템*을 통하여 기록·저장된 지적공부(지적도 및 임야도는 제외한다)를 열람하거나 그 등본을 발급받으려는 경우에는 특별자치시장, 시장·군수 또는 구청장이나 읍·면·동의 장에게 신청할 수 있다(법 제75조 제1항 단서).

(4) 지적공부를 열람하거나 그 등본을 발급받으려는 자는 지적공부·부동산종합공부 열람·발급 신청서(전자문서로 된 신청서를 포함한다)를 지적소관청 또는 읍·면·동장에게 제출하여야 한다(규칙 제74조 제1항).

* 정보처리시스템
컴퓨터를 이용하여 정보를 수집하여 유용한 정보로 변환시켜 저장하고 전달하는 등 일련의 작업을 처리하는 시스템을 말한다.

지적공부 · 부동산종합공부 열람 · 발급 신청서

(앞쪽)

접수번호		접수일		발급일		처리기간	즉시

신청인	성명				생연월일		

신청물건	시 · 도	시 · 군 · 구	읍 · 면
	리 · 동	번지	
	집합건물	APT · 연립 · B/D	동 층 호

신청구분	[ ] 열람 [ ] 등본 발급 [ ] 증명서 발급 ※ 발급 시 부수를 [ ] 안에 숫자로 표시

지적공부	[ ] 토지대장 [ ] 임야대장 [ ] 지적도 [ ] 임야도 [ ] 경계점좌표등록부

부동산종합공부 (※ 종합형은 연혁을 포함한 모든 정보, 맞춤형은 √로 표시한 정보만 발급)

		[ ] 토지	[ ] 토지, 건축물	[ ] 토지, 집합건물
종합형				
맞춤형	· 토지(지목, 면적, 현 소유자 등) 기본사항	[ ]		
	· 토지(지목, 면적 등) · 건물(주용도, 층수 등) 기본사항		[ ]	[ ]
	· 토지이용확인도 및 토지이용계획	[ ]	[ ]	[ ]
	· 토지 · 건축물 소유자 현황		[ ]	[ ]
	· 토지 · 건축물 소유자 공유현황	[ ]	[ ]	[ ]
	· 토지 · 건축물 표시 변동 연혁	[ ]	[ ]	[ ]
	· 토지 · 건축물 소유자 변동 연혁	[ ]	[ ]	[ ]
	· 가격 연혁	[ ]	[ ]	[ ]
	· 지적(임야)도	[ ]	[ ]	[ ]
	· 경계점좌표 등록사항	[ ]	[ ]	[ ]
	· 건축물 층별 현황		[ ]	[ ]
	· 건축물 현황도면		[ ]	[ ]

「공간정보의 구축 및 관리 등에 관한 법률」 제75조, 제76조의4 및 같은 법 시행규칙 제74조에 따라 지적공부 · 부동산종합공부의 열람 · 증명서 발급을 신청합니다.

년 월 일

신청인 (서명 또는 인)

특별자치시장
시장 · 군수 · 구청장 귀하
읍 · 면 · 동장

(뒤쪽)

첨부서류	없 음

수수료	구분		신청 종목	방문 신청	인터넷 신청
	지적공부	열람	토지(임야)대장, 경계점좌표등록부(1필지)	300원	무료
			지적(임야)도(1장)	400원	무료
		발급	토지(임야)대장, 경계점좌표등록부(1필지)	500원	무료
			지적(임야)도 (가로 21cm×30cm)	700원	무료
	부동산 종합공부	열람	부동산종합증명서 종합형	없음	무료
			부동산종합증명서 맞춤형	없음	무료
		발급	부동산종합증명서 종합형	1,500원	1,000원
			부동산종합증명서 맞춤형	1,000원	800원

※ 방문 발급 시 1통에 대한 발급수수료는 20장까지는 기본 수수료를 적용하고, 1통이 20장을 초과하는 때에는 초과 1장마다 50원의 수수료 추가 적용(인터넷 발급은 적용하지 않음)

3 지적정보 전담 관리기구 ·26회

1. 지적정보 전담 관리기구의 설치·운영

국토교통부장관은 지적공부의 효율적인 관리 및 활용을 위하여 지적정보 전담 관리기구를 설치·운영한다(법 제70조 제1항).

2. 자료의 요청

국토교통부장관은 지적공부를 과세나 부동산정책자료 등으로 활용하기 위하여 주민등록전산자료, 가족관계등록전산자료, 부동산등기전산자료 또는 공시지가전산자료 등을 관리하는 기관에 그 자료를 요청할 수 있으며 요청을 받은 관리기관의 장은 특별한 사정이 없으면 그 요청을 따라야 한다 (법 제70조 제2항).

4 지적전산자료의 이용 ·26회 ·33회

1. 지적전산자료의 신청

지적공부에 관한 전산자료(연속지적도*를 포함한다)를 이용하거나 활용하려는 자는 다음의 구분에 따라 국토교통부장관, 시·도지사 또는 지적소관청에 지적전산자료를 신청하여야 한다(법 제76조 제1항).

전국 단위의 지적전산자료	국토교통부장관, 시·도지사 또는 지적소관청
시·도 단위의 지적전산자료	시·도지사 또는 지적소관청
시·군·구 단위의 지적전산자료	지적소관청

2. 중앙행정기관의 심사

(1) 지적전산자료를 신청하려는 자는 지적전산자료의 이용 또는 활용 목적 등에 관하여 미리 관계 중앙행정기관의 심사를 받아야 한다. 다만, 중앙행정기관의 장, 그 소속 기관의 장 또는 지방자치단체의 장이 신청하는 경우에는 그러하지 아니하다(법 제76조 제2항).

* 연속지적도
지적측량을 하지 아니하고 전산화된 지적도 및 임야도 파일을 이용하여, 도면상 경계점들을 연결하여 작성한 도면으로서 측량에 활용할 수 없는 도면을 말한다.

(2) 다음의 어느 하나에 해당하는 경우에는 관계 중앙행정기관의 심사를 받지 아니할 수 있다(법 제76조 제3항).

① 토지소유자가 자기 토지에 대한 지적전산자료를 신청하는 경우

② 토지소유자가 사망하여 그 상속인이 피상속인의 토지에 대한 지적전산자료를 신청하는 경우

③ 「개인정보 보호법」 제2조 제1호에 따른 개인정보를 제외한 지적전산자료를 신청하는 경우

(3) '지적전산자료'를 이용하거나 활용하려는 자는 다음의 사항을 적은 신청서를 관계 중앙행정기관의 장에게 제출하여 심사를 신청하여야 한다(영 제62조 제1항).

① 자료의 이용 또는 활용 목적 및 근거

② 자료의 범위 및 내용

③ 자료의 제공 방식, 보관 기관 및 안전관리대책 등

(4) 심사 신청을 받은 관계 중앙행정기관의 장은 다음의 사항을 심사한 후 그 결과를 신청인에게 통지하여야 한다(영 제62조 제2항).

① 신청 내용의 타당성, 적합성 및 공익성

② 개인의 사생활 침해 여부

③ 자료의 목적 외 사용 방지 및 안전관리대책

5 지적공부의 복구 • 26회 • 28회 • 29회 • 31회 • 33회

1. 의 의

(1) '지적공부의 복구'란 지적소관청(정보처리시스템에 의하여 기록·저장된 지적공부의 경우에는 시·도지사, 시장·군수 또는 구청장)이 지적공부의 전부 또는 일부가 멸실되거나 훼손된 경우에 멸실·훼손 당시의 지적공부와 가장 부합된다고 인정되는 관계 자료에 따라 지체 없이 지적공부를 복원하는 것을 말한다(법 제74조, 영 제61조 제1항).

(2) 지적공부의 복구는 소유자의 신청에 의하지 않고 지적소관청이 직권으로 하여야 한다. 이 경우 시·도지사나 대도시 시장의 승인을 받을 필요는 없다.

(3) 지적공부는 토지의 표시와 소유자 등을 등록(법 제2조 제19호)하므로 복구 내용 또한 토지의 표시에 관한 사항과 소유자에 관한 사항으로 나누어 진다.

2. 복구자료

(1) 토지의 표시에 관한 사항(영 제61조 제1항 본문, 규칙 제72조)

> ① 지적공부의 등본
> ② 측량결과도
> ③ 토지이동정리결의서
> ④ 토지(건물)등기사항증명서 등 등기사실을 증명하는 서류
> ⑤ 지적소관청이 작성하거나 발행한 지적공부의 등록내용을 증명하는 서류
> ⑥ 정보관리체계에 따라 복제된 지적공부
> ⑦ 법원의 확정판결서 정본 또는 사본

(2) 소유자에 관한 사항(영 제61조 제1항 단서)

소유자에 관한 사항은 부동산등기부나 법원의 확정판결에 따라 복구하여야 한다.

3. 복구절차(규칙 제73조)

(1) 복구자료 조사

지적소관청은 지적공부를 복구하려는 경우에는 위의 복구자료를 조사하여야 한다(동조 제1항).

(2) 지적복구자료조사서 및 복구자료도 작성

지적소관청은 조사된 복구자료 중 토지대장·임야대장 및 공유지연명부의 등록 내용을 증명하는 서류 등에 따라 지적복구자료 조사서를 작성하고, 지적도면의 등록 내용을 증명하는 서류 등에 따라 복구자료도를 작성하여야 한다(동조 제2항).

기 출 지 문 O X

지적측량 의뢰서는 지적공부의 복구에 관한 관계 자료에 해당하지 않는다. •33회 (   )

정답 (○)

기 출 지 문 O X

지적공부의 등본, 개별공시지가 자료, 측량신청서 및 측량준비도, 법원의 확정판결서 정본 또는 사본은 지적공부의 복구자료이다. •31회 (   )

정답 (×)
측량신청서 및 측량준비도는 복구자료에 속하지 않는다.

기 출 지 문 O X

토지이동정리결의서는 지적공부의 복구에 관한 관계 자료에 해당한다. •29회 (   )

정답 (○)

기 출 지 문 O X

지적공부를 복구할 때 소유자에 관한 사항은 부동산등기부나 법원의 확정판결에 따라 복구하여야 한다. •29회 (   )

정답 (○)

(3) 복구측량 및 경계 및 면적의 조정

① 복구자료도에 따라 측정한 면적과 지적복구자료 조사서의 조사된 면적의 증감이 허용범위를 초과하거나 복구자료도를 작성할 복구자료가 없는 경우에는 복구측량을 하여야 한다(동조 제3항).

② 지적복구자료 조사서의 조사된 면적이 허용범위 이내인 경우에는 그 면적을 복구면적으로 결정하여야 한다(동조 제4항).

③ 복구측량을 한 결과가 복구자료와 부합하지 아니하는 때에는 토지소유자 및 이해관계인의 동의를 받아 경계 또는 면적 등을 조정할 수 있다. 이 경우 경계를 조정한 때에는 경계점표지를 설치하여야 한다 (동조 제5항).

(4) 토지의 표시 등의 게시

지적소관청은 복구자료의 조사 또는 복구측량 등이 완료되어 지적공부를 복구하려는 경우에는 복구하려는 토지의 표시 등을 시·군·구 게시판 및 인터넷 홈페이지에 15일 이상 게시하여야 한다(동조 제6항).

(5) 이의신청

복구하려는 토지의 표시 등에 이의가 있는 자는 위 (4)의 게시기간 내에 지적소관청에 이의신청을 할 수 있다. 이 경우 이의신청을 받은 지적소관청은 이의사유를 검토하여 이유 있다고 인정되는 때에는 그 시정에 필요한 조치를 하여야 한다(동조 제7항).

(6) 지적공부의 복구

① 지적소관청은 위의 게시 및 이의신청 절차를 이행한 때에는 지적복구자료 조사서, 복구자료도 또는 복구측량 결과도 등에 따라 토지대장·임야대장·공유지연명부 또는 지적도면을 복구하여야 한다(동조 제8항).

② 토지대장·임야대장 또는 공유지연명부는 복구되고 지적도면이 복구되지 아니한 토지가 축척변경 시행지역이나 도시개발사업 등의 시행지역에 편입된 때에는 지적도면을 복구하지 아니할 수 있다(동조 제9항).

01 공간정보의 구축 및 관리 등에 관한 법령상 지적공부의 관리 등에 관한 설명으로 **틀린** 것은? • 26회 수정

① 지적공부를 정보처리시스템을 통하여 기록·저장한 경우 관할 시·도지사, 시장·군수 또는 구청장은 그 지적공부를 지적정보관리체계에 영구히 보존하여야 한다.

② 지적소관청은 해당 청사에 지적서고를 설치하고 그 곳에 지적공부(정보처리시스템을 통하여 기록·저장한 경우는 제외한다)를 영구히 보존하여야 한다.

③ 국토교통부장관은 지적공부를 과세나 부동산정책자료 등으로 활용하기 위하여 주민등록전산자료, 가족관계등록전산자료, 부동산등기전산자료 또는 공시지가전산자료 등을 관리하는 기관에 그 자료를 요청할 수 있다.

④ 토지소유자가 자기 토지에 대한 지적전산자료를 신청하거나, 토지소유자가 사망하여 그 상속인이 피상속인의 토지에 대한 지적전산자료를 신청하는 경우에는 관계 중앙행정기관의 심사를 받지 아니할 수 있다.

⑤ 지적소관청은 지적공부의 전부 또는 일부가 멸실되거나 훼손되어 이를 복구하고자 하는 경우에는 국토교통부장관의 승인을 받아야 한다.

해설 ⑤ 지적소관청(정보처리시스템을 통하여 기록·저장한 지적공부의 경우에는 시·도지사, 시장·군수 또는 구청장)은 지적공부의 전부 또는 일부가 멸실되거나 훼손된 경우에는 지체 없이 이를 복구하여야 한다. 이 경우 국토교통부장관이나 시·도지사의 승인을 요하지 않는다.

정답 ⑤

02 공간정보의 구축 및 관리 등에 관한 법령상 지적공부의 복구 및 복구절차 등에 관한 설명으로 틀린 것은?

• 31회

① 지적소관청(정보처리시스템을 통하여 기록·저장한 지적공부의 경우에는 시·도지사, 시장·군수 또는 구청장)은 지적공부의 전부 또는 일부가 멸실되거나 훼손된 경우에는 지체 없이 이를 복구하여야 한다.

② 지적공부를 복구할 때에는 멸실·훼손 당시의 지적공부와 가장 부합된다고 인정되는 관계 자료에 따라 토지의 표시에 관한 사항을 복구하여야 한다. 다만, 소유자에 관한 사항은 부동산등기부나 법원의 확정판결에 따라 복구하여야 한다.

③ 지적공부의 등본, 개별공시지가 자료, 측량신청서 및 측량준비도, 법원의 확정판결서 정본 또는 사본은 지적공부의 복구자료이다.

④ 지적소관청은 조사된 복구자료 중 토지대장·임야대장 및 공유지연명부의 등록 내용을 증명하는 서류 등에 따라 지적복구자료 조사서를 작성하고, 지적도면의 등록 내용을 증명하는 서류 등에 따라 복구자료도를 작성하여야 한다.

⑤ 복구자료도에 따라 측정한 면적과 지적복구자료 조사서의 조사된 면적의 증감이 오차의 허용범위를 초과하거나 복구자료도를 작성할 복구자료가 없는 경우에는 복구측량을 하여야 한다.

해설 ③ 토지의 표시에 관한 사항의 복구자료는 다음과 같다(영 제61조 제1항 본문, 규칙 제72조). 개별공시지가 자료, 측량신청서 및 측량준비도는 복구자료에 해당하지 않는다.

> 1. 지적공부의 등본
> 2. 측량결과도
> 3. 토지이동정리결의서
> 4. 토지(건물)등기사항증명서 등 등기사실을 증명하는 서류
> 5. 지적소관청이 작성하거나 발행한 지적공부의 등록내용을 증명하는 서류
> 6. 정보관리체계에 따라 복제된 지적공부
> 7. 법원의 확정판결서 정본 또는 사본

정답 ③

• 25회 • 27회 • 30회 • 32회 • 33회

1 의 의

'부동산종합공부'란 토지의 표시와 소유자에 관한 사항, 건축물의 표시와 소유자에 관한 사항, 토지의 이용 및 규제에 관한 사항, 부동산의 가격에 관한 사항 등 부동산에 관한 종합정보를 정보관리체계를 통하여 기록·저장한 것을 말한다(법 제2조 제19의3호).

2 관리 및 운영(법 제76조의2)

(1) 지적소관청은 부동산의 효율적 이용과 부동산과 관련된 정보의 종합적 관리·운영을 위하여 부동산종합공부를 관리·운영한다(동조 제1항).

(2) 지적소관청은 부동산종합공부를 영구히 보존하여야 하며, 부동산종합공부의 멸실 또는 훼손에 대비하여 이를 별도로 복제하여 관리하는 정보관리체계를 구축하여야 한다(동조 제2항).

(3) 부동산종합공부의 등록사항을 관리하는 기관의 장은 지적소관청에 상시적으로 관련 정보를 제공하여야 한다(동조 제3항).

(4) 지적소관청은 부동산종합공부의 정확한 등록 및 관리를 위하여 필요한 경우에는 등록사항을 관리하는 기관의 장에게 관련 자료의 제출을 요구할 수 있다. 이 경우 자료의 제출을 요구받은 기관의 장은 특별한 사유가 없으면 자료를 제공하여야 한다(동조 제4항).

기출지문 O X

지적소관청은 부동산종합공부의 정확한 등록 및 관리를 위하여 필요한 경우에는 부동산종합공부의 등록사항을 관리하는 기관의 장에게 관련 자료의 제출을 요구할 수 있다. • 25회 ( )

정답 (○)

1	토지의 표시와 소유자에 관한 사항	「공간정보의 구축 및 관리 등에 관한 법률」에 따른 지적공부의 내용
2	건축물의 표시와 소유자에 관한 사항 (토지에 건축물이 있는 경우만 해당한다)	「건축법」 제38조에 따른 건축물대장의 내용
3	토지의 이용 및 규제에 관한 사항	「토지이용규제 기본법」 제10조에 따른 토지이용계획확인서*의 내용
4	부동산의 가격에 관한 사항	「부동산 가격공시에 관한 법률」 제10조에 따른 개별공시지가, 같은 법 제16조, 제17조 및 제18조에 따른 개별주택가격 및 공동주택가격 공시내용
5	그 밖에 부동산의 효율적 이용과 부동산과 관련된 정보의 종합적 관리·운영을 위하여 필요한 사항으로 부동산의 권리에 관한 사항	「부동산등기법」 제48조에 따른 부동산의 권리에 관한 사항

4 등록사항 정정

(1) 지적소관청은 부동산종합공부의 등록사항 정정을 위하여 등록사항 상호 간에 일치하지 아니하는 사항(= 불일치 등록사항)을 확인 및 관리하여야 한다(영 제62조의3 제1항).

(2) 지적소관청은 불일치 등록사항에 대해서는 법 제76조의3의 등록사항을 관리하는 기관의 장에게 그 내용을 통지하여 등록사항 정정을 요청할 수 있다(영 제62조의3 제2항).

(3) 부동산종합공부의 등록사항 정정에 관하여는 지적공부의 등록사항 정정에 관한 규정을 준용한다(법 제76조의5).

5 열람 및 증명서 발급

(1) 부동산종합공부를 열람하거나 부동산종합공부 기록사항의 전부 또는 일부에 관한 증명서(= 부동산종합증명서)를 발급받으려는 자는 지적소관청이나 읍·면·동의 장에게 신청할 수 있다(법 제76조의4).

(2) 부동산종합공부를 열람하거나 부동산종합공부 기록사항의 전부 또는 일부에 관한 증명서(이하 '부동산종합증명서'라 한다)를 발급받으려는 자는 지적공부·부동산종합공부 열람·발급 신청서(전자문서로 된 신청서를 포함한다)를 지적소관청 또는 읍·면·동장에게 제출하여야 한다(규칙 제74조 제2항).

기출지문 O X

부동산종합공부를 열람하려는 자는 지적소관청이나 읍·면·동의 장에게 신청할 수 있으며, 부동산종합공부기록사항의 전부 또는 일부에 관한 증명서를 발급받으려는 자는 시·도지사에게 신청하여야 한다. • 32회 ( )

정답 (×)

열람이든 발급이든 지적소관청이나 읍·면·동의 장에게 신청할 수 있다.

■■ **부동산종합증명서(별지 제71호의3 서식)**

고 유 번 호		**부동산종합증명서(토지, 건축물)**			건축물 명칭		장 번 호	
소 재 지					건축물 동명칭		대장유형	

토지 표시 (관련 필지가 다수일 경우 별도 발급)					건축물 표시 (* 표시 항목이 총괄일 경우 합계를 표시)		
구분	법정동	지번	지목	면적(m²)	개별공시지가(원/m²)	* 대지면적(m²)	* 주용도
					기준일자 / 공시지가	* 건축면적(m²)	주구조
						* 연면적(m²)	지붕
						* 건폐율(%)	높이
						* 용적율(%)	층수(지상/지하)
						* 건물수	* 부속건물(동/m²)
						* 허가일자	* 가구/세대/호
						* 착공일자	* 주차 대수
						* 사용승인일자	* 승강기

토지, 건축물 소유자 현황 (집합건물일 경우 건축물 소유자는 기재하지 않음. 토지는 건축물의 대표지번을 기준으로 작성됨)

구분	변동일자	변동원인	성명 또는 명칭	등록번호	주소
	등기원인일자	등기원인	대표자(관리자) 성명	대표자(관리자) 주민등록번호	대표자(관리자) 주소
토지					
구분	변동일자	변동원인	성명 또는 명칭	등록번호	주소
건축물					

등기 특정 권리사항 (등기기록의 권리정보 중 일부 특정권리의 유무만 기재한 것임. 기준시점 : 0000년/00월/00일 00시:00분)

구분	소유권	용익권 (지상권, 지역권, 전세권, 임차권)	담보권 (저당권, 근저당권, 질권, 근질권)	기타(압류, 가압류, 가처분, 경매개시결정, 강제관리, 가등기, 환매특약)
유/무(토지)				
유/무(건축물)				

토지이용 계획	「국토의 계획 및 이용에 관한 법률」에 따른 지역·지구 등	다른 법령 등에 따른 지역·지구 등	「토지이용규제 기본법 시행령」 제9조 제4항 각 호에 해당하는 사항

이 부동산종합증명서는 부동산종합공부의 기록사항과 틀림없음을 증명합니다.

년 월 일

**특별자치시장
시장·군수·구청장   직인
경제자유구역청장**

고유번호		**부동산종합증명서**(토지, 건축물)		건축물 명칭		장 번 호	
소 재 지				건축물 동명칭		대장유형	

층별 현황

주/부	층명칭	층별구조	층별용도	면적(㎡)	주/부	층명칭	층별구조	층별용도	면적(㎡)

토지 소유자 공유 현황				건축물 소유자 공유 현황			
변동일자	성명 또는 명칭	지분	주소	변동일자	성명 또는 명칭	지분	주소
변동원인	등록번호			변동원인	등록번호		

고유번호		**부동산종합증명서**(토지, 건축물)		건축물 명칭		장 번 호	
소 재 지				건축물 동명칭		대장유형	

토지 표시 연혁				건축물 변동 연혁		
지목	면적(㎡)	이동일자	이동사유	변동일자	변동원인	변동내역

토지 소유자 연혁			건축물 소유자 연혁			
변동일자	성명 또는 명칭	주소	변동일자	성명 또는 명칭	지분	주소
변동원인	등록번호		변동원인	등록번호		

가격 연혁 (개별주택가격의 경우 일반건축물의 용도가 주택인 경우만 표시)						
개별주택가격 (원)	기준일자					
	주택가격					
대표지번 개별공시지가 (원/㎡)	기준일자					
	공시지가					

01 공간정보의 구축 및 관리 등에 관한 법령상 부동산종합공부에 관한 설명으로 <u>틀린</u> 것은? • 27회

① 부동산종합공부를 열람하거나 부동산종합공부 기록사항의 전부 또는 일부에 관한 증명서를 발급받으려는 자는 지적소관청이나 읍·면·동의 장에게 신청할 수 있다.

② 지적소관청은 부동산종합공부의 등록사항 정정을 위하여 등록사항 상호 간에 일치하지 아니하는 사항을 확인 및 관리하여야 한다.

③ 토지소유자는 부동산종합공부의 토지의 표시에 관한 사항(공간정보의 구축 및 관리 등에 관한 법률에 따른 지적공부의 내용)의 등록사항에 잘못이 있음을 발견하면 지적소관청이나 읍·면·동의 장에게 그 정정을 신청할 수 있다.

④ 토지의 이용 및 규제에 관한 사항(토지이용규제 기본법 제10조에 따른 토지이용계획확인서의 내용)은 부동산종합공부의 등록사항이다.

⑤ 지적소관청은 부동산종합공부의 등록사항 중 등록사항 상호 간에 일치하지 아니하는 사항에 대해서는 등록사항을 관리하는 기관의 장에게 그 내용을 통지하여 등록사항 정정을 요청할 수 있다.

해설 ③ 부동산종합공부의 등록사항 정정에 관하여는 지적공부의 등록사항 정정 규정을 준용하므로(법 제76조의5) 토지소유자는 부동산종합공부의 토지의 표시에 관한 사항(공간정보의 구축 및 관리 등에 관한 법률에 따른 지적공부의 내용)의 등록사항에 잘못이 있음을 발견하면 부동산종합공부의 관리주체인 지적소관청에 그 정정을 신청할 수 있는 것이지 읍·면·동의 장에게 그 정정을 신청할 수는 없다.

정답 ③

02 공간정보의 구축 및 관리 등에 관한 법령상 부동산종합공부의 등록사항에 해당하지 않는 것은?
• 33회

① 토지의 이용 및 규제에 관한 사항 : 「토지이용규제 기본법」 제10조에 따른 토지이용계획확인서의 내용

② 건축물의 표시와 소유자에 관한 사항(토지에 건축물이 있는 경우만 해당한다) : 「건축법」 제38조에 따른 건축물대장의 내용

③ 토지의 표시와 소유자에 관한 사항 : 「공간정보의 구축 및 관리 등에 관한 법률」에 따른 지적공부의 내용

④ 부동산의 가격에 관한 사항 : 「부동산 가격공시에 관한 법률」 제10조에 따른 개별공시지가, 같은 법 제16조, 제17조 및 제18조에 따른 개별주택가격 및 공동주택가격 공시내용

⑤ 부동산의 효율적 이용과 토지의 적성에 관한 종합적 관리·운영을 위하여 필요한 사항 : 「국토의 계획 및 이용에 관한 법률」 제20조 및 제27조에 따른 토지적성평가서의 내용

> **해설** ⑤ 부동산의 효율적 이용과 부동산과 관련된 정보의 종합적 관리·운영을 위하여 필요한 사항으로 「부동산등기법」 제48조에 따른 부동산의 권리에 관한 사항을 등록한다(법 제76조의3, 영 제62조의2).
>
> **정답** ⑤

CHAPTER 02 # 빈출키워드 CHECK!

1 '지적공부'란 토지대장, 임야대장, 공유지연명부, 대지권등록부, 지적도, 임야도 및 경계점 좌표등록부 등 지적측량 등을 통하여 조사된 토지의 표시와 해당 토지의 소유자 등을 기록한 (　　　) 및 (　　　)을 말한다.

2 토지의 소재와 지번은 (　　　) 지적공부에 등록한다.

3 토지의 지목은 토지대장, 임야대장, (　　　), (　　　)에 등록한다.

4 토지의 면적은 (　　　)과 (　　　)에만 등록한다.

5 토지의 이동사유와 개별공시지가는 (　　　) 및 (　　　)에만 등록한다.

6 토지의 소유자가 변경된 날과 그 원인은 토지대장, 임야대장, (　　　), (　　　)에 등록한다.

7 소유권의 지분은 (　　　)와 (　　　)에 등록한다.

8 건축물 및 구조물 등의 위치, 삼각점 및 지적기준의 위치는 지적도 및 (　　　)의 등록 사항에 해당한다.

정답　**1** 대장, 도면　**2** 모든　**3** 지적도, 임야도　**4** 토지대장, 임야대장　**5** 토지대장, 임야대장
6 공유지연명부, 대지권등록부　**7** 공유지연명부, 대지권등록부　**8** 임야도

9 대지권등록부에만 등록하는 사항으로는 건물명칭, (   )의 건물표시, 대지권의 비율이 있다.

10 경계점좌표등록부를 갖춰두는 지역의 지적도에는 제명 끝에 '(   )'라고 표시하고, 좌표에 의하여 계산된 경계점 간 (   )를 등록한다.

11 지적공부는 해당 청사 밖으로 반출할 수 없는 것이 원칙이지만, 관할 (   ) 또는 대도시 시장의 승인을 받은 경우에는 청사 밖으로 반출이 가능하다.

12 지적공부를 열람하거나 그 등본을 발급받으려는 자는 지적공부·부동산종합공부 열람·발급 신청서(전자문서로 된 신청서를 포함한다)를 (   ) 또는 읍·면·동장에게 제출하여야 한다.

13 지적전산자료를 이용하거나 활용하려는 자는 미리 (   )의 심사를 받아야 한다.

14 (   )은 부동산의 효율적 이용과 부동산과 관련된 정보의 종합적 관리·운영을 위하여 부동산종합공부를 관리·운영한다.

15 토지의 이용 및 규제에 관한 사항[토지이용규제 기본법 제10조에 따른 (   )의 내용]은 부동산종합공부의 등록사항이다.

정답 **9** 전유부분 **10** 좌표, 거리 **11** 시·도지사 **12** 지적소관청 **13** 관계 중앙행정기관
　　　14 지적소관청 **15** 토지이용계획확인서

03 | 토지의 이동 및 지적정리

10개년 출제문항 수

25회	26회	27회	28회	29회
3	2	2	3	2
30회	31회	32회	33회	34회
5	5	1	4	4

↳ 총 24문제 中 평균 약 3문제 출제

학습전략

• 토지의 이동별 대상토지 및 등록사항을 정리하여야 합니다.

• 축척변경 절차 및 청산절차에 대하여 정리하고 암기하여야 합니다.

• 지적정리의 개시 유형 및 지적정리 등을 정리하고 암기하여야 합니다.

제1절 토지의 이동(異動)

1 의의 및 종류 · 25회

1. 의 의

'토지의 이동'이란 토지의 표시를 새로 정하거나 변경 또는 말소하는 것을 말한다(법 제2조 제28호). 토지의 표시는 토지의 소재·지번·지목·면적·경계·좌표를 뜻하므로, 결국 토지의 이동이란 토지의 소재·지번·지목·면적·경계·좌표를 새로 정하거나 변경 또는 말소하는 것을 말한다.

2. 종 류

(1) 토지의 표시를 새로 정하거나 변경 또는 말소하는 것으로는 신규등록, 등록전환, 분할, 합병, 지목변경, 바다로 된 토지의 등록말소, 축척변경, 지번변경, 도시개발사업, 행정구역의 변경, 행정구역의 명칭변경 등이 있다.

(2) 토지의 표시와 관계가 없는 소유자의 변경, 소유자의 주소변경, 개별공시지가의 변경 등은 토지의 이동에 해당하지 않는다.

기출지문 OX

공간정보의 구축 및 관리 등에 관한 법령상 신규등록, 등록전환, 지목변경, 분할은 토지의 이동에 해당하지만 소유자변경은 토지의 이동에 해당하지 않는다.

• 25회 수정　　　　(　)

정답 (○)

3. 정 리

토지의 이동(○)	신규등록, 등록전환, 분할, 합병, 지목변경, 바다로 된 토지의 등록말소 및 회복, 축척변경, 도시개발사업, 등록사항 정정, 지번변경, 행정구역의 변경, 행정구역의 명칭변경 등
토지의 이동(×)	토지소유자의 변경, 토지소유자의 주소변경, 개별공시지가의 변경 등

2 신규등록

1. 의 의

'신규등록'이란 새로 조성된 토지와 지적공부에 등록되어 있지 아니한 토지를 지적공부에 등록하는 것을 말한다(법 제2조 제29호).

2. 대상토지

(1) 새로 조성된 토지로는 바다를 매립하여 조성한 공유수면*매립지가 있다.

(2) 지적공부에 등록되어 있지 아니한 토지로는 미등록 공공용 토지(예 도로, 하천, 구거 등)나 남해안이나 서해안에 산재되어 있는 미등록 섬 등이 있다.

3. 신청절차

(1) 신청의무

토지소유자는 신규등록할 토지가 있으면 대통령령으로 정하는 바에 따라 그 사유가 발생한 날부터 60일 이내에 지적소관청에 신규등록을 신청하여야 한다(법 제77조).

(2) 신청서 및 제출서류

토지소유자는 신규등록을 신청할 때에는 신규등록 사유를 적은 신청서에 다음의 어느 하나에 해당하는 서류를 첨부하여 지적소관청에 제출하여야 한다(영 제63조, 규칙 제81조 제1항). 다만, 서류를 해당 지적소관청이 관리하는 경우에는 지적소관청의 확인으로 그 서류의 제출을 갈음할 수 있다(규칙 제81조 제2항).

---

* 공유수면

공유수면은 해안선으로부터 배타적 경제수역 외측 한계까지의 바다, 해안선으로부터 지적공부에 등록된 지역까지의 바닷가 및 하천·호소(湖沼)·구거, 기타 공공용으로 사용되는 국가 소유의 수면 또는 수류(水流)를 말한다.

기 출 지 문 O X

토지소유자가 신규등록을 신청할 때에는 신규등록 사유를 적은 신청서에 첨부하여 제출할 서류로 지형도면에 고시된 도시관리계획도 사본은 포함되지 않는다.
• 23회 수정   (   )

정답 (○)

---

① 법원의 확정판결서 정본 또는 사본
② 「공유수면 관리 및 매립에 관한 법률」에 따른 준공검사확인증 사본
③ 도시계획구역의 토지를 그 지방자치단체의 명의로 등록하는 때에는 기획
재정부장관과 협의한 문서의 사본
④ 그 밖에 소유권을 증명할 수 있는 서류의 사본

4. 지적정리 및 등기촉탁

(1) 신규등록의 경우는 토지를 최초로 등록하는 것이므로 지적측량을 실시하여 경계 또는 좌표와 면적 등을 결정하여 토지(임야)대장과 지적(임야)도를 작성하여야 한다. 다만, 지적(임야)도는 종전의 지적(임야)도에 정리할 수 있는 경우에는 작성하지 않을 수 있다(영 제84조).

(2) 지번은 지번부여지역에서 인접 토지의 본번에 부번을 붙여서 부여하는 것을 원칙으로 한다. 다만, 다음의 어느 하나에 해당하는 경우에는 그 지번부여지역의 최종 본번의 다음 순번부터 본번으로 하여 순차적으로 지번을 부여할 수 있다(영 제56조 제3항 제2호).

① 대상토지가 그 지번부여지역의 최종 지번의 토지에 인접하여 있는 경우
② 대상토지가 이미 등록된 토지와 멀리 떨어져 있어서 등록된 토지의 본번에 부번을 부여하는 것이 불합리한 경우
③ 대상토지가 여러 필지로 되어 있는 경우

(3) 신규등록하는 경우 해당 필지는 미등기 상태이므로 지적소관청이 토지소유자를 직접 조사하여 지적공부에 등록한다(법 제88조 제1항 단서).

> **◎참고 공유수면매립지의 소유권취득 시점**
>
> 공유수면을 매립한 경우 매립면허취득자가 준공검사확인증을 받은 경우 국가, 지방자치단체 또는 매립면허취득자는 매립지의 소유권을 취득한다(공유수면 관리 및 매립에 관한 법률 제46조 제1항).

(4) 신규등록 대상토지는 아직 소유권보존등기가 이루어지지 않은 상태이므로 신규등록에 따른 지적공부를 정리한 후에는 토지의 표시변경등기를 촉탁하지 아니한다(법 제89조 제1항).

3 등록전환 ·31회

1. 의 의

'등록전환'이란 임야대장 및 임야도에 등록된 토지를 토지대장 및 지적도에 옮겨 등록하는 것을 말한다(법 제2조 제30호). 이는 축척이 작은 임야대장·임야도의 등록지를 축척이 큰 토지대장·지적도에 옮겨 등록함으로써 도면의 정밀도를 높여 효율적인 지적관리를 하는 데 그 목적이 있다. 한편, 토지대장 및 지적도에 등록된 토지를 임야대장 및 임야도에 옮겨 등록하는 것은 지적관리의 비효율을 초래하므로 허용되지 않는다.

2. 대상토지(영 제64조 제1항)

> ① 「산지관리법」에 따른 산지전용허가·신고, 산지일시사용허가·신고, 「건축법」에 따른 건축허가·신고 또는 그 밖의 관계 법령에 따른 개발행위 허가 등을 받은 경우
> ② 대부분의 토지가 등록전환되어 나머지 토지를 임야도에 계속 존치하는 것이 불합리한 경우
> ③ 임야도에 등록된 토지가 사실상 형질변경*되었으나 지목변경을 할 수 없는 경우
> ④ 도시·군관리계획선에 따라 토지를 분할하는 경우

* 형질변경
개발행위허가 대상의 하나로서 절토·성토·정지·포장 등의 방법으로 토지의 형상을 변경하는 행위와 공유수면을 매립하는 행위를 말한다. 형질변경의 공사가 준공되면 지목변경을 신청할 수 있으므로 형질변경은 지목변경의 원인사실이 된다.

3. 신청절차

(1) 신청의무

토지소유자는 등록전환할 토지가 있으면 대통령령으로 정하는 바에 따라 그 사유가 발생한 날부터 60일 이내에 지적소관청에 등록전환을 신청하여야 한다(법 제78조).

(2) 신청서 및 제출서류

① 토지소유자는 등록전환을 신청할 때에는 등록전환 사유를 적은 신청서를 지적소관청에 제출하여야 한다(영 제64조 제3항).

② 「산지관리법」에 따른 산지전용허가·신고, 산지일시사용허가·신고, 「건축법」에 따른 건축허가·신고 또는 그 밖의 관계 법령에 따른 개발행위 허가 등을 받은 경우로 등록전환을 신청할 때에는 관계 법령에 따른 개발행위 허가 등을 증명하는 서류의 사본을 첨부하여 지적소관청에 제출하여야 한다(영 제64조 제3항, 규칙 제82조 제1항). 이 경우 첨부하여야 할 서류를 그 지적소관청이 관리하는 경우에는 지적소관청의 확인으로 그 서류의 제출을 갈음할 수 있다(규칙 제82조 제2항).

4. 지적정리 및 등기촉탁

(1) 종전에는 다른 법령에 따라 건축허가 등 개발행위 관련 허가를 받은 경우라도 건축물의 사용승인 등을 받아 지목변경을 할 수 있는 경우에만 토지의 등록전환 신청대상이 되었으나, 현재는 개발행위 관련 허가를 받은 경우에는 지목변경과 관계없이 등록전환을 할 수 있다.

(2) 지번은 지번부여지역에서 인접 토지의 본번에 부번을 붙여서 부여하는 것을 원칙으로 한다. 다만, 다음의 어느 하나에 해당하는 경우에는 그 지번부여지역의 최종 본번의 다음 순번부터 본번으로 하여 순차적으로 지번을 부여할 수 있다(영 제56조 제3항 제2호).

> ① 대상토지가 그 지번부여지역의 최종 지번의 토지에 인접하여 있는 경우
> ② 대상토지가 이미 등록된 토지와 멀리 떨어져 있어서 등록된 토지의 본번에 부번을 부여하는 것이 불합리한 경우
> ③ 대상토지가 여러 필지로 되어 있는 경우

(3) 경계와 면적은 반드시 지적측량을 실시하고 면적측정을 하여 결정하여야 한다. 등록전환을 위하여 면적을 정함에 있어 오차가 발생하는 경우 그 오차가 허용범위 이내인 경우에는 등록전환될 면적을 등록전환 면적으로 결정하고, 허용범위를 초과하는 때에는 임야대장의 면적 또는 임야도의 경계를 지적소관청이 직권으로 정정하여야 한다(영 제19조 제1항 제1호).

(4) 등록전환으로 인한 지적공부를 정리한 후 지적소관청은 지체 없이 관할 등기관서에 토지의 표시변경등기를 촉탁하여야 한다(법 제89조 제1항).

기출지문 O X

등록전환에 따른 면적을 정할 때 임야대장의 면적과 등록전환될 면적의 차이가 오차의 허용범위 이내인 경우, 임야대장의 면적을 등록전환 면적으로 결정한다.
• 22회 ( )

정답 (×)
임야대장의 면적 ⇨ 등록전환될 면적

등록전환에 관한 설명으로 틀린 것은?
• 22회 수정

① 토지소유자는 등록전환할 토지가 있으면 그 사유가 발생한 날부터 60일 이내에 지적소관청에 등록전환을 신청하여야 한다.

② 「산지관리법」에 따른 산지전용허가·신고, 산지일시사용허가·신고, 「건축법」에 따른 건축허가·신고 또는 그 밖의 관계 법령에 따른 개발행위 허가 등을 받은 경우는 등록전환을 신청할 수 있다.

③ 임야도에 등록된 토지가 사실상 형질변경되었으나 지목변경을 할 수 없는 경우에는 등록전환을 신청할 수 있다.

④ 등록전환에 따른 면적을 정할 때 임야대장의 면적과 등록전환될 면적의 차이가 오차의 허용범위 이내인 경우, 임야대장의 면적을 등록전환 면적으로 결정한다.

⑤ 지적소관청은 등록전환에 따라 지적공부를 정리한 경우, 지체 없이 관할 등기관서에 토지의 표시 변경에 관한 등기를 촉탁하여야 한다.

해설 ④ 등록전환 전후의 면적의 오차가 허용범위 이내인 경우에는 등록전환될 면적으로 면적을 결정한다. 임야대장의 면적은 등록전환하기 전의 면적을 의미한다.

정답 ④

4 분 할 • 24회

1. 의 의

'분할'이란 지적공부에 등록된 1필지를 2필지 이상으로 나누어 등록하는 것을 말한다(법 제2조 제31호). 1필지의 토지가 2필지 이상으로 나누어지기 위해서는 공간정보의 구축 및 관리에 관한 법령에 따라 분할절차를 거쳐야 한다.

2. 대상토지(법 제79조, 영 제65조 제1항)

분할을 신청할 수 있는 경우는 다음과 같다. 다만, 관계 법령에 따라 해당 토지에 대한 분할이 개발행위 허가 등의 대상인 경우에는 개발행위 허가 등을 받은 이후에 분할을 신청할 수 있다.

① 지적공부에 등록된 1필지의 일부가 형질변경 등으로 용도가 변경된 경우
② 소유권이전, 매매 등을 위하여 필요한 경우
③ 토지이용상 불합리한 지상 경계를 시정하기 위한 경우

3. 신청절차

(1) 신청의무

토지소유자는 지적공부에 등록된 1필지의 일부가 형질변경 등으로 용도가 변경된 경우에는 대통령령으로 정하는 바에 따라 용도가 변경된 날부터 60일 이내에 지적소관청에 토지의 분할을 신청하여야 한다(법 제79조 제2항). 반면, 위 **2.**의 대상토지 중 ②③의 경우에는 신청의무가 없다.

(2) 신청서 및 제출서류

토지소유자는 토지의 분할을 신청할 때에는 분할사유를 적은 신청서에 다음의 어느 하나에 해당하는 서류를 첨부하여 지적소관청에 제출하여야 한다(영 제65조 제2항, 규칙 제83조 제1항). 다만, 서류를 해당 지적소관청이 관리하는 경우에는 지적소관청의 확인으로 그 서류의 제출을 갈음할 수 있다(규칙 제83조 제2항).

> ① 분할 허가 대상인 토지의 경우에는 그 허가서 사본
> ② 1필지의 일부가 형질변경 등으로 용도가 변경되어 분할을 신청할 때에는 지목변경 신청서를 함께 제출하여야 한다.

4. 지적정리 및 등기촉탁

(1) 지번은 분할 후의 필지 중 1필지의 지번은 분할 전의 지번으로 하고, 나머지 필지의 지번은 본번의 최종 부번 다음 순번으로 부번을 부여한다. 다만, 주거·사무실 등의 건축물이 있는 필지에 대해서는 분할 전의 지번을 우선하여 부여하여야 한다(영 제56조 제3항 제3호).

(2) 경계와 면적을 새로 정하기 위하여 지적측량과 면적측정이 반드시 필요하다. 분할 전후의 면적에는 증감이 없어야 하는데, 분할을 위하여 면적을 정함에 있어서 오차가 발생하는 경우 그 오차가 허용범위 이내인 경우에는 그 오차를 분할 후의 각 필지의 면적에 따라 나누고, 허용범위를 초과하는 경우에는 지적공부상의 면적 또는 경계를 정정하여야 한다(영 제19조 제1항 제2호).

기 출 지 문 O X

지적공부에 등록된 1필지의 일부가 관계 법령에 의한 형질변경 등으로 용도가 다르게 된 때에는 지적소관청에 토지의 분할을 신청하여야 한다. • 20회 (   )

정답 (○)

구 분	이 내	초 과
등록전환	될 면적으로 결정한다.	직권으로 정정한다.
분 할	면적에 따라 나눈다.	정정한다.

(3) 다만, 경계점좌표등록부가 있는 지역의 토지분할을 위하여 면적을 정할 때에는 위 **(2)**의 규정에도 불구하고 다음의 기준에 따른다(영 제19조 제2항).

> ① 분할 후 각 필지의 면적합계가 분할 전 면적보다 많은 경우에는 구하려는 끝자리의 다음 숫자가 작은 것부터 순차적으로 버려서 정하되, 분할 전 면적에 증감이 없도록 한다.
> ② 분할 후 각 필지의 면적합계가 분할 전 면적보다 적은 경우에는 구하려는 끝자리의 다음 숫자가 큰 것부터 순차적으로 올려서 정하되, 분할 전 면적에 증감이 없도록 한다.

(4) 분할로 인한 지적공부를 정리한 후 지적소관청은 지체 없이 관할 등기관서에 토지의 표시변경등기를 촉탁하여야 한다(법 제89조 제1항).

기출&예상　문제

토지의 분할에 관한 설명으로 틀린 것은?　•20회

① 토지이용상 불합리한 지상 경계를 시정하기 위한 경우에는 분할을 신청할 수 있다.
② 지적공부에 등록된 1필지의 일부가 관계 법령에 의한 형질변경 등으로 용도가 다르게 된 때에는 지적소관청에 토지의 분할을 신청하여야 한다.
③ 토지를 분할하는 경우 주거·사무실 등의 건축물이 있는 필지에 대하여는 분할 전의 지번을 우선하여 부여하여야 한다.
④ 공공사업으로 도로를 개설하기 위하여 토지를 분할하는 경우에는 지상건축물이 걸리게 지상 경계를 결정하여서는 아니 된다.
⑤ 토지의 매매를 위하여 필요한 경우에는 분할을 신청할 수 있다.

해설 ④ 공공사업으로 도로를 개설하기 위하여 토지를 분할하는 경우에는 지상건축물이 걸리게 지상 경계를 결정할 수 있다.

정답 ④

5 합병 •27회 •29회 •30회

1. 의 의

'합병'이란 지적공부에 등록된 2필지 이상을 1필지로 합하여 등록하는 것을 말한다(법 제2조 제32호). 토지소유자는 토지를 합병하려면 합병요건을 갖추어서 지적소관청에 합병을 신청하여야 한다(법 제80조 제1항).

2. 합병요건

토지가 합병되면 1필지가 되므로 1필지가 되기 위한 기준을 위반하는 다음의 어느 하나에 해당하는 경우에는 토지의 합병을 신청할 수 없다(법 제80조 제3항, 영 제66조 제3항).

① 합병하려는 토지의 지번부여지역, 지목 또는 소유자가 서로 다른 경우
② 합병하려는 각 필지가 서로 연접하지 않은 경우
③ 합병하려는 토지의 지적도 및 임야도의 축척이 서로 다른 경우
④ 합병하려는 토지가 등기된 토지와 등기되지 아니한 토지인 경우
⑤ 합병하려는 토지가 구획정리, 경지정리 또는 축척변경을 시행하고 있는 지역의 토지와 그 지역 밖의 토지인 경우
⑥ 합병하려는 각 필지의 지목은 같으나 일부 토지의 용도가 다르게 되어 분할대상 토지인 경우(다만, 합병 신청과 동시에 토지의 용도에 따라 분할 신청을 하는 경우는 제외한다)
⑦ 합병하려는 토지의 소유자별 공유지분이 다른 경우
⑧ 합병하려는 토지 소유자의 주소가 서로 다른 경우. 다만, 신청을 접수받은 지적소관청이 「전자정부법」에 따른 행정정보의 공동이용을 통하여 다음의 사항을 확인(신청인이 주민등록표 초본 확인에 동의하지 않는 경우에는 해당 자료를 첨부하도록 하여 확인)한 결과 토지 소유자가 동일인임을 확인할 수 있는 경우는 제외한다.
　㉠ 토지등기사항증명서
　㉡ 법인등기사항증명서(신청인이 법인인 경우만 해당한다)
　㉢ 주민등록표 초본(신청인이 개인인 경우만 해당한다)
⑨ 합병하려는 토지에 용익권 외의 등기(저당권설정등기, 가압류등기, 가처분등기, 담보가등기 등)가 있는 경우

기 출 지 문 O X

합병하려는 토지의 지번부여지역, 지목 또는 소유자가 서로 다른 경우는 합병할 수 없지만 합병하려는 토지의 소유자별 공유지분이 같은 경우는 합병할 수 있다.
•22회 수정　　　　　( )

정답 (○)

⑩ 다만, 다음의 등기가 있는 토지는 다른 합병요건을 갖추고 있는 경우에 합병이 가능하다.
  ㉠ 소유권·지상권·전세권 또는 임차권의 등기
  ㉡ 승역지에 대한 지역권의 등기
  ㉢ 합병하려는 토지 전부에 대한 등기원인 및 그 연월일과 접수번호가 같은 저당권의 등기
  ㉣ 합병하려는 토지 전부에 대한 「부동산등기법」 제81조 제1항 각 호의 등기사항이 동일한 신탁등기

3. 대상토지(법 제80조 제2항, 영 제66조 제2항)

① 합병요건을 갖춘 일반적인 토지
② 「주택법」에 따른 공동주택의 부지
③ 도로·제방·하천·구거·유지·공장용지·학교용지·철도용지·수도용지·공원·체육용지 등의 지목으로 연접하여 있으나 2필지 이상으로 등록되어 있는 토지

4. 신청절차

(1) 신청의무

합병요건을 갖춘 일반적인 토지의 경우는 합병의 신청의무가 없지만, 위 **3.** 대상토지 ②③의 경우는 그 사유가 발생한 날부터 60일 이내에 지적소관청에 합병을 신청하여야 한다(법 제80조 제2항, 영 제66조 제2항).

(2) 신청서 제출

토지소유자는 토지의 합병을 신청하고자 하는 때에는 합병사유를 기재한 신청서를 지적소관청에 제출하여야 한다(법 제80조 제1항).

5. 지적정리 및 등기촉탁

(1) 합병 후의 지번은 합병대상 지번 중 선순위의 지번을 그 지번으로 하되, 본번으로 된 지번이 있을 때에는 본번 중 선순위의 지번을 합병 후의 지번으로 한다. 다만, 토지소유자가 합병 전의 필지에 주거·사무실 등의 건축물이 있어서 그 건축물이 위치한 지번을 합병 후의 지번으로 신청할 때에는 그 지번을 합병 후의 지번으로 부여하여야 한다(영 제56조 제3항 제4호).

(2) 합병 후의 경계 및 면적(법 제26조 제1항)

경계 및 좌표	합병 전 각 필지의 경계 또는 좌표 중 합병으로 필요 없게 된 부분을 말소하여 결정하므로 지적측량을 실시하지 않는다.
면적	합병 전의 각 필지의 면적을 합산하여 그 필지의 면적으로 결정하므로 면적측정을 실시하지 않는다.

(3) 지적소관청은 합병에 따라 지적공부를 정리한 경우 지체 없이 관할 등기관서에 토지의 **표시변경등기**를 촉탁하여야 한다(법 제89조 제1항).

> **➕ 보충   합병요건을 위반한 필지의 합필등기촉탁의 경우**
>
> 「공간정보의 구축 및 관리 등에 관한 법률」상 합병절차를 거친 후 합필등기를 촉탁하였으나 지적소관청의 착오로 잘못 합병한 경우에는, 등기관은 합필등기 촉탁을 각하하고 지체 없이 그 사유를 지적소관청에 통지하여야 하며, 지적소관청은 합병정리한 지적공부를 직권으로 정정하여야 한다(영 제82조 제1항 제8호).

기출&예상   문제

공간정보의 구축 및 관리 등에 관한 법령상 토지의 합병 및 지적공부의 정리 등에 관한 설명으로 틀린 것은?   • 30회

① 합병에 따른 면적은 따로 지적측량을 하지 않고 합병 전 각 필지의 면적을 합산하여 합병 후 필지의 면적으로 결정한다.

② 토지소유자가 합병 전의 필지에 주거·사무실 등의 건축물이 있어서 그 건축물이 위치한 지번을 합병 후의 지번으로 신청할 때에는 그 지번을 합병 후의 지번으로 부여하여야 한다.

③ 합병에 따른 경계는 따로 지적측량을 하지 않고 합병 전 각 필지의 경계 중 합병으로 필요 없게 된 부분을 말소하여 합병 후 필지의 경계로 결정한다.

④ 지적소관청은 토지소유자의 합병신청에 의하여 토지의 이동이 있는 경우에는 지적공부를 정리하여야 하며, 이 경우에는 토지이동정리결의서를 작성하여야 한다.

⑤ 토지소유자는 도로, 제방, 하천, 구거, 유지의 토지로서 합병하여야 할 토지가 있으면 그 사유가 발생한 날부터 90일 이내에 지적소관청에 합병을 신청하여야 한다.

기 출 지 문 O X

합병에 따른 경계는 따로 지적측량을 하지 않고 합병 전 각 필지의 경계 중 합병으로 필요 없게 된 부분을 말소하여 합병 후 필지의 경계로 결정한다.   • 30회 (   )

정답 (○)

기 출 지 문 O X

합병에 따른 면적은 따로 지적측량을 하지 않고 합병 전 각 필지의 면적을 합산하여 합병 후 필지의 면적으로 결정한다.   • 30회
(   )

정답 (○)

6 지목변경

1. 의 의

'지목변경'이란 지적공부에 등록된 **지목**을 다른 지목으로 **바꾸어 등록하는** 것을 말한다(법 제2조 제33호). 토지의 실제 용도를 다르게 사용하더라도 (예 임야를 형질변경하여 창고부지를 조성하는 경우) 지적공부를 정리하기 전에는 지목변경이 된 것은 아니다.

2. 대상토지(영 제67조 제1항)

① 「국토의 계획 및 이용에 관한 법률」 등 관계 법령에 따른 토지의 **형질변경 등의 공사가 준공된** 경우
② 도시개발사업 등의 원활한 추진을 위하여 사업시행자가 **공사 준공 전에** 토지의 합병을 신청하는 경우
③ 토지 또는 건축물의 용도가 변경된 경우

3. 신청절차

(1) 신청의무

토지소유자는 지목변경을 할 토지가 있으면 대통령령으로 정하는 바에 따라 그 사유가 발생한 날부터 60일 이내에 지적소관청에 지목변경을 신청하여야 한다(법 제81조).

(2) 신청서 및 제출서류

① 토지소유자는 지목변경을 신청할 때에는 지목변경 사유를 적은 신청서에 다음의 서류를 첨부하여 지적소관청에 제출하여야 한다(영 제67조 제2항, 규칙 제84조 제1항). 다만, 첨부서류를 해당 **지적소관청이 관리하는 경우에는 지적소관청의 확인으로 그 서류의 제출을 갈음할 수 있다** (규칙 제84조 제3항).

> ㉠ 관계 법령에 따라 토지의 형질변경 등의 공사가 준공되었음을 증명하는 서류의 사본
>
> ㉡ 국·공유지의 경우에는 용도폐지되었거나 사실상 공공용으로 사용되고 있지 아니함을 증명하는 서류의 사본
>
> ㉢ 토지 또는 건축물의 용도가 변경되었음을 증명하는 서류의 사본

② 개발행위허가·농지전용허가·보전산지전용허가 등 지목변경과 관련된 규제를 받지 아니하는 토지의 지목변경이나 **전·답·과수원 상호 간의 지목변경**인 경우에는 위 ①에 따른 **서류의 첨부를 생략할 수 있다**(규칙 제84조 제2항).

4. 지적정리 및 등기촉탁

(1) 지목변경의 경우는 토지(임야)대장과 지적(임야)도의 지목만 변경하여 등록하면 충분하다. 지목변경의 경우 면적이나 경계 또는 좌표가 변경되는 것이 아니기 때문에 지적측량을 실시하지 않는다. 반면, 지목변경 사유의 사실을 확인하기 위하여 토지이동조사를 실시하여야 한다.

(2) 지목변경으로 인한 지적공부의 정리 후 지적소관청은 지체 없이 관할 등기관서에 토지의 **표시변경등기를 촉탁**하여야 한다(법 제89조 제1항).

7 바다로 된 토지의 등록말소 · 30회

1. 의 의

'바다로 된 토지의 등록말소'란 지적공부에 등록된 토지가 지형의 변화 등으로 바다로 된 경우로서 **원상으로 회복될 수 없거나** 다른 지목의 토지로 될 가능성이 없는 경우에 토지소유자의 신청이나 지적소관청의 직권에 의해 그 토지에 관한 지적공부의 등록사항을 말소하는 것을 말한다(법 제82조 제1항).

2. 등록말소 절차

(1) 말소통지
지적소관청은 바다로 된 토지로서 말소의 대상이 되는 토지가 있는 경우 지적공부에 등록된 토지소유자에게 지적공부의 등록말소 신청을 하도록 통지하여야 한다(법 제82조 제1항).

(2) 말소신청
토지소유자는 통지받은 날부터 90일 이내에 등록말소 신청을 하여야 한다 (법 제82조 제2항).

(3) 직권말소
① 지적소관청은 토지소유자가 통지받은 날부터 90일 이내에 등록말소 신청을 하지 아니하면 직권으로 그 지적공부의 등록사항을 말소하여야 한다(영 제68조 제1항).
② 지적소관청이 직권으로 지적공부를 등록말소한 경우에는 그 조사·측량에 들어간 비용을 토지소유자로부터 징수하지 않는다(법 제106조 제4항).

(4) 통 지
지적소관청이 직권으로 지적공부의 등록사항을 말소하였을 때에는 그 정리결과를 토지소유자 및 해당 공유수면의 관리청*에 통지하여야 한다 (영 제68조 제3항).

3. 회복등록 절차

(1) 회복등록
지적소관청은 말소한 토지가 지형의 변화 등으로 다시 토지가 된 경우에는 이를 회복등록할 수 있다(법 제82조 제3항). 이 경우 회복등록의 신청의무는 없다.

(2) 회복등록 자료
지적소관청은 회복등록을 하려면 그 지적측량성과 및 등록말소 당시의 지적공부 등 관계 자료에 따라야 한다(영 제68조 제2항).

(3) 통 지

지적소관청이 직권으로 지적공부의 등록사항을 회복등록하였을 때에는 그 정리결과를 토지소유자 및 해당 공유수면의 관리청에 통지하여야 한다 (영 제68조 제3항).

4. 등기촉탁

지적소관청은 지적공부의 등록사항을 말소 또는 회복등록에 따른 사유로 표시 변경에 관한 등기를 할 필요가 있는 경우에는 지체 없이 관할 등기관서에 그 등기를 촉탁하여야 한다(법 제89조 제1항).

기출&예상 문제

공간정보의 구축 및 관리 등에 관한 법령상 바다로 된 토지의 등록말소에 관한 설명으로 옳은 것은? • 22회

① 지적소관청은 지적공부에 등록된 토지가 일시적인 지형의 변화 등으로 바다로 된 경우에는 공유수면의 관리청에 지적공부의 등록말소 신청을 하도록 통지하여야 한다.

② 지적소관청은 등록말소 신청 통지를 받은 자가 통지를 받은 날로부터 60일 이내에 등록말소 신청을 하지 아니하면 직권으로 그 지적공부의 등록사항을 말소하여야 한다.

③ 지적소관청이 직권으로 등록말소를 할 경우에는 시·도지사의 승인을 받아야 하며, 시·도지사는 그 내용을 승인하기 전에 토지소유자의 의견을 청취하여야 한다.

④ 지적소관청은 말소한 토지가 지형의 변화 등으로 다시 토지가 된 경우에는 그 지적측량성과 및 등록말소 당시의 지적공부 등 관계 자료에 따라 토지로 회복등록을 할 수 있다.

⑤ 지적소관청이 지적공부의 등록사항을 말소하거나 회복등록하였을 때에는 그 정리결과를 국토교통부장관 및 시·도지사에게 통보하여야 한다.

해설 ① 일시적인 지형변화인 경우에는 말소의 대상이 아니다.
② 90일 이내에 신청하지 않으면 직권말소한다.
③ 시·도지사의 승인사항에 해당하지 아니한다.
⑤ 정리결과를 토지소유자 및 공유수면관리청에 통지하여야 한다.

정답 ④

1. 의의 및 목적

(1) '축척변경'이란 지적도에 등록된 경계점의 정밀도를 높이기 위하여 작은 축척을 큰 축척으로 변경하여 등록하는 것을 말한다(법 제2조 제34호). 축척변경은 지적도에 등록된 토지만 할 수 있고 임야도에 등록된 토지는 허용되지 않음을 주의하여야 한다.

(2) 축척변경의 경우 단순히 작은 축척을 큰 축척으로 변경하여 등록하는 것으로 그치지 않고, 토지의 현재 점유상태에 따라 경계와 좌표 및 면적을 새로 정하고 현재 이용 현황에 따라 지목을 변경하며 지적확정측량을 실시한 지역의 지번부여 방법을 준용하여 지번을 변경한다. 결국 지적소관청은 축척변경 시행지역의 각 필지별 지번·지목·면적·경계 또는 좌표를 새로 정하여야 하므로(영 제72조 제1항) 축척변경은 토지의 이동에 해당한다.

2. 대상토지

지적소관청은 지적도가 다음의 어느 하나에 해당하는 경우에는 토지소유자의 신청 또는 지적소관청의 직권으로 일정한 지역을 정하여 그 지역의 축척을 변경할 수 있다(법 제83조 제2항).

> ① 잦은 토지의 이동으로 1필지의 규모가 작아서 소축척으로는 지적측량성과의 결정이나 토지의 이동에 따른 정리를 하기가 곤란한 경우
> ② 하나의 지번부여지역에 서로 다른 축척의 지적도가 있는 경우
> ③ 그 밖에 지적공부를 관리하기 위하여 필요하다고 인정되는 경우

3. 축척변경의 절차

(1) 축척변경의 개시

① 축척변경을 신청하는 토지소유자는 축척변경 사유를 적은 신청서에 토지소유자 3분의 2 이상의 동의서를 첨부해서 지적소관청에 제출하여야 한다(영 제69조, 규칙 제85조).

② 지적소관청은 토지소유자의 신청이 없는 경우에도 축척변경 사유에 해당하는 경우에는 직권으로 축척변경을 할 수 있다(법 제83조 제2항).

(2) 토지소유자의 동의 및 축척변경위원회의 의결

지적소관청은 토지소유자의 신청 또는 직권으로 축척변경을 하려면 축척변경 시행지역의 토지소유자 3분의 2 이상의 동의를 받아 축척변경위원회의 의결을 거쳐야 한다(법 제83조 제3항).

(3) 시·도지사 또는 대도시 시장의 승인

① 지적소관청은 축척변경위원회의 의결을 거친 후 시·도지사 또는 대도시 시장의 승인을 받아야 한다(법 제83조 제3항).

② 지적소관청은 축척변경을 할 때에는 축척변경 사유를 적은 승인신청서에 다음의 서류를 첨부하여 시·도지사 또는 대도시 시장에게 제출하여야 한다. 이 경우 시·도지사 또는 대도시 시장은 「전자정부법」 제36조 제1항에 따른 행정정보의 공동이용을 통하여 축척변경 대상지역의 지적도를 확인하여야 한다(영 제70조 제1항).

> ㉠ 축척변경의 사유
> ㉡ 지번 등 명세
> ㉢ 법 제83조 제3항에 따른 토지소유자의 동의서
> ㉣ 축척변경위원회의 의결서 사본
> ㉤ 그 밖에 축척변경 승인을 위하여 시·도지사 또는 대도시 시장이 필요하다고 인정하는 서류

③ 승인 신청을 받은 시·도지사 또는 대도시 시장은 축척변경 사유 등을 심사한 후 그 승인 여부를 지적소관청에 통지하여야 한다(영 제70조 제2항).

④ 다음의 어느 하나에 해당하는 경우에는 축척변경위원회의 의결 및 시·도지사 또는 대도시 시장의 승인 없이 축척변경을 할 수 있다(법 제83조 제3항 단서).

> ㉠ 합병하려는 토지가 축척이 다른 지적도에 각각 등록되어 있어 축척변경을 하는 경우
> ㉡ 도시개발사업 등의 시행지역에 있는 토지로서 그 사업 시행에서 제외된 토지의 축척변경을 하는 경우

(4) 축척변경의 시행공고

지적소관청은 시·도지사 또는 대도시 시장으로부터 축척변경 승인을 받았을 때에는 지체 없이 시·군·구(자치구가 아닌 구를 포함한다) 및 축척변경 시행지역 동·리의 게시판에 다음의 사항을 20일 이상 공고하여 주민이 볼 수 있도록 게시하여야 한다(영 제71조 제1항, 제2항).

> ① 축척변경의 목적, 시행지역 및 시행기간
> ② 축척변경의 시행에 관한 세부계획
> ③ 축척변경의 시행에 따른 청산방법
> ④ 축척변경의 시행에 따른 토지소유자 등의 협조에 관한 사항

(5) 경계점표지 설치

축척변경 시행지역의 토지소유자 또는 점유자는 시행공고가 된 날(시행공고일)부터 30일 이내에 시행공고일 현재 점유하고 있는 경계에 경계점표지를 설치하여야 한다(영 제71조 제3항).

(6) 축척변경측량 및 토지의 표시사항 결정

① 지적소관청은 축척변경 시행지역의 각 필지별 지번·지목·면적·경계 또는 좌표를 새로 정하여야 한다(영 제72조 제1항). 이 경우 지번은 지적확정측량 시행지역의 지번부여 방법을 준용한다(영 제56조 제3항 제6호).

② 지적소관청이 축척변경을 위한 측량을 할 때에는 토지소유자 또는 점유자가 설치한 경계점표지를 기준으로 새로운 축척에 따라 면적·경계 또는 좌표를 정하여야 한다(영 제72조 제2항).

> **⊕ 보충** **시·도지사 또는 대도시 시장의 승인 없이 축척변경하는 경우의 면적결정**
>
> 1. 축척변경위원회의 의결 및 시·도지사 또는 대도시 시장의 승인 없이 축척을 변경할 때에는 각 필지별 지번·지목 및 경계는 종전의 지적공부에 따르고 면적만 새로 정하여야 한다(영 제72조 제3항).
> 2. 위 1.에 따라 면적을 새로 정하는 때에는 축척변경 측량결과도에 따라야 한다(규칙 제87조 제1항).
> 3. 축척변경 측량결과도에 따라 면적을 측정한 결과 축척변경 전의 면적과 축척변경 후의 면적의 오차가 허용범위 이내인 경우에는 축척변경 전의 면적을 결정면적으로 하고, 허용면적을 초과하는 경우에는 축척변경 후의 면적을 결정면적으로 한다(규칙 제87조 제2항).

(7) 지번별조서 작성

지적소관청은 축척변경에 관한 측량을 완료하였을 때에는 시행공고일 현재의 지적공부상의 면적과 측량 후의 면적을 비교하여 그 변동사항을 표시한 축척변경 지번별조서를 작성하여야 한다(영 제73조).

(8) 지적공부정리 등의 정지

지적소관청은 축척변경 시행기간 중에는 축척변경 시행지역의 지적공부정리와 경계복원측량(영 제71조 제3항에 따른 경계점표지의 설치를 위한 경계복원측량은 제외한다)을 축척변경 확정공고일까지 정지하여야 한다. 다만, 축척변경위원회의 의결이 있는 경우에는 그러하지 아니하다(영 제74조).

(9) 청산절차(면적증감의 처리)

① 청산금의 산정

㉠ 지적소관청은 축척변경에 관한 측량을 한 결과 측량 전에 비하여 면적의 증감이 있는 경우에는 그 증감면적에 대하여 청산을 하여야 한다. 다만, 다음의 어느 하나에 해당하는 경우에는 그러하지 아니하다(영 제75조 제1항).

> ⓐ 필지별 증감면적이 법령의 규정에 따른 허용범위 이내인 경우. 다만, 축척변경위원회의 의결이 있는 경우는 제외한다.
> ⓑ 토지소유자 전원이 청산하지 아니하기로 합의하여 서면으로 제출한 경우

㉡ 면적증감에 대하여 청산을 할 때에는 축척변경위원회의 의결을 거쳐 지번별로 m^2당 금액을 정하여야 한다. 이 경우 지적소관청은 시행공고일 현재를 기준으로 그 축척변경 시행지역의 토지에 대하여 지번별 m^2당 금액을 미리 조사하여 **축척변경위원회에 제출하여야** 한다(영 제75조 제2항).

㉢ 청산금은 축척변경 지번별조서의 필지별 증감면적에 지번별 m^2 당 금액을 곱하여 산정한다(영 제75조 제3항).

② **청산금의 공고 및 열람** : 지적소관청은 청산금을 산정하였을 때에는 청산금 조서(축척변경 지번별조서에 필지별 청산금 명세를 적은 것을 말한다)를 작성하고, 청산금이 결정되었다는 뜻을 **15일 이상 공고**하여 일반인이 열람할 수 있게 하여야 한다(영 제75조 제4항).

③ 청산금의 납부고지 및 수령통지 : 지적소관청은 청산금의 결정을 공고한 날부터 20일 이내에 토지소유자에게 청산금의 납부고지 또는 수령통지를 하여야 한다(영 제76조 제1항).

④ 청산금의 납부 및 지급

   ⊙ 납부고지를 받은 자는 그 고지를 받은 날부터 6개월 이내에 청산금을 지적소관청에 내야 하고, 지적소관청은 수령통지를 한 날부터 6개월 이내에 청산금을 지급하여야 한다(영 제76조 제2항, 제3항).

   ⓒ 지적소관청은 청산금을 지급받을 자가 행방불명 등으로 받을 수 없거나 받기를 거부할 때에는 그 청산금을 공탁할 수 있다(영 제76조 제4항).

   ⓒ 지적소관청은 청산금을 내야 하는 자가 납부고지를 받은 날부터 1개월 이내에 청산금에 관한 이의신청을 하지 아니하고 납부고지를 받은 날부터 6개월 이내에 청산금을 내지 아니하면 「지방행정제재·부과금 징수 등에 관한 법률」의 예에 따라 징수할 수 있다(영 제76조 제5항).

⑤ 청산금의 차액처리 : 청산금을 산정한 결과 증가된 면적에 대한 청산금의 합계와 감소된 면적에 대한 청산금의 합계에 차액이 생긴 경우 초과액은 그 지방자치단체의 수입으로 하고, 부족액은 그 지방자치단체가 부담한다(영 제75조 제5항).

⑥ 청산금에 대한 이의신청

   ⊙ 청산금에 관하여 이의가 있는 자는 납부고지 또는 수령통지를 받은 날부터 1개월 이내에 지적소관청에 이의신청을 할 수 있다(영 제77조 제1항).

   ⓒ 이의신청을 받은 지적소관청은 1개월 이내에 축척변경위원회의 심의·의결을 거쳐 그 인용(認容) 여부를 결정한 후 지체 없이 그 내용을 이의신청인에게 통지하여야 한다(영 제77조 제2항).

(10) 축척변경의 확정공고

① 청산금의 납부 및 지급이 완료되었을 때에는 지적소관청은 다음의 사항을 포함하여 지체 없이 축척변경의 확정공고를 하여야 한다(영 제78조 제1항, 규칙 제92조 제1항).

> ㉠ 토지의 소재 및 지역명
> ㉡ 축척변경 지번별조서
> ㉢ 청산금 조서
> ㉣ 지적도의 축척

② 축척변경 시행지역의 토지는 축척변경의 확정공고일에 토지의 이동이 있는 것으로 본다(영 제78조 제3항).

(11) 지적공부의 정리 및 등기촉탁

① 지적소관청은 확정공고를 하였을 때에는 지체 없이 축척변경에 따라 확정된 사항을 지적공부에 등록하여야 한다(영 제78조 제2항).

② 지적소관청은 축척변경에 따라 확정된 사항을 지적공부에 등록하는 때에는 다음의 기준에 따라야 한다(규칙 제92조 제2항).

> ㉠ 토지대장은 확정공고된 축척변경 지번별 조서에 따를 것
> ㉡ 지적도는 확정측량 결과도 또는 경계점좌표에 따를 것

③ 지적소관청은 축척변경에 의하여 확정된 사항을 지적공부에 등록한 경우에는 지체 없이 관할 등기관서에 토지의 표시 변경에 관한 등기를 촉탁하여야 한다(법 제89조).

4. 축척변경위원회

(1) 의 의

축척변경에 관한 사항을 심의·의결하기 위하여 지적소관청에 축척변경위원회를 둔다(법 제83조 제1항).

(2) 축척변경위원회의 구성

① 축척변경위원회는 5명 이상 10명 이하의 위원으로 구성하되, 위원의 2분의 1 이상을 토지소유자로 하여야 한다. 이 경우 그 축척변경 시행지역의 토지소유자가 5명 이하일 때에는 토지소유자 전원을 위원으로 위촉하여야 한다(영 제79조 제1항).

② 위원장은 위원 중에서 지적소관청이 지명한다(영 제79조 제2항).

③ 위원은 다음의 사람 중에서 지적소관청이 위촉한다(영 제79조 제3항).

기 출 지 문 O X

공간정보의 구축 및 관리 등에 관한 법령상 지적소관청은 축척변경에 따른 청산금의 납부 및 지급이 완료되었을 때 지체 없이 축척변경의 확정공고를 하여야 하는데, 이 경우 '지역별 제곱미터당 금액조서' 등을 확정공고에 포함하여야 한다. •34회 (   )

정답 (×)

지역별 제곱미터당 금액조서는 확정공고에 포함되지 않는다.

기 출 지 문 O X

축척변경에 따른 청산금의 납부 및 지급이 완료되었을 때에는 지적소관청은 지체 없이 축척변경의 확정공고를 하고 확정된 사항을 지적공부에 등록하여야 한다. •24회 (   )

정답 (○)

기 출 지 문 O X

축척변경위원회는 5명 이상 15명 이하의 위원으로 구성하되, 위원의 3분의 2 이상을 토지소유자로 하여야 한다. 이 경우 그 축척변경 시행지역의 토지소유자가 5명 이하일 때에는 토지소유자 전원을 위원으로 위촉하여야 한다. •30회 (   )

정답 (×)

15명 ⇨ 10명,
3분의 2 ⇨ 2분의 1

> ㉠ 해당 축척변경 시행지역의 토지소유자로서 지역 사정에 정통한 사람
> ㉡ 지적에 관하여 전문지식을 가진 사람

(3) 축척변경위원회의 심의·의결 사항

축척변경위원회는 지적소관청이 회부하는 다음의 사항을 심의·의결한다 (영 제80조).

> ① 축척변경 시행계획에 관한 사항
> ② 지번별 m²당 금액의 결정과 청산금의 산정에 관한 사항
> ③ 청산금의 이의신청에 관한 사항
> ④ 그 밖에 축척변경과 관련하여 지적소관청이 회의에 부치는 사항

(4) 축척변경위원회의 회의

① 축척변경위원회의 회의는 지적소관청이 영 제80조의 심의·의결사항을 축척변경위원회에 회부하거나 위원장이 필요하다고 인정할 때에 위원장이 소집한다(영 제81조 제1항).

② 축척변경위원회의 회의는 위원장을 포함한 재적위원 과반수의 출석으로 개의(開議)하고, 출석위원 과반수의 찬성으로 의결한다(영 제81조 제2항).

③ 위원장은 축척변경위원회의 회의를 소집할 때에는 회의일시·장소 및 심의안건을 회의 개최 5일 전까지 각 위원에게 서면으로 통지하여야 한다(영 제81조 제3항).

기출&예상 문제

01 공간정보의 구축 및 관리 등에 관한 법령상 축척변경에 따른 청산금 등에 관한 설명으로 틀린 것은?   •23회

① 지적소관청은 청산금의 결정을 공고한 날부터 20일 이내에 토지소유자에게 청산금의 납부고지 또는 수령통지를 하여야 한다.

② 청산금의 납부고지를 받은 자는 그 고지를 받은 날부터 1년 이내에 청산금을 지적소관청에 내야 한다.

③ 지적소관청은 청산금의 수령통지를 한 날부터 6개월 이내에 청산금을 지급하여야 한다.

④ 지적소관청은 청산금을 지급받을 자가 행방불명 등으로 받을 수 없거나 받기를 거부할 때에는 그 청산금을 공탁할 수 있다.

⑤ 수령통지된 청산금에 관하여 이의가 있는 자는 수령통지를 받은 날부터 1개월 이내에 지적소관청에 이의신청을 할 수 있다.

해설 ② 청산금의 납부고지를 받은 자는 그 고지를 받은 날부터 6개월 이내에 청산금을 지적소관청에 내야 한다.

정답 ②

02 공간정보의 구축 및 관리 등에 관한 법령상 축척변경에 관한 설명으로 **틀린** 것은?　　　　　　　　　　　　　　　　　　　　•33회

① 축척변경에 관한 사항을 심의·의결하기 위하여 지적소관청에 축척변경위원회를 둔다.
② 축척변경위원회의 위원장은 위원 중에서 지적소관청이 지명한다.
③ 지적소관청은 축척변경에 관한 측량을 완료하였을 때에는 축척변경 신청일 현재의 지적공부상의 면적과 측량 후의 면적을 비교하여 그 변동사항을 표시한 토지이동현황 조사서를 작성하여야 한다.
④ 지적소관청은 청산금의 결정을 공고한 날부터 20일 이내에 토지소유자에게 청산금의 납부고지 또는 수령통지를 하여야 한다.
⑤ 청산금의 납부 및 지급이 완료되었을 때에는 지적소관청은 지체 없이 축척변경의 확정공고를 하여야 한다.

해설 ③ 지적소관청은 축척변경에 관한 측량을 완료하였을 때에는 시행공고일 현재의 지적공부상의 면적과 측량 후의 면적을 비교하여 그 변동사항을 표시한 축척변경 '지번별 조서'를 작성하여야 한다(영 제73조).

정답 ③

03 공간정보의 구축 및 관리 등에 관한 법령상 지적소관청은 축척변경 확정공고를 하였을 때에는 지체 없이 축척변경에 따라 확정된 사항을 지적공부에 등록하여야 한다. 이 경우 토지대장에 등록하는 기준으로 옳은 것은?　　　　　　　　　　　　　　　　•34회

① 축척변경 확정측량 결과도에 따른다.
② 청산금납부고지서에 따른다.
③ 토지이동현황 조사계획서에 따른다.
④ 확정공고된 축척변경 지번별 조서에 따른다.
⑤ 축척변경 시행계획에 따른다.

해설 ④ 지적소관청은 축척변경에 따라 확정된 사항을 지적공부에 등록하는 때에는 다음의 기준에 따라야 한다(규칙 제92조 제2항).

> 1. 토지대장은 확정공고된 축척변경 지번별 조서에 따를 것
> 2. 지적도는 확정측량 결과도 또는 경계점좌표에 따를 것

정답 ④

9 등록사항의 정정 · 24회 · 30회 · 31회

1. 의 의

지적공부에 등록된 토지의 표시사항 또는 토지소유자에 대한 사항이 잘못 등록된 경우 지적소관청이 직권 또는 토지소유자의 신청에 의하여 등록사항을 정정하는 것을 말한다.

2. 토지의 표시정정

(1) 토지소유자의 신청에 의한 정정

① 토지소유자는 지적공부의 등록사항에 잘못이 있음을 발견하면 지적소관청에 그 정정을 신청할 수 있다(법 제84조 제1항).

② 토지소유자가 지적공부의 경계 또는 면적의 변경을 가져오는 등록사항에 대한 정정신청을 하는 때에는 정정사유를 적은 신청서에 등록사항 정정측량성과도를 첨부하여 지적소관청에 제출하여야 한다(규칙 제93조 제1항).

③ 토지소유자의 신청에 의한 정정으로 인접 토지의 경계가 변경되는 경우에는 인접 토지소유자의 승낙서나 이에 대항할 수 있는 확정판결서 정본을 지적소관청에 제출하여야 한다(법 제84조 제3항).

(2) 지적소관청의 직권에 의한 정정

지적소관청은 지적공부의 등록사항에 잘못이 있음을 발견하면 직권으로 조사·측량하여 정정할 수 있다(법 제84조 제2항). 지적소관청은 다음의 경우에 지적공부의 등록사항에 잘못이 있는지를 직권으로 조사·측량하여 정정할 수 있다(영 제82조 제1항).

> ① 토지이동정리 결의서의 내용과 다르게 정리된 경우
> ② 지적도 및 임야도에 등록된 필지가 면적의 증감 없이 경계의 위치만 잘못된 경우
> ③ 1필지가 각각 다른 지적도나 임야도에 등록되어 있는 경우로서 지적공부에 등록된 면적과 측량한 실제면적은 일치하지만 지적도나 임야도에 등록된 경계가 서로 접합되지 않아 지적도나 임야도에 등록된 경계를 지상의 경계에 맞추어 정정하여야 하는 토지가 발견된 경우

④ 지적공부의 작성 또는 재작성 당시 잘못 정리된 경우

⑤ 지적측량성과와 다르게 정리된 경우

⑥ 지적측량적부심사 및 재심사청구에 따른 지적위원회의 의결결과에 따라 지적공부의 등록사항을 정정하여야 하는 경우

⑦ 지적공부의 등록사항이 잘못 입력된 경우

⑧ 토지합필의 제한에 위반한 등기의 신청을 각하한 때의 그 사유의 통지가 있는 경우(지적소관청의 착오로 잘못 합병한 경우만 해당한다)

⑨ 면적의 단위가 척관법에서 미터법으로의 변경에 따라 면적환산이 잘못된 경우

기 출 지 문 O X

지적공부의 등록사항이 측량 준비파일과 다르게 정리된 경우, 지적소관청은 직권으로 조사·측량하여 이를 정정할 수 있다.

• 30회 수정   (   )

정답 (×)

측량준비파일 ⇨ 지적측량성과

3. 토지소유자의 정정

(1) 등기된 토지의 토지소유자 정정

지적소관청이 토지소유자의 신청 또는 직권에 따라 등록사항을 정정할 때 그 정정사항이 토지소유자에 관한 사항인 경우에는 등기필증, 등기완료통지서, 등기사항증명서 또는 등기관서에서 제공한 등기전산정보자료에 따라 정정하여야 한다(법 제84조 제4항 전단).

(2) 미등기토지의 토지소유자 정정

지적소관청은 미등기토지에 대하여 토지소유자의 성명 또는 명칭, 주민등록번호, 주소 등에 관한 사항이 명백히 잘못된 경우에는 토지소유자의 신청을 받아 가족관계 기록사항에 관한 증명서에 따라 정정하여야 한다(법 제84조 제4항 후단).

4. 지적측량의 정지

지적공부의 등록사항 중 경계나 면적 등 측량을 수반하는 토지의 표시가 잘못된 경우에는 지적소관청은 그 정정이 완료될 때까지 지적측량을 정지시킬 수 있다. 다만, 잘못 표시된 사항의 정정을 위한 지적측량은 그러하지 아니하다(영 제82조 제3항).

5. 등록사항 정정 대상토지의 관리 등

(1) 지적소관청은 토지의 표시가 잘못되었음을 발견하였을 때에는 지체 없이 등록사항 정정에 필요한 서류와 등록사항 정정 측량성과도를 작성하고, 토지이동정리 결의서를 작성한 후 대장의 사유란에 '등록사항 정정 대상토지'라고 적고, 토지소유자에게 등록사항 정정 신청을 할 수 있도록 그 사유를 통지하여야 한다. 다만, 지적소관청이 직권으로 정정할 수 있는 경우에는 토지소유자에게 통지를 하지 아니할 수 있다(규칙 제94조 제1항).

(2) 등록사항 정정 대상토지에 대한 대장을 열람하게 하거나 등본을 발급하는 때에는 '등록사항 정정 대상토지'라고 적은 부분을 흑백의 반전(反轉)으로 표시하거나 붉은색으로 적어야 한다(규칙 제94조 제2항).

기출&예상 문제

지적공부의 등록사항 정정에 관한 설명으로 틀린 것은?   • 20회 수정

① 지적도 및 임야도에 등록된 필지가 면적의 증감 없이 경계의 위치만 잘못 등록된 경우 지적소관청이 직권으로 조사·측량하여 결정할 수 있다.

② 토지소유자가 경계 또는 면적의 변경을 가져오는 등록사항에 대한 정정신청을 하는 때에는 정정사유를 기재한 신청서에 등록사항 정정 측량성과도를 첨부하여 지적소관청에 제출하여야 한다.

③ 지적공부의 등록사항이 토지이동정리 결의서의 내용과 다르게 정리된 경우에는 지적소관청이 직권으로 조사하여 이를 정정할 수 있다.

④ 등기된 토지의 지적공부 등록사항 정정 내용이 토지의 표시에 관한 사항인 경우 등기필정보, 등기사항증명서 또는 등기관서에서 제공한 등기전산정보자료에 의하여 정정하여야 한다.

⑤ 등록사항 정정 신청사항이 미등기토지의 소유자 성명에 관한 사항으로서 명백히 잘못 기재된 경우에는 가족관계 기록사항에 관한 증명서 등 관계서류에 의하여 정정할 수 있다.

해설 ④ '토지의 표시'를 '토지소유자'로 변경하여야 한다.

정답 ④

10 행정구역 명칭변경 등

1. 행정구역의 명칭이 변경되었으면 지적공부에 등록된 토지의 소재는 새로운 행정구역의 명칭으로 변경된 것으로 본다(법 제85조 제1항). 이 경우 소유자의 신청이 없더라도 지적소관청은 직권으로 새로운 행정구역 명칭으로 변경등록할 수 있다.

2. 지번부여지역의 일부가 행정구역의 개편으로 다른 지번부여지역에 속하게 되었으면 지적소관청은 새로 속하게 된 지번부여지역의 지번을 부여하여야 한다(법 제85조 제2항). 이 경우 지번은 지적확정측량을 실시한 지역의 지번부여 방법을 준용한다(영 제56조 제3항 제6호).

■: 토지의 이동 및 지적정리 개관

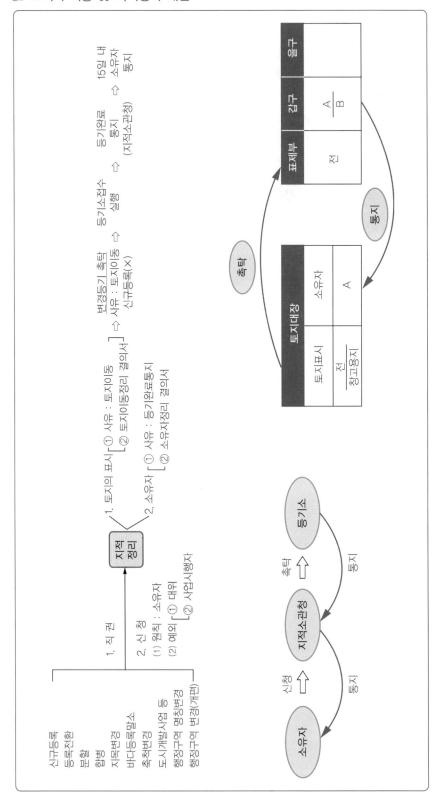

제2절 지적정리의 개시 유형

1 의 의

토지이동 사유가 발생하면 지적형식주의에 따라 이를 지적공부에 등록하여야
토지이동에 따른 법적 효력이 발생한다. 지적정리는 소유자 등이 신청하는
경우와 지적소관청의 직권에 의한 경우가 있다.

2 토지소유자의 신청

1. 지적공부에 등록하는 지번·지목·면적·경계 또는 좌표는 토지의 이동
   이 있을 때 토지소유자의 신청을 받아 지적소관청이 결정한다(법 제64조
   제2항).

2. 토지이동으로 인한 지적정리의 신청은 토지소유자가 하는 것이 원칙이다.
   여기서 토지소유자는 등기부상 소유자를 비롯하여 미등기토지의 대장상
   소유자, 소유자의 상속인, 판결에 의하여 소유권 취득자 등을 포함한다.

3 대위신청 · 24회

다음의 어느 하나에 해당하는 자는 이 법에 따라 토지소유자가 하여야 하는
신청을 대신할 수 있다. 다만, 등록사항 정정 대상토지는 제외한다(법 제87조).

1. 사업시행자의 대위신청

공공사업 등에 따라 학교용지·도로·철도용지·제방·하천·구거·유지·수
도용지 등의 지목으로 되는 토지인 경우는 해당 사업의 시행자가 대위하여
신청할 수 있다.

2. 행정기관의 장 또는 지방자치단체의 장의 대위신청

국가나 지방자치단체가 취득하는 토지인 경우는 해당 토지를 관리하는 행정기관의 장 또는 지방자치단체의 장이 대위하여 신청할 수 있다.

3. 관리인 또는 사업시행자의 대위신청

「주택법」에 따른 공동주택의 부지인 경우는 「집합건물의 소유 및 관리에 관한 법률」에 따른 관리인(관리인이 없는 경우에는 공유자가 선임한 대표자) 또는 해당 사업의 시행자가 대위하여 신청할 수 있다.

4. 채권자의 대위신청

「민법」 제404조에 따른 채권자는 소유자를 대위하여 신청할 수 있다. 예를 들어 토지의 일부분을 매수한 자(소유권이전청구권을 갖는 채권자)가 매도인이 계약을 이행하지 않자 소유권이전소송을 제기하여 승소한 경우, 소유자인 매도인을 대위하여 매수한 부분에 대한 분할을 지적소관청에 신청할 수 있다.

기 출 지 문 O X

주차전용 건축물 및 이에 접속된 부속시설물의 부지인 경우는 해당 토지를 관리하는 관리인이 토지소유자가 하여야 하는 토지의 이동 신청을 대신할 수 있다.
• 24회 수정   (   )

정답 (×)
주차전용 건축물 ⇨ 「주택법」에 따른 공동주택 부지

4 도시개발사업 등 시행지역의 신청 •24회 •26회 •30회 •31회

1. 의 의

도시개발사업*, 농어촌정비사업, 그 밖에 대통령령으로 정하는 토지개발사업의 시행자는 대통령령으로 정하는 바에 따라 그 사업의 착수·변경 및 완료 사실을 지적소관청에 신고하여야 하고, 이에 따른 사업과 관련하여 토지의 이동이 필요한 경우에는 지적소관청에 토지의 이동을 신청하여야 한다(법 제86조 제1항, 제2항).

* 도시개발사업

도시개발구역에서 주거, 상업, 산업, 유통, 정보통신, 생태, 문화, 보건 및 복지 등의 기능이 있는 단지 또는 시가지를 조성하기 위하여 시행하는 사업을 말한다.

2. 토지개발사업 등의 범위(법 제86조, 영 제83조 제1항)

① 「도시개발법」에 따른 도시개발사업
② 「농어촌정비법」에 따른 농어촌정비사업
③ 「주택법」에 따른 주택건설사업
④ 「택지개발촉진법」에 따른 택지개발사업
⑤ 「산업입지 및 개발에 관한 법률」에 따른 산업단지개발사업
⑥ 「도시 및 주거환경정비법」에 따른 정비사업
⑦ 「지역개발 및 지원에 관한 법률」에 따른 지역개발사업
⑧ 「체육시설의 설치·이용에 관한 법률」에 따른 체육시설 설치를 위한 토지개발사업
⑨ 「관광진흥법」에 따른 관광단지 개발사업
⑩ 「공유수면 관리 및 매립에 관한 법률」에 따른 매립사업
⑪ 「항만법」, 「신항만건설촉진법」에 따른 항만개발사업 및 「항만재개발 및 주변지역 발전에 관한 법률」에 따른 항만재개발사업
⑫ 「공공주택 특별법」에 따른 공공주택지구 조성사업
⑬ 「물류시설의 개발 및 운영에 관한 법률」 및 「경제자유구역의 지정 및 운영에 관한 특별법」에 따른 개발사업
⑭ 「철도의 건설 및 철도시설 유지관리에 관한 법률」에 따른 고속철도, 일반철도 및 광역철도 건설사업
⑮ 「도로법」에 따른 고속국도 및 일반국도 건설사업
⑯ 그 밖에 위의 사업과 유사한 경우로서 국토교통부장관이 고시하는 요건에 해당하는 토지개발사업

3. 사업의 착수·변경·완료신고

도시개발사업 등 토지개발사업의 시행자는 그 사업의 착수·변경 또는 완료사실을 그 사유가 발생한 날부터 15일 이내에 지적소관청에 신고*하여야 한다(영 제83조 제2항).

4. 토지의 이동 신청

(1) 도시개발사업 등 각종 토지개발사업과 관련하여 토지의 이동이 필요한 경우에는 해당 사업의 시행자가 지적소관청에 토지의 이동을 신청*하여야 한다(법 제86조 제2항). 토지소유자에게는 신청권이 없다.

기 출 지 문 O X

「도시 및 주거환경정비법」에 따른 정비사업의 착수·변경 또는 완료 사실의 신고는 그 사유가 발생한 날부터 15일 이내에 하여야 한다. ·30회   (   )

정답 (○)

*** 신고**
국민이 법령의 규정에 따라 행정관청에 일정한 사실을 진술·보고하는 것을 말한다. 도시개발사업 등 토지개발사업의 시행자는 그 사업의 착수·변경 또는 완료 사실을 그 사유가 발생한 날부터 15일 이내에 지적소관청에 신고하여야 한다.

*** 신청**
개인이 행정기관에 대하여 또는 행정기관이 다른 행정기관에 대하여 특정한 사항에 대한 행위를 요구하는 것이다.

기출지문OX

「주택법」에 따른 주택건설사업의 시행자가 파산 등의 이유로 토지의 이동 신고를 할 수 없을 때에는 그 주택의 시공을 보증한 자 또는 입주예정자 등이 신청할 수 있다. •30회   (   )

정답 (○)

기출지문OX

「택지개발촉진법」에 따른 택지개발사업의 사업시행자가 지적소관청에 토지의 이동을 신청할 경우, 신청대상지역이 환지를 수반하는 경우에는 지적소관청에 신고한 사업완료신고로써 이를 갈음할 수 있다. •30회 수정   (   )

정답 (○)

기출지문OX

「농어촌정비법」에 따른 농어촌정비사업의 사업시행자가 지적소관청에 토지의 이동을 신청한 경우 토지의 이동은 토지의 형질변경 등의 공사가 착수(시행)된 때에 이루어진 것으로 본다.
•30회   (   )

정답 (×)
공사가 착수(시행)된 때
⇨ 공사가 준공된 때

(2) 사업의 완료신고가 되기 전에 사업의 착수 또는 변경의 신고가 된 토지의 소유자가 해당 토지의 이동을 원하는 경우에는 해당 사업의 시행자에게 그 토지의 이동을 신청하도록 요청하여야 하며, 요청을 받은 사업시행자는 해당 사업에 지장이 없다고 판단되면 지적소관청에 그 이동을 신청하여야 한다(법 제86조 제4항).

(3) 「주택법」에 따른 주택건설사업의 시행자가 파산 등의 이유로 토지의 이동 신청을 할 수 없을 때에는 그 주택의 시공을 보증한 자 또는 입주예정자 등이 신청할 수 있다(영 제83조 제4항).

(4) 도시개발사업 등 그 신청대상지역이 환지를 수반하는 경우에는 도시개발사업 등의 사업완료신고로써 토지의 이동 신청을 갈음할 수 있다(영 제83조 제3항).

5. 토지이동의 시기 및 경계 결정

(1) 도시개발사업 등으로 인한 토지의 이동은 토지의 형질변경 등의 공사가 준공된 때 이루어진 것으로 본다(법 제86조 제3항).

(2) 도시개발사업 등이 완료되어 실시하는 지적확정측량의 경계는 공사가 완료된 현황대로 결정하되, 공사가 완료된 현황이 착수신고 시 제출한 사업계획도와 다를 때에는 지적소관청은 미리 사업시행자에게 그 사실을 통지하여야 한다(영 제55조 제5항).

한눈에 보기 **토지이동의 효력발생시기**

원 칙		지적공부에 등록한 때(지적형식주의)
예 외	축척변경	확정공고일
	토지개발사업	형질변경의 공사가 준공된 때

5 지적소관청의 직권등록

1. 토지의 이동이 있음에도 불구하고 토지소유자의 신청이 없으면 지적소관청이 직권으로 조사·측량하여 결정할 수 있다(법 제64조 제2항 단서).

2. 지적소관청은 토지의 이동현황을 직권으로 조사·측량하여 토지의 지번·지목·면적·경계 또는 좌표를 결정하려는 때에는 **토지이동현황 조사계획**을 수립하여야 한다(규칙 제59조 제1항).

3. 지적소관청은 토지이동현황 조사계획에 따라 토지의 이동현황을 조사한 때에는 **토지이동 조사부**에 토지의 이동현황을 적어야 한다(규칙 제59조 제2항).

4. 지적소관청은 지적공부를 정리하려는 때에는 토지이동 조사부를 근거로 토지이동 조서를 작성하여 토지이동정리 결의서에 첨부하여야 한다(규칙 제59조 제4항).

5. 지적소관청은 토지이동현황 조사결과에 따라 토지의 지번·지목·면적·경계 또는 좌표를 결정한 때에는 이에 따라 지적공부를 정리하여야 한다(규칙 제59조 제3항).

기출&예상 문제

01 다음 중 공간정보의 구축 및 관리 등에 관한 법령상 토지소유자가 하여야 하는 토지의 이동 신청을 대신할 수 있는 자가 <u>아닌</u> 것은?

• 24회

① 「민법」 제404조에 따른 채권자
② 주차전용 건축물 및 이에 접속된 부속시설물의 부지인 경우는 해당 토지를 관리하는 관리인
③ 국가나 지방자치단체가 취득하는 토지인 경우는 해당 토지를 관리하는 행정기관의 장 또는 지방자치단체의 장
④ 공공사업 등에 따라 하천·구거·유지·수도용지 등의 지목으로 되는 토지인 경우는 해당 사업의 시행자
⑤ 「주택법」에 따른 공동주택의 부지인 경우는 「집합건물의 소유 및 관리에 관한 법률」에 따른 관리인(관리인이 없는 경우에는 공유자가 선임한 대표자) 또는 해당 사업의 시행자

② 관리인이 소유자를 대위하여 토지이동을 신청할 수 있는 경우는 목적 부동산이 '공동주택'의 부지인 경우에 한정된다(법 제87조). 주차전용 건축물부지의 경우는 공동주택이 아니므로 관리인이 대위할 수 있는 경우에 해당하지 않는다.

정답 ②

02 공간정보의 구축 및 관리 등에 관한 법령상 도시개발사업 등 시행지역의 토지이동 신청에 관한 특례의 설명으로 **틀린** 것은? · 30회

① 「도시개발법」에 따른 도시개발사업의 착수를 지적소관청에 신고하려는 자는 도시개발사업 등의 착수(시행)·변경·완료 신고서에 사업인가서, 지번별조서, 사업계획도를 첨부하여야 한다.

② 「농어촌정비법」에 따른 농어촌정비사업의 사업시행자가 지적소관청에 토지의 이동을 신청한 경우 토지의 이동은 토지의 형질변경 등의 공사가 착수(시행)된 때에 이루어진 것으로 본다.

③ 「도시 및 주거환경정비법」에 따른 정비사업의 착수·변경 또는 완료 사실의 신고는 그 사유가 발생한 날부터 15일 이내에 하여야 한다.

④ 「주택법」에 따른 주택건설사업의 시행자가 파산 등의 이유로 토지의 이동 신청을 할 수 없을 때에는 그 주택의 시공을 보증한 자 또는 입주예정자 등이 신청할 수 있다.

⑤ 「택지개발촉진법」에 따른 택지개발사업의 사업시행자가 지적소관청에 토지의 이동을 신청할 경우, 신청대상지역이 환지를 수반하는 경우에는 지적소관청에 신고한 사업완료 신고로써 이를 갈음할 수 있다. 이 경우 사업완료신고서에 택지개발 사업시행자가 토지의 이동 신청을 갈음한다는 뜻을 적어야 한다.

② 「도시개발법」에 따른 도시개발사업, 「농어촌정비법」에 따른 농어촌정비사업, 그 밖에 대통령령으로 정하는 토지개발사업에 따른 토지의 이동은 토지의 형질변경 등의 공사가 준공된 때에 이루어진 것으로 본다(법 제86조 제3항).

정답 ②

제3절 　지적정리

•24회 •25회 •29회 •30회 •33회

1 토지의 표시 정리

1. 토지의 표시 정리 사유

지적소관청은 지적공부가 다음의 어느 하나에 해당하는 경우에는 지적공부를 정리하여야 한다. 이 경우 이미 작성된 지적공부에 정리할 수 없을 때에는 새로 작성하여야 한다(영 제84조 제1항).

> ① 지번을 변경하는 경우
> ② 지적공부를 복구하는 경우
> ③ 신규등록·등록전환·분할·합병·지목변경 등 토지의 이동이 있는 경우

2. 토지이동정리 결의서* 작성

(1) 지적소관청은 토지의 이동이 있는 경우에는 토지이동정리 결의서를 작성하여야 한다(영 제84조 제2항).

(2) 토지이동정리 결의서의 작성은 토지대장·임야대장 또는 경계점좌표등록부별로 구분하여 작성하되, 토지이동정리 결의서에는 토지이동신청서 또는 도시개발사업 등의 완료신고서 등을 첨부하여야 한다(규칙 제98조 제1항).

* 토지이동정리 결의서
지적사무를 처리하는 데 있어 토지의 표시를 정리하기 위하여 지적공부별로 작성하여 상부에 승인을 요청할 때 사용하는 서식을 말한다.

2 토지의 소유자정리

1. 소유자정리 결의서* 작성

(1) 지적소관청은 토지소유자의 변동 등에 따라 지적공부를 정리하려는 경우에는 소유자정리 결의서를 작성하여야 한다(영 제84조 제2항).

(2) 소유자정리 결의서에는 등기필증, 등기부등본 또는 그 밖에 토지소유자가 변경되었음을 증명하는 서류를 첨부하여야 한다. 다만, 「전자정부법」 제36조 제1항에 따른 행정정보의 공동이용을 통하여 첨부서류에 대한 정보를

* 소유자정리 결의서
지적사무를 처리하는 데 있어 소유자를 정리하기 위하여 미리 작성하여 상부에 승인을 요청할 때 사용하는 서식을 말한다.

확인할 수 있는 경우에는 그 확인으로 첨부서류를 갈음할 수 있다(규칙 제 98조 제1항).

2. 이미 등록된 토지의 소유자정리

(1) 지적공부에 등록된 토지소유자의 변경사항은 등기관서에서 등기한 것을 증명하는 등기필증, 등기완료통지서, 등기사항증명서 또는 등기관서에서 제공한 등기전산정보자료에 따라 정리한다(법 제88조 제1항).

(2) 등기부에 적혀 있는 토지의 표시가 지적공부와 일치하지 아니하면 위 **(1)** 에 따라 토지소유자를 정리할 수 없다. 이 경우 토지의 표시와 지적공부가 일치하지 아니하다는 사실을 관할 등기관서에 통지하여야 한다(법 제88조 제3항).

(3) 지적소관청은 필요하다고 인정하는 경우에는 관할 등기관서의 등기부를 열람하여 지적공부와 부동산등기부가 일치하는지 여부를 조사·확인하여 야 한다(법 제88조 제4항).

(4) 지적소관청이 등기부를 열람하여 지적공부와 등기부가 일치하지 아니하는 사항을 발견하면 등기사항증명서 또는 등기관서에서 제공한 등기전산정보 자료에 따라 지적공부를 직권으로 정리하거나, 토지소유자나 그 밖의 이 해관계인에게 그 지적공부와 부동산등기부가 일치하게 하는 데에 필요한 신청 등을 하도록 요구할 수 있다(법 제88조 제4항).

(5) 지적소관청 소속 공무원이 지적공부와 부동산등기부의 부합 여부를 확인 하기 위하여 등기부를 열람하거나, 등기사항증명서의 발급을 신청하거나, 등기전산정보자료의 제공을 요청하는 경우 그 수수료는 무료로 한다(법 제 88조 제5항).

3. 신규등록지의 소유자 등록

소유권에 대한 사항은 원칙적으로 등기부를 기초로 하여 지적공부를 정리 하여야 하지만, 토지를 신규등록하는 때에는 등기부가 개설되어 있지 아니 하므로 지적소관청이 직접 조사하여 등록한다(법 제88조 제1항 단서).

4. 소유자 없는 토지에 대한 소유자 등록

「국유재산법」에 따른 총괄청*이나 중앙관서의 장이 소유자 없는 부동산에 대한 소유자 등록을 신청하는 경우 지적소관청은 지적공부에 해당 토지의 소유자가 등록되지 아니한 경우에만 등록할 수 있다(법 제88조 제2항).

PART 1

03 토지의 이동 및 지적정리

* 총괄청
「국유재산법」상 총괄청이란 기획재정부장관을 말한다.

기 출 지 문 O X

「국유재산법」에 따른 총괄청이나 같은 법에 따른 중앙관서의 장이 소유자 없는 부동산에 대한 소유자 등록을 신청하는 경우 지적소관청은 지적공부에 해당 토지의 소유자가 등록되지 아니한 경우에만 등록할 수 있다. • 29회

( )

정답 (○)

기출&예상 문제

공간정보의 구축 및 관리 등에 관한 법령상 토지소유자의 정리 등에 관한 설명으로 틀린 것은? • 29회

① 지적소관청은 등기부에 적혀 있는 토지의 표시가 지적공부와 일치하지 아니하면 토지소유자를 정리할 수 없다.

② 「국유재산법」에 따른 총괄청이나 같은 법에 따른 중앙관서의 장이 소유자 없는 부동산에 대한 소유자 등록을 신청하는 경우 지적소관청은 지적공부에 해당 토지의 소유자가 등록되지 아니한 경우에만 등록할 수 있다.

③ 지적공부에 신규등록하는 토지의 소유자에 관한 사항은 등기관서에서 등기한 것을 증명하는 등기필증, 등기완료통지서, 등기사항증명서 또는 등기관서에서 제공한 등기전산정보자료에 따라 정리한다.

④ 지적소관청은 필요하다고 인정하는 경우에는 관할 등기관서의 등기부를 열람하여 지적공부와 부동산등기부가 일치하는지 여부를 조사·확인하여야 한다.

⑤ 지적소관청 소속 공무원이 지적공부와 부동산등기부의 부합 여부를 확인하기 위하여 등기전산정보자료의 제공을 요청하는 경우 그 수수료는 무료로 한다.

해설 ③ 지적공부에 신규등록하는 토지의 소유자에 관한 사항은 지적소관청이 직접 조사하여 등록한다(법 제88조 제1항). 일반적으로 지적공부에 등록된 토지소유자의 변경사항은 등기관서에서 등기한 것을 증명하는 등기필증, 등기완료통지서, 등기사항증명서 또는 등기관서에서 제공한 등기전산정보자료에 따라 정리한다(법 제88조 제1항).

정답 ③

1 변경등기의 촉탁 · 24회 · 28회

1. 의 의

지적소관청의 등기촉탁제도는 지적공부와 등기부의 토지의 표시사항을 일치시키기 위한 것으로 지적소관청이 토지의 표시를 정리한 경우 등기소에 등기를 신청하는 것을 말한다. 이 경우 지적소관청의 등기촉탁은 국가가 국가를 위하여 하는 등기로 본다(법 제89조 제1항 후단).

2. 변경등기의 촉탁 사유(법 제89조 제1항)

① 토지의 이동정리를 한 경우(단, 신규등록은 제외한다)
② 시·도지사나 대도시 시장의 승인을 받아 지번부여지역의 전부 또는 일부에 대하여 지번을 새로 부여할 때
③ 바다로 된 토지를 등록말소하는 경우
④ 축척변경을 한 경우
⑤ 등록사항의 오류를 직권으로 정정한 경우
⑥ 행정구역의 개편으로 새로 지번을 부여한 경우

3. 변경등기의 촉탁 사유가 아닌 경우

① 신규등록
신규등록의 경우에는 아직 부동산등기부가 개설되기 전이므로 변경등기를 촉탁할 수가 없다. 이 경우 소유자가 직접 소유권보존등기를 신청하여야 한다(법 제89조 제1항).
② 소유자정리
변경등기의 촉탁은 토지의 표시에 변경이 생긴 경우에만 하는 것으로 토지의 표시가 아닌 소유자를 정리한 경우는 촉탁의 대상이 될 수 없다.
③ 행정구역의 명칭 변경
행정구역 또는 그 명칭이 변경되었을 때에는 등기기록에 기록된 행정구역 또는 그 명칭에 대하여 변경등기가 있는 것으로 본다(부동산등기법 제31조). 이 경우에 공시를 명확하게 하기 위하여 등기관은 직권으로 부동산의 표시변경등기를 할 수 있다(부동산등기규칙 제54조).

4. 변경등기의 촉탁 절차

(1) 지적소관청은 등기관서에 토지표시의 변경에 관한 등기를 촉탁하려는 때에는 토지표시변경등기 촉탁서에 그 취지를 적어야 한다(규칙 제97조 제1항).

(2) 지적소관청이 토지표시의 변경에 관한 등기를 촉탁한 때에는 토지표시변경등기 촉탁대장에 그 내용을 적어야 한다(규칙 제97조 제2항).

2 변경등기의 실행 및 등기완료의 통지 ·24회 ·25회

1. 변경등기의 실행

지적소관청의 등기촉탁이 있는 경우 관할 등기소는 이를 심사하여 요건에 부합하면 부동산의 표시변경등기를 실행하고, 등기를 완료한 때에는 지적소관청에 등기완료사실을 통지하여야 한다(부동산등기규칙 제53조).

2. 통지 시기

(1) 토지의 표시에 관한 변경등기가 필요한 경우

지적소관청은 등기관서로부터 그 등기완료통지서를 접수한 날부터 15일 이내에 토지소유자에게 지적정리 등을 통지하여야 한다(영 제85조).

(2) 토지의 표시에 관한 변경등기가 필요하지 않은 경우

지적소관청은 지적공부에 등록한 날부터 7일 이내에 토지소유자에게 지적정리 등을 통지를 하여야 한다(영 제85조). 토지의 표시에 관한 변경등기가 필요하지 않은 예로는 지적소관청이 직권으로 신규등록 하는 경우를 들 수 있다.

기 출 지 문 O X

토지의 표시에 관한 변경등기가 필요한 지적정리 등의 통지는 지적소관청이 그 등기완료의 통지서를 접수한 날부터 15일 이내에 해당 토지소유자에게 하여야 한다. ·25회 ( )

정답 (○)

기 출 지 문 O X

토지의 표시에 관한 변경등기가 필요하지 아니한 지적정리 등의 통지는 지적소관청이 지적공부에 등록한 날부터 10일 이내에 해당 토지소유자에게 하여야 한다. ·25회 ( )

정답 (×)
10일 ⇨ 7일

3 지적정리 등의 통지 ·25회 ·28회 ·34회

1. 통지대상

다음과 같은 경우에는 지적소관청이 해당 토지소유자에게 통지하여야 한다(법 제90조).

> ① 토지의 이동이 있을 때 지적소관청이 직권으로 토지이동을 조사·측량하여 지적공부에 등록정리한 때(법 제64조 제2항 단서)
> ② 시·도지사나 대도시 시장의 승인을 받아 지번부여지역 전부 또는 일부에 대하여 지번을 새로 부여한 때(법 제66조 제2항)
> ③ 지적공부를 복구한 때(법 제74조)
> ④ 바다로 된 토지의 소유자가 통지를 받은 날부터 90일 이내에 등록말소신청을 하지 아니하여 지적소관청이 직권으로 등록말소한 때(법 제82조 제2항)
> ⑤ 지적소관청이 등록사항의 오류를 직권으로 조사·측량하여 정정한 때
> ⑥ 행정구역 개편으로 지적소관청이 새로 그 지번을 부여한 때
> ⑦ 도시개발사업 등으로 인하여 토지이동이 있는 때에 그 사업시행자가 지적소관청에 그 이동을 신청하여 지적정리를 한 때(법 제86조 제2항)
> ⑧ 대위신청권자의 신청에 의하여 지적소관청이 지적정리를 한 때(법 제87조)
> ⑨ 토지표시의 변경에 관하여 관할 등기관서에 등기를 촉탁한 때(법 제89조)

2. 특 징

(1) 지적정리 등의 사실을 통지하는 경우는 토지의 표시를 정리한 경우만 통지의 대상이 될 뿐 토지소유자를 정리한 경우는 통지의 대상이 아니다.

(2) 토지소유자가 토지의 이동을 신청하지 않은 경우, 즉 지적소관청이 직권으로 정리한 경우(①②③④⑤⑥), 사업시행자가 신청한 경우(⑦), 대위신청의 경우(⑧)가 통지의 대상이 된다. 다만, 토지소유자의 신청이 있는 경우라도 변경등기를 촉탁한 경우라면 그 등기완료사실을 통지하여야 한다(⑨).

3. 일간신문 등의 공고

지적소관청은 지적정리 등의 사실을 통지받을 자의 주소나 거소를 알 수 없는 경우에는 국토교통부령으로 정하는 바에 따라 일간신문, 해당 시·군·구의 공보 또는 인터넷 홈페이지에 공고하여야 한다(법 제90조 단서).

01 공간정보의 구축 및 관리 등에 관한 법령상 지적소관청은 토지의 이동 등으로 토지의 표시변경에 관한 등기를 할 필요가 있는 경우에는 지체 없이 관할 등기관서에 그 등기를 촉탁하여야 한다. 등기촉탁 대상이 <u>아닌</u> 것은? • 28회

① 지번부여지역의 전부 또는 일부에 대하여 지번을 새로 부여한 경우
② 바다로 된 토지의 등록을 말소한 경우
③ 하나의 지번부여지역에 서로 다른 축척의 지적도가 있어 축척을 변경한 경우
④ 지적소관청이 신규등록하는 토지의 소유자를 직접 조사하여 등록한 경우
⑤ 지적소관청이 직권으로 조사·측량하여 지적공부의 등록사항을 정정한 경우

해설 ④ 지적소관청은 토지의 이동에 따른 사유로 토지의 표시변경에 관한 등기를 할 필요가 있는 경우에는 지체 없이 관할 등기관서에 그 등기를 촉탁하여야 하지만, 신규등록은 제외한다(법 제89조 제1항). 한편, 소유자를 정리한 경우는 토지의 표시와 상관없는 것으로 부동산의 표시변경등기 촉탁대상에 해당하지 않는다.

정답 ④

02 공간정보의 구축 및 관리 등에 관한 법령상 지적소관청이 토지소유자에게 지적정리 등을 통지하여야 하는 시기에 대한 설명이다. ( )에 들어갈 내용으로 옳은 것은? • 34회

• 토지의 표시에 관한 변경등기가 필요하지 아니한 경우 : (㉠)에 등록한 날부터 (㉡) 이내
• 토지의 표시에 관한 변경등기가 필요한 경우 : 그 (㉢)를 접수한 날부터 (㉣) 이내

① ㉠ : 등기완료의 통지서,   ㉡ : 15일, ㉢ : 지적공부, ㉣ : 7일
② ㉠ : 등기완료의 통지서,   ㉡ : 7일,   ㉢ : 지적공부, ㉣ : 15일
③ ㉠ : 지적공부, ㉡ : 7일,   ㉢ : 등기완료의 통지서,   ㉣ : 15일
④ ㉠ : 지적공부, ㉡ : 10일, ㉢ : 등기완료의 통지서,   ㉣ : 15일
⑤ ㉠ : 지적공부, ㉡ : 15일, ㉢ : 등기완료의 통지서,   ㉣ : 7일

해설 • 토지의 표시에 관한 변경등기가 필요하지 아니한 경우 : '지적공부'에 등록한 날부터 '7일' 이내
• 토지의 표시에 관한 변경등기가 필요한 경우 : 그 '등기완료의 통지서'를 접수한 날부터 '15일' 이내

정답 ③

❶ 등록전환에 따른 면적을 정함에 있어 오차가 허용범위 이내인 경우에는 등록전환 (   )을 등록전환면적으로 결정하고, 오차가 허용범위를 초과하는 때에는 임야대장의 면적 또는 임야도의 경계를 지적소관청이 (   )한 후 등록전환을 하여야 한다.

❷ 분할 전후 면적의 오차가 허용범위 이내인 때에는 그 오차를 분할 후의 각 필지의 면적에 따라 (   ), 오차가 허용범위를 초과하는 경우에는 지적공부상의 면적 또는 경계를 (   )하여야 한다.

❸ 「주택법」에 따른 (   )의 부지인 경우 토지소유자는 사유가 발생한 날부터 60일 이내에 지적소관청에 합병을 신청하여야 한다.

❹ 토지소유자는 지적소관청으로부터 바다로 된 토지의 등록말소통지를 받은 날로부터 (   )일 이내에 등록말소신청을 하여야 한다.

❺ 청산금은 고지받은 날로부터 (   )개월 이내로 지적소관청에 내야 하고, (   )개월 이내에 청산금을 지급하여야 한다.

❻ 청산금에 대하여 이의가 있는 자는 납부고지 또는 수령통지를 받은 날로부터 (   )개월 이내에 지적소관청에 이의신청을 할 수 있다.

❼ 축척변경의 (   )에 토지의 이동이 있는 것으로 본다.

❽ 공공사업 등에 따라 학교용지·도로·철도용지·하천·제방·구거·유지·수도용지 등의 지목으로 되는 토지의 경우는 해당 (   )가 토지소유자를 대위하여 토지의 이동을 신청할 수 있다.

| 정답 | **1** 될 면적, 직권으로 정정   **2** 나누고, 정정   **3** 공동주택   **4** 90   **5** 6, 6   **6** 1   **7** 확정공고일
 8 사업시행자 |

⑨ 도시개발사업 시행자는 그 사업의 착수·변경 또는 완료사실을 그 사유가 발생한 날부터 (   ) 일 이내에 지적소관청에 신고하여야 한다.

⑩ 도시개발사업 등으로 인한 토지의 이동은 토지의 형질변경 등의 (   ) 때 이루어진 것으로 본다.

⑪ 토지이동에 따른 지적공부를 정리하는 경우에는 (   )를 작성하여야 한다.

⑫ 지적소관청은 토지소유자의 변동 등에 따라 지적공부를 정리하려는 경우에는 (   )를 작성하여야 한다.

⑬ 토지소유자는 지적공부의 등록사항에 잘못이 있음을 발견한 때에는 (   )에 그 정정을 신청할 수 있다.

⑭ 지적소관청은 지적공부의 토지의 표시가 (   )의 내용과 다르게 정리된 경우 직권으로 이를 정정할 수 있다.

⑮ 원칙적으로 지적소관청은 등기관서에 (   )이 있는 경우 변경등기를 촉탁한다. 단, (   ) 및 소유자를 정리하는 경우에는 변경등기를 촉탁하지 아니한다.

⑯ 지적소관청은 토지의 표시에 관한 변경등기가 필요한 경우는 그 등기완료통지서를 접수한 날부터 (   )일 이내에 토지소유자에게 지적정리 등의 사실을 통지하여야 한다.

⑰ 지적소관청은 토지의 표시에 관한 변경등기가 필요하지 아니한 경우는 지적공부에 등록한 날부터 (   )일 이내에 소유자에게 지적정리의 사실을 통지하여야 한다.

정답   9 15   10 공사가 준공된   11 토지이동정리 결의서   12 소유자정리 결의서   13 지적소관청
       14 토지이동정리 결의서   15 토지의 이동, 신규등록   16 15   17 7

04 지적측량

┃ 10개년 출제문항 수

25회	26회	27회	28회	29회
3	3	1	2	2
30회	31회	32회	33회	34회
2	2	3	2	4

└→ 총 24문제 中 평균 약 2.4문제 출제

┃ 학습전략

• 지적측량 종류(13가지)를 숙지하여야 합니다.

• 지적측량 절차 및 측량기간을 숙지하여야 합니다.

• 지적위원회 및 적부(재)심사 절차를 숙지하여야 합니다.

제1절 ┃ 지적측량의 개요

1 지적측량의 의의

1. '지적측량'이란 토지를 지적공부에 등록하거나 지적공부에 등록된 경계점을 지상에 복원하기 위하여 필지의 경계 또는 좌표와 면적을 정하는 측량을 말한다(법 제2조 제4호).

2. 지적측량은 필지의 경계 또는 좌표와 면적을 정하여 지적공부에 등록하거나 토지의 소유권이 미치는 범위를 명확하게 하기 위하여 실시하는 측량으로 반드시 「공간정보의 구축 및 관리 등에 관한 법률」이 정하는 절차와 방법에 따라서 실시하여야 한다.

> **◉ 참고 지적측량의 성격**
>
> 1. 기속측량
>   지적측량은 지적공부에 등록한 토지의 경계 또는 좌표와 면적을 정하는 것이기 때문에 반드시 「공간정보의 구축 및 관리 등에 관한 법률」이 정하는 절차와 방법에 따라서 실시하여야 한다.

2. 사법측량

지적측량으로 경계가 정하여지면 토지에 대한 소유권이 미치는 범위가 확정되는 사법적 효력이 생긴다.

3. 평면측량

지적측량은 지표면상의 경계와 면적을 입체적으로 정하기 위한 것이 아니라 평면적으로 정하여 등록하기 위한 측량이다.

4. 측량성과의 공시성

지적측량은 토지의 표시사항을 지적공부에 등록하여 이를 공시하기 위한 측량이다.

2 지적측량의 대상 ·24회 ·26회 ·30회 ·32회 ·33회

1. 지적측량은 다음의 어느 하나에 해당하는 경우에 실시하는 측량이므로 이에 해당하지 않는 것은 지적측량에 포함되지 않는다(법 제23조 제1항).

(1) **기초측량** : 지적기준점*을 정하는 경우
(2) **검사측량** : 지적측량수행자가 실시한 **지적측량성과를 검사하는 경우**
(3) **다음의 어느 하나에 해당하는 경우로서 측량을 할 필요가 있는 경우**
  ① **복구측량** : 지적공부의 전부 또는 일부가 멸실된 경우 이를 복구하는 경우
  ② **신규등록측량** : 토지를 신규등록하는 경우
  ③ **등록전환측량** : 토지를 등록전환하는 경우
  ④ **분할측량** : 토지를 분할하는 경우
  ⑤ **등록말소측량** : 바다가 된 토지의 등록을 말소하는 경우
  ⑥ **축척변경측량** : 축척을 변경하는 경우
  ⑦ **등록사항정정측량** : 지적공부의 등록사항을 정정하는 경우
  ⑧ **지적확정측량** : 도시개발사업, 농어촌정비사업, 그 밖에 대통령령으로 정하는 토지개발사업이 끝나 토지의 표시를 새로 정하기 위한 경우
  ⑨ **지적재조사측량** : 「지적재조사에 관한 특별법」에 따른 지적재조사사업*에 따라 토지의 표시를 새로 정하기 위한 경우
(4) **경계복원측량** : 경계점을 지상에 복원하는 경우
(5) **지적현황측량** : 지상건축물 등의 현황을 지적도 및 임야도에 등록된 경계와 대비하여 표시하는 데에 필요한 경우

* 지적기준점

시·도지사나 지적소관청이 지적측량을 정확하고 효율적으로 시행하기 위하여 국가기준점을 기준으로 하여 따로 정하는 측량기준점을 말한다.

기 출 지 문 O X

지적공부의 일부가 멸실되어 지적소관청이 이를 복구하기 위하여 측량을 할 필요가 있는 경우, 지적측량의 대상이 된다. ·30회
(   )

정답 (O)

기 출 지 문 O X

토지소유자가 지적소관청에 바다가 된 토지에 대하여 지적공부의 등록말소를 신청하기 위하여 측량을 할 필요가 있는 경우, 지적측량의 대상이 된다. ·30회
(   )

정답 (O)

* 지적재조사사업

「공간정보의 구축 및 관리 등에 관한 법률」에 따른 지적공부의 등록사항을 조사·측량하여 기존의 지적공부를 디지털에 의한 새로운 지적공부로 대체함과 동시에 지적공부의 등록사항이 토지의 실제 현황과 일치하지 아니하는 경우 이를 바로 잡기 위하여 실시하는 국가사업을 말한다.

기 출 지 문 O X

「지적재조사에 관한 특별법」에 따른 지적재조사사업에 따라 토지의 이동이 있어 측량을 할 필요가 있는 경우, 지적측량의 대상이 된다. ·30회 (   )

정답 (O)

2. 지적측량을 하지 않는 경우

① 토지의 합병
② 지목변경
③ 지번변경
④ 토목공사를 위한 주요지형측량 ⇨ 이 경우에는 '일반측량'을 한다.
⑤ 위성기준점 및 공공기준점을 설치하는 경우
⑥ 연속지적도에 있는 경계점을 지상에 표시하기 위한 경우

➕ 보충   연속지적도

'연속지적도'란 지적측량을 하지 아니하고 전산화된 지적도 및 임야도 파일을 이용하여, 도면상 경계점들을 연결하여 작성한 도면으로서 측량에 활용할 수 없는 도면을 말한다(법 제2조 제19의2호).

기출&예상   문제

01 공간정보의 구축 및 관리 등에 관한 법령상 지적측량을 실시하여야 할 대상으로 틀린 것은? • 26회

① 「지적재조사에 관한 특별법」에 따른 지적재조사사업에 따라 토지의 이동이 있는 경우로서 측량을 할 필요가 있는 경우
② 지적측량수행자가 실시한 측량성과에 대하여 지적소관청이 검사를 위해 측량을 하는 경우
③ 연속지적도에 있는 경계점을 지상에 표시하기 위해 측량을 하는 경우
④ 지상건축물 등의 현황을 지적도 및 임야도에 등록된 경계와 대비하여 표시하기 위해 측량을 할 필요가 있는 경우
⑤ 「도시 및 주거환경정비법」에 따른 정비사업 시행지역에서 토지의 이동이 있는 경우로서 측량을 할 필요가 있는 경우

해설 ③ '연속지적도'란 지적측량을 하지 아니하고 전산화된 지적도 및 임야도 파일을 이용하여, 도면상 경계점들을 연결하여 작성한 도면으로서 측량에 활용할 수 없는 도면을 말한다(법 제2조 제19의2호).
① 지적재조사측량, ② 검사측량, ④ 지적현황측량, ⑤ 지적확정측량을 말한다.

정답 ③

02 공간정보의 구축 및 관리 등에 관한 법령상 지적측량을 실시하여야
하는 경우를 모두 고른 것은?
　• 30회

⊙ 토지소유자가 지적소관청에 신규등록 신청을 하기 위하여 측량을 할
필요가 있는 경우
ⓒ 지적소관청이 지적공부의 일부가 멸실되어 이를 복구하기 위하여 측
량을 할 필요가 있는 경우
ⓒ 「지적재조사에 관한 특별법」에 따른 지적재조사사업에 따라 토지의
이동이 있어 측량을 할 필요가 있는 경우
ⓔ 토지소유자가 지적소관청에 바다가 된 토지에 대하여 지적공부의 등
록말소를 신청하기 위하여 측량을 할 필요가 있는 경우

① ⊙, ⓒ, ⓒ
② ⊙, ⓒ, ⓔ
③ ⊙, ⓒ, ⓔ
④ ⓒ, ⓒ, ⓔ
⑤ ⊙, ⓒ, ⓒ, ⓔ

해설 ⑤ 현행법상 지적측량을 실시할 수 있는 경우는 법 제23조에서 법정하고 있다.
⊙ 신규등록측량, ⓒ 복구측량, ⓒ 지적재조사측량, ⓔ 바다로 된 토지의 등
록말소측량이다.

정답 ⑤

3 지적측량의 구분

지적측량은 지적기준점을 정하기 위한 기초측량과, 1필지의 경계와 면적을
정하는 세부측량으로 구분한다(지적측량 시행규칙 제5조 제1항).

1. 기초측량

(1) 의 의

기초측량은 지적기준점을 결정하는 측량으로 지적삼각점측량, 지적삼각보
조점측량, 지적도근점측량이 있다.

(2) 기초측량의 절차

기초측량(= 지적기준점측량)의 절차는 다음의 순서에 따른다(지적측량 시행
규칙 제7조 제3항).

2. 세부측량

(1) 세부측량의 대상

법 제23조에서 규정하고 있는 지적측량의 대상 13가지 중 기초측량을 제외한 나머지 12가지 모두 세부측량의 대상이 된다(지적측량 시행규칙 제6조 제3항).

(2) 판례(경계복원측량의 방법)

1. 경계침범 여부가 문제로 되어 지적도상의 경계를 실지에 복원하기 위하여 행하는 경계복원측량은 등록할 당시의 측량 방법과 동일한 방법으로 하여야 하므로, 첫째 등록 당시의 측량 방법에 따르고, 둘째 측량 당시의 기준점을 기준으로 하여야 하며, 비록 등록 당시의 측량 방법이나 기술이 발전하지 못하여 정확성이 없다 하더라도 경계복원측량을 함에 있어서는 등록 당시의 측량 방법에 의하여야 하는 것이지 보다 정밀한 측량 방법이 있다 하여 곧바로 그 방법에 의하여 측량할 수는 없다(대판 2003.10.10, 2002다17791·17807).

2. 토지의 등록 당시 기지점을 기준으로 한 평판측량 방법에 의하여 분할측량이 이루어진 경우 등록 당시의 기지점을 기준으로 하여 경계복원측량을 하여야 함이 원칙이나, 현재에 이르러 등록 당시의 기지점을 찾을 수 없어 등록 당시의 기지점을 기준으로 하여 경계복원측량을 하는 것이 불가능하게 되었다면 분할측량원도를 토대로 등록 당시와 비슷한 조건의 주위 기지점에 의거하여 경계복원측량을 할 수 있는 바, 대상 토지의 사정변경으로 위 방법에 의하여 경계복원측량을 하는 것마저 불가능하게 되었다면 기초측량에 의하여 해당 토지 인근의 도근점을 찾아내어 이를 기준으로 하여 경계복원측량을 할 수밖에 없다(대판 2003.10.10, 2002다17791·17807).

3. 경계복원측량은 등록할 당시의 측량 방법과 동일한 방법으로 하여야 하는 것이므로, 위 경계복원측량을 함에 있어서는, 첫째 분할등록 당시의 측량 방법에 따르고, 둘째 측량 당시의 기초점을 기준으로 하여야 하며, 따라서 비록 등록 당시의 측량 방법이나 기술이 발전되지 못하여 정확성이 없었다 하더라도 경계복원측량을 함에 있어서는 등록 당시의 측량 방법에 의하여야 하는 것이지 보다 정밀한 측량 방법이 있다 하여 곧바로 그 방법에 의하여 측량할 수는 없다(대판 1994.5.13, 93다56381).

4 지적측량의 방법

지적측량은 평판(平板)측량, 전자평판측량, 경위의(經緯儀)측량, 전파기 또는
광파기측량, 사진측량 및 위성측량 등의 방법에 따른다(지적측량 시행규칙 제5조
제2항).

1. 평판측량 및 전자평판측량

평판을 이용하여 토지의 경계를 도해적으로 표현하는 측량방법이다.

2. 경위의측량

경위의(經緯儀)라는 기구를 이용하여 지적측량기준점 및 토지의 경계를 좌
표로 표현하는 측량방법이다. 기초측량과 세부측량 모두에 이용된다.

3. 전파기 또는 광파기측량

전자파나 광파를 이용한 컴퓨터가 내장된 측량기재를 가지고 측량하는 방
법이다.

4. 사진측량

지상 또는 항공에서 촬영한 사진을 이용하여 토지의 형상과 위치를 나타내
는 측량방법이다.

5. 위성측량

인공위성으로부터 발사되는 전파를 수신하여 지표상의 측점에 대한 3차원
의 위치를 구하는 측량방법이다.

5 지적기준점 · 31회

1. 의 의

'지적기준점'이란 특별시장·광역시장·특별자치시장·도지사 또는 특별자치도지사(이하 '시·도지사'라 한다)나 지적소관청이 지적측량을 정확하고 효율적으로 시행하기 위하여 국가기준점을 기준으로 하여 따로 정하는 측량기준점을 말한다(법 제7조 제1항 제3호).

2. 지적기준점의 구분

지적기준점은 지적삼각점, 지적삼각보조점, 지적도근점으로 구분된다(영 제8조 제1항 제3호).

구 분	내 용
지적삼각점	지적측량 시 수평위치 측량의 기준으로 사용하기 위하여 국가기준점을 기준으로 하여 정한 기준점을 말한다.
지적삼각보조점	지적측량 시 수평위치 측량의 기준으로 사용하기 위하여 국가기준점과 지적삼각점을 기준으로 하여 정한 기준점을 말한다.
지적도근점 (地籍圖根點)	지적측량 시 필지에 대한 수평위치 측량 기준으로 사용하기 위하여 국가기준점, 지적삼각점, 지적삼각보조점 및 다른 지적도근점을 기초로 하여 정한 기준점을 말한다.

3. 지적기준점성과의 보관·관리 및 열람

(1) 시·도지사나 지적소관청은 지적기준점성과와 그 측량기록을 보관하고 일반인이 열람할 수 있도록 하여야 한다(법 제27조 제1항).

(2) 지적기준점성과의 관리

① 지적삼각점성과는 특별시장·광역시장·도지사 또는 특별자치도지사(이하 '시·도지사'라 한다)가 관리하고, 지적삼각보조점성과 및 지적도근점성과는 지적소관청이 관리한다(지적측량 시행규칙 제3조 제1호).

② 지적소관청이 지적삼각점을 설치하거나 변경하였을 때에는 그 측량성과를 시·도지사에게 통보하여야 한다(지적측량 시행규칙 제3조 제2호).

(3) 지적측량기준점성과의 열람 및 등본 발급

① 지적측량기준점성과 또는 그 측량부를 열람하거나 등본을 발급받으려는 자는 지적삼각점성과에 대해서는 특별시장·광역시장·특별자치시장·도지사·특별자치도지사(이하 '시·도지사'라 한다) 또는 지적소관청에 신청하고, 지적삼각보조점성과 및 지적도근점성과에 대해서는 지적소관청에 신청하여야 한다(규칙 제26조 제1항).

② 지적측량기준점성과 또는 그 측량부의 열람이나 등본 발급 신청을 받은 해당 기관은 이를 열람하게 하거나 지적측량기준점성과 등본을 발급하여야 한다(규칙 제26조 제3항).

한눈에 보기 지적기준점성과의 관리 및 열람·등본 발급

구 분	지적기준점의 성과 관리	열람 및 등본 발급
지적삼각점성과	시·도지사	시·도지사, 지적소관청
지적삼각보조점성과	지적소관청	지적소관청
지적도근점성과		

기출&예상 문제

공간정보의 구축 및 관리 등에 관한 법령상 지적기준점성과와 지적기준점성과의 열람 및 등본 발급 신청기관의 연결이 옳은 것은? •31회

① 지적삼각점성과 − 시·도지사 또는 지적소관청
② 지적삼각보조점성과 − 시·도지사 또는 지적소관청
③ 지적삼각보조점성과 − 지적소관청 또는 한국국토정보공사
④ 지적도근점성과 − 시·도지사 또는 한국국토정보공사
⑤ 지적도근점성과 − 지적소관청 또는 한국국토정보공사

> **해설** ① 지적측량기준점성과 또는 그 측량부를 열람하거나 등본을 발급받으려는 자는 지적삼각점성과에 대해서는 특별시장·광역시장·특별자치시장·도지사·특별자치도지사(이하 '시·도지사'라 한다) 또는 지적소관청에 신청하고, 지적삼각보조점성과 및 지적도근점성과에 대해서는 지적소관청에 신청하여야 한다(규칙 제26조 제1항).
>
> **정답** ①

기 출 지 문 O X

지적삼각점성과를 열람하거나 등본을 발급받으려는 자는 시·도지사 또는 지적소관청에게 신청하여야 한다. •23회 ( )

정답 (○)

기 출 지 문 O X

지적기준점성과의 열람 및 등본 발급 신청을 받은 지적측량수행자는 이를 열람하게 하거나 등본을 발급하여야 한다. •23회 ( )

정답 (×)
지적측량수행자 ⇨ 시·도지사 또는 지적소관청

기 출 지 문 O X

지적삼각보조점성과를 열람하거나 등본을 발급받으려는 자는 지적소관청에게 신청하여야 한다. •23회 ( )

정답 (○)

1 지적측량의 의뢰 • 25회 • 28회 • 32회 • 33회

1. 의뢰의 대상 및 제외

(1) 토지소유자 등 이해관계인은 법 제23조 제1항의 사유로 지적측량을 할 필요가 있는 경우에는 지적측량수행자에게 지적측량을 의뢰하여야 한다. 지적측량수행자에는 한국국토정보공사와 지적측량업의 등록을 한 자가 있다 (법 제24조 제1항).

(2) 다만, 지적측량성과를 검사하기 위한 검사측량과 지적재조사사업에 따라 토지의 이동이 있는 경우 실시하는 지적재조사측량은 지적측량 의뢰의 대상에서 제외된다(법 제24조 제1항).

2. 지적측량 의뢰서의 제출 및 지적측량수수료 지급

(1) 토지소유자 및 이해관계인 등 지적측량을 의뢰하려는 자는 지적측량 의뢰서(전자문서로 된 의뢰서를 포함한다)에 의뢰 사유를 증명하는 서류(전자문서를 포함한다)를 첨부하여 지적측량수행자에게 제출하여야 한다(규칙 제25조 제1항).

(2) 지적측량을 의뢰하는 자는 국토교통부령으로 정하는 바에 따라 지적측량 수행자에게 지적측량수수료를 내야 한다(법 제106조 제2항).

(3) 지적소관청이 직권으로 조사·측량하여 지적공부를 정리한 경우에는 그 조사·측량에 들어간 비용을 토지소유자로부터 징수한다. 다만, 바다가 된 토지의 지적공부를 지적소관청이 직권으로 말소한 경우에는 그러하지 아니하다(법 제106조 제4항).

기 출 지 문 O X

「지적재조사에 관한 특별법」에 따른 지적재조사사업에 따라 토지의 이동이 있는 경우로서 지적측량을 할 필요가 있는 경우는 토지소유자 등 이해관계인이 지적측량수행자에게 지적측량을 의뢰할 수 없다. • 28회 수정 (　　)

정답 (O)

기 출 지 문 O X

지적측량을 의뢰하려는 자는 지적측량 의뢰서(전자문서로 된 의뢰서를 포함한다)에 의뢰 사유를 증명하는 서류(전자문서를 포함한다)를 첨부하여 지적측량수행자에게 제출하여야 한다. • 28회 (　　)

정답 (O)

2 지적측량수행자와 지적소관청의 조치 ·25회

1. 지적측량수행계획서의 제출

지적측량수행자는 지적측량 의뢰를 받은 때에는 측량기간·측량일자 및 측량수수료 등을 적은 지적측량 수행계획서를 그 다음 날까지 지적소관청에 제출하여야 한다(규칙 제25조 제2항).

2. 지적소관청의 전산자료 제공

지적소관청은 지적측량수행자가 「공간정보의 구축 및 관리 등에 관한 법률 시행규칙」 제25조 제2항에 따라 제출한 지적측량 수행계획서에 따라 지적측량을 하려는 지역의 지적공부와 부동산종합공부에 관한 전산자료를 지적측량수행자에게 제공하여야 한다(지적측량 시행규칙 제16조 제1항).

3 지적측량의 수행 및 성과결정

지적측량수행자는 지적측량 의뢰를 받으면 지적측량을 하여 그 측량성과를 결정하여야 하는데(법 제24조 제2항), 지적측량수행자는 지적측량의 성과에 따라 측량부, 측량결과도, 면적측정부 등을 작성한다.

4 측량성과의 검사

1. 지적측량수행자가 지적측량을 하였으면 시·도지사, 대도시 시장 또는 지적소관청으로부터 측량성과에 대한 검사를 받아야 한다(법 제25조 제1항).

2. 지적측량수행자는 지적측량을 한 때에는 측량성과에 관한 자료(측량부·측량결과도·면적측정부, 측량성과 파일 등)를 **지적소관청**에 제출하여 그 성과의 정확성에 관한 검사를 받아야 한다(지적측량 시행규칙 제28조 제2항 제1호).

3. 다만, 지적삼각점측량성과 및 경위의측량 방법으로 실시한 지적확정측량성과인 경우에는 다음의 구분에 따라 검사를 받아야 한다(지적측량 시행규칙 제28조 제2항 제1호 단서).

기 출 지 문 O X

지적측량수행자가 지적측량 의뢰를 받은 때에는 측량기간, 측량일자 및 측량수수료 등을 적은 지적측량 수행계획서를 그 다음 날까지 시·도지사에게 제출하여야 한다. ·23회   (   )

정답 (×)

시·도지사 ⇨ 지적소관청

① 국토교통부장관이 정하여 고시하는 면적 규모 이상의 지적확정측량성과 : 시·도지사 또는 대도시 시장
② 국토교통부장관이 정하여 고시하는 면적 규모 미만의 지적확정측량성과 : 지적소관청

기 출 지 문 O X

지적측량수행자가 실시한 지적현황측량성과에 대하여 시·도지사, 대도시 시장 또는 지적소관청으로부터 측량성과의 검사를 받지 않는다. •23회 수정 ( )

정답 (○)

4. 지적공부를 정리하지 아니하는 **경계복원측량과 지적현황측량**은 검사를 받지 않는다(법 제25조 제1항 단서, 지적측량 시행규칙 제28조 제1항).

5 지적측량결과부 발급

1. 지적소관청은 측량성과를 검사하여 측량성과가 정확하다고 인정하면 지적측량성과도를 지적측량수행자에게 발급하여야 하며, **지적측량수행자는 측량의뢰인에게 그 지적측량성과도를 포함한 지적측량결과부를 지체 없이 발급하여야 한다**(지적측량 시행규칙 제28조 제2항 제3호).

2. 지적측량수행자는 검사를 받지 아니한 지적측량성과도를 측량의뢰인에게 발급할 수 없다(지적측량 시행규칙 제28조 제2항 제3호).

6 지적측량기간 및 측량검사기간 •25회 •26회 •28회 •29회 •34회

기 출 지 문 O X

지적측량의 측량기간은 5일로 하며, 측량검사기간은 4일로 한다. 다만, 세부측량을 하기 위하여 지적기준점을 설치하여 측량 또는 측량검사를 하는 경우 지적기준점이 15점 이하인 경우에는 4일을, 15점을 초과하는 경우에는 4일에 15점을 초과하는 4점마다 1일을 가산한다. •34회 수정 ( )

정답 (○)

구 분	내 용
세부측량	지적측량의 **측량기간은 5일**로 하며, **측량검사기간은 4일**로 한다 (규칙 제25조 제3항 본문).
기초측량 (지적기준점 측량)	세부측량을 하기 위하여 지적기준점을 설치하여 측량 또는 측량검사를 하는 경우 지적기준점이 15점 이하인 경우에는 4일을, 15점을 초과하는 경우에는 4일에 15점을 초과하는 **4점마다 1일**을 가산한다(규칙 제25조 제3항 단서).
합의한 경우	위의 규정에도 불구하고 지적측량 의뢰인과 지적측량수행자가 서로 합의하여 따로 기간을 정하는 경우에는 그 기간에 따르되, 전체 기간의 **4분의 3은 측량기간**으로, 전체 기간의 **4분의 1은 측량검사기간**으로 본다(규칙 제25조 제4항).

| 한눈에 보기 | 지적측량의 절차 |

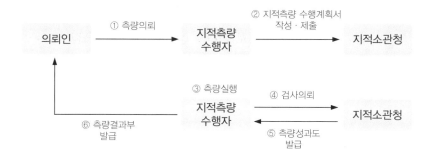

기출&예상 문제

01 공간정보의 구축 및 관리 등에 관한 법령상 토지소유자 등 이해관계인이 지적측량수행자에게 지적측량을 의뢰하여야 하는 경우가 <u>아닌</u> 것을 모두 고른 것은? (단, 지적측량을 할 필요가 있는 경우임)

• 32회

㉠ 지적측량성과를 검사하는 경우
㉡ 토지를 등록전환하는 경우
㉢ 축척을 변경하는 경우
㉣ 「지적재조사에 관한 특별법」에 따른 지적재조사사업에 따라 토지의 이동이 있는 경우

① ㉠, ㉡
② ㉠, ㉣
③ ㉢, ㉣
④ ㉠, ㉡, ㉢
⑤ ㉡, ㉢, ㉣

해설 ② 토지소유자 등 이해관계인은 법 제23조 제1항의 사유로 지적측량을 할 필요가 있는 경우에는 지적측량수행자에게 지적측량을 의뢰하여야 한다. 다만, 지적측량성과를 검사하기 위한 검사측량(㉠)과 지적재조사사업에 따라 토지의 이동이 있는 경우 실시하는 지적재조사측량(㉣)은 지적측량 의뢰의 대상에서 제외된다(법 제24조 제1항).

정답 ②

02 공간정보의 구축 및 관리 등에 관한 법령상 지적측량의 측량기간 및 검사기간에 관한 설명이다. ( ) 안에 들어갈 내용으로 옳은 것은? (단, 합의하여 따로 기간을 정하는 경우는 제외함)   ·29회

> 지적측량의 측량기간은 5일로 하며, 측량검사기간은 4일로 한다. 다만, 지적기준점을 설치하여 측량 또는 측량검사를 하는 경우 지적기준점이 15점 이하인 경우에는 (㉠)을, 15점을 초과하는 경우에는 (㉡)에 15점을 초과하는 (㉢)마다 1일을 가산한다.

① ㉠ : 4일, ㉡ : 4일, ㉢ : 4점
② ㉠ : 4일, ㉡ : 5일, ㉢ : 5점
③ ㉠ : 5일, ㉡ : 4일, ㉢ : 4점
④ ㉠ : 5일, ㉡ : 5일, ㉢ : 4점
⑤ ㉠ : 5일, ㉡ : 5일, ㉢ : 5점

해설 ① 규칙 제25조 제3항

정답 ①

제3절 **지적위원회 및 지적측량성과 적부심사**

1 지적위원회 ·25회 ·26회 ·27회 ·29회 ·30회 ·31회 ·34회

1. 지적위원회의 종류

지적측량에 대한 적부심사(適否審査) 청구사항을 심의·의결하기 위하여 특별시·광역시·특별자치시·도 또는 특별자치도(이하 '시·도'라 한다)에 지방지적위원회를 두고(법 제28조 제2항), 적부재심사 청구사항을 심의·의결하기 위하여 국토교통부에 중앙지적위원회를 둔다(법 제28조 제1항).

2. 중앙지적위원회의 구성 등(영 제20조)

(1) 중앙지적위원회는 위원장 1명과 부위원장 1명을 포함하여 5명 이상 10명 이하의 위원으로 구성한다(동조 제1항).

(2) 위원장은 국토교통부의 지적업무 담당 국장이, 부위원장은 국토교통부의 지적업무 담당 과장이 된다(동조 제2항).

(3) 위원은 지적에 관한 학식과 경험이 풍부한 사람 중에서 **국토교통부장관이** 임명하거나 위촉한다(동조 제3항).

(4) 위원장 및 부위원장을 제외한 위원의 임기는 2년으로 한다(동조 제4항).

(5) 중앙지적위원회의 간사는 국토교통부의 지적업무 담당 공무원 중에서 국토교통부장관이 임명하며, 회의 준비, 회의록 작성 및 회의 결과에 따른 업무 등 중앙지적위원회의 서무를 담당한다(동조 제5항).

(6) 중앙지적위원회의 위원에게는 예산의 범위에서 출석수당과 여비, 그 밖의 실비를 지급할 수 있다. 다만, 공무원인 위원이 그 소관 업무와 직접적으로 관련되어 출석하는 경우에는 그러하지 아니하다(동조 제6항).

3. 중앙지적위원회의 회의 등

(1) 중앙지적위원회 위원장은 회의를 소집하고 그 의장이 된다(영 제21조 제1항).

(2) 위원장이 부득이한 사유로 직무를 수행할 수 없을 때에는 부위원장이 그 직무를 대행하고, 위원장 및 부위원장이 모두 부득이한 사유로 직무를 수행할 수 없을 때에는 위원장이 미리 지명한 위원이 그 직무를 대행한다(영 제21조 제2항).

(3) 중앙지적위원회의 회의는 재적위원 과반수의 출석으로 개의(開議)하고, 출석위원 과반수의 찬성으로 의결한다(영 제21조 제3항).

(4) 중앙지적위원회는 관계인을 출석하게 하여 의견을 들을 수 있으며, 필요하면 현지조사를 할 수 있다(영 제21조 제4항).

(5) 위 **(4)**에 따라 중앙지적위원회가 현지조사를 하려는 경우에는 관계 공무원을 지정하여 지적측량 및 자료조사 등 현지조사를 하고 그 결과를 보고하게 할 수 있으며, 필요할 때에는 지적측량수행자에게 그 소속 지적기술자를 참여시키도록 요청할 수 있다(영 제22조).

(6) 위원장이 중앙지적위원회의 회의를 소집할 때에는 회의 일시·장소 및 심의 안건을 회의 5일 전까지 각 위원에게 서면으로 통지하여야 한다(영 제21조 제5항).

(7) 위원이 재심사 시 그 측량 사안에 관하여 관련이 있는 경우에는 그 안건의 심의 또는 의결에 참석할 수 없다(영 제21조 제6항).

4. 위원의 제척

중앙지적위원회의 위원이 다음의 어느 하나에 해당하는 경우에는 중앙지적위원회의 심의·의결에서 제척(除斥)된다(영 제20조의2 제1항).

(1) 위원 또는 그 배우자나 배우자이었던 사람이 해당 안건의 당사자가 되거나 그 안건의 당사자와 공동권리자 또는 공동의무자인 경우

(2) 위원이 해당 안건의 당사자와 친족이거나 친족이었던 경우

(3) 위원이 해당 안건에 대하여 증언, 진술 또는 감정을 한 경우

(4) 위원이나 위원이 속한 법인·단체 등이 해당 안건의 당사자의 대리인이거나 대리인이었던 경우

(5) 위원이 해당 안건의 원인이 된 처분 또는 부작위에 관여한 경우

5. 중앙지적위원회의 심의·의결사항

다음의 사항을 심의·의결하기 위하여 국토교통부에 중앙지적위원회를 둔다(법 제28조 제1항).

① 지적 관련 정책 개발 및 업무 개선 등에 관한 사항
② 지적측량기술의 연구·개발 및 보급에 관한 사항
③ 지적기술자의 양성에 관한 사항
④ 지적측량 적부심사에 대한 재심사(再審査)
⑤ 지적기술자의 업무정지 처분 및 징계요구에 관한 사항

6. 지방지적위원회

(1) 지적측량에 대한 적부심사 청구사항을 심의·의결하기 위하여 시·도에 지방지적위원회를 둔다(법 제28조 제2항).

(2) 지방지적위원회의 구성 및 회의 등에 관하여는 중앙지적위원회의 구성, 제척, 해임, 회의 및 현지조사에 관한 규정을 준용한다(영 제23조).

2 지적측량의 적부심사(適否審査) ·29회·32회·34회

1. 의 의

지적측량을 의뢰하여 측량성과도를 발급받은 자가 그 측량성과에 대하여 다투고자 하는 경우의 구제절차를 '지적측량 적부심사'라고 한다. 현행법은 "토지소유자, 이해관계인 또는 지적측량수행자는 지적측량성과에 대하여 다툼이 있는 경우에는 관할 시·도지사를 거쳐 지방지적위원회에 지적측량 적부심사를 청구할 수 있다(법 제29조 제1항)."라고 하여 그 절차를 마련하고 있다.

2. 지적측량 적부심사 절차

(1) 적부심사 청구서의 제출

지적측량 적부심사(適否審査)를 청구하려는 토지소유자, 이해관계인 또는 지적측량수행자는 심사청구서에 다음의 구분에 따른 서류를 첨부하여 시·도지사를 거쳐 지방지적위원회에 제출하여야 한다(영 제24조 제1항).

> ① 토지소유자 또는 이해관계인 : 지적측량을 의뢰하여 발급받은 지적측량성과
> ② 지적측량수행자(지적측량수행자 소속 지적기술자가 청구하는 경우만 해당한다) : 직접 실시한 지적측량성과

(2) 지방지적위원회에 회부

지적측량 적부심사 청구를 받은 시·도지사는 30일 이내에 다음의 사항을 조사하여 지방지적위원회에 회부하여야 한다(법 제29조 제2항).

기 출 지 문 O X

지방지적위원회는 지적측량에 대한 적부심사 청구사항과 지적기술자의 징계요구에 관한 사항을 심의·의결한다. ·29회 ( )

정답 (×)
지적기술자의 징계요구에 관한 사항은 중앙지적위원회가 심의·의결한다.

기 출 지 문 O X

토지소유자, 이해관계인 또는 지적측량수행자는 지적측량성과에 대하여 다툼이 있는 경우에는 관할 시·도지사를 거쳐 지방지적위원회에 지적측량 적부심사를 청구할 수 있다. ·29회 ( )

정답 (○)

① 다툼이 되는 지적측량의 경위 및 그 성과
② 해당 토지에 대한 토지이동 및 소유권 변동 연혁
③ 해당 토지 주변의 측량기준점, 경계, 주요 구조물 등 현황 실측도

(3) 지방지적위원회의 심의 및 의결

지적측량 적부심사 청구를 회부받은 지방지적위원회는 그 심사청구를 회부받은 날부터 60일 이내에 심의·의결하여야 한다. 다만, 부득이한 경우에는 그 심의기간을 해당 지적위원회의 의결을 거쳐 30일 이내에서 한 번만 연장할 수 있다(법 제29조 제3항).

(4) 의결서 송부

지방지적위원회는 지적측량 적부심사를 의결하였으면 위원장과 참석위원 전원이 서명 및 날인한 지적측량 적부심사 의결서를 지체 없이 시·도지사에게 송부하여야 한다(법 제29조 제4항, 영 제25조 제1항).

(5) 적부심사 청구인 및 이해관계인에게 통지

① 시·도지사는 의결서를 받은 날부터 7일 이내에 지적측량 적부심사 청구인 및 이해관계인에게 그 의결서를 통지하여야 한다(법 제29조 제5항).
② 시·도지사가 지적측량 적부심사 의결서를 지적측량 적부심사 청구인 및 이해관계인에게 통지할 때에는 재심사를 청구할 수 있음을 서면으로 알려야 한다(영 제25조 제2항).

3. 지적측량 적부재심사 절차

(1) 재심사 청구

① 지방지적위원회 의결서를 받은 자가 지방지적위원회의 의결에 불복하는 경우에는 그 의결서를 받은 날부터 90일 이내에 국토교통부장관을 거쳐 중앙지적위원회에 재심사를 청구할 수 있다(법 제29조 제6항).
② 지적측량 적부심사의 재심사 청구를 하려는 자는 재심사청구서에 지방지적위원회의 지적측량 적부심사 의결서 사본을 첨부하여 국토교통부장관을 거쳐 중앙지적위원회에 제출하여야 한다(영 제26조 제1항).

(2) 재심사 절차

적부재심사 청구절차에 관하여는 적부심사 청구절차의 규정을 준용한다. 이 경우 '시·도지사'는 '국토교통부장관'으로, '지방지적위원회'는 '중앙지적위원회'로 본다(법 제29조 제7항).

(3) 재심사의결서 송부

중앙지적위원회로부터 재심사의결서를 받은 국토교통부장관은 그 의결서를 관할 시·도지사에게 송부하여야 한다(법 제29조 제8항).

4. 시·도지사의 의결서 사본 송부

시·도지사는 지방지적위원회의 의결서를 받은 후 해당 지적측량 적부심사 청구인 및 이해관계인이 그 의결서를 받은 날부터 90일 이내에 재심사를 청구하지 아니하면 그 의결서 사본을 지적소관청에 보내야 하며, 재심사 청구를 하여 중앙지적위원회의 의결서를 받은 경우에는 그 의결서 사본에 지방지적위원회의 의결서 사본을 첨부하여 지적소관청에 보내야 한다(법 제29조 제9항).

5. 지적소관청의 등록사항 정정

지방지적위원회 또는 중앙지적위원회의 의결서 사본을 받은 지적소관청은 그 내용에 따라 지적공부의 등록사항을 정정하거나 측량성과를 수정하여야 하는데(법 제29조 제10항), 이는 직권정정에 해당한다(영 제82조 제1항 제6호).

6. 중복청구 금지

지방지적위원회의 의결이 있은 후 그 의결서를 받은 날부터 90일 이내에 재심사를 청구하지 아니하거나 중앙지적위원회의 의결이 있는 경우에는 해당 지적측량성과에 대하여 다시 지적측량 적부심사 청구를 할 수 없다(법 제29조 제12항).

▪▪ 지적측량 적부(재)심사 절차

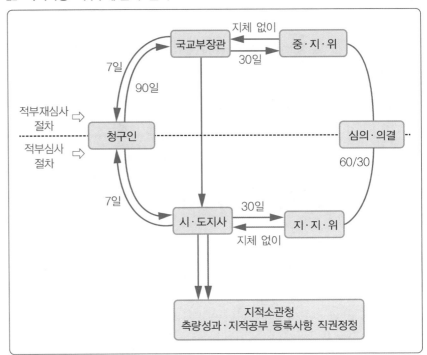

기출&예상 문제

01 공간정보의 구축 및 관리 등에 관한 법령상 중앙지적위원회의 구성
   및 회의 등에 관한 설명으로 옳은 것을 모두 고른 것은? ·34회

> ㉠ 중앙지적위원회의 간사는 국토교통부의 지적업무 담당 공무원 중에
>   서 지적업무 담당 국장이 임명하며, 회의 준비, 회의록 작성 및 회의
>   결과에 따른 업무 등 중앙지적위원회의 서무를 담당한다.
> ㉡ 중앙지적위원회의 회의는 재적위원 과반수의 출석으로 개의(開議)
>   하고, 출석위원 과반수의 찬성으로 의결한다.
> ㉢ 중앙지적위원회는 관계인을 출석하게 하여 의견을 들을 수 있으며,
>   필요하면 현지조사를 할 수 있다.
> ㉣ 위원장이 중앙지적위원회의 회의를 소집할 때에는 회의 일시·장소
>   및 심의 안건을 회의 7일 전까지 각 위원에게 서면으로 통지하여야
>   한다.

① ㉠, ㉡   ② ㉡, ㉢
③ ㉠, ㉡, ㉢   ④ ㉠, ㉢, ㉣
⑤ ㉡, ㉢, ㉣

해설 ⓒ 영 제21조 제3항
ⓒ 영 제21조 제4항
㉠ 중앙지적위원회의 간사는 국토교통부의 지적업무 담당 공무원 중에서 국토교통부장관이 임명하며, 회의 준비, 회의록 작성 및 회의 결과에 따른 업무 등 중앙지적위원회의 서무를 담당한다(영 제20조 제5항).
㉣ 위원장이 중앙지적위원회의 회의를 소집할 때에는 회의 일시·장소 및 심의 안건을 회의 5일 전까지 각 위원에게 서면으로 통지하여야 한다(영 제21조 제5항).

정답 ②

02 공간정보의 구축 및 관리 등에 관한 법령상 지적측량의 적부심사 등에 관한 설명으로 옳은 것은?

• 32회

① 지적측량 적부심사청구를 받은 지적소관청은 30일 이내에 다툼이 되는 지적측량의 경위 및 그 성과, 해당 토지에 대한 토지이동 및 소유권 변동 연혁, 해당 토지주변의 측량기준점, 경계, 주요 구조물 등 현황 실측도를 조사하여 지방지적위원회에 회부하여야 한다.

② 지적측량 적부심사청구를 회부받은 지방지적위원회는 부득이한 경우가 아닌 경우 그 심사청구를 회부받은 날부터 90일 이내에 심의·의결하여야 한다.

③ 지방지적위원회는 부득이한 경우에 심의기간을 해당 지적위원회의 의결을 거쳐 60일 이내에서 한 번만 연장할 수 있다.

④ 시·도지사는 지방지적위원회의 지적측량 적부심사 의결서를 받은 날부터 7일 이내에 지적측량 적부심사 청구인 및 이해관계인에게 그 의결서를 통지하여야 한다.

⑤ 의결서를 받은 자가 지방지적위원회의 의결에 불복하는 경우에는 그 의결서를 받은 날부터 90일 이내에 시·도지사를 거쳐 중앙지적위원회에 재심사를 청구할 수 있다.

해설 ① 지적측량 적부심사청구를 받은 시·도지사는 30일 이내에 다툼이 되는 지적측량의 경위 및 그 성과, 해당 토지에 대한 토지이동 및 소유권 변동 연혁, 해당 토지주변의 측량기준점, 경계, 주요 구조물 등 현황 실측도를 조사하여 지방지적위원회에 회부하여야 한다.
② 지적측량 적부심사청구를 회부받은 지방지적위원회는 부득이한 경우가 아닌 경우 그 심사청구를 회부받은 날부터 60일 이내에 심의·의결하여야 한다.
③ 지방지적위원회는 부득이한 경우에 심의기간을 해당 지적위원회의 의결을 거쳐 30일 이내에 한 번만 연장할 수 있다.
⑤ 의결서를 받은 자가 지방지적위원회의 의결에 불복하는 경우에는 그 의결서를 받은 날부터 90일 이내에 국토교통부장관을 거쳐 중앙지적위원회에 재심사를 청구할 수 있다.

정답 ④

① 도시개발사업 등의 시행지역에서 토지의 이동이 있는 경우 실시하는 측량을 (   )이라고 한다.

② 지상건축물 등의 현황을 지적도 및 임야도에 등록된 경계와 대비하여 표시하는 데에 필요한 경우 실시하는 측량을 (   )이라고 한다.

③ 토지소유자 등 이해관계인은 검사측량 및 (   )을 제외한 지적측량을 하여야 할 필요가 있는 때에는 (   )에게 해당 지적측량을 의뢰하여야 한다.

④ 지적측량수행자는 지적측량의뢰를 받은 때에는 측량기간·측량일자 및 측량수수료 등을 기재한 (   )를 그 다음 날까지 지적소관청에 제출하여야 한다.

⑤ 지적측량수행자는 지적측량을 하였으면 (   ), 대도시 시장 또는 (   )으로부터 측량성과에 대한 검사를 받아야 한다.

⑥ 지적공부를 정리하지 않는 (   ) 및 (   )은 검사를 받지 않는다.

⑦ 지적측량의 측량기간은 (   )일, 측량검사기간은 (   )일로 한다.

⑧ 세부측량을 하기 위하여 지적측량기준점을 설치하여 측량 또는 측량검사를 하는 경우 지적측량기준점이 15점 이하인 때에는 (   )일을, 15점을 초과하는 때에는 (   )일에 15점을 초과하는 (   )점마다 1일을 가산한다.

정답 1 지적확정측량 2 지적현황측량 3 지적재조사측량, 지적측량수행자 4 지적측량수행계획서
5 시·도지사, 지적소관청 6 지적현황측량, 경계복원측량 7 5, 4 8 4, 4, 4

⑨ 지적측량의뢰인과 지적측량수행자가 서로 합의하여 기간을 정하는 경우 전체 기간의 (　　)은 측량 기간으로, 전체 기간의 (　　)은 측량검사기간으로 본다.

⑩ 위원장이 중앙지적위원회의 회의를 소집할 때에는 회의 일시·장소 및 심의 안건을 회의 (　　)일 전까지 각 위원에게 서면으로 통지하여야 한다.

⑪ 토지소유자, 이해관계인 또는 지적측량수행자는 지적측량성과에 대하여 다툼이 있는 경우에는 관할 (　　)를 거쳐 (　　)에 지적측량 적부심사를 청구할 수 있다.

⑫ 지적측량 적부심사 청구를 받은 시·도지사는 (　　)일 이내에 일정한 사항을 조사하여 지방지적위원회에 회부하여야 한다.

⑬ 지적측량 적부심사 청구를 회부받은 지방지적위원회는 그 심사청구를 회부받은 날부터 (　　)일 이내에 심의·의결하여야 한다. 다만, 부득이한 경우에는 그 심의기간을 해당 지적위원회의 의결을 거쳐 (　　)일 이내에서 한 번만 연장할 수 있다.

⑭ 시·도지사는 의결서를 받은 날부터 (　　)일 이내에 지적측량 적부심사 청구인 및 이해관계인에게 그 의결서를 통지하여야 한다.

⑮ 지적측량 적부심사 의결서를 받은 자가 지방지적위원회의 의결에 불복하는 경우에는 그 의결서를 받은 날부터 (　　)일 이내에 (　　)을 거쳐 중앙지적위원회에 재심사를 청구할 수 있다.

⑯ 지방지적위원회 또는 중앙지적위원회의 의결서 사본을 받은 지적소관청은 그 내용에 따라 지적공부의 등록사항을 (　　) 정정하거나 측량성과를 수정하여야 한다.

정답　9 4분의 3, 4분의 1　10 5　11 시·도지사, 지방지적위원회　12 30　13 60, 30　14 7
15 90, 국토교통부장관　16 직권으로

에듀윌이
너를
지지할게
ENERGY

성공은 우리가 생각하는
자신의 모습을 끌어올리는 것에서
시작한다.

– 덱스터 예거(Dexter Yager)

PART

2

부동산등기법

최근 10개년 출제비중

50%

제34회 출제비중

50%

CHAPTER별 10개년 출제비중 & 출제키워드

CHAPTER	10개년 출제비중	BEST 출제키워드
01 등기제도 총칙	5%	등기할 사항인 물건 및 권리, 등기의 유효요건, 등기의 효력
02 등기의 기관과 그 설비	5.8%	구분건물에 관한 등기
03 등기절차 총론	29.2%	등기신청의 각하, 등기절차의 개시유형, 이의신청
04 각종 권리의 등기절차	40.8%	소유권에 관한 등기, (근)저당권에 관한 등기, 전세권에 관한 등기
05 각종의 등기절차	19.2%	말소등기, 가등기, 부기등기

*여러 CHAPTER의 개념을 묻는 복합문제이거나, 법률이 개정 및 제정된 경우 분류 기준에 따라 수치가 달라질 수 있습니다.

제35회 시험 학습전략

부동산등기법에서는 12문제가 출제되는데, 출제범위가 넓어져 대비하기가 만만치 않습니다(기출문제를 벗어나는 문제도 다수 출제되므로). 목표 점수에 따라 학습량을 정해야 합니다. 등기절차 총론, 각종 권리의 등기절차, 가등기 및 부기등기 부분은 꾸준히 출제비중이 높기 때문에 잘 정리해 두어야 합니다.

CHAPTER

01 | 등기제도 총칙

| 10개년 출제문항 수

25회	26회	27회	28회	29회
1		1	1	
30회	31회	32회	33회	34회
		1		2

└→ 총 24문제 中 평균 약 0.6문제 출제

| 학습전략
- 등기의 대상이 되는 부동산, 권리를 확실히 정리해 두어야 합니다.
- 등기의 유효요건 및 효력에 대한 문제가 주로 출제되므로 꼭 알아두어야 합니다.

제1절 부동산등기 개관

1 부동산의 공시제도로서 등기

1. 물권의 공시제도

권리는 크게 물건에 대한 권리인 물권과 사람에 대한 권리인 채권으로 분류된다. 채권은 특정인에 대한 권리로서 당사자에게만 효력이 있으므로 객관적으로 공시하는 것이 곤란한 반면, 물권은 물건에 대한 권리로서 제3자에게 그 효력을 주장할 수 있으므로 해당 부동산을 거래하는 자로 하여금 권리관계를 용이하게 파악할 수 있도록 공시방법을 갖출 필요가 있다. 이를 위해 동산에 대하여는 점유를, 부동산에 대하여는 등기제도를 마련함으로써 거래의 안전과 신속을 도모하고 있다.

2. 부동산등기의 의의

(1) '부동산등기'란 국가기관인 등기관이 등기부에 '부동산의 표시'와 그에 대한 일정한 '권리관계'를 전산정보처리조직을 이용하여 '기록하는 것' 또는 '그러한 기록 자체'를 말한다. 여기서 '등기부'란 전산정보처리조직에 의하여 입력·처리된 등기정보자료를 편성한 보조기억장치(자기디스크,

자기테이프, 기타 이와 유사한 전자적 정보저장매체를 포함한다)를 의미한다
(법 제2조 제1호).

(2) 부동산의 표시는 부동산에 관한 물리적 현황(예 소재, 지번, 지목, 면적, 구
조, 종류 등)을 말하고, 권리관계란 등기할 수 있는 권리(예 소유권, 지상권,
지역권, 전세권, 저당권, 권리질권, 채권담보권, 임차권 등)의 보존, 설정, 이
전, 변경, 처분의 제한, 소멸 등을 의미한다.

(3) 부동산등기는 '부동산의 표시' 또는 부동산에 대한 일정한 '권리관계'를 기
록하는 것이므로 부동산표시나 권리관계가 아닌 사항의 기록은 등기라고
할 수 없다(예 표시번호, 다른 등기기록에 옮겨 적는 것 등). 또한 등기는 기록
을 본질로 하므로 등기관의 과실로 등기가 기록되지 않았다면 신청한 등기
에 따른 물권변동의 효력은 발생하지 않는다.

3. 부동산등기의 기능

등기가 이루어지는 등기원인과 권리의 종류 등에 따라 등기의 기능은 다음
과 같이 분류할 수 있다.

(1) 효력발생요건으로서의 등기(법률행위)

부동산에 관한 법률행위로 인한 물권의 득실변경(발생, 변경, 소멸)은 등기
하여야 그 효력이 생긴다(민법 제186조). 이와 같이 법률행위로 인한 물권
변동의 효력을 발생시키는 경우의 등기를 물권변동의 효력발생요건으로서
의 등기라고 한다.

(2) 처분요건으로서의 등기(법률의 규정)

상속, 공용징수, 판결, 경매 기타 법률의 규정에 의한 부동산에 관한 물권
의 취득은 등기를 요하지 아니한다. 그러나 등기를 하지 아니하면 이를
처분하지 못한다(민법 제187조). 이처럼 법률의 규정에 의한 경우는 등기
가 없더라도 개별 법률에 의하여 물권을 취득하지만, 취득한 권리를 처분
하기 위해서는 등기를 마쳐야 하는데, 이 경우 행하여지는 등기를 처분요
건으로서의 등기라고 한다. 예를 들어 피상속인이 사망한 경우 상속인은
피상속인의 사망 시에 등기를 하지 않더라도 피상속인 소유의 부동산을
취득하지만, 이를 매매하거나 근저당권을 설정하기 위해서는 상속등기를
마쳐야 한다.

(3) 대항요건으로서의 등기(채권, 임의적 기록사항)

채권(예 임차권, 환매권)은 등기하지 않더라도 효력이 발생하지만 이를 당사자 외의 제3자에게 대항하기 위해서는 등기를 하여야 한다. 또한 각종 권리의 임의적 기록사항(예 전세권의 존속기간, 지상권의 지료·존속기간, 저당권의 변제기·이자 등) 역시 등기하지 않더라도 당사자 사이에서는 효력이 발생하지만 그 효력을 제3자에게 대항하기 위해서는 등기를 하여야 하는데, 이를 대항요건으로서의 등기라고 한다.

2 현행 부동산등기제도의 특징

1. 물적 편성주의(物的 編成主義)

등기부를 편성하는 방법으로는 인적 편성주의(소유자를 중심으로 등기부를 편성하는 방법), 물적 편성주의(부동산을 중심으로 등기부를 편성하는 방법), 연대적 편성주의(등기신청의 시간적 순서에 따라 등기부를 편성하는 방법) 등이 있는데, 우리나라는 "등기부를 편성할 때에는 1필의 토지 또는 1개의 건물에 대하여 1개의 등기기록을 둔다. 다만, 1동의 건물을 구분한 건물에 있어서는 1동의 건물에 속하는 전부에 대하여 1개의 등기기록을 사용한다(법 제15조)."라고 규정함으로써 물적 편성주의를 취하고 있다.

2. 신청주의

현행법은 등기를 개시하는 방법으로 신청주의를 원칙으로 하고, 이를 구체적으로 실현하는 방법으로 공동신청주의와 출석신청주의 및 전자신청주의 등을 취하고 있다.

(1) 신청주의

"등기는 당사자의 신청 또는 관공서의 촉탁에 따라 한다. 다만, 법률에 다른 규정이 있는 경우에는 그러하지 아니하다(법 제22조)."라고 하여 신청주의를 원칙으로 한다.

(2) 공동신청주의

"등기는 법률에 다른 규정이 없는 경우에는 등기권리자와 등기의무자가 공동으로 신청한다(법 제23조 제1항)."라고 하여 공동신청주의를 원칙으로 한다.

(3) 출석신청주의

등기는 "신청인 또는 그 대리인이 등기소에 출석하여 신청정보 및 첨부정보를 적은 서면을 제출하는 방법으로 신청한다(법 제24조 제1항 제1호)."라고 하여 출석신청주의를 취하고 있다.

(4) 전자신청주의

등기는 "대법원규칙으로 정하는 바에 따라 전산정보처리조직을 이용하여 신청정보 및 첨부정보를 보내는 방법으로 신청한다(법 제24조 제1항 제2호)."라고 하여 전자신청주의를 취하고 있는데, 전자신청은 출석신청주의에 대한 예외가 아니라 출석신청과 대등한 방법으로 규정하고 있다.

3. 형식적 심사주의

등기가 신청되었을 때 등기관의 심사방법과 권한에 따라 형식적 심사주의와 실질적 심사주의로 나누어진다. 형식적 심사주의는 등기신청 시 제공한 신청정보와 첨부정보 및 등기기록에 의하여 절차적 적법성만을 심사하는 입법주의인 반면, 실질적 심사주의는 절차적 적법성뿐만 아니라 등기원인의 유효성 및 당사자의 능력 여부 등 실체적 적법성까지 심사할 수 있다는 입법주의이다. 현행법은 형식적 심사주의를 취하고 있으며 이에 대한 예외는 인정하지 않는다.

4. 성립요건주의(형식주의)

등기와 물권변동의 관계에 따라 성립요건주의(형식주의)와 대항요건주의(의사주의)가 있다. 성립요건주의란 물권행위와 이에 부합하는 등기가 있어야 물권변동의 효력이 발생한다는 입법주의인 반면, 대항요건주의는 물권행위만으로 당사자 사이에서는 물권변동의 효력이 발생하지만, 제3자에게 대항하기 위해서는 등기를 마쳐야 한다는 입법주의를 말한다. 현행 「민법」은 "부동산에 관한 법률행위로 인한 물권의 득실변경은 등기하여야 그 효력이 생긴다(민법 제186조)."라고 하여 성립요건주의(형식주의)를 취하고 있다.

5. 등기의 공신력 불인정

등기의 공신력(공신의 원칙)이란 부동산의 공시방법인 등기를 믿고 거래한 자에 대하여 그 신뢰를 보호해서 허위·부실의 등기라 하더라도 마치 진실한 권리관계가 존재하는 것과 동일한 효력을 인정하는 것을 말한다. 등기의 공신력을 인정하면 등기의 신용이 유지되고 거래의 안전을 담보할 수 있지만 진정한 권리자는 권리를 잃게 되는 불이익을 받게 된다. 현행법상 등기의 공신력을 부정하는 명문의 규정은 없으나 판례와 학설은 등기의 공신력을 인정하지 않음으로써 등기를 믿고 거래한 자를 희생하여 진정한 권리자를 보호하는 입장을 취하고 있다.

6. 토지등기부와 건물등기부의 이원화

우리나라는 토지와 건물을 별개의 부동산으로 구분하므로 등기부도 토지등기부와 건물등기부로 구분한다(법 제14조 제1항). 이에 따라 토지에 관한 표시관계와 권리관계는 토지등기부에 기록하고, 건물에 대한 표시관계와 권리관계는 건물등기부에 기록한다.

7. 대장과 등기부의 이원화

(1) 대장은 부동산의 표시관계의 공시를 주된 목적으로 하며 지적소관청이나 건축물대장소관청이 관리한다. 이에 반해 등기부는 부동산의 권리관계의 공시를 주된 목적으로 하는데, 등기소에서 관리하고 있다.

(2) 부동산의 표시관계는 대장을 기준으로 정리하므로 부동산의 표시에 변동이 있는 경우, 우선 대장을 변경등록하고 이를 기초로 등기부의 표시관계를 정리한다. 반면, 부동산의 권리관계는 등기부를 기준으로 정리하기 때문에 소유권에 변동이 생긴 경우, 우선 등기부의 기록사항을 등기한 후 대장의 소유자 표시를 정리한다.

8. 국가배상책임주의

등기관이 직무를 집행하면서 고의 또는 과실로 법령을 위반하여 타인에게 손해를 입힌 경우 국가는 그 손해를 배상하여야 한다. 다만, 등기관이 업무를 처리하는 데 있어 고의 또는 중대한 과실이 있으면 국가는 그 등기관에게 배상한 금액을 구상(求償)할 수 있다(국가배상법 제2조).

3 등기의 종류

등기의 종류는 분류 기준에 따라 여러 가지로 나누어진다. 등기의 기능, 등기의 형식, 등기의 내용, 등기의 효력 등을 기준으로 등기의 종류를 나눌 수 있다.

1. 기능에 따른 분류

(1) 부동산의 표시에 관한 등기(표제부의 등기)

부동산의 물리적 현황을 공시하기 위한 등기로 등기기록 중 표제부에 기록한다. 토지의 경우는 소재·지번·지목·면적을, 건물의 경우는 소재·지번·건물내역(구조, 종류, 면적) 등을 기록함으로써 해당 부동산의 표시관계를 공시한다.

(2) 권리에 관한 등기(갑구·을구의 등기)

부동산에 대한 일정한 권리관계를 공시하는 등기로서 등기기록의 갑구(甲區)나 을구(乙區)에 기록한다. 권리에 관한 등기는 미등기부동산에 대하여 최초로 행하여지는 소유권보존등기와 소유권보존등기를 기초로 행하여지는 권리(예 소유권, 지상권, 지역권, 전세권, 임차권, 저당권, 권리질권, 채권담보권 등)의 설정·이전·변경·처분의 제한·소멸에 관한 권리변동의 등기가 있다.

2. 형식에 따른 분류

(1) 주등기

기존 등기의 표시번호나 순위번호에 이어 독립한 번호를 붙여서 하는 등기로서, 독립등기라고도 한다.

(2) 부기등기

부기등기란 그 자체로서는 독립한 순위번호를 갖지 않고 주등기 또는 부기등기의 순위번호에 가지번호를 붙여서 하는 등기를 말한다. 주등기 또는 부기등기에 가지번호를 붙임으로써 그 부기등기가 어느 등기에 기초한 것인지 알 수 있다(규칙 제2조).

■ 부기등기 기록례

【을구】				(소유권 외의 권리에 관한 사항)	
순위 번호	등기목적	접 수	등기원인	권리자 및 기타사항	
1	전세권 설정	2023년 5월 9일 제41346호	2023년 5월 2일 설정계약	전 세 금 범위 전세권자	금 300,000,000원 주거용 건물 전부 ~~공유연 650510-2******~~ ~~경기도 의왕시 덕장로 22~~
1-1	1번 전세권 이전	2023년 10월 5일 제79291호	2023년 10월 1일 양도	전세권자	공진문 700501-1****** 서울 광진구 구의대로 15

3. 내용에 따른 분류

(1) 기입등기

새로운 등기원인에 의하여 권리관계에 변동이 있을 때 그것을 등기기록에 새로 기입하는 등기로서, 소유권보존등기, 소유권이전등기, 저당권설정등기, 전세권설정등기 등이 이에 속한다.

(2) 변경등기

이미 등기가 행하여진 후 등기사항의 일부가 후발적인 사유로 실체관계와 부합하지 않게 된 경우 그 불일치를 바로잡기 위한 등기를 말한다. 예를 들어 전세권설정등기 후 전세금의 증감이나 존속기간의 연장 등이 있는 경우 전세권의 변경등기를 한다.

(3) 경정등기

등기가 마쳐지기 전의 원시적인 사유로 등기사항에 착오 또는 빠진 부분이 있어 등기사항의 일부가 실체관계와 부합하지 않은 경우 이를 바로잡기 위한 등기를 말한다. 예를 들어 등기신청정보의 전세금을 계약서의 내용과 다르게 제공하여 처음부터 잘못된 전세권설정등기가 마쳐진 경우 이를 바로잡기 위하여 전세권경정등기를 할 수 있다. 불일치의 발생시점이 원시적이라는 점에서 변경등기와 구별된다.

(4) 말소등기

기존의 등기사항 전부가 원시적 또는 후발적 사유로 인하여 실체관계와 부합하지 않게 된 경우 이를 말소하기 위한 등기를 말한다. 예를 들어 전세권설정등기 후 전세권의 존속기간 경과로 전세권이 소멸한 경우 이를 공시하기 위한 등기가 전세권말소등기이다. 말소등기는 부적합하게 된 것이 등기사항의 전부라는 점에서 기존 등기의 일부만을 바로잡는 변경등기나 경정등기와 구별된다.

(5) 말소회복등기

실체관계가 존재함에도 불구하고 기존 등기사항의 전부 또는 일부가 부적법하게 말소된 경우에 이를 말소되기 전으로 회복하기 위한 등기를 말한다. 말소회복등기가 실행되면 말소되기 전과 동일한 순위 및 효력을 회복한다.

(6) 멸실등기

기존의 등기된 부동산이 전부 멸실되어 존재하지 않게 된 경우 실행하는 등기를 말한다. 멸실등기를 한 때에는 공시할 부동산이 없으므로 해당 부동산에 대한 등기기록을 폐쇄한다. 한편, 토지나 건물의 일부가 소멸한 때에는 멸실등기를 하는 것이 아니라 부동산의 표시변경등기를 한다.

■■ 등기 기록례

【을구】				(소유권 외의 권리에 관한 사항)	
순위번호	등기목적	접 수	등기원인	권리자 및 기타사항	
1	전세권설정	2021년 7월 7일 제66348호	2021년 6월 7일 설정계약	전세금 ~~금 300,000,000원~~ 범위 건물의 전부 존속기간 2021년 7월 7일부터 2023년 7월 6일까지 전세권자 김수희 700701-2****** 서울 강남구 사평로 15길	
1-1	1번 전세권변경	2023년 7월 5일 제69541호	2023년 7월 1일 변경계약	전세금	금 400,000,000원
2	근저당권설정	~~2021년 8월 6일 제46348호~~	~~2021년 8월 5일 설정계약~~	~~채권최고액금 금 200,000,000원~~ ~~채무자 변정수~~ ~~근저당권자 김시원 701001-1******~~	
3	2번 근저당권 설정등기말소	2023년 1월 6일 제96348호	2023년 1월 5일 해지		

4. 효력에 따른 분류

(1) 종국등기(본등기)

등기를 함으로써 등기의 일반적 효력인 물권변동적 효력, 순위확정력, 대항력, 추정력 등의 효력이 발생하는 등기를 말한다. 일반적으로 등기는 종국등기에 속한다.

(2) 예비등기

등기의 일반적 효력(예) 물권변동적 효력, 순위확정력, 대항력, 추정력 등)이 생기지 않는 등기를 말한다. 예비등기로는 가등기가 있다. 가등기란 등기되는 권리의 청구권을 보전하기 위한 임시적인 등기로서 가등기만으로는 물권변동의 효력 등 실체법상의 효력이 발생하지 않는다.

■■ 가등기 기록례

【갑구】			(소유권에 관한 사항)	
순위 번호	등기목적	접 수	등기원인	권리자 및 기타사항
1	소유권이전	2021년 7월 7일 제66348호	2021년 6월 7일 매매	소유자 홍길동 721148-1***** 서울특별시 서초구 서초대로 52길 14 103동 901호 (롯데캐슬아파트)
2	소유권이전 청구권가등기	2023년 2월 5일 제59541호	2023년 2월 1일 매매예약	가등기권자 전현대 781142-1***** 서울특별시 관악구 난향로 12

제2절 등기할 사항

1 의 의

1. '등기할 사항'이란 등기기록에 기록할 수 있는 사항을 말한다. 등기기록에는 부동산의 표시에 관한 사항을 기록하는 표제부와 소유권에 관한 사항을 기록하는 갑구 및 소유권 외의 권리에 관한 사항을 기록하는 을구를 둔다 (법 제15조 제2항). 결국 등기할 사항은 표제부 및 갑구와 을구에 기록할 사항으로 구분할 수 있다.

2. 표제부에는 부동산의 표시에 관한 사항을 기록하므로 등기되는 부동산의 종류와 요건을 살펴보고, 갑구와 을구에는 권리와 그 변동에 관한 사항을 기록하므로 등기되는 권리의 종류와 권리변동의 유형 및 물권변동의 효력 발생시기를 살펴보겠다.

2 등기할 수 있는 부동산 · 34회

등기의 대상이 되는 물건으로서 부동산이란 토지 및 그 정착물을 말한다(민법 제99조 제1항). 정착물 중 토지와 별도로 등기의 대상이 되는 것은 건물에 한하므로 결국 부동산 중 토지와 건물만이 등기의 대상이 된다.

1. 토 지

(1) 등기의 대상이 되는 토지는 우선 「공간정보의 구축 및 관리 등에 관한 법률」에 의하여 지적공부에 1필지로 등록이 되어야 하는데, 1필지로 등록되기 위한 요건은 공간정보의 구축 및 관리 등에 관한 법령에서 규정하고 있다(공간정보의 구축 및 관리 등에 관한 법률 시행령 제5조 제1항 참조).

(2) 토지라 하더라도 사권(私權)의 목적이 될 수 없는 공유수면 아래의 토지 등은 등기의 대상이 되지 않는다. 반면에, 사권의 목적이 될 수 있는 토지는 그것이 비록 공용의 제한을 받더라도 등기의 대상이 되는데 「도로법」상의 도로나 「하천법」상의 하천, 방조제 등이 이에 해당한다.

> **⊕ 보충** 「하천법」 제4조 제2항에 따른 등기할 사항의 범위 등에 관한 업무처리 지침(등기예규 제1387호)
>
> 1. 대상토지
>   「하천법」상의 하천으로서 등기부상의 지목이 하천 또는 제방으로 등기된 토지(소유권보존등기의 경우에는 토지대장상의 지목이 하천 또는 제방)를 대상으로 한다.
>
> 2. 등기를 할 수 있는 경우
>   (1) 「하천법」상의 하천에 대한 등기는 다음에 해당하는 권리의 설정, 보존, 이전, 변경, 처분의 제한 또는 소멸에 대하여 이를 할 수 있다.
>   ① 소유권
>   ② 저당권
>   ③ 권리질권

기출지문 OX

사권(私權)의 목적이 되는 부동산이면 공용제한을 받고 있다 하더라도 등기의 대상이 된다. · 23회 ( )

정답 (O)

(2) 가등기는 위 (1)의 ①②③에 해당하는 권리(소유권, 저당권, 권리질권)의 설정, 이전, 변경 또는 소멸의 청구권을 보전하려 할 때에 이를 할 수 있다.

(3) 신탁등기

(4) 부동산 표시변경등기

(5) 등기명의인의 표시변경등기

(6) 「부동산등기법」, 「민법」 또는 특별법에 따른 특약 또는 제한 사항의 등기

3. 등기를 할 수 없는 경우

지상권·지역권·전세권 또는 임차권에 대한 권리의 설정, 이전 또는 변경의 등기는 「하천법」상의 하천에 대하여는 이를 할 수 없다.

2. 건 물

(1) 건물이란 지붕과 주벽을 갖춘 토지의 정착물로서 일정한 용도로 계속 사용되고 쉽게 해체 이동할 수 없는 물건을 말한다(등기예규 제1086호). 한편, 1동의 건물을 구조상·이용상 독립성을 갖추고 있는 수개의 부분으로 나누고 그 부분을 독립한 1개의 건물로 취급할 수 있는데(예 아파트, 연립주택 등), 이러한 건물을 구분건물이라고 한다. 등기부의 편성방법 및 구성에 따라 건물은 일반건물과 구분건물로 나눌 수 있다.

(2) 건물의 개수는 물리적인 구조뿐만 아니라 거래 또는 이용의 목적물로서 건물의 상태·소유자의 의사 등을 고려하여 정한다. 건물이 구조상·이용상 독립성이 있어 구분건물로서 객관적 요건을 갖춘 경우라도 구분건물로 등기를 하여야 하는 것이 아니라 소유자의 의사에 따라 일반건물로 등기할 수도 있다. 예를 들어 4층의 상가건물을 구분건물로 등기하면 구분된 부분마다 독립된 건물이 되므로 여러 개의 부동산이 되지만, 일반건물로 등기하면 건물 전체가 1개의 부동산이 된다.

3. 부동산의 일부(토지의 일부, 건물의 일부)

(1) 1필지의 일부에 대하여는 소유권의 이전이나 저당권을 설정할 수 없으므로 「공간정보의 구축 및 관리 등에 관한 법률」상 분할절차를 거친 후에 소유권을 이전하거나 저당권을 설정할 수 있다. 반면에, 전세권이나 지상권, 지역권, 임차권 등 용익권은 분할을 선행하지 않더라도 토지의 일부에 설정할 수 있다.

(2) 건물도 1개 건물(1동 건물) 단위로 등기대상이 된다. 따라서 1동의 건물을 구분 또는 분할의 절차를 밟기 전에는 건물의 일부에 대한 소유권을 이전 하거나 저당권을 설정하지 못한다. 다만, 1동의 건물 일부에 대하여 분할 을 선행하지 않더라도 전세권 및 임차권은 설정할 수 있다.

➕ 보충   등기능력 있는 물건 여부의 판단에 관한 업무처리지침(등기예규 제1086호)

1. **등기능력 있는 건축물의 예시**
   지붕 및 주벽 또는 그에 유사한 설비를 갖추고 있고, 토지에 견고하게 정착 되어 있는 것으로서 유류저장탱크, 사일로(silo), 농업용 고정식 온실, 비각, 경량철골조 경량패널지붕 건축물, 조적조 및 컨테이너구조 슬레이트지붕 주 택 등

2. **등기능력 없는 건축물의 예시**
   지붕 및 주벽 또는 그에 유사한 설비를 갖추고 있지 않거나, 토지에 견고하 게 부착되어 있지 않는 것으로서 농지개량시설의 공작물, 방조제 부대시설 물(배수갑문 등), 건물의 부대설비(승강기, 발전시설 등), 지하상가의 통로, 컨테이너, 비닐하우스, 주유소 캐노피, 일시사용을 위한 가설건축물, 양어 장, 옥외 풀장, 경량철골조 혹은 조립식 패널구조의 건축물 등

3. **집합건물의 구조상 공용부분의 등기능력**
   (1) 집합건물의 공용부분 중 구조적, 물리적으로 공용부분인 것(복도, 계단 등)은 전유부분으로 등기할 수 없다.
   (2) 집합건물의 공용부분이라 하더라도 아파트 관리사무소, 노인정 등과 같 이 독립된 건물로서의 요건을 갖춘 경우에는 독립하여 건물로서 등기할 수 있고, 이 경우 등기관은 공용부분이라는 뜻의 등기를 한다.

4. **기타(공유수면, 토굴, 방조제 등)**
   공유수면이나 굴착한 토굴은 소유권보존등기의 대상이 될 수 없다. 반면, 방 조제(제방)는 토지대장에 등록한 후 토지로서 소유권보존등기를 신청할 수 있다.

기 출 지 문 O X ──────

「부동산등기법」상 분묘기지권,
주위토지통행권, 전세권저당권,
구분지상권은 등기할 수 있는 권
리에 해당한다. • 34회 (   )

정답 (×)
전세권저당권과 구분지상권은
등기할 수 있는 권리이지만, 분묘
기지권과 주위토지통행권은 등기
할 수 있는 권리가 아니다.

3 등기할 수 있는 권리 •31회 •34회

현행 「부동산등기법」상 등기할 수 있는 권리로는 소유권, 지상권, 지역권, 전
세권, 임차권, 저당권, 권리질권, 채권담보권 등이 있다(법 제3조).

1. 부동산 물권

「부동산등기법」상 등기할 사항인 권리는 원칙적으로 부동산 물권이다. 구
체적으로 소유권, 지상권, 지역권, 전세권, 저당권이 있다. 부동산 물권은
아니지만 권리질권과 채권담보권은 일정한 경우 등기능력이 인정된다
(법 제3조).

> **한눈에 보기** **등기할 수 없는 부동산 권리**
>
> 부동산 물권 중 점유권과 유치권은 등기할 수 없다. 또한 동산질권, 주위토지통행권*,
> 부동산사용대차권, 분묘기지권 등도 등기할 수 있는 권리가 아니다.

2. 부동산 임차권 및 환매권

사람에 대한 권리인 채권은 원칙적으로 등기의 대상이 되지 않지만, 부동
산 임차권과 환매권은 채권이면서도 법률의 규정에 의하여 등기능력이 인
정된다. 이들 권리를 등기하면 그 효력을 제3자에 주장할 수 있는 대항력
이 발생한다.

3. 권리의 일부(= 지분)

권리의 일부인 지분에 대한 등기 여부가 문제되는데, 특히 소유권의 일부
인 공유지분에 대한 등기 여부가 주로 다루어진다. 지분은 부동산의 전부에
효력이 미치므로 지분이전등기나 지분을 목적으로 하는 저당권설정등기는
허용된다. 반면, 지분은 그 범위를 특정할 수 없기 때문에 지분을 목적으로
하는 지상권, 지역권, 전세권, 임차권 등의 용익권을 설정할 수는 없다.

한눈에 보기 부동산의 일부 및 소유권의 일부

구 분	용익권 (지상권, 지역권, 전세권, 임차권)	소유권이전, 저당권설정, 가압류, 가처분 등
부동산의 일부	○	×
소유권의 일부 (= 공유지분)	×	○

1. 토지의 일부에 대한 지상권설정등기는 가능하다. (○)
2. 건물의 특정 일부를 목적으로 전세권을 설정할 수 있다. (○)
3. 건물의 특정 일부를 목적으로 분할을 선행하지 않으면 전세권을 설정할 수 없다. (×)
4. 건물의 특정 일부를 목적으로 저당권을 설정할 수 있다. (×)
5. 토지의 일부에 대한 소유권이전등기는 허용되지 않는다. (○)
6. 소유권의 일부에 대한 이전등기는 허용된다. (○)
7. 소유권의 일부에 대한 이전등기를 하기 위해서는 분할을 선행하여야 한다. (×)
8. 공유자 중 1인의 지분을 목적으로 저당권을 설정할 수 있다. (○)
9. 공유자 중 1인의 지분을 목적으로 전세권을 설정할 수 있다. (×)
10. 소유권의 일부에 대한 임차권설정은 허용되지 않는다. (○)

기출&예상 문제

등기에 관한 설명으로 틀린 것은? • 23회

① 사권의 목적이 되는 부동산이면 공용제한을 받고 있다 하더라도 등기의 대상이 된다.
② 1필지 토지의 특정된 일부분에 대하여 분할을 선행하지 않으면 지상권을 설정하지 못한다.
③ 건물의 공유지분에 대하여는 전세권을 설정할 수 없다.
④ 1동의 건물을 구분 또는 분할의 절차를 밟기 전에도 건물 일부에 대한 전세권설정등기가 가능하다.
⑤ 주위토지통행권은 확인판결을 받았다 하더라도 등기할 수 없다.

해설 ② 1필지 토지의 일부를 목적으로 지상권을 설정할 수 있으므로, 분할을 선행하지 않더라도 토지의 특정된 일부분을 목적으로 지상권을 설정할 수 있다.

정답 ②

기 출 지 문 O X

1필지 토지의 특정된 일부분에 대하여 분할을 선행하지 않으면 지상권을 설정하지 못한다. • 23회
( )

정답 (×)
분할을 선행하지 않더라도 지상권을 설정할 수 있다.

기 출 지 문 O X

건물소유권의 공유지분 일부에 대하여는 전세권설정등기를 할 수 없다. • 32회 ( )

정답 (○)

기 출 지 문 O X

1동의 건물을 구분 또는 분할의 절차를 밟기 전에도 건물 일부에 대한 전세권설정등기가 가능하다. • 23회 ( )

정답 (○)

4 등기할 사항인 권리변동

「부동산등기법」상 권리변동의 유형으로는 보존·설정·이전·변경·처분의 제한·소멸이 있다(법 제3조).

1. 보 존

보존등기는 미등기부동산에 대하여 이미 취득하고 있는 소유권의 존재를 공시하기 위한 최초의 등기로서 보존등기 시 해당 부동산에 대한 등기기록을 개설한다. 보존등기의 대상이 되는 권리는 소유권뿐이다.

2. 설 정

(1) 설정등기는 당사자 간의 설정계약에 의하여 소유권 외의 권리를 새로이 창설하는 등기를 말한다. 설정계약으로 창설할 수 있는 권리로는 지상권, 지역권, 전세권, 임차권, 저당권, 권리질권, 채권담보권 등이 있다.

(2) 설정계약의 당사자를 '○○권설정자, ○○권자'라고 한다. 예를 들어 전세권설정계약을 체결하면 전세권설정자와 전세권자가 당사자가 되어 전세권설정등기를 공동으로 신청한다.

3. 이 전

이전등기는 권리주체인 권리자가 변경되는 경우, 즉 어떤 자에게 귀속되어 있던 권리가 다른 자에게 전속(轉屬)되는 경우 행하는 등기를 말한다. 소유권을 비롯한 모든 권리의 주체가 바뀔 때 이전등기를 한다. 구체적으로 소유권이전등기, 전세권이전등기, 저당권이전등기 등이 있다.

4. 변 경

변경등기는 권리의 주체를 제외한 권리의 내용에 변경이 생긴 경우 행하는 등기를 말한다. 예를 들어 전세권의 전세금의 증감이나 존속기간의 연장, 저당권의 채권액의 증감, 임차권의 차임의 증감 등이 변경등기의 원인이 된다.

5. 처분의 제한

(1) 처분의 제한등기란 소유권 및 소유권 외의 권리자가 가지는 권리의 처분권능을 제한하는 등기를 말한다. 처분제한 등기의 예로는 압류등기, 가압류*등기, 가처분*등기, 경매개시결정등기, 전세권양도금지약정, 공유물분할금약정 등이 있다.

(2) 처분제한등기는 반드시 법률에 근거 규정이 있어야 하므로 당사자 간의 약정에 의하여 할 수 있는 것은 아니다. 예를 들어 당사자 간의 합의에 의하여 지상권의 양도금지 특약을 신청한 경우 이에 대한 법령의 근거 규정이 없으므로 등기관은 이를 각하하여야 한다.

(3) 처분의 제한등기가 있더라도 권리의 처분이 금지되는 것은 아니므로 처분금지가처분등기가 있더라도 가처분채무자는 이에 저촉되는 소유권이전등기 등을 할 수 있다. 다만, 가처분채권자가 본안소송에서 승소한 경우 가처분등기 후에 마쳐진 등기는 말소의 대상이 된다.

6. 소 멸

부동산에 대한 권리가 원시적 또는 후발적 사유로 없어지는 것을 말한다. 등기원인의 무효나 취소, 권리의 포기, 혼동, 부동산의 멸실 등에 의하여 권리는 소멸하는데, 부동산이 멸실된 경우를 제외하면 권리가 소멸한 경우는 주로 말소등기를 한다.

5 물권변동 시기

1. 법률행위로 인한 물권변동

(1) "부동산에 관한 법률행위로 인한 물권의 득실변경은 등기하여야 그 효력이 생긴다(민법 제186조)."라고 하여 법률행위로 인한 물권변동의 시기를 등기 시로 명시하고 있다. 예를 들어 매매계약을 체결하고 잔금까지 지급하였더라도 소유권이전등기를 하지 않으면 소유권이전의 효력은 발생하지 않는다.

(2) 등기의 절차에서 구체적인 효력발생 시점은 '등기관이 등기를 마친 경우 그 등기를 접수한 때부터'이므로(법 제6조 제2항) 법률행위로 인한 물권변동의 효력발생시점은 '등기를 마친 경우 접수한 때'라 할 수 있다.

* 가압류
가압류는 금전채권이나 금전으로 환산할 수 있는 채권에 대하여 이를 하지 아니하면 판결을 집행할 수 없거나 판결을 집행하는 것이 매우 곤란할 염려가 있을 경우에 동산 또는 부동산에 대한 강제집행을 보전하기 위하여 하는 집행보전처분이다.

* 가처분
가처분은 채권자가 금전 이외의 청구권을 가지고 있을 때 그 강제집행 시까지 다툼이 되는 물건이나 권리(= 계쟁물)가 멸실·처분되는 등 현상이 바뀌면 당사자가 권리를 실행하지 못하거나 이를 실행하는 것이 매우 곤란할 염려가 있을 경우에 그 계쟁물의 현상을 유지시키는 집행보전처분이다.

2. 법률의 규정에 의한 물권변동

"상속, 공용징수, 판결, 경매 기타 법률의 규정에 의한 부동산에 관한 물권의 취득은 등기를 요하지 아니한다. 그러나 등기를 하지 아니하면 이를 처분하지 못한다(민법 제187조)."라고 하여 법률의 규정에 의한 경우는 등기를 하지 않더라도 물권을 취득한다. 이 경우 구체적인 물권의 취득시점은 개별 법률에 따라 별도로 규정하고 있다.

(1) 상 속

① 상속인은 피상속인의 사망으로 그의 재산상의 지위를 포괄적으로 승계하므로 상속개시된 때인 피상속인의 사망 시에 물권변동의 효력이 발생한다(민법 제1005조).

② 포괄유증의 경우 포괄수증자는 유증자의 사망 시에 유증받은 권리·의무를 포괄적으로 취득한다. 반면, 특정유증의 경우는 유증자의 사망 시에 물권변동의 효력이 발생하는 것은 아니고 수증자명의의 등기 시에 그 효력이 발생한다.

(2) 공용징수

공용징수는 공익사업을 위하여 타인의 재산권을 법률의 규정(예 공익사업을 위한 토지 등의 취득 및 보상에 관한 법률, 도로법 등)에 의하여 강제로 취득하는 것으로 수용이 대표적이다. 수용에 의한 물권변동은 '수용의 개시일'에 일어난다(공익사업을 위한 토지 등의 취득 및 보상에 관한 법률 제45조).

(3) 판 결

① 판결은 그 내용에 따라 확인판결, 이행판결, 형성판결로 나눌 수 있는데, 법률의 규정으로서 판결은 공유물분할판결과 같은 형성판결만을 의미한다. 형성판결은 권리변동의 형성을 목적으로 하는 판결이기 때문에 등기가 없더라도 판결에서 선언한 법률관계의 발생, 변경, 소멸이 발생한다.

② 판결에 의한 물권변동 시기는 그 판결이 확정된 때이다. 또한 확정판결과 동일한 효력이 있는 화해조서·조정조서·인낙조서 등도 그 내용이 당사자 사이의 법률관계의 형성에 관한 것이라면 이에 해당한다고 본다.

③ 참고로, 이행판결이 확정되더라도 물권변동의 효력은 발생하지 않는다. 이행판결은 상대방의 의사표시를 강제하는 판결이므로 판결이 확정된 후 판결정본을 첨부하여 등기를 단독으로 신청할 수 있을 뿐이지 물권변동의 효력은 등기를 하여야 발생한다.

(4) 경 매

① 「민법」 제187조의 경매는 국가기관이 행하는 공경매를 말하며, 공경매에는 일반채권자가 집행권원을 받아 행하는 강제경매와 담보권 실행 등을 위한 경매(임의경매), 국세의 체납처분으로 인한 「국세징수법」상의 공매가 있다.

② 경매의 경우에는 매수인이 매각대금을 다 낸 때(공매의 경우는 매수인이 매수대금을 완납한 때) 매수인이 등기 없이 매각의 목적인 권리를 취득한다(민사집행법 제135조).

(5) 시효취득(점유취득시효)

'점유취득시효'란 타인 소유의 부동산을 20년간 소유의 의사로 평온·공연하게 점유한 경우 등기를 함으로써 그 소유권을 취득하는 제도를 말한다(민법 제245조). 부동산의 점유취득시효는 법률의 규정임에도 불구하고 예외적으로 법률행위처럼 등기를 하여야 소유권을 취득한다.

(6) 기타 법률의 규정

물권변동에 있어서 등기를 요하지 않는 경우는 다음과 같다.
① 신축건물의 소유권 취득, 공유수면매립지의 소유권 취득
② 법정지상권(민법 제305조, 제366조), 관습법상 법정지상권의 취득
③ 법정저당권의 취득(민법 제649조)
④ 법정대위에 의한 저당권의 이전(민법 제368조, 제399조, 제482조)
⑤ 관습법상 분묘기지권과 특수지역권(민법 제302조)의 취득
⑥ 재단법인설립을 위한 출연 부동산물권의 귀속(판례, 민법 제48조)
⑦ 소멸시효의 완성으로 인한 물권의 소멸(판례)
⑧ 피담보채권의 소멸에 의한 저당권의 소멸
⑨ 부동산의 멸실에 의한 물권소멸
⑩ 존속기간만료에 의한 용익물권의 소멸
⑪ 혼동에 의한 물권의 소멸(민법 제191조)
⑫ 원인행위의 실효(무효·취소·해제)로 인한 물권의 복귀(판례)

• 24회 • 26회 • 34회

1 서 설

등기가 유효하기 위해서는 일단 등기가 존재하여야 하고, 「부동산등기법」이 정하는 절차상의 유효요건을 갖춰야 하며(형식적 유효요건), 등기에 부합하는 실체관계가 있어야 한다(실체적 유효요건).

2 형식적 유효요건(= 절차적 유효요건)

1. 등기가 존재할 것

등기가 유효하기 위해서는 우선 등기가 존재하여야 하는데, 등기는 물권변동의 효력발생요건이지 효력존속요건은 아니므로 유효하게 존재하였던 등기가 불법으로 말소되거나, 등기기록이 멸실된 경우에도 등기가 표상하는 권리는 소멸되지 않는다. 등기가 부적법하게 말소된 경우는 권리가 소멸한 것이 아니므로 말소회복등기를 함으로써 그 순위와 효력을 회복할 수 있다.

2. 적법한 절차에 따른 등기일 것

(1) 적법절차

적법절차에 따른 등기란 「부동산등기법」이 정한 절차에 따라 적법하게 이루어진 등기를 의미한다. 즉, 현행 「부동산등기법」은 11가지의 각하사유를 제한적으로 열거하고 있는데(법 제29조), 적법한 절차에 따른 등기란 이러한 각하사유에 해당하지 않고 기록된 등기임을 의미한다.

(2) 적법절차를 위반한 등기의 효력

① 관할을 위반한 경우(법 제29조 제1호)나 사건이 등기할 것이 아닌 경우 (제2호)에 해당하는 등기신청은 각하해야 하지만, 등기관이 이를 간과하고 실행한 등기는 설사 그 등기가 실체관계와 부합하더라도 무효 (절대무효)이므로, 등기관은 일정한 통지절차를 거쳐 직권으로 말소하여야 한다(법 제58조, 규칙 제159조 제1항).

② 법 제29조 제3호 ~ 제11호 위반으로 기록된 등기에 대하여 판례는 당사자에게 등기신청의사가 있고 실체적 유효요건을 갖추고 있는 한 **유효하다는** 입장이다. 즉, 무권대리인의 신청에 의한 등기(제3호 위반)나 위조문서에 의한 등기(제9호 위반)라도 실체관계와 부합하는 한 절차상의 흠결이 있더라도 유효하다고 한다.

3 실체적 유효요건

1. 등기와 실체관계가 부합할 것

등기가 유효하기 위해서는 등기에 부합하는 실체관계가 존재하여야 한다. 실체관계의 부합 여부를 판단하기 위해서는 첫째, 등기에 부합하는 부동산이 존재하여야 하고, 둘째, 등기명의인이 실존하여야 하며, 셋째, 등기에 부합하는 유효한 물권행위가 있어야 한다. 위의 사항을 종합하여 등기와 실체관계의 부합 여부를 판단하고 일치하지 않는 등기는 무효로 하는 것이 원칙이다.

2. 부동산의 존재 – 부동산의 표시에 관한 부합의 정도

등기기록의 표제부에 기록된 부동산의 표시와 실체관계는 일치하여야 한다. 부동산의 표시와 부동산의 실체관계가 부합하지 않을 경우 해당 등기기록은 무효이다. 다만, 그 부합의 정도와 관련하여 판례는 "건물에 관하여 등기기록에 기록된 부동산의 표시와 실제건물의 현황과의 사이에 건물의 건축시기, 구조, 면적, 소재, 지번 등에 관하여 **다소의 불일치가 있더라도** **사회통념상 동일성 내지 유사성**이 인식될 수 있으면 그 등기는 그 건물에 관한 등기로서 **유효하다**(대판 1981.12.8, 80다163)."라고 하여 사회통념상의 동일성을 기준으로 부합 여부를 판단하고 있다. 이 경우 양자 간의 불일치는 변경등기나 경정등기로 바로잡을 수 있다.

기 출 지 문 O X

건물에 관한 보존등기상의 표시와 실제건물과의 사이에 건물의 건축시기, 건물 각 부분의 구조, 평수, 소재, 지번 등에 관하여 다소의 차이가 있다 할지라도 사회통념상 동일성 혹은 유사성이 인식될 수 있으면 그 등기는 당해 건물에 관한 등기로서 유효하다.

• 26회 ( )

정답 (O)

3. 등기에 부합하는 물권행위가 존재할 것

(1) 법률행위로 인한 물권의 득실변경에 있어서 등기가 유효하기 위해서는 이에 상응하는 유효한 물권행위가 존재하여야 한다. 다만, 물권행위가 등기보다 반드시 선행하여야 하는 것은 아니므로 등기가 물권행위보다 먼저 실행된 경우, 후에 그에 대응하는 유효한 물권행위가 있게 되면 등기는 유효하게 되어 물권변동이 발생한다.

(2) 위조된 등기의 효력

위조된 등기는 등기기록에 기록된 실체관계 및 유효한 물권행위가 존재하지 않으므로 무효인 것이 원칙이다. 다만, 위조된 서류에 의한 등기라도 그 등기가 실체관계와 부합한 경우 이를 무효로 하지 않는다. 예를 들어 위조된 인감증명에 의한 등기라도 실체관계와 부합한다면 그 등기는 무효가 아니므로 등기관은 이를 직권으로 말소할 수 없다.

4 실체적 유효요건의 완화

1. 중간생략등기

(1) 의 의

부동산의 소유권이 甲 ⇨ 乙 ⇨ 丙 순으로 순차적으로 이전되어야 할 경우임에도 불구하고 중간취득자 乙 명의의 등기를 생략하고 최초의 양도인 甲으로부터 직접 최후의 양수인 丙 명의로 소유권이전등기하는 것을 중간생략등기라고 한다. 또한 상속인이 상속받은 부동산을 처분하는 경우 우선 상속등기를 하여야 하지만 상속등기를 생략하고 피상속인으로부터 직접 양수인 앞으로 소유권이전등기를 하는 경우도 중간생략등기에 해당한다.

(2) 유효성

① 판례는 전원의 합의 또는 중간취득자의 동의가 없더라도 이미 중간생략등기가 적법한 등기원인에 기하여 성립되어 있는 한 합의가 없었음을 이유로 무효를 주장하여 그 등기의 말소를 청구하지 못한다고 한다 (대판 2005.9.29, 2003다40651). 이미 마쳐진 등기가 현재의 진실한 권리관계를 공시하는 것으로 보기 때문이다.

② 다만, **토지거래허가구역** 내의 중간생략등기는 설사 최초양도인과 최종 양수인 사이에 토지거래허가를 받았다고 하더라도 **무효**로 하고(대판 1997.11.11, 97다33218), 당사자 간의 중간생략등기의 합의 또한 무효로 본다.

(3) 직접청구 가능 여부

① 「부동산등기 특별조치법」은 등기하지 아니하고 제3자에게 전매하는 행위를 일정한 목적의 범위 내에서 형사처벌 하도록 하고 있으나(동법 제8조) 이 규정은 **단속규정**이므로 당사자 간의 중간생략등기 합의에 관한 사법상의 효력까지 무효로 한다는 취지는 아니다.

② 3자 간(최초양도인, 중간취득자, 최종양수인)의 합의 또는 동의가 있는 경우에 최종양수인은 최초양도인에게 직접 자기명의의 소유권이전등기를 청구할 수 있다(대판 1994.5.24, 93다47738). 그러나 **합의가 없을** 때에는 직접 소유권이전등기를 청구할 수는 없고, 중간취득자의 등기청구권을 대위행사하여 중간취득자 명의의 소유권이전등기를 청구할 수 있을 뿐이다.

2. 모두생략등기

모두(冒頭)생략등기란 미등기부동산에 관하여 최초의 소유자명의로 소유권보존등기를 하지 아니하고 양수인명의로 직접 소유권보존등기를 하는 등기를 말한다. 이는 절차적으로 위법한 등기이지만, 현재의 진실한 권리관계를 공시하여 실체관계와 부합하므로 유효한 등기가 된다.

3. 실체관계와 다른 등기원인에 의한 등기

등기기록상의 등기원인이 실제와 상이한 경우에도 현실의 권리관계와 부합하는 한 그 등기는 유효하다. 예를 들어 **실제로는 증여인데 등기원인을 매매로 한 소유권이전등기**나, 등기원인의 무효나 취소 등으로 말소등기를 하여야 하는 경우임에도 소유권이전등기를 한 경우(진정명의회복을 위한 소유권이전등기)에 그 유효성을 인정한다.

4. 무효등기의 유용

(1) 무효등기의 유용은 실체관계가 없어서 무효인 등기를 나중에 실체관계가 갖춰진 경우에 유효한 등기로 유용할 수 있는가의 문제이다.

(2) 권리의 등기(예 저당권이나 담보가등기 등)는 유용합의 이전에 등기부상 새로운 이해관계인이 존재하지 않는 경우에 한하여 유용을 인정하고 있다. 그러나 멸실된 건물의 보존등기를 신축한 건물의 보존등기로 유용하는 것은 허용하지 않는다. 신축한 건물이 멸실된 건물과 그 위치, 구조 기타의 면에서 상호 같더라도 신축한 건물이 멸실된 건물과 동일한 건물이라고 할 수 없기 때문이다.

제4절 | 부동산등기의 효력

1 종국등기의 효력 • 25회 • 26회 • 27회 • 29회 • 31회 • 32회 • 34회

1. 물권변동적 효력

(1) 부동산에 관한 법률행위로 인한 물권의 득실변경은 등기하여야 그 효력이 있는데(민법 제186조) 이 경우 등기는 종국등기를 의미한다. 형식주의를 취하는 우리나라에서 물권변동적 효력은 등기의 가장 본질적인 효력이다.

(2) 구체적으로 등기는 등기관이 등기를 마친 경우 그 등기를 접수한 때부터 효력이 발생한다(법 제6조). 즉, 등기관이 등기부에 등기사항을 기록하고 등기관이 미리 부여받은 식별부호를 기록하여 등기를 마치면 그 등기를 접수한 때로 소급하여 물권변동의 효력이 발생한다.

2. 순위확정적 효력

(1) 의 의

부동산의 등기기록에는 여러 권리에 관한 등기들이 기록되므로 그 등기들 간의 순위를 정하는 기준을 마련하여야 한다. 이를 위해 현행 「부동산등기법」은 "같은 부동산에 관하여 등기한 권리의 순위는 법률에 다른 규정이 없으면 등기한 순서에 따른다(법 제4조 제1항). 등기한 순서는 등기기록 중 같은 구(區)에서 한 등기는 순위번호에 따르고, 다른 구에서 한 등기는 접수번호에 따른다(법 제4조 제2항)."라고 하여 그 기준을 정하고 있다.

(2) 법률의 규정이 있는 경우

① 부기등기의 순위는 주등기의 순위에 따른다. 그러나 같은 주등기에 관한 부기등기 상호 간의 순위는 그 등기 순서에 따른다(법 제5조).
② 가등기에 의한 본등기를 한 경우 본등기의 순위는 가등기의 순위에 따른다(법 제91조).
③ 말소회복등기는 종전의 등기와 동일한 순위와 효력을 보유한다(판례).
④ 대지권에 대한 등기로서의 효력이 있는 등기와 대지권의 목적인 토지의 등기기록 중 해당 구에 한 등기의 순서는 접수번호에 따른다(법 제61조 제2항).

기출&예상 문제

등기한 권리의 순위에 관한 설명으로 틀린 것은? (다툼이 있으면 판례에 따름)
• 34회

① 부동산에 대한 가압류등기와 저당권설정등기 상호 간의 순위는 접수번호에 따른다.
② 2번 저당권이 설정된 후 1번 저당권 일부이전의 부기등기가 이루어진 경우, 배당에 있어서 그 부기등기가 2번 저당권에 우선한다.
③ 위조된 근저당권해지증서에 의해 1번 근저당권등기가 말소된 후 2번 근저당권이 설정된 경우, 말소된 1번 근저당권등기가 회복되더라도 2번 근저당권이 우선한다.
④ 가등기 후에 제3자 명의의 소유권이전등기가 이루어진 경우, 가등기에 기한 본등기가 이루어지면 본등기는 제3자 명의 등기에 우선한다.
⑤ 집합건물 착공 전의 나대지에 대하여 근저당권이 설정된 경우, 그 근저당권등기는 집합건물을 위한 대지권등기에 우선한다.

해설 ③ 말소회복등기는 말소되기 전의 등기와 동일한 순위와 효력을 보유하므로 1번 근저당권등기가 말소되고 2번 근저당권이 설정된 후, 말소된 1번 근저당권등기가 회복되면 2번 근저당권보다 선순위가 된다.
① 등기한 순서는 등기기록 중 같은 구(區)에서 한 등기는 순위번호에 따르고, 다른 구에서 한 등기는 접수번호에 따르므로(법 제4조 제2항) 갑구에 등기한 가압류등기와 을구에 등기한 저당권설정등기 상호 간의 순위는 접수번호에 따른다.
② 부기등기의 순위는 주등기의 순위에 따르므로(법 제5조) 2번 저당권이 설정된 후 1번 저당권 일부이전의 부기등기가 이루어진 경우, 배당에 있어서 그 부기등기가 2번 저당권에 우선한다.

기출지문 OX

'대지권에 대한 등기로서 효력이 있는 등기'와 '대지권의 목적인 토지의 등기기록 중 해당 구에 한 등기'의 순서는 순위번호에 따른다. • 29회 ( )

정답 (×)
순위번호 ⇨ 접수번호

3. 대항적 효력

(1) 등기를 하지 않으면 당사자 사이에서 채권적 효력을 가질 뿐이나, 등기를 함으로써 그 등기내용에 관하여 당사자 외의 제3자에게도 대항할 수 있는 효력을 등기의 대항력이라고 한다.

(2) 부동산임차권, 부동산환매권, 공유물분할금지약정, 등기신청정보의 임의적 제공사항(예 존속기간, 지료, 이자와 그 지급시기 등) 등은 등기를 하지 아니하여도 당사자 사이에 효력이 발생하지만, 이를 등기함으로써 그 등기된 내용에 대하여 당사자 외의 제3자에게도 그 효력을 주장할 수 있다.

4. 추정적 효력

(1) 의 의

어떤 등기가 있으면 그에 대응하는 실체적 권리관계가 존재하는 것으로 추정되는 효력을 등기의 추정력이라고 한다. 등기의 추정력을 인정하는 명문의 규정은 없으나, 등기는 제도적으로 그 유효성이 상당히 보장되며 국가기관에 의하여 관리된다는 점에서 해석상 이를 인정한다.

(2) 추정력의 작용

① 등기의 추정력이 실제로 작용하는 부분은 재판에 있어서 입증책임 문제인데, 등기된 것과 다른 사실을 주장하는 자가 입증책임을 부담하여야 한다.

② 등기의 추정력에 의하여 등기의 내용을 신뢰하고 거래한 자는 무과실로 추정되지만, 선의라도 등기내용을 조사하지 아니한 경우에는 과실이 있는 것으로 추정된다. 또한 부동산물권을 취득하려는 자는 등기부를 조사하는 것이 일반적이므로 반증이 없는 한 등기내용을 알고 있었던 것으로 추정된다.

(3) 추정력이 미치는 범위

① **등기된 권리의 적법추정** : 등기기록상에 권리의 등기가 기록되면 등기된 권리가 등기명의인에게 귀속하는 것으로 추정되고 그 등기에 의하여 물권변동이 유효하게 성립한 것으로 추정된다. 또한 저당권설정등기의 경우 저당권의 존재뿐만 아니라 이에 상응하는 **피담보채권도** 존재하는 것으로 추정된다.

② **절차의 적법추정** : 등기기록상에 등기가 마쳐진 경우에는 그 등기가 적법한 절차에 의하여 이루어진 등기라고 추정된다. 예를 들어 토지거래허가구역에서 매매를 원인으로 소유권이전등기가 마쳐진 경우는 토지거래허가를 받은 사실이 추정되고, 농지에 대하여 매매를 원인으로 소유권이전등기가 마쳐진 경우는 농지취득자격증명을 받은 사실이 추정된다. 또한 매각허가결정에 의하여 소유권이전등기가 마쳐진 경우는 법원의 적법한 매각허가결정이 있는 것으로 추정된다.

③ **등기원인의 적법추정** : 등기원인에는 등기의 추정력이 미치지 아니한다는 견해도 있으나, 판례는 등기원인에도 추정력이 인정되는 것으로 보고 있다. 예를 들어 매매를 등기원인으로 소유권이전등기가 마쳐진 경우 매매계약으로 소유권을 취득한 것으로 추정되므로 등기원인을 증여라고 주장하는 자가 있다면 그 자가 증여계약이 등기원인임을 입증하여야 한다.

④ **추정력의 인적 범위** : 등기의 추정력은 제3자에 대한 관계에서뿐만 아니라, 권리변동의 당사자 사이에도 미친다는 것이 판례의 입장이다. 즉, 소유권이전등기가 마쳐진 경우에 그 등기명의인은 제3자에 대하여뿐만 아니라 전 소유자에 대하여서도 적법한 등기원인에 의하여 소유권을 취득한 것으로 추정된다.

(4) 추정력이 부정되는 경우

① 등기의 추정력은 권리관계에 대한 추정이므로 권리의 등기가 아닌 부동산의 표시등기에는 추정력이 인정되지 않는다.

② 등기의 추정력은 본등기인 종국등기에만 인정되는 것으로 가등기에는 추정력이 인정되지 않는다. 즉, 소유권이전청구권보전가등기가 있다고 하여 소유권이전등기를 청구할 어떤 실체적 **법률관계가** 존재하는 것으로 추정되는 것은 아니다.

기 출 지 문 O X

등기권리의 적법추정은 등기원인의 적법에서 연유한 것이므로 등기원인에도 당연히 적법추정이 인정된다. • 26회 (   )

정답 (○)

기 출 지 문 O X

소유권이전등기가 경료된 경우, 그 등기명의인은 직전 소유자에 대하여 적법한 등기원인에 의하여 소유권을 취득한 것으로 추정된다. • 22회 (   )

정답 (○)

기 출 지 문 O X

등기의 추정력은 권리의 등기에 인정되며, 표제부의 등기에는 인정되지 않는다. • 22회 (   )

정답 (○)

③ 등기가 부적법하게 말소된 경우에는 등기가 표상하던 권리가 소멸한 것으로 추정되는 것은 아니므로, 회복등기가 실행되기 전이라도 말소된 등기의 등기명의인은 적법한 권리자로 추정된다.

④ 사망자 명의의 신청으로 이루어진 이전등기는 원인무효의 등기로서 등기의 추정력을 인정할 여지가 없으므로 등기의 유효를 주장하는 자가 현재의 실체관계와 부합함을 증명할 책임이 있다(대판 2017.12.22, 2017다360 · 2017다377).

⑤ 소유권보존등기의 경우 그 보존등기명의인에 대하여 소유권이 존재한다는 사실은 추정되지만, 소유권의 취득이 원시취득에 의한 것이 아닌 사실이 밝혀지면 보존등기의 추정력은 깨어진다. 즉, 소유권보존등기 명의인이 보존등기 전의 소유자로부터 소유권을 양수한 것이라고 주장하고 전 소유자는 양도사실을 부인하는 경우 소유권이전등기와는 다르게 그 보존등기의 추정력은 깨어지므로 그 보존등기명의인 측에서 양수사실을 입증할 책임이 있다.

(5) 점유의 추정력과의 관계

점유의 추정력에 관한 「민법」 제200조(점유자가 점유물에 대하여 행사하는 권리는 적법하게 보유한 것으로 추정한다)가 등기된 부동산에 대해서도 적용되느냐에 대하여 다툼이 있다. 점유를 공시방법으로 하는 것은 동산이므로 「민법」 제200조는 동산에만 적용되는 것이지 등기를 공시방법으로 하는 부동산에는 적용되지 않는다는 것이 판례의 태도이다.

5. 점유적 효력

20년간 소유의 의사로 평온, 공연하게 부동산을 점유하는 자는 등기함으로써 그 소유권을 취득한다(민법 제245조 제1항). 한편, 부동산의 소유자로 등기한 자가 10년간 소유의 의사로 평온, 공연하게 선의이며 과실 없이 그 부동산을 점유한 때에는 소유권을 취득한다(민법 제245조 제2항). 이처럼 부동산의 점유취득시효의 점유기간이 20년인데 반하여 등기부취득시효의 점유기간을 10년으로 함으로써 등기가 10년의 점유에 갈음하는 효과를 갖게 되는데, 이를 등기의 점유적 효력이라고 한다.

6. 후등기 저지력

일정한 등기가 기록되어 있는 이상 그 등기의 유효·무효를 막론하고 이를 말소하기 전까지는 양립할 수 없는 새로운 등기를 할 수 없는데, 이를 후등기 저지력이라고 한다. 예를 들어 어느 부동산에 대하여 전세권설정등기가 마쳐져 있는 경우 해당 전세권설정등기가 존속기간 경과로 무효의 등기라 하더라도 이를 말소하기 전에는 동일한 범위에 대하여 새로운 전세권설정등기나 임차권설정등기는 허용되지 아니한다.

7. 공신력 불인정

등기의 공신력(공신의 원칙)이란 부동산의 공시방법인 등기를 믿고 거래한 자에 대하여 그 신뢰를 보호해서 등기가 허위·부실의 등기라 하더라도 마치 진실한 권리관계가 존재하는 것과 동일한 효력을 인정하는 것을 말한다. 등기의 공신력을 인정하면 등기의 신용이 유지되고 거래의 안전을 담보할 수 있지만, 진정한 권리자는 권리를 잃게 되는 불이익을 받게 된다. 현행법상 등기의 공신력을 부정하는 명문의 규정은 없으나, 판례와 학설은 등기의 공신력을 인정하지 않음으로써 등기를 믿고 거래한 자를 희생하여 진정한 권리자를 보호하는 입장을 취하고 있다.

② 가등기의 효력

1. 청구권보전가등기의 효력

청구권보전가등기는 종국등기가 아니므로 종국등기의 일반적 효력인 물권변동적 효력, 순위확정력, 대항력, 추정력, 후등기저지력 등이 인정되지 않는다. 이와 관련해서는 PART 2 부동산등기법 'CHAPTER 05 각종의 등기절차'에서 자세하게 다루도록 하겠다.

2. 담보가등기의 효력

담보가등기권리자는 담보목적 부동산의 경매를 청구할 수 있다. 이 경우 경매에 관하여는 담보가등기권리를 저당권으로 본다(가등기담보 등에 관한 법률 제12조 제1항). 한편, 담보가등기를 마친 부동산에 대하여 강제경매 등이

기 출 지 문 O X

1필의 토지 전부에 대하여, 이미 소멸한 전세권의 설정등기가 존재하는 경우 다른 전세권의 설정등기신청을 수리하지 못한다.
• 22회 ( )

정답 (○)

개시된 경우에 담보가등기권리자는 다른 채권자보다 자기채권을 우선변제 받을 권리가 있다. 이 경우 그 순위에 관하여는 그 담보가등기권리를 저당권으로 보고, 그 담보가등기를 마친 때에 그 저당권의 설정등기가 행하여진 것으로 본다(동법 제13조). 이와 같이 담보가등기는 담보권으로서 저당권처럼 경매청구권과 우선변제권이 인정된다.

기출&예상 문제

등기의 효력에 관한 설명으로 틀린 것은? (다툼이 있으면 판례에 따름)

• 32회

① 등기관이 등기를 마친 경우 그 등기는 접수한 때부터 효력이 발생한다.
② 소유권이전등기청구권 보전을 위한 가등기에 기한 본등기가 된 경우 소유권이전의 효력은 본등기 시에 발생한다.
③ 사망자 명의의 신청으로 마쳐진 이전등기에 대해서는 그 등기의 무효를 주장하는 자가 현재의 실체관계와 부합하지 않음을 증명할 책임이 있다.
④ 소유권이전등기청구권 보전을 위한 가등기권리자는 그 본등기를 명하는 판결이 확정된 경우라도 가등기에 기한 본등기를 마치기 전 가등기만으로는 가등기된 부동산에 경료된 무효인 중복소유권보존등기의 말소를 청구할 수 없다.
⑤ 폐쇄된 등기기록에 기록되어 있는 등기사항에 관한 경정등기는 할 수 없다.

해설 ③ 전 소유자가 사망한 이후에 그 명의로 신청되어 경료된 소유권이전등기는 원인무효의 등기라고 볼 것이어서 그 등기의 추정력을 인정할 여지가 없으므로 (대판 2004.9.3, 2003다3157), 사망자 명의의 신청으로 마쳐진 이전등기에 대해서는 그 등기의 무효를 주장하는 자가 현재의 실체관계와 부합하지 않음을 증명할 책임이 있는 것이 아니라 그 등기의 유효를 주장하는 자가 입증책임을 부담한다.

정답 ③

❶ 부동산의 일부에 대하여 분할을 선행하지 않더라도 전세권 등 용익권을 설정할 수 (   ).

❷ 소유권의 일부에 대하여 분할을 선행하지 않더라도 이전등기를 실행할 수 (   ).

❸ 공유지분은 등기기록에 기록되므로 공유지분에 대하여 공유지분이전등기나 저당권설정, 가압류, 가처분등기를 할 수 (   ).

❹ 권리질권(= 저당권부 채권질권)과 (   )은 등기할 수 있는 권리이지만, 유치권, (   ), 부동산사용대차권, 분묘기지권 등은 등기할 수 있는 권리가 아니다.

❺ 위조된 인감증명에 의한 등기라도 그것이 실체관계와 부합하는 한 (   )하므로, 등기관은 위조를 이유로 그 등기를 직권으로 말소할 수 (   ).

❻ 미등기부동산에 대하여 최초의 소유자명의로 보존등기를 하지 아니하고, 양수인명의로 직접 보존등기를 한 경우, 그 등기는 (   )하다.

❼ 소유권이전등기의 실제의 등기원인은 증여이지만 등기기록에 매매로 기록한 경우라도 그 등기가 실체관계에 부합하면 (   )하다.

정답   1 있다   2 있다   3 있다   4 채권담보권, 주위토지통행권   5 유효, 없다   6 유효   7 유효

⑧ 등기관이 등기를 마친 경우, 그 등기는 (   )부터 효력이 생긴다.

⑨ 1필의 토지 전부에 대하여, 이미 소멸한 전세권의 설정등기가 존재하는 경우 새로운 전세권의 설정등기신청을 수리할 수 (   ).

⑩ 등기의 추정력은 권리의 등기에 인정되며, (   )의 등기에는 인정되지 않는다.

⑪ 소유권이전등기가 마쳐진 경우, 그 등기명의인은 (   ) 소유자에 대하여 적법한 등기원인에 의하여 소유권을 취득한 것으로 추정된다. ⇨ 등기는 권리변동의 (   ) 간에도 추정력이 인정된다.

⑫ 같은 부동산에 관하여 등기한 권리의 순위는 법률에 다른 규정이 없으면 (   )에 따른다.

⑬ 부동산에 대한 가압류등기와 저당권설정등기 상호간의 순위는 (   )에 따른다.

⑭ 같은 주등기에 관한 부기등기 상호 간의 순위는 그 (   )에 따른다.

정답 **8** 접수한 때 **9** 없다 **10** 부동산의 표시 **11** 전(前), 당사자 **12** 등기한 순서
13 접수번호 **14** 등기 순서

02 | 등기의 기관과 그 설비

▌학습전략

• 구분건물에 관한 등기 및 대지권등기에 대하여 확실히 정리해야 합니다.

• 등기사항증명서의 발급 및 열람에 대하여 정리해야 합니다.

제1절 등기소

1 등기소의 의의

'등기소'란 구체적인 등기사무를 담당하는 관청 또는 등기사무를 처리할 수 있는 권한을 가진 국가기관을 말한다. 등기소는 등기소라는 현실적인 명칭을 가진 관청만을 의미하는 것이 아니라 지방법원의 등기국이나 등기과, 지방법원 지원의 등기과 또는 등기계를 모두 포함하여 등기소라고 한다(법 제7조 제1항). 다만, 대법원의 등기과는 직접 등기사무를 처리하지 않으므로 여기서 말하는 등기소에 포함되지 않는다.

2 관할 등기소*

1. 원 칙

(1) 등기사무는 부동산의 소재지를 관할하는 지방법원, 그 지원 또는 등기소에서 담당한다(법 제7조 제1항). 즉, 등기소의 관할은 부동산의 소재지를 기준으로 정하는 것이 원칙이다.

> *** 관할 및 관할 등기소**
> 1. 관할이란 국가 및 공공단체가 취급하는 사무에 관하여 지역·사항·인건상(人件上) 한계가 그어진 범위를 말한다.
> 2. 관할 등기소란 일정한 범위 내에서 부동산에 관한 등기사무를 처리할 권한을 가진 등기소를 말한다.

(2) 관할을 위반한 등기신청은 '사건이 그 등기소의 관할이 아닌 경우'에 해당하여 각하사유가 된다(법 제29조 제1호). 등기관이 이를 간과하고 등기를 실행한 경우는 실체관계의 부합 여부와 관계없이 **무효**이므로 등기관이 소정의 절차를 거쳐 직권으로 말소할 수 있다.

2. 관할 등기소의 지정

(1) 의 의

부동산이 여러 등기소의 관할 구역에 걸쳐 있을 때에는 그 부동산에 대한 최초의 등기신청을 하고자 하는 자의 신청에 따라 각 등기소를 관할하는 상급법원의 장이 관할 등기소를 지정한다(법 제7조 제2항, 규칙 제5조 제1항).

(2) 관할의 지정절차

① 관할 등기소의 지정 신청은 해당 부동산의 소재지를 관할하는 등기소 중 어느 한 등기소에 신청서를 제출하는 방법으로 한다(규칙 제5조 제2항).
② 관할 지정신청서를 받은 등기소는 그 신청서를 지체 없이 상급법원의 장에게 송부하여야 하고, 상급법원의 장은 부동산의 소재지를 관할하는 등기소 중 어느 한 등기소를 관할 등기소로 지정하여야 한다(규칙 제5조 제3항).
③ 관할 등기소의 지정을 신청한 자가 지정된 관할 등기소에 등기신청을 할 때에는 관할 등기소의 지정이 있었음을 증명하는 정보를 첨부정보로서 등기소에 제공하여야 한다(규칙 제5조 제4항).

(3) 상급법원의 장

여기서 상급법원의 장이란 수개의 등기소가 동일한 지방법원의 관할 구역 내에 있는 때에는 그 지방법원장, 서로 다른 지방법원의 관할에 속하나 동일한 고등법원의 관할 구역 내에 있는 때에는 그 고등법원장, 서로 다른 고등법원의 관할 구역 내에 있는 때에는 대법원장을 말한다.

(4) 관할 등기소의 지정 대상

① 관할 등기소의 지정의 대상이 되는 부동산은 건물에 한하고 토지는 대상이 되지 않는다. 1필지가 성립하기 위해서는 지번부여지역이 동일하여야 하므로 여러 등기소의 관할에 걸쳐 1필지가 성립하는 경우는 있을 수 없기 때문이다(공간정보의 구축 및 관리 등에 관한 법률 시행령 제5조).

② 단지를 구성하는 여러 동의 건물 중 일부 건물의 대지가 다른 등기소의 관할에 속하는 경우에도 관할의 지정이 문제된다(규칙 제5조 제7항).

3. 등기사무의 위임

교통사정이나 등기업무량 등을 고려하여 대법원장은 어느 등기소의 관할에 속하는 사무를 다른 등기소에 위임하게 할 수 있다(법 제8조). 등기사무의 위임이 있는 경우 등기사무는 위임받은 등기소만이 관할권을 갖는다.

4. 관할의 변경

(1) 의 의

관할의 변경이란 법률 또는 대법원규칙의 변경에 따라 등기소의 신설이나 폐지, 행정구역의 변경 등으로 어느 부동산의 관할 등기소가 다른 등기소로 바뀌는 것을 말한다.

(2) 종전 관할 등기소의 조치

부동산의 소재지가 다른 등기소의 관할로 바뀌었을 때에는 종전의 관할 등기소는 전산정보처리조직을 이용하여 그 부동산에 관한 등기기록과 신탁원부, 공동담보(전세)목록, 도면 및 매매목록의 처리권한을 다른 등기소로 넘겨주는 조치를 하여야 한다(법 제9조, 규칙 제6조 제1항).

(3) 새로운 관할 등기소의 조치

관할의 변경으로 처리권한을 넘겨받은 등기소는 해당 등기기록의 표제부에 관할이 변경된 뜻을 기록하여야 한다(규칙 제6조 제2항).

3 등기사무의 정지

대법원장은 등기소에서 등기사무를 정지하여야 하는 사유(예 화재, 수해 등의 천재지변)가 발생하면 기간을 정하여 등기사무의 정지를 명령할 수 있다(법 제10조). 이 기간 중에는 등기사무가 정지되므로 등기사무 정지기간 중의 등기신청은 각하된다(법 제29조 제2호).

제2절 등기관

1 등기관의 의의

'등기관'이란 법원서기관, 등기사무관, 등기주사, 등기주사보 중에서 지방법원
장이나 지원장(등기사무를 지원장이 관장하는 경우)의 지정을 받아 현실적으로 등
기사무를 처리하는 자를 말한다(법 제11조 제1항). 다만, 등기소장이나 등기과장
은 별도의 지정이 없더라도 그 보직발령만으로 당연히 등기관이 된다.

2 등기관의 등기사무처리

1. 등기관은 등기사무를 전산정보처리조직을 이용하여 등기부에 등기사항을
   기록하는 방식으로 처리하여야 한다(법 제11조 제2항).

2. 등기관은 접수번호의 순서에 따라 등기사무를 처리하여야 한다(법 제11조
   제3항).

3. 등기관이 등기사무를 처리한 때에는 등기사무를 처리한 등기관이 누구인
   지 알 수 있는 조치로서 각 등기관이 미리 부여받은 식별부호를 기록하여
   야 한다(법 제11조 제4항, 규칙 제7조).

3 등기관의 업무처리 제한

1. 취 지

등기는 사인의 재산권에 중대한 영향을 미치므로 등기업무의 공정성을 확
보하기 위하여 일정한 경우 등기관의 업무처리에 제한을 두고 있다.

2. 업무처리 제한대상

(1) 등기관은 자기, 배우자 또는 4촌 이내의 친족이 등기신청인인 때에는 그 등기소에서 소유권등기를 한 성년자로서 등기관의 배우자 등이 아닌 자 2명 이상의 참여가 없으면 등기를 할 수 없다. 배우자 등의 관계가 끝난 후에도 같다(법 제12조 제1항).

(2) 이 경우 등기관이 등기를 함에 있어서는 조서를 작성하여 참여인과 함께 기명날인 또는 서명을 하여야 한다(법 제12조 제2항).

(3) 업무처리의 제한에 위반한 등기가 실체관계에 부합하는 한 무효인 등기는 아니며, 그러한 등기가 있다고 해도 이의나 항고의 대상이 되는 것은 아니다.

4 등기관의 책임

등기관이 직무를 집행하면서 고의 또는 과실로 법령을 위반하여 타인에게 손해를 입힌 경우 국가는 그 손해를 배상하여야 한다. 다만, 등기관이 업무를 처리하는 데 있어 고의 또는 중대한 과실이 있으면 국가는 그 등기관에게 배상한 금액을 구상(求償)할 수 있다(국가배상법 제2조).

제3절 등기부 및 기타 장부

1 등기부의 의의 및 종류 · 27회

1. 의 의

'등기부'란 전산정보처리조직에 의하여 입력·처리된 등기정보자료를 대법원규칙으로 정하는 바에 따라 편성한 것을 말한다(법 제2조 제1호). 전산정보처리조직에 의하여 등기사무의 전부 또는 일부를 처리하고 있는 현재는 등기사항이 기록된 **보조기억장치**(자기디스크, 자기테이프 기타 이와 유사한 방법에 의하여 일정한 등기사항을 기록보관할 수 있는 전자적 정보저장매체를 포함한다)를 등기부라 할 수 있다.

2. 종 류

등기부는 그 등기대상 목적물에 따라 **토지등기부와 건물등기부**의 두 종류가 있다(법 제14조 제1항).

> **⊕ 보충 구별개념(법 제2조)**
>
> 1. '등기부'란 전산정보처리조직에 의하여 입력·처리된 등기정보자료를 대법원규칙으로 정하는 바에 따라 **편성한 것**을 말한다.
> 2. '등기부부본자료'란 등기부와 동일한 내용으로 보조기억장치에 기록된 자료를 말한다.
> 3. '등기기록'이란 **1필의 토지 또는 1개의 건물**에 관한 등기정보자료를 말한다.

2 등기부의 편성 · 25회 · 27회

1. 1부동산 1등기기록 원칙

현행 「부동산등기법」은 권리의 객체인 부동산을 단위로 하여 등기부가 편성되는 물적 편성주의를 채택하고 있다. 즉, "등기부를 편성할 때에는 **1필의 토지 또는 1개의 건물에 대하여 1개의 등기기록을 둔다**(법 제15조 제1항 전단)."고 함으로써 물적 편성주의의 구체적 실현방법으로 1부동산 1등기기록 원칙을 취하고 있다.

2. 1부동산 1등기기록의 예외 – 구분건물의 등기기록

(1) 아파트와 같이 "1동의 건물을 구분한 건물에 있어서는 **1동의 건물에 속하는 전부에 대하여 1개의 등기기록을 사용한다**(법 제15조 제1항 단서)."고 하여 1부동산 1등기기록 원칙에 대한 예외를 인정하고 있다. 구분건물은 개개의 전유부분이 독립된 부동산이므로 각 구분건물마다 1개의 등기기록을 사용하여야 할 것이지만, 그렇게 하면 각 구분건물과 1동 건물 전체와의 관계 및 다른 구분건물과의 관계를 명확하게 공시하기 어렵기 때문에 이런 예외규정을 두고 있다.

(2) 다만, 구분건물의 등기기록에 대하여 "1개의 등기기록은 1동의 건물에 대한 표제부를 두고 **전유부분마다 표제부, 갑구, 을구를 둔다**(규칙 제14조 제1항)."고 하여 각 구분건물마다 표제부 및 갑구와 을구를 따로 둠으로써 실질적으로는 1부동산 1등기기록 원칙을 유지하고 있다고 볼 수 있다.

3. 부동산 고유번호

(1) 등기기록을 개설할 때에는 1필의 토지 또는 1개의 건물마다 부동산 고유번호를 부여하고 이를 등기기록에 기록하여야 한다(규칙 제12조 제1항).

(2) 다만, 구분건물에 대하여는 전유부분마다 부동산 고유번호를 부여한다(규칙 제12조 제2항).

3 등기기록의 구성 ·27회 ·31회

1. 일반 등기기록의 구성

등기기록에는 부동산의 표시에 관한 사항을 기록하는 표제부와 소유권에 관한 사항을 기록하는 갑구(甲區) 및 소유권 외의 권리에 관한 사항을 기록하는 을구(乙區)를 둔다(법 제15조 제2항).

(1) 표제부

표제부에는 부동산의 표시에 관한 사항과 그 변경에 관한 사항을 기록한다. 구체적인 기록사항은 다음과 같다.

> ① **토지등기기록** : 표시번호, 접수연월일, 소재와 지번, 지목, 면적, 등기원인 및 기타사항
> ② **건물등기기록** : 표시번호, 접수연월일, 소재와 지번 및 건물번호, 건물의 내역으로서 구조와 종류 및 면적, 부속건물이 있는 경우 부속건물의 구조와 종류 및 면적, 등기원인, 도면번호(같은 지번 위에 여러 개의 건물이 있는 경우와 구분건물인 경우에 한한다)
> ➕ '등기의 목적'과 '접수번호'는 표제부의 기록사항이 아니다.

(2) 갑 구

① 갑구에는 소유권에 관한 사항, 즉 소유권의 보존·이전·변경·처분의 제한·말소등기 등을 기록한다. 예를 들어 소유권보존등기나 이전등기, 소유권에 대한 가압류등기나 경매개시결정등기, 소유권의 말소등기 등을 갑구에 기록한다.

② 피보전권리가 지상권설정청구권이나 저당권설정청구권이라도 가처분에 의하여 처분이 제한되는 권리가 소유권이라면 가처분등기는 갑구에 주등기로 기록한다.

(3) 을 구

① 을구에는 소유권 외의 권리에 관한 사항, 즉 지상권, 지역권, 전세권, 저당권, 권리질권, 채권담보권, 임차권 등의 설정·이전·변경·처분의 제한·말소등기 등을 기록한다.

② 예를 들어 지상권설정등기나 이전등기뿐만 아니라 지상권에 대한 가압류등기나 경매개시결정등기, 지상권의 말소등기 등을 을구에 기록한다.

2. 구분건물 등기기록의 구성

1동의 건물을 구분한 건물에 있어서는 1동의 건물에 속하는 전부에 대하여 1개의 등기기록을 사용한다(법 제15조 제1항 단서). 이때 1개의 등기기록은 1동의 건물에 대한 표제부를 두고 전유부분마다 표제부, 갑구, 을구를 둔다(규칙 제14조 제1항).

(1) 1동 건물의 표제부

1동 건물의 표제부는 '1동 건물의 표시'와 '대지권의 목적인 토지의 표시'로 구성된다.

① '1동 건물의 표시'에는 표시번호, 접수연월일, 1동 건물의 소재, 지번, 건물의 명칭, 건물번호(예 제103동), 건물의 내역으로서 구조와 종류 및 면적 등을 기록한다.

② '대지권의 목적인 토지의 표시'에는 표시번호, 대지권의 목적인 토지의 일련번호, 소재지번, 지목, 면적과 등기연월일을 기록하여야 한다.

(2) 전유부분 건물의 표제부

전유부분 건물의 표제부는 '전유부분 건물의 표시'와 '대지권의 표시'로 구성된다.

① '전유부분 건물의 표시'에는 표시번호, 접수연월일, 전유부분의 건물번호(예 9층 903호), 건물내역으로서 구조와 면적 등을 기록한다. 다만, 소재, 지번 및 건물명칭은 1동 건물의 표시에서 기록하였기 때문에 전유부분 건물의 표시에는 기록하지 않는다.

② '대지권의 표시'에는 표시번호, 대지권의 목적인 토지의 일련번호, 대지권의 종류와 비율, 등기원인 및 그 연월일과 등기연월일을 기록한다.

(3) 갑구 및 을구

갑구 및 을구의 구성 및 기록사항은 일반적인 등기기록과 동일하다.

■ 일반건물 등기기록

【표제부】		(건물의 표시)		
표시번호	접 수	소재지번 및 건물번호	건물내역	등기원인 및 기타사항
1	2012년 2월 9일	경기도 의왕시 청계동 98 (도로명주소) 경기도 의왕시 덕장로 22	벽돌조 슬래브지붕 단층주택 125m² 지하실 34m²	도면의 번호 제124호

【갑구】				(소유권에 관한 사항)
순위번호	등기목적	접 수	등기원인	권리자 및 기타사항
1	소유권 보존	2012년 2월 9일 제12192호		소유자 홍정이 500802-1****** 경기도 의왕시 덕장로 22
2	소유권 이전	2023년 8월 17일 제65617호	2023년 7월 5일 매매	소유자 김미래 750215-2****** 서울특별시 강남구 개포로 605 매매목록 제2020-120호

【을구】				(소유권 외의 권리에 관한 사항)
순위번호	등기목적	접 수	등기원인	권리자 및 기타사항
1	근저당권 설정	2024년 7월 12일 제65618호	2024년 7월 11일 설정계약	채권최고액 금 250,000,000원 채무자 김미래 서울특별시 강남구 개포로 605 근저당권자 주식회사 국민은행 110111-0****** 서울 중구 을지로2가 181(개포동 지점) 공동담보 경기도 의왕시 청계동 98 토지

■■ 등기사항전부증명서

등기사항전부증명서(현재 유효사항) – 집합건물

[집합건물] 인천광역시 연수구 송도동 23-45 송도그린아파트 103동 제9층 903호　　　고유번호 1201-2016-001686

【표제부】　　　　　　　　　　　　　　(1동의 건물의 표시)

표시번호	접 수	소재지번, 건물명칭 및 번호	건물내역	등기원인 및 기타사항
1	2016년 6월 8일	인천광역시 연수구 송도동 23-45 송도그린아파트 제103동	철근콘크리트조 철근콘크리트 지붕 20층 아파트 1층 324.57m² 2층 307.58m² 3층 307.58m² 4층 307.58m² 5층 307.58m² 6층 307.58m² 7층 307.58m² 8층 307.58m² 9층 307.58m² 10층 307.58m² 11층 307.58m² 12층 307.58m² 13층 307.58m² 14층 307.58m² 15층 307.58m² 16층 307.58m² 17층 307.58m² 18층 307.58m² 19층 307.58m² 20층 307.58m²	도면편철장 2책 248면

(대지권의 목적인 토지의 표시)

표시번호	소재지번	지 목	면 적	등기원인 및 기타사항
1	1. 인천광역시 연수구 송도동 23-45	대	57654.6m²	2016년 6월 8일

【표제부】　　　　　　　　　　　　　　(전유부분의 건물의 표시)

표시번호	접 수	건물번호	건물내역	등기원인 및 기타사항
1	2016년 6월 8일	제9층 903호	철근콘크리트조 123.1909m²	도면편철장 2책 248면

(대지권의 표시)

표시번호	대지권종류	대지권비율	등기원인 및 기타사항
1	1 소유권대지권	57654.6분의 96.5522	2016년 6월 8일 대지권 2016년 6월 8일
2			별도등기 있음 1토지(갑구 2 1번 금지사항부거등가) 2006년 6월 8일
3			2번 별도등기 말소 2016년 7월 7일

【갑구】			(소유권에 관한 사항)	
순위 번호	등기목적	접 수	등기원인	권리자 및 기타사항
2	소유권이전	2016년 7월 7일 제66347호	2013년 12월 10일 매매	소유자 김희진 520928-2****** 인천광역시 남동구 함박뫼로 123, 111동 202호(논현동, 논현주공아파트)
5	임의경매 개시결정	2020년 7월 19일 제62363호	2020년 7월 19일 인천지방법원의 임의경매개시결정 (2020타경56605)	채권자 주식회사우리은행 110111-0****** 서울 중구 회현동1가 203 (여신관리부)

[집합건물] 인천광역시 연수구 송도동 23-45 송도그린아파트 103동 제9층 903호   고유번호 1201-2016-001686

【을구】			(소유권 외의 권리에 관한 사항)	
순위 번호	등기목적	접 수	등기원인	권리자 및 기타사항
1	근저당권 설정	2016년 7월 7일 제66348호	2016년 7월 7일 설정계약	채권최고액 금 454,800,000원 채무자 김희진 인천광역시 남동구 함박뫼로 123, 111동 202호 근저당권자 주식회사우리은행 110111-0****** 서울 중구 회현동1가 203 (구의1동지점)
6	전세권설정	2020년 1월 11일 제2724호	2019년 8월 9일 설정계약	전세금 금 210,000,000원 범위 위 건물의 전부 존속기간 2019년 8월 9일부터 2020년 2월 9일까지 전세권자 삼성물산주식회사 110111-0****** 서울특별시 서초구 서초동 1321-20
6-1				6번 등기는 건물만에 관한 것임 2020년 1월 11일 부기

- 이 하 여 백 -

관할 등기소 인천지방법원 등기과

* 본 등기사항증명서는 열람용이므로 출력하신 등기사항증명서는 법적인 효력이 없습니다.
* 실선으로 그어진 부분은 말소사항을 표시함.
* 등기기록에 기록된 사항이 없는 갑구 또는 을구는 생략함.
▲ 증명서는 컬러 또는 흑백으로 출력 가능함.

등기사항전부증명서(말소사항 포함) – 토지 [제출용]

[토지] 인천광역시 연수구 송도동 23-45　　　　　　　　고유번호 1246-2001-007947

【 표제부 】				(토지의 표시)	
표시번호	접 수	소재지번	지 목	면 적	등기원인 및 기타사항
1	~~2001년 11월 5일~~	~~인천광역시 연수구 동춘동 991-25~~	대	~~57654.6m²~~	~~분할로 인하여 인천광역시 연수구 동춘동 991에서 이기~~
2		인천광역시 연수구 송도동 23-45	대	57654.6m²	2006년 3월 6일 행정구역 및 지번변경 2006년 3월 8일 등기

【 갑구 】				(소유권에 관한 사항)
순위번호	등기목적	접 수	등기원인	권리자 및 기타사항
1 (전 1)	소유권보존	2000년 2월 21일 제14409호		소유자 인천광역시 분할로 인하여 순위 제1번을 인천광역시 연수구 동춘동 991에서 전사 접수　2001년 11월 5일 제132913호
2	소유권이전	2014년 2월 18일 제13122호	2012년 4월 19일 매매	소유자　주식회사고려중공업 110111-0＊＊＊＊＊ 부산 영도구 봉래동 5가 29
~~2-1~~	~~금지사항~~			~~이 토지는 주택법에 따라 입주자를 모집한 토지로서 입주예정자의 동의를 얻지 아니하고는 당해 토지에 대하여 양도 또는 제한물권을 설정하거나 압류, 가압류, 가처분 등 소유권에 제한을 가하는 일체의 행위를 할 수 없음.~~ ~~2014년 2월 18일 부기~~
3	소유권 대지권			건물의 표시 인천광역시 연수구 송도동 23-45 송도그린아파트 제101동 인천광역시 연수구 송도동 23-45 송도그린아파트 제102동 인천광역시 연수구 송도동 23-45 송도그린아파트 제103동 인천광역시 연수구 송도동 23-45 송도그린아파트 제104동 인천광역시 연수구 송도동 23-45 송도그린아파트 제105동 인천광역시 연수구 송도동 23-45 송도그린아파트 제106동 인천광역시 연수구 송도동 23-45 송도그린아파트 제107동 인천광역시 연수구 송도동 23-45 송도그린아파트 제108동

순위 번호	등기목적	접 수	등기원인	권리자 및 기타사항
				인천광역시 연수구 송도동 23-45 송도그린아파트 제109동 인천광역시 연수구 송도동 23-45 송도그린아파트 제110동 인천광역시 연수구 송도동 23-45 송도그린아파트 제111동 인천광역시 연수구 송도동 23-45 송도그린아파트 제112동 인천광역시 연수구 송도동 23-45 송도그린아파트 제113동 인천광역시 연수구 송도동 23-45 송도그린아파트 제114동 인천광역시 연수구 송도동 23-45 송도그린아파트 제상가동 인천광역시 연수구 송도동 23-45 송도그린아파트 제115동 2006년 6월 8일 등기
4	2-1번 금지 사항등기말소	2019년 1월 29일 제6408호	2016년 5월 12일 사용검사	

– 이 하 여 백 –

수수료 1,000원 영수함

        관할 등기소 인천지방법원 등기과 / 발행등기소 법원행정처 등기정보중앙관리소

이 증명서는 등기기록의 내용과 틀림없음을 증명합니다.

서기 2021년 10월 1일

법원행정처 등기정보중앙관리소

4 구분건물에 관한 등기절차 · 24회 · 26회 · 27회 · 29회 · 31회 · 34회

1. 구분건물의 의의 및 요건

(1) 의 의

'구분건물'이란 1동의 건물 중 구조상·이용상 독립성을 갖추고 독립한 소유권 및 기타 권리의 목적이 되는 건물을 말한다. 이러한 각 구분건물이 속하는 1동 건물 전체를 집합건물이라고 한다.

(2) 구분건물의 요건

객관적 요건	① 구분건물이 되기 위해서는 1동에 속하는 건물부분이 다른 건물과 구조적으로 독립되어 있어야 하고(구조상 독립성), 다른 전유부분을 통하지 아니하고도 외부로 출입이 자유스러울 정도로 이용에 있어서 독립성(이용상 독립성)이 있어야 한다. ② 다만, 구분점포는 이용상 독립성만 있으면 구조상 독립성이 없더라도 일정한 요건하에 구분건물로서 등기가 가능하다(집합건물의 소유 및 관리에 관한 법률 제1조의2).
주관적 요건	구분건물로 등기를 하기 위해서는 객관적 요건뿐만 아니라 주관적 요건으로서 구분건물로 등기하려는 소유자의 의사가 필요하다. 즉, 구분건물로서 구조상·이용상 독립성을 갖추고 있더라도 소유자의 의사에 따라 일반건물로 등기할 수 있으므로 반드시 구분건물로 등기하여야 하는 것은 아니다.

2. 구분건물의 구성부분

(1) 전유부분

전유부분은 구분소유권의 목적이 될 수 있는 부분으로서 등기의 대상이 된다.

(2) 구조상 공용부분

구조상 공용부분은 수개의 전유부분으로 통하는 복도·계단·엘리베이터 등 구조적으로 구분소유자 전원 또는 그 일부의 공용에 제공되는 부분으로, 독립하여 등기의 대상이 될 수 없다.

(3) 규약상 공용부분

① 규약상 공용부분이란 독립된 건물로서 기능을 수행할 수 있는 구분건물이나 부속건물을 규약 또는 공정증서에 의하여 공용부분으로 한 건물부분을 말한다. 아파트 관리사무소나 노인정 등이 이에 해당한다.

② 규약상 공용부분이라는 뜻의 등기는 소유권의 등기명의인이 신청하여야 한다. 이 경우 공용부분인 건물에 소유권 외의 권리에 관한 등기가 있을 때에는 그 권리의 등기명의인의 승낙이 있어야 한다(법 제47조 제1항).

③ 등기관이 규약상 공용부분이라는 뜻을 등기할 때에는 그 등기기록 중 표제부에 공용부분이라는 뜻을 기록하고 각 구의 소유권과 그 밖의 권리에 관한 등기를 말소하는 표시를 하여야 한다(규칙 제104조 제3항).

④ 공용부분이라는 뜻을 정한 규약을 폐지한 경우에 공용부분의 취득자는 지체 없이 소유권보존등기를 신청하여야 한다(법 제47조 제2항). 등기관이 공용부분 취득자의 신청에 따라 소유권보존등기를 하였을 때에는 공용부분이라는 뜻의 등기를 말소하는 표시를 하여야 한다(규칙 제104조 제5항).

■:■ 규약상 공용부분이라는 뜻의 등기 및 말소등기

【표제부】			(전유부분의 건물의 표시)	
표시번호	접 수	건물번호	건물내역	등기원인 및 기타사항
1	(생략)	(생략)	(생략)	(생략)
2	~~2018년 7월 15일~~			~~2018년 7월 4일 규약설정 서울특별시 강남구 서초동 123의 공용부분~~
3	2023년 9월 27일			2023년 9월 27일 소유권보존등기로 인하여 2021년 9월 27일 등기
(대지권의 표시)				
표시번호	대지권 종류		대지권 비율	등기원인 및 기타사항
1	(생략)		(생략)	(생략)

(4) 전유부분과 공용부분의 일체성

공용부분은 전유부분과 달리 독립하여 처분이 허용되지 아니하므로 전유부분에 대한 처분이 있는 경우에는 공용부분도 전유부분과 일체하여 당연히 따르는 것으로 하고 있다. 이 경우 전유부분건물의 등기기록에 등기를 하면 공용부분에는 별도의 등기가 없더라도 그 효력은 공용부분에 미친다.

3. 대지권에 관한 등기

(1) 용어의 정의

건물의 대지	'건물의 대지'란 전유부분이 속하는 1동의 건물이 있는 토지인 법정대지와 전유부분이 속하는 1동의 건물이 있는 토지와 하나로 관리되거나 사용되는 토지로서 규약으로써 건물의 대지가 된 규약상 대지(예 통로, 주차장, 정원, 부속건물의 대지 등)를 말한다(집합건물의 소유 및 관리에 관한 법률 제2조, 제4조 제1항).
대지사용권	'대지사용권'이란 구분소유자가 전유부분을 소유하기 위하여 건물의 대지에 대하여 가지는 권리를 말한다(집합건물의 소유 및 관리에 관한 법률 제2조 제6호). 대지사용권의 목적이 될 수 있는 권리로는 소유권이 대부분이지만 지상권, 전세권, 임차권도 가능하다.
대지권	'대지권'이란 전유부분(구분건물)과 분리하여 처분할 수 없는 대지사용권을 말한다(법 제40조 제3항). 즉, 토지에 대한 권리인 대지사용권과 전유부분을 하나의 부동산처럼 묶어서 분리하여 처분할 수 없게 하는 권리를 대지권으로 이해할 수 있다.

(2) 대지권에 관한 등기

① 대지권의 목적인 토지의 표시(법 제40조 제3항, 규칙 제88조 제1항) : 구분한 건물의 등기기록에 대지권의 등기를 할 때에는 1동의 건물의 표제부 중 '대지권의 목적인 토지의 표시란'에 표시번호, 대지권의 목적인 토지의 일련번호·소재지번·지목·면적과 등기연월일을 기록하여야 한다.

② 대지권의 표시(법 제40조 제3항, 규칙 제88조 제1항) : 구분한 건물의 등기기록에 대지권의 등기를 할 때에는 전유부분의 표제부 중 '대지권의 표시란'에 표시번호, 대지권의 목적인 토지의 일련번호, 대지권의 종류, 대지권의 비율, 등기원인 및 그 연월일과 등기연월일을 각각 기록하여야 한다.

③ 대지권이라는 뜻의 등기 : 등기관이 건물의 등기기록에 대지권등기를 하였을 때에는 직권으로 대지권의 목적인 토지의 등기기록에 소유권, 지상권, 전세권 또는 임차권이 대지권이라는 뜻을 기록하여야 한다(법 제40조 제4항). 구체적으로 등기관은 대지권의 목적인 토지의 등기기록에 대지권이라는 뜻의 등기를 할 때에는 해당 구에 어느 권리가 대지권이라는 뜻과 그 대지권을 등기한 1동의 건물을 표시할 수 있는 사항 및 그 등기연월일을 기록하여야 한다(규칙 제89조 제1항).

(3) 대지권등기의 효력

① 대지권을 등기한 후에 한 건물의 권리에 관한 등기는 대지권에 대하여 동일한 등기로서 효력이 있다. 다만, 그 등기에 건물만에 관한 것이라는 뜻의 부기가 되어 있을 때에는 그러하지 아니하다(법 제61조 제1항). 예를 들어 전유부분 등기기록에 소유권이전등기나 저당권설정등기를 하면 토지 등기기록에 별도의 등기를 하지 않더라도 대지권의 목적인 토지에도 그 효력이 미친다.

② 대지권에 대한 등기로서의 효력이 있는 등기와 대지권의 목적인 토지의 등기기록 중 해당 구에 한 등기의 순서는 접수번호에 따른다(법 제61조 제2항).

4. 대지권등기 후 허용되는 등기와 금지되는 등기

(1) 구분건물의 등기기록

① 대지권이 등기된 구분건물의 등기기록에는 건물만에 관한 소유권이전등기 또는 저당권설정등기, 가압류등기 그 밖에 이와 관련이 있는 등기를 할 수 없다(법 제61조 제3항).

② 반면, 대지권이 등기된 구분건물의 등기기록에는 건물만을 목적으로 하는 전세권이나 임차권설정등기는 가능하다. 또한 대지권등기를 하기 전에 설정된 저당권에 기한 경매개시결정등기 및 대지권등기를 하기 전에 실행된 가등기에 기한 본등기도 할 수 있다.

(2) 대지권의 뜻이 등기된 토지의 등기기록

① 토지의 소유권이 대지권인 경우에 대지권이라는 뜻의 등기가 되어 있는 토지의 등기기록에는 소유권이전등기, 저당권설정등기, 가압류등기 그 밖에 이와 관련이 있는 등기를 할 수 없다(법 제61조 제4항).

② 반면, 대지권이라는 뜻의 등기가 되어 있는 토지의 등기기록에는 지상권, 지역권, 전세권, 임차권설정등기는 가능하다.

(3) 지상권·전세권·임차권이 대지권인 경우

① 대지권의 목적인 토지에 대한 지상권이전등기나 전세권이전등기, 임차권이전등기는 허용되지 않는다(법 제61조 제5항). 또한 구분건물만을 목적으로 하는 소유권이전등기나 저당권설정등기는 허용되지 않는다.

② 반면, 토지에 대한 소유권이전등기나 저당권설정등기는 허용된다. 또한 구분건물만을 목적으로 하는 전세권이나 임차권설정등기는 허용된다.

⊕ 보충 대지권등기와 관련된 기타의 등기

1. 건물만에 관한 뜻의 부기

구분건물의 등기기록에 대지권의 등기를 하기 전에 그 건물에 관하여 소유권보존등기와 소유권이전등기 외의 소유권에 관한 등기 또는 소유권 외의 권리에 관한 등기가 있을 때에는 그 등기에 건물만에 관한 것이라는 뜻을 기록하여야 한다(규칙 제92조 제1항).

2. 토지의 등기기록에 별도의 등기가 있다는 뜻의 기록

대지권의 목적인 토지의 등기기록에 대지권이라는 뜻의 등기를 한 경우로서 그 토지 등기기록에 소유권보존등기나 소유권이전등기 외의 소유권에 관한 등기 또는 소유권 외의 권리에 관한 등기가 있을 때에는 등기관은 그 건물의 등기기록 중 전유부분 표제부에 토지 등기기록에 별도의 등기가 있다는 뜻을 기록하여야 한다(규칙 제90조 제1항).

3. 대지사용권의 이전등기

① 구분건물을 신축한 자가 대지사용권을 가지고 있는 경우에 대지권에 관한 등기를 하지 아니하고 구분건물에 관하여만 소유권이전등기를 마쳤을 때에는 현재의 구분건물의 소유명의인과 공동으로 대지사용권에 관한 이전등기를 신청할 수 있다(법 제60조 제1항).

② 위 ①의 경우는 구분건물을 신축하여 양도한 자가 그 건물의 대지사용권을 나중에 취득하여 이전하기로 약정한 경우에 준용한다(법 제60조 제2항).

③ 위 대지사용권의 이전등기는 대지권에 관한 등기와 동시에 신청하여야 한다(법 제60조 제3항).

④ 이러한 대지사용권의 이전등기를 신청하는 경우에는 등기원인을 증명하는 정보 및 주소를 증명하는 정보를 제공하지 아니한다(규칙 제46조 제4항).

기출&예상 문제

01 구분건물 등기기록의 표제부에 기록되지 않는 사항은? • 24회

① 전유부분의 등기기록의 표제부에 건물번호

② 대지권이 있는 경우, 전유부분의 등기기록의 표제부에 대지권의 표시에 관한 사항

③ 1동 건물의 등기기록의 표제부에 소재와 지번

④ 대지권이 있는 경우, 1동 건물의 등기기록의 표제부에 대지권의 목적인 토지의 표시에 관한 사항

⑤ 대지권등기를 하였을 경우, 1동 건물의 등기기록의 표제부에 소유권이 대지권이라는 뜻

해설 ⑤ 대지권등기를 하였을 경우, 등기관은 직권으로 토지 등기기록의 갑구에 소유권이 대지권이라는 뜻을 기록하여야 한다.

정답 ⑤

02 집합건물의 등기에 관한 설명 중 틀린 것은? · 18회 수정

① 대지권이 등기된 구분건물의 등기기록에는 건물만을 목적으로 하는 저당권설정등기를 하지 못한다.

② 1동 건물을 구분한 건물에 있어서는 1동의 건물에 속하는 전부에 대하여 1등기기록을 사용한다.

③ 구분건물의 요건을 갖춘 1동의 건물 전체를 일반건물로 등기할 수 없다.

④ 대지권등기 후 건물 소유권에 대한 등기를 하였다면, 그 등기는 대지권에 대하여도 동일한 효력을 가진다.

⑤ 건물의 등기기록에 대지권의 등기를 한 때에는 그 권리의 목적인 토지의 등기기록의 해당구에 대지권이라는 뜻을 등기하여야 한다.

> 해설 ③ 구분건물이 되기 위해서는 객관적 요건뿐만 아니라 주관적 요건으로서 소유자의 의사가 필요하므로 구분건물의 요건을 갖춘 1동의 건물 전체를 반드시 구분건물로 하여야 하는 것은 아니고 소유자의 의사에 따라 일반건물로 등기할 수도 있다.

정답 ③

5 폐쇄 등기기록 · 27회 · 32회

1. 의 의

'폐쇄 등기기록'이란 등기기록으로서 효력을 상실한 폐쇄된 등기기록을 의미한다. 등기관이 등기기록에 등기된 사항을 새로운 등기기록에 옮겨 기록한 때에는 종전 등기기록을 폐쇄하여야 한다(법 제20조 제1항).

2. 폐쇄 사유

① 등기기록에 등기된 사항을 새로운 등기기록에 옮겨 기록한 경우
② 부동산의 멸실등기를 한 경우
③ 소유권보존등기를 말소한 경우
④ 甲토지를 乙토지에 합병한 후 합필등기를 한 경우
⑤ 甲건물을 乙건물에 합병한 경우
⑥ 중복등기를 정리한 경우

기 출 지 문 O X

A토지를 B토지에 합병하여 등기관이 합필등기를 한 때에는 A토지에 관한 등기기록을 폐쇄하여야 한다. · 27회 ( )

정답 (○)

3. 폐쇄 등기기록의 보존 및 공개

(1) 폐쇄한 등기기록은 영구히 보존하여야 한다(법 제20조 제2항).

(2) 등기기록에 대한 등기사항의 열람 및 등기사항증명서 발급에 관한 규정은 폐쇄한 등기기록에 준용한다(법 제20조 제3항).

6 장부의 보존 및 관리 ·33회

1. 장부의 보존기간

장부의 보존기간은 「부동산등기법」 제14조 제2항, 법 제20조 제2항, 「부동산등기규칙」 제20조 제1항, 제25조 제1항과 등기예규 제1704호에 따라 영구 보존장부, 10년 보존장부, 5년 보존장부, 1년 보존장부로 구분하여 정리할 수 있다.

영구 보존	등기기록, 폐쇄등기기록, 신탁원부, 도면, 매매목록, 공동담보목록, 공동전세목록, 등기부책보존부 등
10년 보존	기타 문서 접수장, 결정원본 편철장, 이의신청서류 편철장, 사용자등록신청서류 등 편철장, 기타 장부 보존부 등
5년 보존	부동산등기신청서 접수장, 신청서 기타 부속서류 편철장, 신청서 기타 부속서류 송부부, 신청서 편철부 등
1년 보존	각종 통지부, 열람신청서류 편철장, 제증명신청서 편철장 등

2. 장부 및 서류의 폐기

보존기간이 만료된 장부 또는 서류는 지방법원장의 인가를 받아 보존기간이 만료되는 해의 다음 해 3월말까지 폐기한다(규칙 제25조 제3항).

3. 등기부 등의 이동금지

(1) 등기부(폐쇄등기부를 포함한다)는 대법원규칙으로 정하는 장소인 중앙관리소에 보관·관리하여야 하며(규칙 제10조 제1항), 전쟁·천재지변이나 그 밖에 이에 준하는 사태를 피하기 위한 경우 외에는 그 장소 밖으로 옮기지 못한다(법 제14조 제3항). 따라서 법원의 명령 또는 촉탁이 있거나 법관이 발부한 영장에 의하여 압수하는 경우라도 등기부의 이동은 허용되지 않는다.

(2) 등기부의 부속서류는 전쟁·천재지변이나 그 밖에 이에 준하는 사태를 피하기 위한 경우 외에는 등기소 밖으로 옮기지 못한다. 다만, 신청서나 그 밖의 부속서류에 대하여는 법원의 명령 또는 촉탁이 있거나 법관이 발부한 영장에 의하여 압수하는 경우에는 그러하지 아니하다(법 제14조 제4항). 등기신청서의 부속서류로는 등기신청취하서 등이 있다(등기예규 제1548호).

(3) 등기관이 전쟁·천재지변 그 밖에 이에 준하는 사태를 피하기 위하여 신청서나 그 밖의 부속서류를 등기소 밖으로 옮긴 경우에는 지체 없이 그 사실을 지방법원장이나 지원장에게 보고하여야 한다(규칙 제11조 제1항).

한눈에 보기	등기부 등의 이동 허용 여부		
구 분	전쟁·천재지변 등의 사태를 피하기 위한 경우	법원의 명령 또는 촉탁이 있는 경우	법관이 발부한 영장에 의한 압수
등기부 및 그 부속서류	○	×	×
신청서 기타 부속서류	○	○	○

4. 등기부의 손상과 복구

(1) 등기부의 전부 또는 일부가 손상되거나 손상될 염려가 있을 때에는 대법원장은 대법원규칙으로 정하는 바에 따라 등기부의 복구·손상방지 등 필요한 처분을 명령할 수 있다(법 제17조 제1항). 이 경우 대법원장은 대법원규칙으로 정하는 바에 따라 처분명령에 관한 권한을 법원행정처장 또는 지방법원장에게 위임할 수 있다(법 제17조 제2항).

(2) 등기부의 전부 또는 일부가 손상되거나 손상될 염려가 있을 때에는 전산운영책임관은 지체 없이 그 상황을 조사한 후 처리방법을 법원행정처장에게 보고하여야 한다(규칙 제17조 제1항).

(3) 등기부의 전부 또는 일부가 손상된 경우에 전산운영책임관은 등기부부본자료에 의하여 그 등기부를 복구하여야 한다(규칙 제17조 제2항). 등기부를 복구한 경우에 전산운영책임관은 지체 없이 그 경과를 법원행정처장에게 보고하여야 한다(규칙 제17조 제3항).

7 등기사항증명서의 발급 및 열람 · 25회 · 27회

1. 등기사항의 열람과 증명의 대상

(1) 누구든지 수수료를 내고 대법원규칙으로 정하는 바에 따라 등기기록에 기록되어 있는 사항의 전부 또는 일부의 열람과 이를 증명하는 등기사항증명서의 발급을 청구할 수 있다(법 제19조 제1항).

(2) 신탁원부, 공동담보(전세)목록, 도면 또는 매매목록은 그 사항의 증명도 함께 신청하는 뜻의 표시가 있는 경우에만 등기사항증명서에 이를 포함하여 발급한다(규칙 제30조 제2항). 이는 열람에도 준용한다(규칙 제31조 제1항).

(3) 등기기록의 부속서류에 대하여는 등기사항증명서의 발급을 청구할 수 없고 이해관계 있는 부분만 열람을 청구할 수 있을 뿐이다(법 제19조 제1항).

> **한눈에 보기** **등기기록 및 그 부속서류의 열람·발급**

구 분	열 람	발 급
등기기록	누구든지 가능	누구든지 가능
등기기록의 부속서류	이해관계 있는 부분만 가능	×

2. 등기사항증명서의 발급

(1) 등기소를 방문하여 등기사항증명서를 발급받고자 하는 사람은 신청서를 제출하여야 한다(규칙 제26조 제1항). 이 경우 발급 청구는 관할 등기소가 아닌 등기소에 대하여도 할 수 있다(법 제19조 제2항).

(2) 등기사항증명서를 발급할 때에는 등기사항증명서의 종류를 명시하고, 등기기록의 내용과 다름이 없음을 증명하는 내용의 증명문을 기록하여야 한다(규칙 제30조 제1항).

(3) 구분건물에 대한 등기사항증명서의 발급에 관하여는 1동의 건물의 표제부와 해당 전유부분에 관한 등기기록을 1개의 등기기록으로 본다(규칙 제30조 제3항).

(4) 등기신청이 접수된 부동산에 관하여는 등기관이 그 등기를 마칠 때까지 등기사항증명서를 발급하지 못한다. 다만, 그 부동산에 등기신청사건이 접수되어 처리 중에 있다는 뜻을 등기사항증명서에 표시하여 발급할 수 있다(규칙 제30조 제4항).

3. 등기사항증명서의 종류

등기사항증명서의 종류는 다음과 같다. 다만, 폐쇄한 등기기록에 대하여는 다음의 ①로 한정한다(규칙 제29조).

> ① 등기사항 전부증명서(말소사항 포함)
> ② 등기사항 전부증명서(현재 유효사항)
> ③ 등기사항 일부증명서(특정인 지분)
> ④ 등기사항 일부증명서(현재 소유현황)
> ⑤ 등기사항 일부증명서(지분취득 이력)
> ⑥ 그 밖에 대법원예규로 정하는 증명서

4. 등기기록 등의 열람

(1) 등기소를 방문하여 등기기록을 열람하고자 하는 사람은 신청서를 제출하여야 한다(규칙 제26조 제1항). 이 경우 열람 청구는 관할 등기소가 아닌 등기소에 대하여도 할 수 있다(법 제19조 제2항).

(2) 등기기록의 열람은 등기기록에 기록된 등기사항을 전자적 방법으로 그 내용을 보게 하거나 그 내용을 기록한 서면을 교부하는 방법으로 한다. 이 경우 등기사항증명서 발급에 관한 「부동산등기규칙」 제30조 제2항 및 제3항의 규정은 등기기록의 열람에도 준용한다(규칙 제31조 제1항).

(3) 신청서나 그 밖의 부속서류의 열람은 등기관 또는 그가 지정하는 직원이 보는 앞에서 하여야 한다. 다만, 신청서나 그 밖의 부속서류가 전자문서로 작성된 경우에는 전자적 방법으로 그 내용을 보게 하거나 그 내용을 기록한 서면을 교부하는 방법으로 한다(규칙 제31조 제2항).

5. 인터넷에 의한 등기사항증명 등

(1) 등기사항증명서의 발급 또는 등기기록의 열람업무는 법원행정처장이 정하는 바에 따라 인터넷을 이용하여 처리할 수 있다(규칙 제28조 제1항).

(2) 인터넷을 이용한 등기사항증명서의 발급 또는 등기기록의 열람업무는 중앙관리소에서 처리하며, 전산운영책임관이 그 업무를 담당한다(규칙 제28조 제2항).

> ➕ 보충 **인터넷에 의한 등기기록의 열람 등에 관한 업무처리지침 (등기예규 제1761호)**
>
> 1. **서비스의 종류(제2조)**
>   인터넷으로 제공하는 서비스의 종류는 다음과 같다.
>   (1) **등기기록 열람** : 민원인은 등기기록에 기록되어 있는 내용의 전부 또는 일부를 인터넷을 통하여 볼 수 있다.
>   (2) **등기사항증명서 발급** : 민원인은 등기기록에 기록되어 있는 내용의 전부나 일부를 증명하는 서면을 인터넷을 통하여 발급받을 수 있다.
>   (3) **등기신청사건 진행상태 확인** : 민원인은 자신의 등기신청사건에 대하여 그 진행상태(접수 중, 기입 중, 보정 중, 완료 등)를 인터넷을 통하여 확인할 수 있다.
>   (4) **등기사건 접수 및 처리사실 전자우편 고지** : 민원인은 자신과 관련된 등기사건의 접수 및 처리사실을 전자우편으로 고지받을 수 있다.
>   (5) **등기기록 발급 확인** : 민원인은 타인으로부터 교부받은 등기사항증명서의 진위 여부를 인터넷을 통하여 확인할 수 있다.
>
> 2. **신청에 관한 특칙(제5조)**
>   인터넷에 의한 등기기록의 열람 및 등기사항증명서 발급의 경우에는 신청서의 제출을 요하지 아니한다.
>
> 3. **신청사건이 계류중인 경우(제8조)**
>   (1) 신청사건이 계류중인 등기기록을 열람하고자 하는 경우에는 그 사실을 알려준다.
>   (2) 등기신청이 접수된 등기기록에 관하여는 등기관이 그 등기를 마칠 때까지 등기사항증명서를 발급하지 아니한다. 다만, 그 등기기록에 등기신청사건이 접수되어 처리 중에 있다는 뜻을 등기사항증명서에 표시하여 발급할 수 있다.

4. 열람의 종류(제9조)

열람은 등기사항 전부증명서 또는 등기사항 일부증명서 형태로 나누어 제공한다.

(1) **등기사항 전부증명서 형태의 열람** : 등기기록에 기록되어 있는 모든 내용을 볼 수 있다. 다만, 등기사항 전부증명서(현재 유효사항) 형태의 열람에 있어서는 열람 당시 효력이 있는 등기사항 및 그와 관련된 사항만을 볼 수 있다.

(2) **등기사항 일부증명서 형태의 열람** : 부동산등기부의 경우에는 특정인 지분·현재 소유현황·지분취득 이력 내용만을 볼 수 있다.

5. **수수료(제15조 제2항)**

인터넷에 의한 등기기록의 열람 및 등기사항증명서 발급과 법인 등기사항증명서 다량발급예약의 경우에는 수수료 면제에 관한 규정을 적용하지 아니한다.

❶ 1필의 토지 또는 1개의 건물에 대하여 (   )의 등기기록을 둔다.

❷ 1동의 건물을 구분한 건물에 대하여는 (   ) 건물에 속하는 (   )에 대하여 1개의 등기기록을 사용한다.

❸ 등기기록에는 부동산의 표시에 관한 사항을 기록하는 (   )와 소유권에 관한 사항을 기록하는 (   ) 및 소유권 외의 권리에 관한 사항을 기록하는 (   )를 둔다.

❹ 구분건물의 1개의 등기기록은 1동의 건물에 대하여는 (   )만 두고 1동의 건물을 구분한 각 건물마다 표제부, 갑구, 을구를 둔다.

❺ 전유부분 건물의 표제부는 '전유부분 건물의 표시'와 (   )로 구성되는데, (   )에는 대지권의 종류와 비율을 기록한다.

❻ 구분건물에 대한 등기사항증명서의 발급에 관하여는 1동의 건물의 (   )와 해당 (   )에 관한 등기기록을 1개의 등기기록으로 본다.

❼ 규약상 공용부분의 (   )에는 공용부분이라는 뜻을 기록하여야 한다.

❽ 공용부분이라는 뜻을 정한 규약을 폐지한 경우에 공용부분의 취득자는 지체 없이 (   )를 신청하여야 한다.

정답   **1** 1개   **2** 1동, 전부   **3** 표제부, 갑구, 을구   **4** 표제부   **5** 대지권의 표시, 대지권의 표시
6 표제부, 전유부분   **7** 표제부   **8** 소유권보존등기

9 (   ) 건물의 등기기록의 표제부에 대지권의 목적인 토지의 표시에 관한 사항을 기록한다.

10 (   ) 건물의 등기기록의 표제부에 대지권의 표시에 관한 사항을 기록한다.

11 등기관이 건물의 등기기록에 대지권등기를 하였을 때에는 직권으로 대지권의 목적인 토지의 등기기록에 소유권, 지상권, 전세권 또는 임차권이 (   )을 기록하여야 한다.

12 대지권을 등기한 후에 한 건물의 권리에 관한 등기는 (   )에 대하여 동일한 등기로서 효력이 있다. 다만, 그 등기에 건물만에 관한 것이라는 뜻의 부기가 되어 있을 때에는 그러하지 아니하다.

13 대지권에 대한 등기로서의 효력이 있는 등기와 대지권의 목적인 토지의 등기기록 중 해당구에 한 등기의 순서는 (   )에 따른다.

14 대지권이 등기된 구분건물의 등기기록에는 건물만에 관한 소유권이전등기 또는 저당권설정등기, 가압류등기를 할 수 (   ). 반면, 건물만을 목적으로 하는 전세권이나 임차권설정등기는 할 수 (   ).

15 토지의 소유권이 대지권인 경우에 대지권이라는 뜻의 등기가 되어 있는 토지의 등기기록에는 소유권이전등기, 저당권설정등기, 가압류등기를 할 수 (   ). 반면, 토지만을 목적으로 하는 지상권, 지역권, 전세권, 임차권설정등기는 할 수 (   ).

정답   **9** 1동   **10** 전유부분   **11** 대지권이라는 뜻   **12** 대지권   **13** 접수번호   **14** 없다, 있다
15 없다, 있다

03 | 등기절차 총론

▌10개년 출제문항 수

25회	26회	27회	28회	29회
4	4	3	3	3
30회	31회	32회	33회	34회
5	4	4	3	5

└▶ 총 24문제 中 평균 약 4문제 출제

▌학습전략

• 등기신청의 개시유형, 신청정보 내용을 알아두어야 합니다.

• 등기신청에 대한 등기관의 처분(각하) 및 이의신청에 대한 문제가 주로 출제되므로 확실히 학습해두어야 합니다.

▉▪ 등기절차의 개관

1. 甲 소유 토지에 대하여 매매계약을 체결한 乙이 그 토지의 소유권을 취득하기 위해서는 매매계약에 따른 잔금지급만으로 부족하고 자기 명의의 소유권이전등기를 하여야 한다(민법 제186조). 등기는 거래당사자의 공동신청으로 개시되는 것이 원칙이지만 반드시 그러한 것은 아니므로, 등기의 개시 유형을 살펴볼 필요가 있다.

2. 등기는 구두신청이 허용되지 않으므로 반드시 서면이나 전자문서를 제공하여야 한다. 신청정보 및 첨부정보가 이에 해당하는데, 각각의 등기에 따라 첨부정보가 다르므로 각 정보의 제공요건을 살펴보아야 한다.

3. 등기관은 등기신청 시 제공된 신청정보 및 첨부정보를 바탕으로 절차의 적법 여부를 심사하여 적법요건을 갖추었으면 등기를 실행하고 요건을 갖추지 못하였으면 등기신청을 각하한다. 요건을 갖추어 등기가 실행되면 등기관은 이를 확인한 후 미리 부여받은 식별부호를 기록하여 등기를 완료한다.

4. 등기관이 등기를 마친 후에는 적법한 등기절차를 거쳐 권리를 취득하였다는 증명서로서 등기필정보를 작성하여 등기권리자에게 통지하고 신청인 등에게 등기완료사실을 통지한다.

| 제1절 | 등기절차 개시의 모습 |

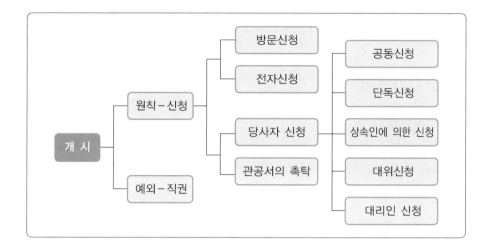

1 신청주의 원칙 ·25회

등기는 당사자의 신청 또는 관공서의 촉탁에 따라 한다. 다만, 법률에 다른 규정이 있는 경우에는 그러하지 아니하다(법 제22조 제1항). 관공서의 촉탁등기는 실질이 신청등기이므로 현행 「부동산등기법」은 신청주의를 원칙으로 하고 있다. 법률에 다른 규정이 있는 경우로는 등기관의 직권등기와 법원의 명령에 의한 등기가 있다.

2 등기신청의 방법 ·25회 ·28회 ·31회 ·32회

1. 방문신청

(1) 등기는 신청인 또는 그 대리인이 등기소에 출석하여 신청정보 및 첨부정보를 적은 서면을 제출하는 방법으로 신청할 수 있다. 다만, 대리인이 변호사나 법무사인 경우에는 대법원규칙으로 정하는 사무원을 등기소에 출석하게 하여 그 서면을 제출할 수 있다(법 제24조 제1항 제1호).

(2) 방문신청의 특수한 형태로서 전자표준양식에 의한 신청(e-Form신청)이 있다.

2. 전자신청

등기는 대법원규칙으로 정하는 바에 따라 전산정보처리조직을 이용하여 신청정보 및 첨부정보를 보내는 방법으로도 신청할 수 있다. 전자신청은 법원행정처장이 지정하는 등기유형으로 한정한다(법 제24조 제1항 제2호).

3. 당사자 신청

(1) 임의신청의 원칙

등기절차는 신속하고 정확하게 이루어져야 하는데, 이는 등기신청을 당사자의 자유로운 의사에 맡겨둠으로써 달성할 수 있는 것으로 강제하지 않는 것이 원칙이다.

(2) 등기신청의무

등기신청은 원칙적으로 당사자의 자유이나 등기부와 대장의 부동산 표시를 일치시키기 위한 경우 또는 부동산등기를 악용한 투기, 탈세 등을 방지하기 위하여 등기신청의무를 부과하는 경우가 있다.

> **➕ 보충 등기신청의무**
>
> 1. 「부동산등기법」상 신청의무
>   (1) 토지의 표시변경등기
>   ① 토지의 분할, 합병이 있는 경우와 토지의 지번·지목·면적 등에 변경이 있는 경우에는 그 토지소유권의 등기명의인은 그 사실이 있는 때부터 1개월 이내에 그 등기를 신청하여야 한다(법 제35조).
>   ② 토지가 멸실된 경우에는 그 토지소유권의 등기명의인은 그 사실이 있는 때부터 1개월 이내에 그 등기를 신청하여야 한다(법 제39조).
>   (2) 건물의 표시변경등기
>   ① 건물의 분할, 구분, 합병이 있는 경우와 건물의 번호 및 구조·종류·면적 등에 변경이 있는 경우에는 그 건물소유권의 등기명의인은 그 사실이 있는 때부터 1개월 이내에 그 등기를 신청하여야 한다(법 제41조 제1항).
>   ② 건물이 멸실된 경우에는 그 건물소유권의 등기명의인은 그 사실이 있는 때부터 1개월 이내에 그 등기를 신청하여야 한다(법 제43조 제1항).
>   (3) 위반 시 과태료 부과 여부
>   토지(임야)대장과 건축물대장의 기재 내용이 변경되는 경우, 지방자치단체의 장이 관할 등기소에 의무적으로 부동산의 표시변경등기를 촉탁하므로 위의 신청의무기간에 소유자가 신청을 하지 않더라도 과태료는 부과하지 않는다.

2. 「부동산등기 특별조치법」상 신청의무
   (1) 소유권보존등기 신청의무(동법 제2조 제5항)
      ① 미등기부동산에 대하여 소유권이전을 내용으로 하는 계약을 체결한 자는 계약체결 전에 보존등기를 신청할 수 있는 경우에는 그 계약체결일로부터 60일 이내에 보존등기를 신청하여야 한다.
      ② 미등기부동산에 대하여 소유권이전을 내용으로 하는 계약을 체결한 자는 계약체결 후에 보존등기를 신청할 수 있게 된 경우에는 보존등기를 신청할 수 있게 된 날로부터 60일 이내에 보존등기를 신청하여야 한다.
   (2) 소유권이전등기 신청의무(동법 제2조 제1항)
      ① 부동산의 소유권이전을 내용으로 하는 계약을 체결한 자는 계약의 당사자가 서로 대가적인 채무를 부담하는 경우에는 반대급부의 이행이 완료된 날로부터 60일 이내에 소유권이전등기를 신청하여야 한다.
      ② 부동산의 소유권이전을 내용으로 하는 계약을 체결한 자는 계약 당사자의 일방만이 채무를 부담하는 경우에는 그 계약의 효력이 발생한 날로부터 60일 이내에 소유권이전등기를 신청하여야 한다.
   (3) 위반 시 과태료 부과 여부
      등기권리자가 상당한 사유 없이 신청의무 기간 내에 등기신청을 게을리 한 때에는 일정한 기준에 따라 과태료에 처한다(동법 제11조 제1항).

기출&예상 문제

등기신청의무와 관련한 설명 중 옳은 것은?
· 16회

① 부동산매매계약을 체결한 경우 매수인은 매매계약일로부터 60일 이내에 등기하지 않으면 과태료의 처분을 받는다.

② 甲이 乙로부터 무상으로 토지를 증여받았다면 증여의 효력이 발생한 날로부터 60일 이내에 등기를 신청하지 않으면 과태료의 처분을 받는다.

③ 건물을 신축한 경우 소유자는 준공검사일로부터 60일 이내에 보존등기를 신청하여야 한다.

④ 건물대지의 지번의 변경 또는 대지권의 변경이 있는 경우 소유자는 그 변경일로부터 60일 이내에 변경등기를 신청하여야 한다.

⑤ 토지의 지목변경이 있는 경우 그 토지 소유명의인은 60일 이내에 표시변경의 등기신청을 하여야 한다.

해설 ① 부동산매매계약을 체결한 경우 매수인은 잔금지급일로부터 60일 이내에 소유권이전등기를 신청하지 않으면 과태료의 처분을 받는다.
③ 건물을 신축하여 준공검사를 받았더라도 소유권이전계약을 체결하지 않으면 소유권보존등기의 신청의무는 발생하지 않는다.
④ 건물대지의 지번의 변경 또는 대지권의 변경은 등기기록의 표제부에서 하는 등기이므로 그 변경일로부터 1개월 이내에 변경등기를 신청하여야 한다.
⑤ 토지의 지목변경이 있는 경우 그 토지 소유명의인은 1개월 이내에 표시변경의 등기신청을 하여야 한다.

정답 ②

PART 2
03 등기절차 총론

기 출 지 문 O X

甲이 乙에게 X부동산을 매도하였다면, 계약으로 정한 이행기가 그 소유권이전등기 신청기간의 기산일이다. · 25회 (   )

정답 (×)

계약으로 정한 이행기가 ⇨ 잔금 지급일이

기 출 지 문 O X

甲은 乙에게 甲 소유의 X부동산을 부담 없이 증여하기로 하였다. 이 경우 甲과 乙은 증여계약의 효력이 발생한 날부터 60일 이내에 X부동산에 대한 소유권이전등기를 신청하여야 한다. · 25회
(   )

정답 (○)

4. 관공서의 촉탁

(1) 의 의

관공서가 신청하는 등기를 촉탁등기라고 하는데, 촉탁등기는 그 실질이 신청이므로 촉탁에 따른 등기절차는 법률에 다른 규정이 없는 경우에는 신청에 따른 등기에 관한 규정을 준용한다(법 제22조 제2항).

(2) 법원의 촉탁대상 등기

① 처분제한등기로서 가압류등기나 가처분등기
② 경매개시결정등기
③ 매각(경락)에 의한 소유권이전등기
④ 매수인(경락인)이 인수하지 아니한 부동산 위의 부담등기의 말소등기
⑤ 경매개시결정등기의 말소등기
⑥ 임차권등기명령에 의한 주택임차권등기 및 상가건물임차권등기

(3) 관공서의 공매처분으로 인한 등기의 촉탁

관공서가 공매처분을 한 경우에 등기권리자의 청구를 받으면 지체 없이 다음의 등기를 등기소에 촉탁하여야 한다(법 제97조).
① 공매처분으로 인한 권리이전의 등기
② 공매처분으로 인하여 소멸한 권리등기의 말소
③ 체납처분에 관한 압류등기 및 공매공고등기의 말소

(4) 관공서가 등기명의인 등을 갈음하여 촉탁할 수 있는 등기

관공서가 체납처분으로 인한 압류등기를 촉탁하는 경우에는 등기명의인 또는 상속인, 그 밖의 포괄승계인을 갈음하여 부동산의 표시, 등기명의인의 표시의 변경, 경정 또는 상속, 그 밖의 포괄승계로 인한 권리이전의 등기를 함께 촉탁할 수 있다(법 제96조).

(5) 권리관계의 당사자로서 촉탁등기

① 국가 또는 지방자치단체가 등기권리자인 경우에는 국가 또는 지방자치단체는 등기의무자의 승낙을 받아 해당 등기를 지체 없이 등기소에 촉탁하여야 한다(법 제98조 제1항).
② 국가 또는 지방자치단체가 등기의무자인 경우에는 국가 또는 지방자치단체는 등기권리자의 청구에 따라 지체 없이 해당 등기를 등기소에 촉탁하여야 한다(법 제98조 제2항).

⊕ 보충 관공서의 촉탁등기의 특징(등기예규 제1759호)

1. **우편촉탁 가능**
   관공서가 등기를 촉탁하는 경우에는 본인이나 대리인의 출석을 요하지 아니하므로 우편에 의한 등기촉탁도 할 수 있다.

2. **공동신청 가능**
   관공서가 부동산에 관한 거래의 주체인 경우, 촉탁에 의하지 아니하고 등기권리자와 등기의무자의 공동으로 등기를 신청할 수도 있다.

3. **등기필정보 제공 불요**
   관공서가 등기의무자 또는 등기권리자로서 등기를 촉탁하는 경우에는 등기의무자의 권리에 관한 등기필정보를 제공할 필요가 없다.

4. **등기의무자의 주소증명정보 제공 불요**
   매각 또는 공매처분 등을 원인으로 관공서가 소유권이전등기를 촉탁하는 경우에는 등기의무자의 주소를 증명하는 정보를 제공할 필요가 없다.

5. **등기기록과 대장의 표시가 불일치한 경우**
   관공서가 등기촉탁을 하는 경우에는 등기기록과 대장상의 부동산의 표시가 부합하지 아니하더라도 그 등기촉탁을 수리하여야 한다.

기출&예상 문제

관공서의 촉탁등기에 관한 설명으로 틀린 것은?   • 32회

① 관공서가 경매로 인하여 소유권이전등기를 촉탁하는 경우, 등기기록과 대장상의 부동산의 표시가 부합하지 않은 때에는 그 등기촉탁을 수리할 수 없다.

② 관공서가 등기를 촉탁하는 경우 우편에 의한 등기촉탁도 할 수 있다.

③ 등기의무자인 관공서가 등기권리자의 청구에 의하여 등기를 촉탁하는 경우, 등기의무자의 권리에 관한 등기필정보를 제공할 필요가 없다.

④ 등기권리자인 관공서가 부동산 거래의 주체로서 등기를 촉탁할 수 있는 경우라도 등기의무자와 공동으로 등기를 신청할 수 있다.

⑤ 촉탁에 따른 등기절차는 법률에 다른 규정이 없는 경우에는 신청에 따른 등기에 관한 규정을 준용한다.

> **해설** ① 「부동산등기법」 제29조 제11호는 그 당사자가 등기를 신청하는 경우에 적용되는 규정이므로, 관공서가 등기촉탁을 하는 경우에는 등기기록과 대장상의 부동산의 표시가 부합하지 아니하더라도 그 등기촉탁을 수리하여야 한다(등기예규 제1759호).
>
> 정답 ①

기 출 지 문 O X

관공서가 촉탁정보 및 첨부정보를 적은 서면을 제출하는 방법으로 등기촉탁하는 경우에는 우편으로 그 촉탁서를 제출할 수 있다.
• 28회   (   )

정답 (○)

기 출 지 문 O X

관공서가 경매로 인하여 소유권이전등기를 촉탁하는 경우, 등기기록과 대장상의 부동산의 표시가 부합하지 않은 때에는 그 등기촉탁을 수리할 수 없다. • 32회
          (   )

정답 (×)
수리하여야 한다.

3 법률의 규정에 의한 등기 ·28회 ·30회

등기절차는 당사자의 신청이나 관공서의 촉탁이 없더라도 '법률에 규정이 있는 경우'에는 예외적으로 개시된다(법 제22조 제1항). 그러한 예외적인 경우로서 등기관의 직권등기와 법원의 명령등기가 있다.

1. 등기관의 직권등기

(1) 소유권보존등기

① 등기관이 미등기부동산에 대하여 법원의 촉탁에 따라 소유권의 처분제한의 등기(예 가압류, 가처분, 강제경매개시결정등기 등)를 할 때에는 직권으로 소유권보존등기를 한다(법 제66조 제1항).

② 미등기주택이나 미등기상가건물에 대하여 임차권등기명령에 의한 등기촉탁이 있는 경우에는 등기관은 직권으로 소유권보존등기를 한 후 주택임차권등기나 상가건물임차권등기를 하여야 한다(등기예규 제1688호).

(2) 변경등기 및 경정등기

① 등기관이 소유권이전등기를 할 때에 등기명의인의 주소변경으로 신청정보상의 등기의무자의 표시가 등기기록과 일치하지 아니하는 경우라도 첨부정보로서 제공된 주소를 증명하는 정보에 등기의무자의 등기기록상의 주소가 신청정보상의 주소로 변경된 사실이 명백히 나타나면 직권으로 등기명의인표시의 변경등기를 하여야 한다(규칙 제122조).

② 행정구역 또는 그 명칭이 변경된 경우에 등기관은 직권으로 부동산의 표시변경등기 또는 등기명의인의 주소변경등기를 할 수 있다(규칙 제54조).

③ 등기관이 등기의 착오나 빠진 부분이 등기관의 잘못으로 인한 것임을 발견한 경우에는 지체 없이 그 등기를 직권으로 경정하여야 한다(법 제32조 제2항).

(3) 말소등기

① 등기관이 등기를 마친 후 그 등기가 제29조 제1호(관할 위반) 또는 제2호(사건이 등기할 것이 아닌 경우)에 해당된 것임을 발견하였을 때에는 일정한 절차를 거쳐 직권으로 말소하여야 한다(법 제58조 제1항).

기출지문 OX

미등기주택에 대해 임차권등기명령에 의한 등기촉탁이 있는 경우, 등기관은 직권으로 소유권보존등기를 한 후 임차권등기를 하여야 한다. ·30회 ( )

정답 (○)

기출지문 OX

행정구역 명칭의 변경이 있을 때에는 등기명의인의 신청에 의하여 변경된 사항을 등기하여야 한다. ·17회 ( )

정답 (×)
등기관이 직권으로 변경된 사항을 등기할 수 있다.

② 등기관이 수용으로 인한 소유권이전등기를 하는 경우 그 부동산의 등기기록 중 소유권, 소유권 외의 권리(요역지지역권은 제외한다), 그 밖의 처분제한에 관한 등기가 있으면 그 등기를 직권으로 말소하여야 한다(법 제99조 제4항).

③ 말소등기 시 말소할 등기를 목적으로 하는 제3자의 승낙이 있을 경우 이해관계 있는 제3자 명의의 등기는 등기관이 직권으로 말소한다(법 제57조).

④ 등기관은 가등기에 의한 본등기를 하였을 때에는 가등기 이후에 된 등기로서 가등기에 의하여 보전되는 권리를 침해하는 등기를 직권으로 말소하여야 한다(법 제92조).

⑤ 환매에 따른 권리취득의 등기를 하였을 때에는 등기관은 직권으로 환매특약의 등기를 말소하여야 한다(규칙 제114조 제1항).

⑥ 가처분채권자가 본안소송에서 승소하여 가처분등기 이후의 등기를 말소 신청할 때에 등기관은 직권으로 그 가처분등기도 말소하여야 한다(법 제94조 제2항).

(4) 요역지지역권등기

등기관이 승역지에 지역권설정의 등기를 하였을 때에는 직권으로 요역지의 등기기록에 지역권등기를 하여야 한다(법 제71조 제1항).

(5) 대지권이라는 뜻의 등기

등기관이 대지권등기를 하였을 때에는 직권으로 대지권의 목적인 토지의 등기기록에 소유권, 지상권, 전세권 또는 임차권이 대지권이라는 뜻을 기록하여야 한다(법 제40조 제4항).

2. 법원의 명령등기

(1) 등기관의 결정이나 처분이 부당하다고 생각하는 자는 관할 지방법원에 이의신청을 할 수 있다. 이 경우 관할 지방법원은 이의신청에 대하여 결정하기 전에 등기관에게 가등기 또는 이의가 있다는 뜻의 부기등기를 명령할 수 있다(법 제106조). 한편, 관할 지방법원은 이의에 대하여 이유 있다고 인정하면 등기관에게 그에 해당하는 처분을 명령하고 그 뜻을 이의신청인과 등기상 이해관계 있는 자에게 알려야 한다(법 제105조 제1항).

(2) 이와 같이 등기관의 처분에 대한 이의신청이 있는 경우에 법원의 명령에 의하여 이루어지는 등기를 법원의 명령에 의한 등기라고 한다.

• 33회

1 등기신청행위 ·24회

1. 의 의

등기신청행위란 등기신청인이 국가기관인 등기소에 대하여 일정한 내용의 등기사항을 등기기록에 기록해 줄 것을 요구하는 공법상의 의사표시이다. 등기신청행위는 법원(등기소)에 대한 비송행위이며 엄격한 형식을 요구하는 요식행위이다.

2. 등기신청행위의 유효요건

등기신청행위도 의사표시에 해당하므로 등기의 유효요건에 앞서 등기신청행위의 유효요건을 살펴볼 필요가 있다. 등기신청행위가 유효하기 위해서는 다음과 같은 요건을 필요로 한다.

(1) 등기신청능력

① 의사능력 : 등기신청행위가 비록 법률행위의 이행행위로서 절차적 행위에 불과하더라도 의사표시에 해당하므로 등기신청인의 의사능력이 있을 것을 요구한다. 등기관은 등기신청인이 의사능력이 없다고 판단하면 법 제29조 제4호(당사자가 출석하지 아니한 경우)의 사유로 각하하여야 한다.

② 행위능력 : 등기권리자는 등기기록상 권리를 취득하는 등의 이익을 얻을 뿐이므로 의사능력만 있으면 족하고 행위능력을 요하지 않는다. 반면, 등기의무자는 등기기록상 권리를 상실하는 등의 불이익을 당하므로 의사능력뿐만 아니라 행위능력까지 필요로 한다. 등기관은 등기의무자가 행위능력이 없다고 판단하면 법 제29조 제4호(당사자가 출석하지 아니한 경우)의 사유로 각하하여야 한다.

③ 권리변동에 영향이 없는 소유권보존등기, 상속등기, 부동산의 표시변경등기, 등기명의인의 표시변경등기 등은 신청인이 제한능력자라도 의사능력이 있으면 유효하게 신청할 수 있다.

기 출 지 문 O X

甲으로부터 적법하게 등기신청을 위임받은 乙이 피한정후견인이라도 등기신청능력을 갖는다.
• 24회　　　　　　( )

정답 (○)

(2) 등기신청행위의 요식성

등기의 신청은 「부동산등기법」이 정하는 절차에 따라 이루어져야 한다. 이에 위반한 등기신청은 '신청정보의 제공이 대법원규칙으로 정한 방식에 맞지 아니한 경우'에 해당되어 각하사유가 된다(법 제29조 제5호).

2 등기신청의 당사자능력(등기신청적격)

• 24회 • 28회 • 29회 • 30회 • 31회 • 32회 • 34회

등기신청의 당사자능력이란 등기신청에 있어서 당사자인 등기권리자 또는 등기의무자가 될 수 있는 법률상의 자격, 즉 등기명의인이 될 수 있는 자격을 말한다. 「민법」상 권리능력이 있는 자연인과 법인은 당연히 등기신청의 당사자능력이 인정된다. 이외에도 등기신청의 당사자능력이 있는 경우가 있으므로 이를 살펴보기로 한다.

1. 자연인

사람은 살아있는 동안 권리와 의무의 주체가 되므로(민법 제3조) 자연인이면 제한능력자(피성년후견인, 피한정후견인, 미성년자)나 외국인도 등기명의인이 될 수 있다. 다만, 태아는 아직 출생하기 전으로 권리능력이 인정되지 않으므로 등기명의인이 될 수 없다.

2. 법 인

(1) 법인은 사단법인, 재단법인, 공법인, 사법인, 영리법인, 비영리법인에 관계없이 권리능력이 인정되므로 등기명의인이 될 수 있다. 한편, 국가나 지방자치단체(특별시·광역시·도, 시·군·자치구)는 공법인의 성질을 가지므로 그 명의로 등기를 할 수 있다. 반면, 읍·면·동은 지방자치단체에 해당하지 않아 그 명의로 등기를 할 수 없는 것이 원칙이다.

(2) 다만, 자연부락(동·리)이 그 부락주민을 구성원으로 하며 고유목적을 가지고 의사결정기관과 대표자를 두어 독자적인 활동을 하는 사회조직체라면 법인 아닌 사단으로 볼 수 있어 등기명의인이 될 수 있다.

기 출 지 문 O X

태아로 있는 동안에는 태아의 명의로 대리인이 등기를 신청한다. • 28회 ( )

정답 (×)
태아는 등기명의인이 될 수 없다.

기 출 지 문 O X

동(洞) 명의로 동민들이 법인 아닌 사단을 설립한 경우에는 그 대표자가 동 명의로 등기신청을 할 수 있다. • 19회 ( )

정답 (○)

3. 법인 아닌 사단 또는 재단(= 권리능력 없는 사단 또는 재단)

(1) 법인 아닌 사단 또는 재단이란 단체로서 실질을 가지고 정관 및 그 대표자가 존재하지만, 법인설립등기를 하지 않음으로써 「민법」상 권리능력이 인정되지 않는 단체를 말한다. 종중, 문중, 교회, 등록된 사찰, 아파트입주자대표회의 등이 법인 아닌 사단의 예가 된다.

(2) 「부동산등기법」은 "종중, 문중 그 밖에 대표자나 관리인이 있는 법인 아닌 사단이나 재단에 속하는 부동산의 등기에 관하여는 그 사단이나 재단을 등기권리자 또는 등기의무자로 한다(법 제26조 제1항)."라고 하여 권리능력 없는 사단 또는 재단에 대하여 등기신청의 당사자가 될 수 있는 자격을 부여하고 있다. 위의 등기는 그 사단이나 재단의 명의로 그 대표자나 관리인이 신청한다(법 제26조 제2항).

(3) 법인 아닌 사단이 등기를 신청하는 경우 첨부정보로 사원총회결의서를 제공하는지가 문제된다. 등기신청 시 사원총회결의서는 항상 제공하는 것은 아니고 법인 아닌 사단이 등기의무자로 신청하는 경우만 제공하고, 등기권리자로 신청하는 경우는 제공을 요하지 않는다(규칙 제48조 제3호).

> ➕ **보충** **법인 아닌 사단 또는 재단의 등기신청 시 제공정보(규칙 제48조)**
>
> 1. 정관이나 그 밖의 규약
> 2. 대표자나 관리인임을 증명하는 정보(예 의사록, 선임서 등)
> 3. 대표자나 관리인의 주소 및 주민등록번호를 증명하는 정보
> 4. 법인 아닌 사단이 등기의무자인 때에는 사원총회의 결의가 있었음을 증명하는 정보

4. 「민법」상 조합

(1) 「민법」상 조합은 법인과 같은 단체로서의 실질이 없으므로 조합 자체 명의로는 등기할 수 없고, 조합원 전원 명의로 합유등기를 하여야 한다. 합유등기 시 합유자의 지분은 등기기록에 기록되지 않는 것이 특징이다.

(2) 합유자의 지분을 등기기록에 기록하지 않지만, 합유자 전원의 동의를 얻으면 합유지분을 처분할 수 있는데, 이 경우 합유지분의 이전등기를 하는 것이 아니라 합유명의인 변경등기를 하여야 한다. 한편, 합유지분은 등기상에 기록되지 않으므로 합유지분에 대한 저당권설정이나 가압류등기는 허용되지 않는다.

(3) 특별법에 의하여 설립된 농업협동조합이나 「도시 및 주거환경정비법」에 따른 재건축조합 등은 조합형식의 명칭을 사용하지만, 그 실질은 법인이므로 그 명의로 등기를 신청할 수 있다.

> **◎ 참고** **「민법」상 조합**
>
> **1. 의 의**
> 「민법」상 조합이란 조합 자체가 구성원인 조합원과 독립하여 존재하지 못하고, 조합원 모두가 주체가 되는 단체를 말한다. 「민법」상 조합의 예로는 각종 동업관계, 계, 발기인조합 등이 있다.
>
> **2. 성 립**
> 2인 이상이 상호출자하여 공동사업을 경영할 것을 약정하는 상호 간의 법률행위를 조합계약이라고 하는데, 조합은 이러한 조합계약에 의하여 성립한다.
>
> **3. 특 징**
> 조합에는 기관이 없기 때문에 조합원의 의사에 의하여 조합원 모두의 이름으로 행위를 하여야 한다. 한편, 조합 자체의 재산은 인정되지 않으므로 조합재산은 결국 조합원 모두의 재산이 되는데, 이를 '합유'라고 한다.

5. 학 교

학교는 하나의 시설물에 불과하여 권리·의무의 주체가 될 수 없으므로 학교 명의로 등기할 수 없고, 설립자 명의로 등기를 하여야 한다. 사립학교는 설립자인 학교법인 명의로 등기를 하고, 국·공립학교는 설립자인 국가 또는 지방자치단체 명의로 등기를 하여야 한다.

한눈에 보기 **등기신청적격 정리**

인정되는 경우	부정되는 경우
• 자연인(외국인)	• 태아
• 법인	• 읍·면·동
• 국가, 지방자치단체(시·군·구)	• 「민법」상 조합
• 법인 아닌 사단·재단	• 학교
• 법인 아닌 사단으로서의 자연부락	
• 농업협동조합	
• 재건축조합	

「부동산등기법」상 등기의 당사자능력에 관한 설명으로 **틀린** 것은? · 32회

① 법인 아닌 사단(社團)은 그 사단 명의로 대표자가 등기를 신청할 수 있다.
② 시설물로서의 학교는 학교 명의로 등기할 수 없다.
③ 행정조직인 읍, 면은 등기의 당사자능력이 없다.
④ 「민법」상 조합을 채무자로 표시하여 조합재산에 근저당권설정등기를 할 수 있다.
⑤ 외국인은 법령이나 조약의 제한이 없는 한 자기 명의로 등기신청을 하고 등기명의인이 될 수 있다.

해설 ④ 「민법」상 조합은 법률행위의 주체가 될 수 없으므로 근저당권설정등기에서 근저당권설정자나 근저당권자 및 채무자가 될 수 없다.

정답 ④

3 공동신청 · 30회 · 31회

1. 의 의

등기는 법률에 다른 규정이 없는 경우에는 등기권리자와 등기의무자가 공동으로 신청한다(법 제23조 제1항). 이는 등기관에게 형식적 심사권만 인정되는 현행 제도하에서 등기 시 불이익을 당하는 등기의무자를 등기신청의 당사자로 하여 등기의 진정성을 확보하기 위함이다.

2. 실체법상의 등기권리자와 등기의무자

(1) 실체법상의 등기권리자란 실체관계에 기초한 등기청구권을 가지는 자를 말하고, 실체법상의 등기의무자란 등기권리자의 등기신청에 협력할 의무가 있는 자를 말한다.

(2) 등기청구권

등기를 원하는 일방 당사자가 상대방에 대하여 등기신청에 협력할 것을 요구하는 실체법상의 권리로서 일반적으로 등기권리자에게 인정된다. 등기의무자가 이에 협조하지 않으면, 등기권리자는 등기의무자를 상대로 등기절차 이행을 강제하는 소송을 제기하여 승소하면 승소한 등기권리자로서 단독으로 등기를 신청할 수 있다.

(3) 등기인수청구권

등기의무자에게 인정되는 권리로서 등기수취청구권이라고도 한다. 예를 들어 甲이 乙에게 부동산을 매도하였으나 乙이 소유권이전등기를 하지 않아서 등기의무자인 甲이 과세 등의 불이익을 받는 경우에 乙에 대하여 등기를 인수해 갈 것을 청구할 수 있는 권리를 말한다. 등기권리자가 이에 협조하지 않으면, 등기의무자는 등기권리자를 상대로 등기절차 이행을 강제하는 소송을 제기하여 승소하면 승소한 등기의무자로서 단독으로 등기를 신청할 수 있다.

3. 절차법상의 등기권리자와 등기의무자

(1) 절차법상의 등기권리자란 신청한 등기가 실행됨으로써 등기기록에서 권리의 취득 또는 기타의 이익을 받는 자를 말한다. 반면, 절차법상의 등기의무자란 등기가 실행됨으로써 등기기록에서 권리의 상실 또는 기타의 불이익을 받는 자를 말한다. 이 경우 이익·불이익의 여부는 등기기록에서 형식적으로 판단하는 것이지 실제로 이익이나 손해가 발생할 것을 고려하는 것은 아니다.

(2) 예를 들어 甲 소유 부동산에 대하여 甲과 乙이 매매계약을 체결하고 소유권이전등기를 신청하는 경우 소유권을 취득하는 매수인 乙이 등기권리자가 되고 소유권을 상실하는 매도인 甲이 등기의무자가 된다.

(3) 전세권설정등기를 신청하는 경우 전세권을 취득하는 전세권자가 등기권리자가 되고, 전세권설정자는 전세권을 설정함으로써 해당 부동산을 사용·수익할 수 없게 되므로 등기의무자가 된다. 반면, 전세권말소등기를 신청하는 경우 전세권설정자는 제한당한 사용·수익권능을 회복하므로 등기권리자가 되고 전세권자는 전세권을 상실하므로 등기의무자가 된다.

> **⊕ 보충** **실체법상의 등기권리자와 등기의무자의 관계**
>
> 실체법상의 등기권리자·등기의무자와 절차법상의 등기권리자·등기의무자는 대체로 일치하지만 항상 일치하는 것은 아니다.
> 1. 甲 소유 토지에 대하여 甲과 乙이 매매계약을 체결하여 乙 명의의 소유권이전등기를 신청하는 경우, 乙이 실체법상의 등기권리자인 동시에 절차법상의 등기권리자가 되고, 甲이 실체법상의 등기의무자인 동시에 절차법상의 등기의무자가 된다.
> 2. 부동산이 甲 ⇨ 乙 ⇨ 丙 순으로 매도되었으나 등기 명의가 甲에게 남아 있어 丙이 乙을 대위하여 乙 명의의 소유권이전등기를 신청하는 경우, 실체법상의 등기권리자는 丙이지만, 절차법상의 등기권리자는 乙이 된다.

기출지문 O X

절차법상 등기의무자에 해당하는지 여부는 등기기록상 형식적으로 판단해야 하고, 실체법상 등기의무에 대해서는 고려해서는 안 된다. • 30회 ( )

정답 (○)

기출지문 O X

甲이 자신의 부동산에 설정해 준 乙 명의의 저당권설정등기를 말소하는 경우 甲이 절차법상 등기권리자에 해당한다. • 30회
( )

정답 (○)

기출지문 O X

실체법상 등기권리자와 절차법상 등기권리자는 일치하지 않는 경우도 있다. • 30회 ( )

정답 (○)

기출지문 O X

甲에서 乙로 乙에서 丙으로 순차로 소유권이전등기가 이루어졌으나 乙 명의의 등기가 원인무효임을 이유로 甲이 丙을 상대로 丙 명의의 등기 말소를 명하는 확정판결을 얻은 경우, 그 판결에 따른 등기에 있어서 절차법상의 등기권리자는 甲이다. • 31회
( )

정답 (×)
절차법상의 등기권리자는 乙이다.

절차법상의 등기권리자와 등기의무자의 예

구 분		등기권리자	등기의무자
소유권	이전등기(매매계약)	매수인	매도인
	말소등기(무효, 취소)	매도인	매수인
저당권	설정등기	저당권자	저당권설정자
	말소등기	저당권설정자	저당권자
	변경등기(채권액 증액)	저당권자	저당권설정자
	변경등기(채권액 감액)	저당권설정자	저당권자
	이전등기	양수인	양도인
전세권	설정등기	전세권자	전세권설정자
	말소등기	전세권설정자	전세권자
임차권	설정등기	임차인	임대인
	말소등기	임대인	임차인

4 단독신청 ·24회 ·26회 ·27회 ·28회 ·29회 ·31회 ·32회

단독신청이란 일방 당사자만으로 등기를 신청하는 것을 말한다. 단독신청을 할 수 있는 경우로는 첫째, 등기신청의 상대방이 등기에 협조하지 않아 소송으로 강제하여 승소한 등기권리자나 등기의무자만으로 신청하는 경우와 둘째, 등기의 성질상 상대방이 존재하지 않아서 등기명의인이나 등기명의인이 될 자가 단독으로 신청할 수 있는 경우가 있다.

1. 판결에 의한 단독신청

(1) 의 의

① 등기권리자와 등기의무자가 공동으로 등기를 신청하여야 하지만 상대방이 등기신청에 협조하지 않으면 등기절차의 이행을 강제하기 위하여 소송을 제기하여 승소하면 판결에 의하여 단독으로 등기를 신청할 수 있다.

② 현행 「부동산등기법」은 "등기절차의 이행 또는 인수를 명하는 판결에 의한 등기는 승소한 등기권리자 또는 등기의무자가 단독으로 신청하고, 공유물을 분할하는 판결에 의한 등기는 등기권리자 또는 등기의무자가 단독으로 신청한다(법 제23조 제4항)."라고 하여 판결에 의한 단독신청을 규정하고 있다.

이하에서는 「판결 등 집행권원에 의한 등기의 신청에 관한 업무처리지침(등기예규 제1692호)」을 중심으로 판결에 의한 등기에 대하여 살펴보기로 한다.

(2) 판결의 요건

① **이행판결** : 여기서의 판결은 등기신청절차의 이행을 명하는 이행판결*이어야 하며, 주문의 형태는 'ㅇㅇㅇ등기절차를 이행하라.'와 같이 등기신청 의사를 진술하는 것이어야 한다. 다만, 공유물분할판결은 형성판결이지만 예외적으로 단독신청을 할 수 있는 판결에 해당한다.

② **확정판결** : 판결은 확정판결*이어야 하므로 확정되지 아니한 가집행선고가 붙은 판결에 의하여 등기를 신청한 경우 등기관은 그 신청을 각하하여야 한다.

> ✅ 참고 **집행권원에 해당하지 않는 경우**
>
> 1. 공증인 작성의 공정증서는 설령 부동산에 관한 등기신청의무를 이행하기로 하는 조항이 기재되어 있더라도 등기권리자는 이 공정증서에 의하여 단독으로 등기를 신청할 수 없다.
> 2. 가처분결정에 등기절차의 이행을 명하는 조항이 기재되어 있어도 등기권리자는 이 가처분결정 등에 의하여 단독으로 등기를 신청할 수 없다. 다만, 가등기권리자는 법 제89조의 가등기가처분명령을 등기원인증서로 하여 단독으로 가등기를 신청할 수 있다.

③ **판결의 확정시기** : 등기절차의 이행을 명하는 확정판결을 받았다면 그 확정시기에 관계없이, 즉 확정 후 10년이 경과하였다 하더라도 언제든지 그 판결에 의한 등기신청을 할 수 있다.

(3) 신청인

① **승소한 등기권리자 또는 승소한 등기의무자** : 승소한 등기권리자 또는 승소한 등기의무자는 단독으로 판결에 의한 등기신청을 할 수 있다. 반면, 패소한 등기의무자는 그 판결에 기하여 직접 등기권리자 명의의 등기신청을 하거나 승소한 등기권리자를 대위하여 등기신청을 할 수 없다.

② **공유물분할판결** : 공유물분할판결이 확정되면 공유자는 각자의 취득 부분에 대하여 소유권을 취득하게 되므로 그 소송 당사자는 원·피고 여부에 관계없이 그 확정판결을 첨부하여 등기권리자 또는 등기의무자 단독으로 공유물분할을 원인으로 한 지분이전등기를 신청할 수 있다.

* 이행판결

원고의 청구가 이유있는 경우에 피고의 의사표시를 강제하는 채무의 이행이나 등기절차의 이행을 명하는 판결을 말한다. 이행판결은 피고에 대한 이행명령을 포함하고 있어 집행력이 있으므로 집행권원으로 기능을 한다.

* 확정판결

이미 선고된 판결에 대하여 불복신청이 가능한 사람이 상급법원에 항소나 상고를 신청할 수 있고, 상급법원이 그 판결에 잘못이 있다고 판단한 경우는 그 판결을 취소·변경하여야 한다. 당사자가 상급법원에 불복신청을 할 수 없는 상태, 즉 판결의 취소·변경을 할 수 없는 상태를 판결이 확정되었다 하는데, 이를 확정판결이라고 한다.

기 출 지 문 O X

등기절차의 이행을 명하는 판결이 확정된 후, 10년이 지난 경우에도 그 판결에 의한 등기신청을 할 수 있다. •24회   (   )

정답 (○)

기 출 지 문 O X

승소한 등기권리자가 판결에 의한 등기신청을 하지 않는 경우에는 패소한 등기의무자도 그 판결에 의한 등기신청을 할 수 있다. •24회   (   )

정답 (×)
할 수 있다. ⇨ 할 수 없다.

기 출 지 문 O X

공유물분할판결을 첨부하여 등기권리자가 단독으로 공유물분할을 원인으로 한 지분이전등기를 신청할 수 있다. •24회   (   )

정답 (○)

(4) 등기원인과 그 연월일

① 이행판결 : 등기절차의 이행을 명하는 판결에 의하여 등기를 신청하는 경우에는 그 판결주문에 명시된 등기원인과 그 연월일을 등기신청서에 기재하는 것이 원칙이다. 다만, 등기절차의 이행을 명하는 판결주문에 등기원인과 그 연월일이 명시되어 있지 아니한 경우 등기신청서에는 등기원인은 '확정판결'로, 그 연월일은 '판결선고일'을 기재한다.

② 형성판결 : 형성판결인 경우에는 등기신청서에 등기원인은 '판결에서 행한 형성처분(예 공유물분할)'을 기재하고, 그 연월일은 '판결확정일'을 기재한다.

(5) 첨부서면

① 판결정본 및 확정증명서와 송달증명서 : 판결에 의한 등기를 신청함에 있어 등기원인증서로서 판결정본과 그 판결이 확정되었음을 증명하는 확정증명서를 첨부하여야 한다. 다만, 송달증명서의 첨부는 요하지 않는다.

② 등기의무자의 권리에 관한 등기필정보 : 승소한 등기권리자가 단독으로 판결에 의하여 등기를 신청하는 경우에는 등기의무자의 권리에 관한 등기필정보를 제공할 필요가 없다. 다만, 승소한 등기의무자가 단독으로 등기를 신청할 때에는 그의 권리에 관한 등기필정보를 제공하여야 한다.

2. 등기의 성질상 등기의무자가 없는 경우(법 제23조)

(1) 소유권보존등기 또는 소유권보존등기의 말소등기는 등기명의인으로 될 자 또는 등기명의인이 단독으로 신청한다(동조 제2항).

(2) 상속, 법인의 합병, 그 밖에 대법원규칙으로 정하는 포괄승계에 따른 등기는 등기권리자가 단독으로 신청한다(동조 제3항).

(3) 등기명의인표시의 변경이나 경정의 등기는 해당 권리의 등기명의인이 단독으로 신청한다(동조 제6항).

(4) 부동산표시의 변경이나 경정의 등기는 소유권의 등기명의인이 단독으로 신청한다(동조 제5항).

(5) 부동산의 멸실등기는 그 토지(건물) 소유권의 등기명의인은 그 사실이 있는 때부터 1개월 이내에 그 등기를 신청하여야 한다(법 제39조, 제43조).

(6) 규약상 공용부분이라는 뜻의 등기는 소유권의 등기명의인이 신청하여야 한다(법 제47조 제1항).

3. 기타 법률의 규정에 의한 단독신청

(1) 동일한 물건에 대한 소유권과 다른 물권이 동일한 사람에게 귀속한 때에는 다른 물권은 소멸한다(민법 제191조 제1항). 이와 같이 **혼동으로 소멸한 권리의 말소등기**는 그 등기명의인이 단독으로 신청한다.

(2) 등기명의인인 사람의 사망으로 권리가 소멸한다는 약정이 등기되어 있는 경우에 사람의 사망으로 그 권리가 소멸하였을 때에는, 등기권리자는 그 사실을 증명하여 단독으로 해당 등기의 말소를 신청할 수 있다(법 제55조).

(3) 등기권리자가 등기의무자의 소재불명으로 인하여 공동으로 등기의 말소를 신청할 수 없는 때에는 「민사소송법」의 규정에 따라 공시최고 후 제권판결*을 받아 신청서에 그 등본을 첨부하여 등기권리자만으로 등기의 말소를 신청할 수 있다(법 제56조).

(4) 신탁재산에 속하는 부동산의 신탁등기는 수탁자가 단독으로 신청한다(법 제23조 제7항).

(5) 수용으로 인한 소유권이전등기는 등기권리자(=사업시행자)가 단독으로 신청할 수 있다(법 제99조 제1항).

---

* 제권판결

공시최고절차를 거쳐 공시최고 신청인의 신청에 의하여 법원이 실권(失權)선언을 하는 판결이다. 공시최고절차는 당사자의 신청에 의하여 불특정 또는 소재불명의 당사자나 이해관계인에 대하여 일정 기간 내에 청구 또는 권리를 신고할 것을 최고하고, 신고가 없으면 실권한다는 뜻을 일정한 방법으로 공고하는 절차이다. 법률이 공시최고절차를 허용하고 제권판결을 하는 경우는 유가증권이 분실·도난·멸실하였을 때 그 증서를 무효로 하는 경우와 등기의무자가 소재불명일 때 등기의 말소를 하는 경우 등이다.

기출지문 O X

등기의 말소를 공동으로 신청해야 하는 경우, 등기의무자의 소재불명으로 제권판결을 받으면 등기권리자는 그 사실을 증명하여 단독으로 등기의 말소를 신청할 수 있다. • 28회 ( )

정답 (○)

단독으로 신청할 수 있는 등기를 모두 고른 것은? (단, 판결에 의한 신청은 제외)

• 27회

> ㉠ 소유권보존등기의 말소등기
> ㉡ 근저당권의 채권최고액을 감액하는 변경등기
> ㉢ 법인합병을 원인으로 한 저당권이전등기
> ㉣ 특정유증으로 인한 소유권이전등기
> ㉤ 승역지에 지역권설정등기를 하였을 경우, 요역지지역권등기

① ㉠, ㉢   ② ㉠, ㉣
③ ㉡, ㉣   ④ ㉠, ㉢, ㉤
⑤ ㉢, ㉣, ㉤

해설 ㉠ 소유권보존등기의 말소등기는 소유권의 등기명의인이 단독으로 신청한다.
㉢ 법인합병을 원인으로 한 저당권이전등기는 합병 후 법인이 단독으로 신청한다.
㉡ 근저당권의 채권최고액을 감액하는 변경등기는 근저당권설정자와 근저당권자가 공동으로 신청한다.
㉣ 특정유증으로 인한 소유권이전등기는 수증자가 등기권리자가 되고, 상속인 또는 유언집행자가 등기의무자가 되어 공동으로 신청한다.
㉤ 승역지에 지역권설정등기를 하였을 경우, 요역지지역권등기는 등기관이 직권으로 등기한다.

정답 ①

5 상속인에 의한 등기신청(포괄승계인에 의한 등기신청)

• 29회 • 31회

1. 의 의

등기원인이 발생한 후에 등기권리자 또는 등기의무자에 대하여 상속이나 그 밖의 포괄승계가 있는 경우에는 상속인이나 그 밖의 포괄승계인이 그 등기를 신청할 수 있다(법 제27조). 예를 들어 甲이 乙에게 부동산을 매도하였으나 소유권이전등기를 하기 전에 甲이 사망한 때에는 甲의 상속인 丙이 등기의무자로서 乙과 공동으로 등기신청을 할 수 있고, 乙이 사망한 때에는 乙의 상속인 丁이 등기권리자로서 甲과 공동으로 등기신청을 할 수 있다.

기 출 지 문 O X

甲이 그 명의로 등기된 부동산을 乙에게 매도한 뒤 단독상속인 丙을 두고 사망한 경우, 丙은 자신을 등기의무자로 하여 甲에서 직접 乙로의 이전등기를 신청할 수는 없다. • 29회   (   )

정답 (×)
할 수 는 없다. ➡ 할 수 있다.

2. 상속인에 의한 등기와 상속등기의 비교

상속인에 의한 등기는 상속을 원인으로 한 '상속등기'와 구별하여야 한다.

■ 상속인에 의한 등기와 상속으로 인한 등기의 구별

구 분	상속인에 의한 등기	상속등기
등기원인	상속이 아닌 피상속인과 제3자 간의 법률행위인 매매 등	상속
등기신청	상속인과 제3자의 공동신청	상속인의 단독신청
첨부정보	① 등기원인정보 : 피상속인이 생전에 작성한 계약서 등 제공 ② 등기필정보 : 원칙적으로 제공 ③ 상속이 있었다는 사실을 증명하는 정보로서 가족관계등록사항에 관한 정보 제공(규칙 제49조)	① 등기필정보 : 제공 불요 ② 상속을 증명하는 시·구·읍·면장의 서면으로 제적등본, 기본증명서, 가족관계증명서 등을 제공
등기실행	상속등기를 할 필요 없이 피상속인으로부터 직접 그 상대방에게 등기한다.	피상속인으로부터 상속인 명의로 등기한다.

> **⊕ 보충 가등기를 마친 후 가등기권리자나 가등기의무자가 사망한 경우 (등기예규 제1632호)**
>
> 1. **가등기를 마친 후에 가등기권자가 사망한 경우**
>   가등기권자의 상속인은 상속등기를 할 필요 없이 상속을 증명하는 서면을 첨부하여 가등기의무자와 공동으로 본등기를 신청할 수 있다.
>
> 2. **가등기를 마친 후에 가등기의무자가 사망한 경우**
>   가등기의무자의 상속인은 상속등기를 할 필요 없이 상속을 증명하는 서면과 인감증명 등을 첨부하여 가등기권자와 공동으로 본등기를 신청할 수 있다.

3. 상속인(포괄승계인)에 의한 등기신청의 특칙

상속인(포괄승계인)에 의한 등기신청의 경우에는 신청정보상의 등기의무자의 표시와 등기기록상의 등기의무자의 표시가 서로 부합되지 않는 것이 당연하므로 신청정보에 적힌 등기의무자의 표시가 등기기록과 일치하지 아니한 경우의 각하사유에 해당하지 아니한다(법 제29조 제7호).

6 대위등기신청 ·27회 ·29회 ·31회 ·33회 ·34회

등기는 등기권리자와 등기의무자가 공동으로 신청하는 것을 원칙으로 하지만, 예외적으로 법령에 근거 규정이 있는 경우에 등기신청권자를 대신하여 자기 이름으로 피대위자 명의의 등기를 신청하는 경우가 있는데, 이를 대위등기신청이라고 한다.

1. 채권자대위권에 기한 등기신청

(1) 의 의

채권자는 「민법」 제404조에 따라 채무자를 대위하여 등기를 신청할 수 있다(법 제28조 제1항). 예를 들어 甲 ⇨ 乙 ⇨ 丙 순으로 부동산을 매매한 경우, 甲은 소유권이전등기절차에 협력할 의사를 가지고 있으나 乙이 등기신청을 하지 않고 있는 경우 乙의 채권자인 丙이 자기의 채권을 보전하기 위하여 乙의 등기신청권을 대위행사하여 甲으로부터 乙로의 등기를 신청할 수 있다.

(2) 대위등기신청의 요건

① 채권자가 채무자의 등기를 대위신청하기 위해서는 그 전제로 채무자에게 등기신청권이 있어야 하고, 채권자에게도 보전할 채권이 존재하여야 한다. 채권자의 채권은 특정채권(등기청구권)이든 일반 금전채권이든 묻지 않는다.

② 채권자의 대위신청은 채무자의 절차적 관여 없이 이루어지므로 채무자가 등기권리자로서 신청할 등기(채무자에게 유리한 등기) 또는 채무자의 권리에는 영향이 없는 등기에 한하여 대위신청할 수 있다. 반면, 채무자가 등기의무자로서 신청할 등기(채무자에게 불이익이 되는 등기)는 실익이 없기 때문에 대위신청이 허용되지 않는다.

③ 채권자가 채무자로부터 자기로의 등기를 하기 위해 채무자의 등기를 대위신청하는 경우 채무자로부터 채권자 자신으로의 등기를 동시에 신청하지 않더라도 수리하여야 한다(등기예규 제1432호).

(3) 대위신청절차

① 신청인 : 채무자(=피대위자) 명의의 등기를 채권자가 대위하여 신청하므로 채무자가 신청인이 아니라 **채권자가 신청인**이다. 한편, 채권자의 채권자도 채권자의 대위권을 다시 대위하여 등기를 신청할 수 있다.

② 신청정보 제공사항 : 신청정보에는 **피대위자의 성명(또는 명칭)·주소(또는 사무소 소재지)·주민등록번호(또는 부동산등기용등록번호), 신청인이 대위자라는 뜻, 대위자의 성명(또는 명칭)과 주소(또는 사무소 소재지), 대위원인** 등을 신청정보의 내용으로 등기소에 제공하여야 한다(규칙 제50조).

③ 대위원인을 증명하는 서면 : 대위의 기초인 권리가 특정채권인 때에는 당해 권리의 발생원인인 법률관계의 존재를 증명하는 서면(예 매매계약서 등)을, 금전채권인 때에는 당해 금전채권증서(예 금전소비대차계약서 등)를 첨부하여야 한다. 이때의 매매계약서 등은 공정증서가 아닌 사서증서라도 무방하다(등기예규 제1432호).

(4) 등기의 실행 및 등기완료통지

① 대위신청에 의하여 표제부 및 갑구·을구에 등기를 함에 있어서는 대위자의 성명 또는 명칭, 주소 또는 사무소 소재지 및 대위원인을 기록하여야 한다(법 제28조 제2항).

② 등기를 완료한 후 등기명의인을 위한 등기필정보를 작성하지 아니하고(규칙 제109조 제2항 제4호), 등기를 신청한 대위채권자 및 등기권리자인 채무자에게 등기완료의 사실을 통지하여야 한다(규칙 제53조).

▪▪ 대위등기의 기록례

【갑구】			(소유권에 관한 사항)	
순위 번호	등기목적	접 수	등기원인	권리자 및 기타사항
1	소유권 보존	2022년 7월 5일 제3005호		소유자 임수정 820114-1****** 서울특별시 서초구 반포대로 12길 34 대위자 변상우 서울특별시 관악구 은천로 213(봉천동) 대위원인 2022년 5월 4일 매매에 의한 소유권 이전등기청구권

채권자 甲이 채권자대위권에 의하여 채무자 乙을 대위하여 등기신청하는 경우에 관한 설명으로 옳은 것을 모두 고른 것은? •31회

> ㉠ 乙에게 등기신청권이 없으면 甲은 대위등기를 신청할 수 없다.
> ㉡ 대위등기신청에서는 乙이 등기신청인이다.
> ㉢ 대위등기를 신청할 때 대위원인을 증명하는 정보를 첨부하여야 한다.
> ㉣ 대위신청에 따른 등기를 한 경우, 등기관은 乙에게 등기완료의 통지를 하여야 한다.

① ㉠, ㉡   ② ㉠, ㉢
③ ㉡, ㉣   ④ ㉠, ㉢, ㉣
⑤ ㉡, ㉢, ㉣

해설 ㉡ 채권자대위등기신청에서는 대위채권자 甲이 신청인이 되어 채무자(=등기권리자) 乙 명의의 등기를 신청한다.

정답 ④

2. 구분건물의 표시 및 대지권의 변경등기 등의 대위신청

(1) 구분소유자 중 일부가 1동의 건물에 속하는 구분건물 중 일부만에 관하여 소유권보존등기를 신청하는 경우에는 나머지 구분건물의 표시에 관한 등기를 동시에 신청하여야 하는데, 이때 소유권보존등기를 신청하는 구분건물의 소유자는 1동에 속하는 다른 구분건물의 소유자를 대위하여 그 건물의 표시에 관한 등기를 신청할 수 있다(법 제46조 제1항, 제2항).

(2) 구분건물이 아닌 건물로 등기된 건물에 접속하여 구분건물을 신축한 경우에 그 신축건물의 소유권보존등기를 신청할 때에는 구분건물이 아닌 건물을 구분건물로 변경하는 건물의 표시변경등기를 동시에 신청하여야 한다. 이 경우 신축건물의 소유권보존등기를 신청하는 소유자는 구분건물이 아닌 건물을 구분건물로 변경하는 건물의 표시변경등기를 대위하여 신청할 수 있다(법 제46조 제3항).

(3) 구분건물로서 그 대지권의 변경이나 소멸이 있는 경우에는 구분건물의 소유권의 등기명의인은 1동의 건물에 속하는 다른 구분건물의 소유권의 등기명의인을 대위하여 그 등기를 신청할 수 있다(법 제41조 제3항).

기 출 지 문 O X

대지권의 변경이 있는 경우, 구분건물의 소유권의 등기명의인은 1동의 건물에 속하는 다른 구분건물의 소유권의 등기명의인을 대위하여 대지권변경등기를 신청할 수 있다. •34회 (   )

정답 (O)

3. 멸실등기의 대위신청

(1) 건물소유자와 대지소유자가 다른 상태에서 건물이 멸실된 경우, 건물소유권의 등기명의인이 1개월 이내에 멸실등기를 신청하지 아니하면 그 건물대지의 소유자가 건물소유권의 등기명의인을 대위하여 그 등기를 신청할 수 있다(법 제43조 제2항).

(2) 구분건물로서 그 건물이 속하는 1동 전부가 멸실된 경우에는 그 구분건물의 소유권의 등기명의인은 1동의 건물에 속하는 다른 구분건물의 소유권의 등기명의인을 대위하여 1동 전부에 대한 멸실등기를 신청할 수 있다(법 제43조 제3항).

(3) 존재하지 아니하는 건물에 대한 등기가 있는 때에는 그 소유권의 등기명의인은 지체 없이 그 건물의 멸실등기를 신청하여야 하는데, 소유권의 등기명의인이 그 등기를 신청하지 아니한 때에는 그 건물대지의 소유자가 대위하여 그 등기를 신청할 수 있다(법 제44조 제2항).

7 대리인에 의한 등기신청 · 29회 · 30회

1. 대상 및 자격

(1) 등기신청은 반드시 본인이 하여야 하는 것은 아니며 그 대리인에 의해서도 가능하다. 공동신청뿐만 아니라 단독신청, 포괄승계인에 의한 신청, 대위신청, 촉탁의 경우에도 대리인에 의한 등기신청이 허용된다.

(2) 등기신청의 대리인은 임의대리인이나 법정대리인 모두 포함한다. 방문신청(e-Form 신청을 포함한다)의 경우 임의대리인의 자격에 관하여는 특별한 제한이 없으므로 변호사 또는 법무사가 아니라도 등기신청의 대리인이 될 수 있다. 다만, 전자신청의 경우에는 자격자대리인(변호사나 법무사)만이 대리인이 될 수 있다(규칙 제67조 제1항).

기 출 지 문 O X

전자표준양식에 의한 등기신청의 경우, 자격자대리인(법무사 등)이 아닌 자도 타인을 대리하여 등기를 신청할 수 있다. · 29회

( )

정답 (○)

2. 자기계약 및 쌍방대리의 허용

(1) 「민법」상 법률행위에 대하여는 본인의 승낙이 있는 경우나 채무의 이행을 제외하고는 원칙적으로 자기계약 및 쌍방대리를 금지한다(민법 제124조). 등기신청행위는 채무의 이행에 준하는 것으로 볼 수 있으므로 자기계약 및 쌍방대리가 허용된다. 현실적으로도 쌍방대리에 의한 등기신청이 보편적으로 이루어지고 있다.

(2) 예를 들어 甲 소유 부동산에 대하여 甲과 乙이 매매계약을 체결한 경우, 매수인 乙이 매도인 甲에게 등기신청의 위임을 받으면 乙은 등기권리자 본인이면서 등기의무자 甲의 대리인으로 등기를 신청할 수 있다(자기계약). 한편, 甲 소유 부동산에 대하여 甲과 乙이 매매계약을 체결한 경우, 甲과 乙로부터 대리권을 수여받은 법무사 丙은 甲과 乙 쌍방을 대리하여 소유권이전등기를 신청할 수 있다(쌍방대리).

3. 대리권 흠결의 효과

대리권 없는 자의 등기신청은 이를 각하하여야 한다(법 제29조 제3호 위반). 다만, 등기관이 이를 간과하고 등기를 실행한 경우라도 본인의 추인이 있거나 그 등기가 실체관계와 부합하면 유효성을 인정한다. 예를 들어 등기신청의 대리권을 수여받은 자가 본인의 사망 후에 등기를 신청하여 마쳐진 등기는 사망 전에 적법하게 수여된 대리권에 기한 등기이므로 무효는 아니라고 한다.

4. 신청정보의 작성 및 등기실행

(1) 신청정보 제공사항

대리인에 의하여 등기를 신청하는 경우에는 대리인의 성명과 주소를 신청정보의 내용으로 등기소에 제공하여야 한다(규칙 제43조 제1항 제4호).

(2) 등기의 실행

대리인의 신청에 의하여 등기를 실행하는 경우에 등기기록에는 대리인의 성명과 주소를 기록하지 않는다. 다만, 법인 아닌 사단이나 재단이 등기명의인인 경우에는 그 대표자나 관리인의 성명, 주소, 주민등록번호 등을 기록하여야 한다(법 제48조 제3항).

8 전산정보처리조직에 의한 등기신청(= 전자신청) •27회 •29회

1. 의 의

(1) 등기는 신청인 또는 그 대리인이 대법원규칙으로 정하는 바에 따라 전산 정보처리조직을 이용하여 신청정보 및 첨부정보를 보내는 방법(법원행정처 장이 지정하는 등기유형으로 한정한다)으로도 할 수 있는데(법 제24조 제1항 제2호), 이를 전자신청이라고 한다.

(2) 전자신청의 경우 그 당사자 또는 자격자대리인은 미리 사용자등록을 하여 야 한다(규칙 제68조 제1항).

> **➕ 보충** **전자표준양식(e-Form)에 의한 등기신청**
>
> 1. 방문신청을 하고자 하는 신청인은 신청서를 등기소에 제출하기 전에 전산정 보처리조직에 신청정보를 입력하고, 그 입력한 신청정보를 서면으로 출력하 여 등기소에 제출하는 방법으로 할 수 있는데, 이를 전자표준양식(e-Form) 에 의한 등기신청이라 한다(규칙 제64조).
> 2. 전자표준양식(e-Form)에 의한 등기신청은 신청인이 인터넷등기소에 접속 하여 제공되는 양식에 따라 신청정보를 입력하면 그 정보가 부동산등기시스 템에 저장된다는 점에서 전자신청과 유사하지만, 다시 그 신청정보를 종이 로 출력하고 신청에 필요한 서면을 등기소에 제출하여 등기신청을 하여야 하므로 전자신청이 아니라 방문신청에 해당한다.

2. 전자신청을 할 수 있는 자(등기예규 제1725호)

(1) 사용자등록을 한 자연인(외국인을 포함한다)과 전자증명서를 발급받은 법인 은 전자신청을 할 수 있다. 다만, 외국인의 경우에는 외국인등록을 하거나 국내 거소신고를 하여야 한다.

(2) 법인 아닌 사단이나 재단은 전자신청을 할 수 없다.

(3) 자격자대리인(변호사나 법무사)만 다른 사람을 대리하여 전자신청을 할 수 있으므로, 자격자대리인이 아닌 사람은 다른 사람을 대리하여 전자신청을 할 수 없다.

기출지문 O X

법인이 아닌 사단의 경우, 그 사단 명의로 대표자가 전자신청을 할 수 있다. •22회 ( )

정답 (×)
할 수 있다. ⇨ 할 수 없다.

3. 사용자등록

(1) 사용자등록의 신청

① 전자신청을 하고자 하는 당사자 또는 변호사나 법무사는 인증서를 발급받아 최초의 전자신청 전에 등기소에 직접 출석하여 미리 사용자등록을 하여야 한다. 사용자등록은 주소지나 사무소 소재지 관할 이외의 등기소에서도 할 수 있다.

② 사용자등록을 한 자격자대리인에게 전자신청을 위임한 경우 당사자는 사용자등록을 할 필요가 없다.

(2) 첨부서면

① 사용자등록을 신청하는 당사자 또는 자격자대리인은 등기소에 출석하여 신청서를 제출하여야 한다(규칙 제68조 제2항).

② 사용자등록 신청서에는 「인감증명법」에 따라 신고한 인감을 날인하고, 그 인감증명과 함께 주소를 증명하는 서면을 첨부하여야 한다(규칙 제68조 제3항). 다만, 신청인이 자격자대리인인 경우에는 그 자격을 증명하는 서면의 사본도 첨부하여야 한다(규칙 제68조 제4항).

(3) 사용자등록의 유효기간(규칙 제69조)

① 사용자등록의 유효기간은 3년으로 한다. 사용자등록의 유효기간 만료일 3개월 전부터 만료일까지는 그 유효기간의 연장을 신청할 수 있으며, 그 연장기간은 3년으로 한다. 이 경우 유효기간 연장은 전자문서로 신청할 수 있다.

② 사용자등록의 유효기간이 지난 경우에는 사용자등록을 다시 하여야 한다.

4. 전자신청의 방법

(1) 출석신청주의의 배제

전산정보처리조직을 이용하여 등기를 신청하는 경우에는 출석주의 위반으로 인한 각하사유를 적용하지 아니한다(법 제29조 제4호).

(2) 전자신청의 방법

① 전자신청을 하는 경우에는 신청정보의 내용으로 등기소에 제공하여야 하는 정보를 전자문서로 등기소에 송신하여야 한다. 이 경우 사용자등록번호도 함께 송신하여야 한다(규칙 제67조 제2항).

② 전자신청을 하는 경우에는 첨부정보로서 등기소에 제공하여야 하는 정보를 전자문서로 등기소에 송신하거나 등기소에 제공하여야 한다(규칙 제67조 제3항).

③ 전자문서를 송신할 때에는 신청인 또는 문서작성자의 인증서 등을 함께 송신하여야 한다(규칙 제67조 제4항).

④ 인감증명을 제출하여야 하는 자가 인증서정보를 송신한 때에는 인감증명서정보의 송신을 요하지 않는다(등기예규 제1725호).

5. 등기관의 조치(등기예규 제1725호)

(1) 전자신청의 접수

① 등기신청은 해당 부동산이 다른 부동산과 구별될 수 있게 하는 등기신청정보가 전산정보처리조직에 저장된 때 접수된 것으로 본다(법 제6조 제1항, 규칙 제3조). 이 경우 접수번호는 전산정보처리조직에 의하여 자동적으로 생성된 접수번호를 부여한다.

② 전자신청 사건의 접수가 완료된 경우에는 접수장에 전자신청이라는 취지를 기록하여야 한다.

(2) 조사, 교합업무 등

① 등기관은 신청정보 및 첨부정보가 「부동산등기법」 등 제반 법령에 부합되는지 여부를 조사한 후 접수번호의 순서대로 교합처리하여야 하며, 지연처리 사건이나 보정을 명한 사건 이외에는 24시간 이내에 등기필정보의 송신 및 등기완료사실의 통지를 하여야 한다.

② 집단사건이나 판단이 어려운 사건과 같이 만일 접수 순서대로 처리한다면 후순위로 접수된 다른 사건의 처리가 상당히 지연될 것이 예상될 경우에는, 그 사유를 등록하고 이들 신청사건보다 나중에 접수된 사건을 먼저 처리할 수 있다.

(3) 보정사무

① 보정사항이 있는 경우 등기관은 보정사유를 등록한 후 전자우편, 구두, 전화 기타 모사전송의 방법에 의하여 그 사유를 신청인에게 통지하여야 한다.

② 전자신청의 보정은 원칙적으로 전산정보처리조직에 의하여 하여야 한다.

(4) 전자신청의 취하 및 각하

① 전자신청의 취하는 전산정보처리조직을 이용해서 하여야 한다. 이 경우 전자신청과 동일한 방법으로 사용자인증을 받아야 한다.

② 전자신청에 대한 각하 결정의 방식 및 고지방법은 서면신청과 동일한 방법으로 처리한다.

(5) 교합완료 후 조치

등기관이 등기를 완료한 때에는 전산정보처리조직에 의하여 등기필정보의 송신 및 등기완료사실의 통지를 하여야 한다.

제3절 신청정보 및 첨부정보

등기는 신청인 또는 그 대리인이 등기소에 출석하여 신청정보 및 첨부정보를 적은 서면을 제출하는 방법이나 전산정보처리조직을 이용하여 신청정보 및 첨부정보를 보내는 방법으로 할 수 있다(법 제24조 제1항). 등기신청 시 신청정보와 함께 제공할 첨부정보는 다음과 같다(규칙 제46조).

> 1. 등기원인을 증명하는 정보
> 2. 등기원인에 대하여 제3자의 허가, 동의 또는 승낙을 증명하는 정보
> 3. 등기상 이해관계 있는 제3자의 승낙을 증명하는 정보
> 4. 신청인이 법인인 경우에는 그 대표자의 자격을 증명하는 정보
> 5. 등기신청 대리인의 권한을 증명하는 정보
> 6. 등기권리자의 주소 및 주민등록번호를 증명하는 정보
> 7. 토지대장·임야대장·건축물대장 정보나 그 밖에 부동산의 표시를 증명하는 정보

1 신청정보 ·25회 ·26회 ·27회 ·28회 ·29회 ·30회 ·33회 ·34회

1. 신청정보의 작성방법

(1) 1건 1신청주의(원칙)

등기의 신청은 1건당 1개의 부동산에 관한 신청정보를 제공하는 방법으로 하여야 한다(법 제25조 본문).

(2) 일괄신청(예외)

① 등기목적과 등기원인이 동일하고 같은 등기소의 관할 내에 있는 여러 개의 부동산에 관한 신청정보를 일괄하여 제공하는 방법으로 할 수 있다(법 제25조 단서).

② 대법원규칙으로 정하는 경우에는 같은 등기소의 관할 내에 있는 여러 개의 부동산에 관한 신청정보를 일괄하여 제공하는 방법으로 할 수 있다(법 제25조 단서).

> ⊕ 보충 | **대법원규칙에 의한 일괄신청(규칙 제47조 제1항)**
>
> 다음의 경우에는 1건의 신청정보로 일괄하여 신청하거나 촉탁할 수 있다.
> 1. 같은 채권의 담보를 위하여 소유자가 다른 여러 개의 부동산에 대한 저당권설정등기를 신청하는 경우
> 2. 공매처분으로 인한 권리이전등기, 공매처분으로 인해 소멸한 권리의 말소등기, 체납처분에 관한 압류등기 및 공매공고등기의 말소등기를 촉탁하는 경우
> 3. 매각처분으로 인한 매수인 앞으로의 소유권이전등기, 매수인이 인수하지 아니한 부동산의 부담에 관한 기입을 말소하는 등기, 경매개시결정등기를 말소하는 등기를 촉탁하는 경우

(3) 같은 등기소에 동시에 여러 건의 등기신청을 하는 경우에 첨부정보의 내용이 같은 것이 있을 때에는 먼저 접수되는 신청에만 그 첨부정보를 제공하고, 다른 신청에는 먼저 접수된 신청에 그 첨부정보를 제공하였다는 뜻을 신청정보의 내용으로 등기소에 제공하는 것으로 그 첨부정보의 제공을 갈음할 수 있다(규칙 제47조 제2항).

(4) 방문신청을 하는 경우에는 등기신청서에 신청정보의 내용으로 등기소에 제공하여야 하는 정보를 적고 신청인 또는 그 대리인이 기명날인*하거나 서명*하여야 한다(규칙 제56조 제1항).

(5) 방문신청을 하는 경우에 신청서가 여러 장일 때에는 신청인 또는 그 대리인이 간인을 하여야 하고, 등기권리자 또는 등기의무자가 여러 명일 때에는 그 중 1명이 간인하는 방법으로 한다. 다만, 신청서에 서명을 하였을 때에는 각 장마다 연결되는 서명을 함으로써 간인을 대신한다(규칙 제56조 제2항).

기출지문 O X

같은 채권의 담보를 위하여 여러 개의 부동산에 대한 저당권설정등기를 신청하는 경우, 부동산의 관할 등기소가 서로 다르면 1건의 신청정보로 일괄하여 등기를 신청할 수 없다. • 29회 (　)

정답 (○)

* 기명날인

기명이란 자기의 이름을 표시하는 것을 말하는데, 이름을 표시하는 방법으로 인쇄, 고무인 또는 타인이 대신 기재하여도 상관없다. 날인이란 도장을 찍는 것을 말한다. 이때의 도장은 어떠한 형태든 상관없지만, 관청에 등록한 도장을 특히 인감이라고 한다.

* 서명

자기의 이름을 직접 본인이 친필로 쓰는 것을 말한다.

기출지문 O X

등기신청서에는 신청인 또는 그 대리인이 기명날인하거나 서명하여야 한다. • 29회 (　)

정답 (○)

기출지문 O X

신청서에 간인을 하는 경우, 등기권리자가 여러 명이고 등기의무자가 1명일 때에는 등기권리자 중 1명과 등기의무자가 간인하는 방법으로 한다. • 29회 (　)

정답 (○)

(6) 신청서에 적은 문자의 정정, 삽입 또는 삭제를 한 경우에는 그 글자 수를 난외에 적으며 문자의 앞뒤에 괄호를 붙이고 이에 날인 또는 서명하여야 한다. 이 경우 삭제한 문자는 해독할 수 있게 글자체를 남겨두어야 한다 (규칙 제57조 제2항).

2. 신청정보의 내용

(1) 필요적 제공사항(규칙 제43조)

신청정보가 유효하기 위하여 반드시 제공하여야 할 사항으로서 그러한 제공이 없으면 신청정보가 대법원규칙으로 정한 방식에 맞지 아니한 경우에 해당하여 각하된다(법 제29조 제5호).

① 부동산의 표시에 관한 사항

> ㉠ **토지** : 토지의 표시사항인 소재, 지번, 지목, 면적을 제공한다.
> ㉡ **건물** : 건물의 표시인 소재, 지번, 구조, 종류, 면적과 1필지 또는 수 필지상에 수개의 건물이 있는 때에는 그 번호, 부속건물이 있는 때에는 그 구조, 종류, 면적을 제공한다.
> ㉢ **구분건물**
> 　ⓐ 1동의 건물의 표시로서 소재, 지번, 건물명칭 및 번호, 구조, 종류, 면적을 제공한다.
> 　ⓑ 전유부분의 건물의 표시로서 건물번호, 구조, 면적을 제공한다.
> 　ⓒ 대지권이 있는 경우 대지권의 표시를 제공한다.

② **신청인에 관한 사항** : 신청인의 성명(또는 명칭)과 주소(또는 사무소 소재지) 및 주민등록번호(또는 부동산등기용등록번호)를 제공한다.

③ **대리인에 의한 신청의 경우** : 대리인의 성명과 주소를 제공하여야 한다.

④ **신청인이 법인인 경우** : 그 대표자의 성명과 주소를 제공하여야 한다.

⑤ **신청인이 법인 아닌 사단이나 재단인 경우** : 그 대표자나 관리인의 성명, 주소 및 주민등록번호를 제공하여야 한다.

⑥ 등기원인과 그 연월일

⑦ **등기의 목적** : 등기의 목적이란 신청하는 등기의 내용 내지 종류를 뜻하는 것으로 소유권보존등기, 소유권이전등기, 전세권설정등기, 저당권이전등기, 지상권말소등기 등을 말한다.

⑧ **등기필정보** : 공동신청 또는 승소한 등기의무자의 단독신청에 의하여 권리에 관한 등기를 신청하는 경우로 한정한다.

⑨ 관할 등기소의 표시

⑩ 등기신청 연월일

(2) 임의적 제공사항

① 임의적 제공사항이란 신청정보에 제공할 것인지 여부가 **당사자의 의사**에 맡겨져 있는 사항으로서, 이를 등기기록에 기록하면 당사자뿐만 아니라 제3자에게도 그 효력을 주장할 수 있는 **대항력**이 발생한다.

② 임의적 제공사항으로는 다음과 같은 것이 있다.

> ㉠ 등기원인에 권리의 소멸에 관한 약정이 있을 경우 신청인은 그 약정에 관한 등기를 신청할 수 있다(법 제54조).
> ㉡ 등기원인에 공유물 분할금지약정이 있을 때에는 그 약정에 관한 사항도 신청정보의 내용으로 등기소에 제공하여야 한다(규칙 제123조).
> ㉢ 환매특약의 등기를 신청하는 경우 등기원인에 환매기간이 정하여져 있는 경우에만 이를 제공하여야 한다(법 제53조, 규칙 제113조).
> ㉣ 지상권의 지료나 존속기간 및 전세권의 존속기간 및 전세권양도금지특약 등

3. 등기필정보

(1) 의 의

'등기필정보'란 등기부에 새로운 권리자가 기록되는 경우에 그 권리자를 확인하기 위하여 등기관이 작성한 정보를 말한다.

(2) 제공하는 경우

① 공동신청 또는 승소한 등기의무자의 단독신청에 의하여 권리에 관한 등기를 신청하는 경우로 한정한다(규칙 제43조 제1항 제7호).

② 예를 들어 유증에 의한 소유권이전등기나 매매에 의한 소유권이전등기, 근저당권설정등기, 근저당권말소등기 등을 신청하는 경우 등기의무자의 등기필정보를 제공하여야 한다.

(3) 제공하지 않는 경우

① **단독신청** : 소유권보존등기, 상속등기, 등기명의인의 표시변경등기, 부동산의 표시변경등기 등은 등기의무자가 없는 경우이므로 등기필정보의 제공을 요하지 않는다.

기 출 지 문 O X

지역권설정등기 시 승역지소유자가 공작물의 설치의무를 부담하는 약정을 한 경우, 등기원인에 그 약정이 있는 경우에만 이를 기록한다. • 27회　( )

정답 (○)

기 출 지 문 O X

임차권설정등기를 할 때에 등기원인에 임차보증금이 있는 경우, 그 임차보증금은 등기사항이다. • 28회　( )

정답 (○)

기 출 지 문 O X

등기절차의 인수를 명하는 판결에 따라 승소한 등기의무자가 단독으로 등기를 신청하는 경우, 등기필정보를 등기소에 제공할 필요가 없다. • 34회　( )

정답 (×)
제공하여야 한다.

기 출 지 문 O X

소유권보존등기 또는 상속으로 인한 소유권이전등기를 신청할 경우, 등기필정보의 제공을 요하지 않는다. • 20회 수정　( )

정답 (○)

② 승소한 등기권리자가 단독신청하는 경우도 등기의무자의 등기필정보의 제공을 요하지 않는다.

③ 관공서가 등기권리자 또는 등기의무자로서 등기를 촉탁하는 경우 등기의무자의 등기필정보의 제공을 요하지 않는다.

(4) 제공할 수 없는 경우(멸실된 경우)

등기필정보는 어떠한 경우에도 재발급되지 않으므로 이를 분실한 경우나 제공할 수 없는 경우는 다음과 같은 방법으로 등기필정보의 제공에 갈음한다(법 제51조).

① **직접출석** : 등기의무자 또는 그 법정대리인이 등기소에 출석하여 등기관으로부터 등기의무자 또는 그 법정대리인임을 확인받아야 한다.

② **확인정보** : 등기신청인의 대리인(변호사나 법무사만을 말한다)이 등기의무자 또는 그 법정대리인으로부터 위임받았음을 확인한 경우에는 그 확인한 사실을 증명하는 정보(이하 '확인정보'라 한다)를 첨부정보로서 등기소에 제공하여야 한다.

③ **공증서면** : 신청서나 위임장 중 등기의무자 또는 그 법정대리인의 작성부분에 관하여 공증을 받은 경우 이를 첨부정보로 제공하여야 한다.

기출지문 O X

등기권리자가 등기필정보를 분실한 경우, 관할 등기소에 재교부를 신청할 수 있다. ·30회
( )

정답 (×)

재교부를 신청할 수 없다.

기출&예상 문제

01 방문신청을 위한 등기신청서의 작성 및 제공에 관한 설명으로 틀린 것은?
·29회

① 등기신청서에는 신청인 또는 그 대리인이 기명날인하거나 서명하여야 한다.

② 신청서에 간인을 하는 경우, 등기권리자가 여러 명이고 등기의무자가 1명일 때에는 등기권리자 중 1명과 등기의무자가 간인하는 방법으로 한다.

③ 신청서에 문자를 삭제한 경우에는 그 글자 수를 난외(欄外)에 적으며 문자의 앞뒤에 괄호를 붙이고 이에 서명하고 날인하여야 한다.

④ 특별한 사정이 없는 한, 등기의 신청은 1건당 1개의 부동산에 관한 신청정보를 제공하는 방법으로 하여야 한다.

⑤ 같은 채권의 담보를 위하여 여러 개의 부동산에 대한 저당권설정등기를 신청하는 경우, 부동산의 관할 등기소가 서로 다르면 1건의 신청정보로 일괄하여 등기를 신청할 수 없다.

해설 ③ 신청서에 문자를 삭제한 경우에는 그 글자 수를 난외(欄外)에 적으며 문자의 앞뒤에 괄호를 붙이고 이에 날인 또는 서명하여야 한다.

정답 ③

02 등기의무자의 권리에 관한 등기필정보(등기필증)의 제공에 관한 설명으로 틀린 것은?

• 20회 수정

① 등기필정보의 제공은 공동신청 또는 승소한 등기의무자의 단독신청에 의하여 권리에 관한 등기를 신청하는 경우로 한정한다.
② 유증을 원인으로 하는 소유권이전등기를 신청할 경우, 등기필정보의 제공을 요하지 않는다.
③ 소유권보존등기 또는 상속으로 인한 소유권이전등기를 신청할 경우, 등기필정보의 제공을 요하지 않는다.
④ 등기권리자가 판결에 의하여 소유권이전등기를 신청할 경우, 등기필정보의 제공을 요하지 않는다.
⑤ 승소한 등기의무자가 단독으로 소유권이전등기를 신청할 경우, 등기필정보를 제공하여야 한다.

해설 ② 유증을 원인으로 하는 소유권이전등기는 공동신청이므로 유증자의 등기필정보를 상속인이나 유언집행자가 제공하여야 한다.

정답 ②

■■ 등기신청정보 작성례

소유권이전등기신청(매매)				
접수	○○년○○월○○일 제○○호	처리인	등기관 확인	각종 통지

부동산의 표시(거래신고관리번호/거래가액)
1동의 건물의 표시 　　서울특별시 서초구 방배동 123 삼성래미안아파트 103동 전유부분의 건물의 표시 　　건물의 번호 :　103-11-1101 　　구 조 :　　　철근콘크리트조 　　면 적 :　　　11층 제1101호 132m² 대지권의 표시 　　토지의 표시 　　1. 서울특별시 서초구 방배동 123　　대 21,400.6m² 　　　대지권의 종류 : 소유권 　　　대지권의 비율 : 21,400.6분의 70.2 거래신고관리번호 : 12345-2012-9-1234560　　　거래가액 : 650,000,000원 　　　　　　　　이　　　　　　　　　상

등기원인과 그 연월일	2022년 9월 1일 매매
등기의 목적	소유권 이전
이전할 지분	

구 분	성명 (상호 · 명칭)	주민등록번호 (등기용등록번호)	주소(소재지)	지분 (개인별)
등기 의무자	김 세 연	750826- 2******	서울특별시 서초구 방배로 15길 22 삼성래미안아파트 103-1101	
등기 권리자	백 원 만	771125- 1******	서울특별시 서초구 서초대로 23길 15 105-1101(서초동 진흥아파트)	

시가표준액 및 국민주택채권매입금액		
부동산 표시	부동산별 시가표준액	부동산별 국민주택채권매입금액
1. 공동주택	금 ○○,○○○,○○○원	금 ○○○,○○○원
2.	금　　　　　　원	금　　　　　　원
3.	금　　　　　　원	금　　　　　　원
국 민 주 택 채 권 매 입 총 액		금 ○○○,○○○원
국 민 주 택 채 권 발 행 번 호		○ ○ ○

취득세(등록면허세)　　금　　　　　원	지방교육세　　　　　금　　　　　원
	농어촌특별세　　　　금　　　　　원

세액합계	금 ○○○,○○○ 원	
등 기 신 청 수 수 료	금　　　　14,000원	
	납부번호 :	
	일괄납부 :　　　　건　　　　　　원	

등기의무자의 등기필정보		
부동산고유번호	1102-2011-002634	
성명(명칭)	일련번호	비밀번호
김 세 연	WTDI-UPRV-P6H1	40-6557

첨 부 서 면

- 매매계약서　　　　　　　　　　1통
- 취득세(등록면허세)영수필확인서　1통
- 등기신청수수료 영수필확인서　　1통
- ~~위임장~~　　　　　　　　　　　~~통~~
- ~~등기필증~~　　　　　　　　　　~~통~~
- 토지·임야·건축물대장등본　　각 1통

- 주민등록표초본(또는 등본)　　각 1통
- 부동산거래계약신고필증　　　　1통
- 매매목록　　　　　　　　　　　1통
- 인감증명서나 본인서명사실확인서 또는
  전자본인서명확인서 발급증　　　1통
〈기 타〉

2022년　10월　21일

위 신청인　　　김　세　연　㉕　(전화 : 010-1200-7766)
　　　　　　　　백　원　만　㉕　(전화 : 010-1234-5678)
(또는) 위 대리인　　　　　　　　(전화 :　　　　　)

서울중앙지방법원 등기국 귀중

- 신청서 작성요령 -

* 1. 부동산표시란에 2개 이상의 부동산을 기재하는 경우에는 부동산의 일련번호를 기재하여야 합니다.
  2. 신청인란 등 해당란에 기재할 여백이 없을 경우에는 별지를 이용합니다.
  3. 담당 등기관이 판단하여 위의 첨부서면 외에 추가적인 서면을 요구할 수 있습니다.

2 등기원인을 증명하는 정보 · 32회

1. 의의 및 제공이유

(1) 의 의

등기원인을 증명하는 정보란 등기할 권리변동의 원인이 되는 법률행위나 법률사실의 성립을 증명하는 정보를 말한다. 예를 들어 매매를 원인으로 한 소유권이전등기에서의 매매계약정보, 상속을 원인으로 한 소유권이전등기에서는 가족관계등록사항별증명정보, 주소이전으로 인한 등기명의인의 표시변경등기에서는 주민등록정보, 분필이나 합필등기의 경우에는 대장정보가 등기원인을 증명하는 정보가 된다.

(2) 제공이유

등기원인을 증명하는 정보를 제공하는 이유는 등기관으로 하여금 신청인 및 등기신청적격, 신청정보와 등기원인을 증명하는 정보의 부합 여부 등을 심사하게 하여 등기의 진정성을 보장하기 위함이다.

2. 등기원인을 증명하는 정보의 내용

(1) 등기원인이 법률행위인 경우

① 등기원인증명정보에는 등기의 목적인 부동산의 표시가 기재되어 있어야 한다.
② 등기원인증명정보에는 등기원인과 그 연월일 및 등기할 사항이 기재되어 있어야 한다.
③ 등기원인증명정보에는 당사자의 표시와 날인이 있어야 한다. 이 경우 날인은 인감일 필요는 없다.

(2) 등기원인이 법률사실(예 상속, 개명, 건물의 신축 등)인 경우에는 위 **(1)**의 요건을 엄격하게 요구하는 것은 아니다.

3. 등기원인을 증명하는 정보의 예시

등기의 종류	등기원인	등기원인을 증명하는 정보
소유권이전등기	매 매	매매계약서
	상 속	가족관계등록사항별증명서

	유 증	유언증서
	수 용	협의성립확인서, 재결서
각종 권리의 설정등기	설정계약	설정계약서
각종 권리의 변경등기	변경계약	변경계약서
각종 권리의 말소등기	해 지	해지증서
등기명의인의 표시변경등기	개 명	기본증명서(상세)
소유권이전등기 (판결을 받은 경우)	원인행위 및 사실(매매, 증여, 시효취득 등)	판결정본

4. 계약서 등의 검인제도

(1) 의 의

계약을 원인으로 소유권이전등기를 신청할 때에는 계약서에 검인신청인을
표시하여 부동산의 소재지를 관할하는 시장(구가 설치되어 있는 시에 있어서
는 구청장)·군수 또는 그 권한의 위임을 받은 자의 검인을 받아 관할 등기
소에 이를 제출하여야 한다(부동산등기 특별조치법 제3조 제1항). 이는 부동
산거래에 대한 실체적 권리관계에 부합하는 등기를 신청하도록 하여 건전
한 부동산 거래질서를 확립하기 위함이다(동법 제1조).

(2) 검인 대상인 경우

① 계약을 원인으로 하여 소유권이전등기를 신청하는 때에는 계약의 종류
를 불문하고 검인을 받아야 한다. 그 예로는 매매·교환·증여계약서뿐
만 아니라 공유물분할협의서, 신탁해지약정서, 명의신탁해지약정서,
양도담보계약서 등이 있다.

② 소유권이전등기를 신청함에 있어 등기원인을 증명하는 서면이 집행력
있는 판결서 또는 판결과 같은 효력을 갖는 조서인 때에도 그 판결서나
조서에 검인을 받아 제출하여야 한다(동법 제3조 제2항).

(3) 검인을 받을 필요가 없는 경우

① 등기원인이 계약이 아닌 경매, 공매, 상속, 수용, 취득시효, 진정명의
회복 등 법률의 규정인 경우에는 검인을 받을 필요가 없다.

② 소유권이전등기가 아닌 경우에는 검인을 받을 필요가 없으므로 소유권
말소등기, 소유권이전가등기, 지상권설정등기, 저당권설정등기의 경
우 검인을 받지 않아도 된다. 소유권이전가등기에 기한 본등기의 경우
에는 검인을 받아야 한다.

기 출 지 문 O X

공유물분할합의나 양도담보계약
으로 인한 토지소유권이전등기
신청 시, 등기원인을 증명하는 서
면에 검인을 받아야 한다. •32회
( )

정답 (○)

기 출 지 문 O X

진정명의회복으로 인한 토지소
유권이전등기 신청 시, 등기원인
을 증명하는 서면에 검인을 받아
야 한다. •32회 ( )

정답 (×)
검인을 받지 않는다.

③ 「부동산 거래신고 등에 관한 법률」에 의한 토지거래허가증을 교부받은 경우에는 검인을 받은 것으로 보므로 별도의 검인을 받을 필요가 없다.

④ 「부동산 거래신고 등에 관한 법률」에 의한 부동산거래신고필증을 교부받은 경우 검인을 받은 것으로 보므로 검인을 받을 필요는 없다.

⑤ 계약의 일방 당사자가 국가 또는 지방자치단체로서 촉탁등기인 경우에는 검인을 받지 아니한다.

| 한눈에 보기 | 검인계약서 정리 |

계 약	소유권이전등기	투기·탈세방지 목적
• 매매·증여·교환·분양 계약 • 공유물분할협의 • 명의신탁해지약정	• 소유권이전가등기(×) • 전세권(근저당권)설정 등기(×) • 매매계약 해제로 인한 말소등기(×) − 해제증서(×)	• 관공서촉탁등기(×) − 계약 일방이 국가나 지자체 • 토지거래허가증 첨부한 경우(×)
• 집행력 있는 판결서 및 조서는 검인대상이다.		
• 법률의 규정 : 상속, 공용징수, 형성판결, 경(공)매, 시효취득, 진정명의 회복 등은 검인대상이 아니다.		

(4) 검인을 신청할 수 있는 자

계약체결 당사자 중 1인이나 그 위임을 받은 자, 계약서를 작성한 변호사·법무사·중개업자 등이 검인을 신청할 수 있다.

(5) 검인권자의 형식적 심사권

검인신청을 받은 시장 등은 그 등기원인증서의 형식적 요건의 구비 여부만을 확인하고, 그 요건에 흠결이 없으면 지체 없이 검인하여 신청인에게 교부하여야 한다.

(6) 부동산의 소유권을 이전받는 것을 내용으로 하는 계약을 체결한 자가 그 부동산에 대하여 다시 제3자와 소유권이전을 내용으로 하는 계약을 체결하거나 또는 제3자에게 계약당사자의 지위를 이전하는 계약을 체결하고자 하는 경우에는 먼저 체결된 계약의 계약서에 검인을 받아야 한다(부동산등기 특별조치법 제4조).

③ 등기원인에 대하여 제3자의 허가·동의·승낙을 증명하는 정보 ·26회 ·29회 ·30회 ·34회

1. 서 설

등기원인에 대하여 제3자의 허가·동의 또는 승낙이 필요한 경우, 그 등기를 신청할 때에는 신청정보에 제3자의 허가 등이 있었음을 증명하는 정보를 제공하여야 한다. 등기원인에 대한 제3자의 허가서 등을 제공하는 이유는 제3자에게 허가·동의 또는 승낙을 받았는지 확인함으로써 원인무효나 법률행위의 취소 등으로 인하여 등기가 무효로 되는 것을 방지하기 위함이다.

2. 토지거래허가서

(1) 허가구역에 있는 토지에 관한 소유권·지상권을 대가를 받고 이전하거나 설정하는 계약(예약을 포함한다)을 체결하려는 당사자는 공동으로 시장·군수 또는 구청장의 허가를 받아야 한다. 허가받은 사항을 변경하려는 경우에도 또한 같다(부동산 거래신고 등에 관한 법률 제11조 제1항).

(2) 토지거래허가서를 첨부정보로 등기소에 제공하여야 할 경우는 ① 유상계약이나 예약에 의한 소유권이전, 지상권설정 및 이전등기, 그 가등기를 신청하는 경우, ② 허가받은 사항의 변경에 따른 변경등기를 신청하는 경우이다.

> **⊕ 보충** **토지거래허가서 첨부 여부**
>
> | 첨부하여야 하는 경우 | 첨부하지 않아도 되는 경우 |
> |---|---|
> | 1. 대가를 받고 소유권, 지상권의 이전 또는 설정하는 계약으로 인한 등기를 신청하는 경우
2. 소유권이전가등기, 지상권설정가등기 등 | 1. 증여로 인한 소유권이전등기
2. 유증으로 인한 소유권이전등기
3. 상속, 경매, 진정명의회복, 취득시효 완성 등으로 인한 소유권이전등기
4. 지역권, 전세권, 임차권, 저당권 등에 관한 등기
5. 가등기에 기한 본등기 |

3. 농지취득자격증명

농지를 취득하려는 자는 농지 소재지를 관할하는 시·구·읍·면의 장에게서 농지취득자격증명을 발급받아야 한다(농지법 제8조 제1항). 이를 발급받아 소유권이전등기를 신청할 때에 농지취득자격증명을 첨부하여야 한다.

> **⊕ 보충** **농지취득자격증명 첨부 여부(등기예규 제1635호)**
>
> | 첨부하여야 하는 경우 | 첨부할 필요가 없는 경우 |
> |---|---|
> | 1. 매매, 증여, 교환, 「신탁법」상 신탁 또는 신탁해지 등을 원인으로 하여 소유권이전등기를 신청하는 경우
2. 국가나 지방자치단체로부터 농지를 매수하여 소유권이전등기를 하는 경우 | 1. 상속, 수용, 매각, 진정명의회복, 취득시효완성, 농업법인의 합병, 포괄유증, 상속인에 대한 특정적 유증으로 인한 소유권이전등기를 신청하는 경우
2. 공유물분할협의를 원인으로 소유권이전등기를 신청하는 경우
3. 토지거래허가구역 내에서 토지거래허가를 받은 경우
4. 소유권이전청구권보전가등기를 신청하는 경우 |

4. 기 타

(1) 학교법인 기본재산의 매도, 증여, 교환 또는 용도변경하거나 담보제공할 때 의무의 부담이나 권리포기에 대한 관할청(교육과학기술부장관, 특별시, 광역시, 도 교육감)의 허가(사립학교법 제28조 제1항)

(2) 외국인 등이 토지를 취득하는 경우 시장·군수·구청장의 허가(부동산 거래신고 등에 관한 법률 제9조 제1항)

(3) 공익법인의 기본재산의 매도, 증여, 임대, 교환 또는 용도변경하거나 담보제공에 대한 주무관청의 허가(공익법인의 설립·운영에 관한 법률 제11조 제3항)

(4) 사회복지법인의 기본재산의 매도, 증여, 교환, 임대, 담보제공 또는 용도변경을 하려는 경우는 시·도지사의 허가를 받아야 한다(사회복지사업법 제23조 제3항).

5. 제3자의 허가 등을 필요로 하지 않는 경우

등기원인을 증명하는 정보가 집행력 있는 판결인 경우에는 제3자의 허가 등을 증명하는 정보를 제공할 필요가 없다. 다만, 등기원인에 대하여 행정관청의 허가, 동의 또는 승낙을 받을 것이 요구되는 소유권이전등기를 신청할 때에는 그 허가, 동의 또는 승낙을 증명하는 서면을 제출하여야 한다(부동산등기규칙 제46조 제3항, 부동산등기 특별조치법 제5조 제1항).

4 대리인의 권한을 증명하는 정보

1. 의 의

대리인에 의하여 등기를 신청한 때에는 그 대리인의 권한을 증명하는 정보를 첨부정보로 제공하여야 한다(규칙 제46조 제1항 제5호). 대리인에는 임의대리인, 법정대리인은 물론 법인의 대표자와 법인이 아닌 사단이나 재단의 대표자나 관리인도 포함된다.

2. 대리권한을 증명하는 서면

(1) 임의대리인

임의대리인이 본인을 대리하여 등기를 신청하는 경우에는 본인으로부터 등기신청의 대리권을 위임받은 위임장을 제공하여야 한다.

(2) 법정대리인

미성년자에 대한 법정대리로서 친권자가 신청하는 경우에는 가족관계증명서와 미성년자의 기본증명서, 특별대리인은 특별대리인선임심판서, 후견인은 후견인선임심판서 등을 제공한다.

(3) 법인의 경우

법인의 대표자가 등기신청을 하는 경우에는 그 자격을 증명하는 법인등기사항증명정보를 첨부정보로 제공하여야 한다(규칙 제46조 제1항 제4호). 다만, 그 법인의 등기를 관할하는 등기소와 부동산 소재지를 관할하는 등기소가 동일한 경우에는 그 제공을 생략할 수 있다(규칙 제46조 제5항).

(4) 법인 아닌 재단·사단의 경우

법인 아닌 재단의 대표자나 관리인에 의하여 등기를 신청하는 경우에는 자격을 증명하는 정보로 정관 기타 규약을 등기소에 제공하고, 법인 아닌 사단의 경우에는 자격을 증명하는 정보로 사원총회결의서 등을 제공하여야 한다.

3. 자격자대리인의 자필서명정보 제공

변호사나 법무사(= 자격자대리인)가 다음의 등기를 신청하는 경우, 자격자대리인이 주민등록증·인감증명서·본인서명사실확인서 등 법령에 따라 작성된 증명서의 제출이나 제시, 그 밖에 이에 준하는 확실한 방법으로 위임인이 등기의무자인지 여부를 확인하고 자필서명한 정보를 제공하여야 한다(규칙 제46조 제1항 제8호).

> ① 공동으로 신청하는 권리에 관한 등기
> ② 승소한 등기의무자가 단독으로 신청하는 권리에 관한 등기

5 등기권리자의 주소를 증명하는 정보 ·27회 ·34회

1. 제공하는 경우

(1) 새로 등기명의인이 되는 등기권리자는 권리의 종류를 불문하고 주소 또는 사무소 소재지를 증명하는 정보를 제공하여야 한다. 다만, 소유권이전등기를 신청하는 경우에는 등기의무자의 주소(또는 사무소 소재지)를 증명하는 정보도 제공하여야 한다(규칙 제46조 제1항 제6호).

(2) 소유권이전등기를 신청한 경우라도 판결에 의하여 등기권리자가 단독으로 신청하거나, 경매 또는 공매처분으로 인하여 관공서의 촉탁에 의할 경우에는 등기권리자의 것만을 제공한다.

(3) 등기기록에 새롭게 등기명의인이 되는 등기권리자가 없는 부동산의 표시변경등기, 등기명의인의 표시변경등기, 각종 권리의 말소등기, 각종 권리의 변경등기를 신청하는 경우는 주소증명정보의 제공을 요하지 않는다.

2. 제공하여야 할 주소증명정보의 예시

신청인	주소증명정보
대한민국 국민	발행일로부터 3개월 이내의 주민등록정보
법 인	발행일로부터 3개월 이내의 법인등기사항증명서
법인 아닌 사단·재단	정관 기타 규약

6 주민등록번호 및 부동산등기용등록번호를 증명하는 정보

• 25회 • 27회

1. 제공하는 경우

(1) 주민등록번호 또는 부동산등기용등록번호를 증명하는 정보는 모든 등기신청의 경우에 제공하는 것이 아니라 소유권보존등기, 소유권이전등기, 근저당권설정등기, 전세권설정등기 등과 같이 등기기록에 새로운 등기권리자가 기록되는 등기로 한정한다(규칙 제46조 제1항 제6호).

(2) 등기기록에 새로운 등기권리자가 기록되는 등기가 아닌 부동산의 표시변경등기, 등기명의인의 표시변경등기, 각종 권리의 말소등기, 각종 권리의 변경등기를 신청하는 경우는 주민등록번호 또는 부동산등기용등록번호를 증명하는 정보의 제공을 요하지 않는다.

2. 부동산등기용등록번호를 부여하는 경우

(1) 등기권리자에게 주민등록번호가 없는 경우(예 국가·지방자치단체, 재외국민, 법인, 법인 아닌 사단·재단, 외국인 등)에는 부동산등기용등록번호를 병기하여야 하는데, 이 경우 부동산등기용등록번호는 별도로 부여받아야 한다.

(2) 부동산등기용등록번호의 부여기관(법 제49조)

국가·지방자치단체· 국제기관·외국정부	국토교통부장관이 지정·고시
주민등록번호가 없는 재외국민	대법원 소재지 관할 등기소의 등기관이 부여
법인 (외국법인을 포함한다)	주된 사무소(회사의 경우에는 본점, 외국법인의 경우에는 국내에 최초로 설치 등기를 한 영업소나 사무소를 말한다) 소재지 관할 등기소의 등기관이 부여
법인 아닌 사단·재단, 국내에 영업소(사무소)의 설치 등기를 하지 아니한 외국법인	시장, 군수 또는 구청장이 부여
외국인	체류지(국내에 체류지가 없는 경우에는 대법원 소재지에 체류지가 있는 것으로 본다)를 관할하는 지방출입국·외국인관서의 장이 부여

기출&예상 문제

부동산등기용등록번호에 관한 설명으로 옳은 것은?
•27회

① 법인의 등록번호는 주된 사무소 소재지를 관할하는 시장, 군수 또는 구청장이 부여한다.
② 주민등록번호가 없는 재외국민의 등록번호는 대법원 소재지 관할 등기소의 등기관이 부여한다.
③ 외국인의 등록번호는 체류지를 관할하는 시장, 군수 또는 구청장이 부여한다.
④ 법인 아닌 사단의 등록번호는 주된 사무소 소재지 관할 등기소의 등기관이 부여한다.
⑤ 국내에 영업소나 사무소의 설치 등기를 하지 아니한 외국법인의 등록번호는 국토교통부장관이 지정·고시한다.

해설 ① 법인의 등록번호는 주된 사무소 소재지를 관할하는 등기소의 등기관이 부여한다.
③ 외국인의 등록번호는 체류지를 관할하는 지방출입국·외국인관서의 장이 부여한다.
④ 법인 아닌 사단의 등록번호는 시장·군수·구청장이 부여한다.
⑤ 국내에 영업소나 사무소의 설치 등기를 하지 아니한 외국법인의 등록번호는 시장·군수·구청장이 부여한다.

정답 ②

7 대장정보 기타 부동산표시를 증명하는 정보 · 28회 · 30회 · 34회

1. 제공하는 이유

대장과 등기기록의 이원화로 인한 불일치 여부를 심사하려는 목적과 부동산의 표시변경등기의 경우에는 부동산의 표시의 변경사실을 증명하는 등기원인을 증명하는 정보로 제공한다.

2. 제공하는 등기

(1) 소유권보존등기

소유권보존등기를 신청하는 경우 토지의 표시를 증명하는 토지대장 정보나 임야대장 정보 또는 건물의 표시를 증명하는 건축물대장 정보나 그 밖의 정보를 첨부정보로서 등기소에 제공하여야 한다(규칙 제121조 제2항).

(2) 소유권이전등기

소유권이전등기를 신청하는 경우에는 토지대장 · 임야대장 · 건축물대장 정보나 그 밖에 부동산의 표시를 증명하는 정보를 첨부정보로 제공하여야 한다(규칙 제46조 제1항 제7호).

(3) 부동산의 표시변경등기

① 토지의 표시변경등기를 신청하는 경우에는 그 변경을 증명하는 토지대장 정보나 임야대장 정보를 첨부정보로서 등기소에 제공하여야 한다(규칙 제72조 제2항).

② 건물의 표시변경등기를 신청하는 경우에는 그 변경을 증명하는 건축물대장 정보를 첨부정보로서 등기소에 제공하여야 한다(규칙 제86조 제3항).

(4) 멸실등기

① 토지의 멸실등기를 신청하는 경우에는 그 멸실을 증명하는 토지대장 정보나 임야대장 정보를 첨부정보로서 등기소에 제공하여야 한다(규칙 제83조).

② 건물의 멸실등기를 신청하는 경우에는 그 멸실이나 부존재를 증명하는 건축물대장 정보나 그 밖의 정보를 첨부정보로서 등기소에 제공하여야 한다(규칙 제102조).

기출지문 O X

건물소유권보존등기를 신청하는 경우, 건물의 표시를 증명하는 첨부정보를 제공하여야 한다. · 30회 ( )

정답 (○)

기출지문 O X

토지에 대한 표시변경등기를 신청하는 경우, 등기원인을 증명하는 정보로서 토지대장 정보를 제공하면 된다. · 34회 ( )

정답 (○)

8 건물의 도면 및 지적도 •27회 •28회

1. 제공하는 등기

(1) 건물의 소유권보존등기 신청
① 건물의 소유권보존등기를 신청하는 경우에 그 대지 위에 여러 개의 건물이 있을 때에는 그 대지 위에 있는 건물의 소재도를 첨부정보로서 등기소에 제공하여야 한다. 다만, 건물의 표시를 증명하는 정보로서 건축물대장 정보를 등기소에 제공한 경우에는 그러하지 아니하다(규칙 제121조 제3항).
② 구분건물에 대한 소유권보존등기를 신청하는 경우에는 1동의 건물의 소재도, 각 층의 평면도와 전유부분의 평면도를 첨부정보로서 등기소에 제공하여야 한다. 다만, 건물의 표시를 증명하는 정보로서 건축물대장 정보를 등기소에 제공한 경우에는 그러하지 아니하다(규칙 제121조 제4항).

(2) 부동산의 일부에 대한 용익권(지상권, 지역권, 전세권, 임차권)설정등기 신청
① 지상권설정의 범위가 **부동산의 일부**인 경우에는 그 부분을 표시한 지적도를 첨부정보로서 등기소에 제공하여야 한다(규칙 제126조 제2항).
② 지역권설정의 범위가 **승역지의 일부**인 경우에는 그 부분을 표시한 지적도를 첨부정보로서 등기소에 제공하여야 한다(규칙 제127조 제2항).
③ 전세권설정 또는 전전세의 범위가 **부동산의 일부**인 경우에는 그 부분을 표시한 지적도나 건물도면을 첨부정보로서 등기소에 제공하여야 한다(규칙 제128조 제2항).
④ 임차권설정 또는 임차물 전대의 범위가 **부동산의 일부**인 경우에는 그 부분을 표시한 지적도나 건물도면을 첨부정보로서 등기소에 제공하여야 한다(규칙 제130조 제2항).
⑤ **부동산의 전부**에 용익권(지상권, 지역권, 전세권, 임차권)을 설정하는 경우는 **도면의 제공을 요하지 않는다.**

(3) 토지분필등기의 신청

1필의 토지의 일부에 지상권·전세권·임차권이나 승역지의 일부에 관하여 하는 지역권의 등기가 있는 경우에 분필등기를 신청할 때에는 권리가 존속할 토지의 표시에 관한 정보를 신청정보의 내용으로 등기소에 제공한다. 이 경우 그 권리가 토지의 일부에 존속할 때에는 그 부분을 표시한 지적도를 첨부정보로서 등기소에 제공하여야 한다(규칙 제74조).

2. 도면의 제공 방법

방문신청을 하는 경우라도 등기소에 제공하여야 하는 도면은 전자문서로 작성하여야 하며, 그 제공은 전산정보처리조직을 이용하여 등기소에 송신하는 방법으로 하여야 한다. 다만, 다음의 어느 하나에 해당하는 경우에는 그 도면을 서면으로 작성하여 등기소에 제출할 수 있다(규칙 제63조).

> ① 자연인 또는 법인 아닌 사단이나 재단이 직접 등기신청을 하는 경우
> ② 자연인 또는 법인 아닌 사단이나 재단이 자격자대리인이 아닌 사람에게 위임하여 등기신청을 하는 경우

9 인감증명 ·34회

1. 의 의

(1) 등기소에 방문하여 등기를 신청하는 경우 신청정보 또는 위임장에 일정한 사항을 기록하고 신청인이 기명·날인하여야 하는데, 신청정보 또는 위임장에 날인한 인감의 진정성을 증명하기 위하여 인감증명을 첨부정보로 제공한다. 전자신청의 경우는 인증서정보를 제공함으로써 인감증명의 기능을 대신하므로 인감증명의 제공을 요하지 않는다.

(2) 인감증명은 허위의 등기가 있게 되면 권리를 잃거나 불이익을 당하게 되는 등기의무자의 것만 요구하고, 등기기록상 권리를 취득하거나 유리하게 되는 등기권리자의 것은 요구하지 않는다.

(3) 등기신청서에 첨부하는 인감증명, 법인등기사항증명서, 주민등록표등본·초본, 가족관계등록사항별증명서 및 건축물대장·토지대장·임야대장 등본은 발행일부터 3개월 이내의 것이어야 한다(규칙 제62조).

2. 인감증명을 제출하는 경우(규칙 제60조 제1항)

(1) 소유권의 등기명의인이 등기의무자로서 등기를 신청하는 경우 등기의무자의 인감증명(제1호)

① 소유권이전등기, 소유권이전등기의 말소등기, 지상권·전세권·저당권설정등기, 소유권이전청구권보전가등기 등의 경우가 소유권의 등기명의인이 등기의무자로서 등기를 신청하는 경우에 해당하므로 이들 등기를 신청하는 경우 등기의무자인 소유권자의 인감증명을 제출하여야 한다.

② 지상권·전세권·저당권의 이전등기나 말소등기, 전세권 목적의 저당권설정등기 등은 등기의무자가 소유권자가 아니므로 인감증명의 제출을 요하지 않는다.

(2) 소유권에 관한 가등기명의인이 가등기의 말소등기를 신청하는 경우 가등기명의인의 인감증명(제2호)

소유권이전청구권보전가등기의 말소등기를 신청하는 경우, 등기의무자는 소유권자가 아니라 가등기권자가 된다. 이 경우는 원칙적으로는 인감증명을 제출하지 않는 경우에 해당하지만 별도의 규정을 두어서 가등기명의인의 인감증명을 제출하도록 하고 있다.

(3) 소유권 외의 권리의 등기명의인이 등기의무자로서 법 제51조에 따라 등기를 신청하는 경우 등기의무자의 인감증명(제3호)

① 소유권 외의 권리의 등기명의인이 등기의무자로서 등기를 신청하는 경우는 원칙적으로 인감증명의 제출을 요하지 않는다.

② 다만, 이 경우도 등기의무자의 등기필정보를 제출하여야 하는데, 등기의무자가 등기필정보를 제출하지 못하여 등기의무자 또는 그 법정대리인이 등기소에 출석하여 등기관으로부터 등기의무자 등임을 확인받은 경우나, 확인정보나 공증서면으로 갈음한 경우에는 등기의무자의 인감증명을 제출하여야 한다.

> ⊕ 보충 「부동산등기법」 제51조(등기필정보가 없는 경우)
>
> 등기의무자의 등기필정보가 없을 때에는 등기의무자 또는 그 법정대리인이 등기소에 출석하여 등기관으로부터 등기의무자 등임을 확인받아야 한다. 다만, 등기신청인의 대리인(변호사나 법무사만을 말한다)이 등기의무자 등으로부터 위임받았음을 확인한 경우 또는 신청서(위임에 의한 대리인이 신청하는 경우에는 그 권한을 증명하는 서면을 말한다) 중 등기의무자 등의 작성부분에 관하여 공증을 받은 경우에는 그러하지 아니하다.

(4) 규칙 제81조 제1항에 따라 토지소유자들의 확인서를 첨부하여 토지합필등기를 신청하는 경우 그 토지소유자들의 인감증명(제4호)

합필의 특례(토지합병절차를 마친 후 합필등기 전에 합병된 일부 토지에 소유권이전등기나 근저당권설정등기 등이 된 경우)에 따라 합필등기를 신청하는 경우에는 종전 토지의 소유권이 합병 후의 토지에서 차지하는 지분을 신청정보의 내용으로 등기소에 제출하고, 이에 관한 토지소유자들의 확인이 있음을 증명하는 정보를 첨부정보로서 등기소에 제출하여야 하는데, 이 경우에 그 토지소유자들의 인감증명을 제출하여야 한다.

(5) 규칙 제74조에 따라 권리자의 확인서를 첨부하여 토지분필등기를 신청하는 경우 그 권리자의 인감증명(제5호)

1필의 토지의 일부에 지상권 등 용익권의 등기가 있는 경우에 분필등기를 신청할 때에는 권리가 존속할 토지의 표시에 관한 정보를 신청정보의 내용으로 등기소에 제출하고, 이에 관한 권리자의 확인이 있음을 증명하는 정보를 첨부정보로서 등기소에 제출하여야 하는데, 이 경우에 그 서면에 날인한 권리자의 인감증명을 제출하여야 한다.

(6) 협의분할에 의한 상속등기를 신청하는 경우 상속인 전원의 인감증명 (제6호)

(7) 등기신청서에 제3자의 동의 또는 승낙을 증명하는 서면을 첨부하는 경우 그 제3자의 인감증명(제7호)

(8) 법인 아닌 사단이나 재단의 등기신청에서 대법원예규로 정한 경우(제8호)

3. 인감증명을 제출하지 않는 경우

(1) 단독신청의 경우

① 소유권보존등기, 등기명의인 표시변경(경정)등기, 부동산의 표시변경(경정)등기, 상속에 의한 등기 등 성질상 등기의무자가 없는 경우의 등기
② 판결에 의한 등기

(2) 관공서가 등기의무자인 경우

규칙 제60조 제1항에 따라 인감증명을 제출하여야 하는 자가 국가 또는 지방자치단체인 경우에는 인감증명을 제출할 필요가 없다(규칙 제60조 제3항).

기출지문 O X

상속등기를 신청하면서 등기원인을 증명하는 정보로서 상속인 전원이 참여한 공정증서에 의한 상속재산분할협의서를 제공하는 경우, 상속인들의 인감증명을 제출할 필요가 없다. •34회 (   )

정답 (○)

(3) 공정증서인 경우

규칙 제60조 제1항 제4호부터 제7호까지의 규정에 해당하는 서면(합필특례에 의한 소유자의 확인서면, 분필등기신청 시 용익권자의 확인서면, 상속재산분할협의서, 제3자의 동의 또는 승낙의 서면)이 공정증서이거나 당사자가 서명 또는 날인하였다는 뜻의 공증인의 인증을 받은 서면인 경우에는 인감증명을 제출할 필요가 없다(규칙 제60조 제4항).

4. 제출하여야 할 인감증명

(1) 제출하여야 할 인감증명

구 분	내 용
대한민국 국민	① 「인감증명법」에 의한 본인의 인감증명을 제출한다. ② 본인이 미성년자인 경우는 법정대리인의 인감증명을 제출한다.
법인 또는 외국회사	「상업등기법」과 「상업등기규칙」에 따라 등기소의 증명을 얻은 대표자의 인감증명을 제출한다.
법인 아닌 사단·재단	대표자나 관리인의 「인감증명법」상의 개인인감증명을 제출한다.
외국인	① 인감증명제도가 있는 국가일 경우 : 「인감증명법」에 따른 인감증명 또는 본국의 관공서가 발행한 인감증명을 제출하여야 한다. ② 인감증명제도가 없는 국가일 경우 : 본국에 인감증명제도가 없고 또한 「인감증명법」에 따른 인감증명을 받을 수 없는 자는 신청서나 위임장 또는 첨부서면에 본인이 서명 또는 날인하였다는 뜻의 본국 관공서의 증명이나 본국 또는 대한민국 공증인의 인증을 받음으로써 인감증명의 제출을 갈음할 수 있다.
재외국민	체류국을 관할하는 대한민국 재외공관에서 인감을 날인해야 하는 서면에 공증을 받아 인감증명 제출을 갈음한다(등기예규 제1686호).

(2) 규칙 제60조 제1항 제1호부터 제3호까지 및 제6호에 따라 인감증명을 제출하여야 하는 자가 다른 사람에게 권리의 처분권한을 수여한 경우에는 그 대리인의 인감증명을 함께 제출하여야 한다(규칙 제60조 제2항).

제4절 등기신청에 대한 등기관의 처분

1 등기신청의 접수와 시기 ·25회 ·34회

1. 등기신청의 접수

(1) 방문신청의 경우 등기의 신청정보가 제공된 때에는 등기관은 접수할 의무가 있으므로 이를 거절하지 못하고 반드시 접수하여야 한다. 등기관이 신청정보를 받았을 때에는 접수장에 접수번호를 적어야 하는데, 접수번호는 1년마다 새로 부여하여야 한다(규칙 제22조 제2항).

(2) 전자신청의 경우는 자동으로 접수절차가 이루어지므로 별도의 접수절차가 필요 없다. 전자신청의 경우 접수번호는 전산정보처리조직에 의하여 자동적으로 생성된 접수번호를 부여한다(등기예규 제1725호).

2. 접수의 시기

(1) 등기신청은 해당 부동산이 다른 부동산과 구별될 수 있게 하는 정보가 전산정보처리조직에 저장된 때 접수된 것으로 본다(법 제6조 제1항).

(2) 같은 토지 위에 있는 여러 개의 구분건물에 대한 등기를 동시에 신청하는 경우에는 그 건물의 소재 및 지번에 관한 정보가 전산정보처리조직에 저장된 때 등기신청이 접수된 것으로 본다(규칙 제3조 제2항).

> **⊕ 보충 동시신청하여야 하는 경우**
>
> 1. 환매특약등기와 소유권이전등기는 별개의 신청정보로 동시에 신청하여야 한다.
> 2. 신탁등기와 신탁으로 인한 소유권이전등기는 1건의 신청정보로 일괄하여 신청하여야 한다.
> 3. 일부 구분건물의 소유권보존등기를 신청하고자 하는 자는 나머지 구분건물의 표시에 관한 등기를 동시에 신청하여야 한다.
> 4. 구분건물이 아닌 건물로 등기된 건물에 접속하여 구분건물을 신축한 경우에 그 신축건물의 소유권보존등기를 신청할 때에는 구분건물이 아닌 건물을 구분건물로 변경하는 건물의 표시변경등기를 동시에 신청하여야 한다.
> 5. 가처분채권자가 가처분채무자를 등기의무자로 하여 권리의 이전, 말소 또는 설정의 등기를 신청하는 경우에는, 그 가처분등기 이후에 된 등기로서 가처분채권자의 권리를 침해하는 등기의 말소등기를 동시에 신청하여야 한다.

2 등기관의 심사

등기신청을 받은 등기관은 신청한 등기의 수리 여부를 판단하여야 하는데, 이 경우 등기관의 심사방법과 범위에 따라 형식적 심사주의와 실질적 심사주의로 나누어진다.

1. 형식적 심사주의

형식적 심사주의란 신청한 등기의 절차적 적법성만을 심사하는 방법으로, 등기신청 시 제공한 신청정보 및 첨부정보와 등기기록에 의하여만 수리 여부를 결정하는 입법주의를 말한다. 현행법이 취하고 있는 것으로, 이에 대한 예외는 인정하고 있지 않다.

2. 실질적 심사주의

실질적 심사주의란 신청한 등기의 절차적 적법성뿐만 아니라 실체적 적법성까지도 심사할 수 있다는 입법주의를 말한다. 즉, 신청한 등기의 원인행위의 적법성이나 당사자의 능력유무 등을 심사할 수 있고, 첨부정보 외의 자료에 의하여 수리 여부를 결정할 수 있다.

3 등기신청의 각하 ·24회 ·26회 ·27회 ·29회 ·30회 ·34회

1. 의 의

등기신청 시 등기관은 신청정보와 첨부정보 및 등기기록의 기록사항을 심사하여 흠결이 없는 때에는 그 등기를 수리하여 실행하지만 흠결이 발견되면 등기기록에 기록을 거부할 수 있다. 이 경우 거부하는 처분행위를 각하라고 한다.

2. 각하사유

등기관은 다음의 어느 하나에 해당하는 경우에만 이유를 적은 결정으로 신청을 각하하여야 한다(법 제29조). 각하사유는 제한적·열거적 사항이므로 이외의 사유로는 각하할 수 없다.

(1) 사건이 그 등기소의 관할이 아닌 경우(제1호)

(2) 사건이 등기할 것이 아닌 경우(제2호)

법 제29조 제2호에서 '사건이 등기할 것이 아닌 경우'란 다음의 어느 하나에 해당하는 경우를 말한다(규칙 제52조).
① 등기능력 없는 물건 또는 권리에 대한 등기를 신청한 경우
② 법령에 근거가 없는 특약사항의 등기를 신청한 경우
③ 구분건물의 전유부분과 대지사용권의 분리처분 금지에 위반한 등기를 신청한 경우
④ 농지를 전세권설정의 목적으로 하는 등기를 신청한 경우
⑤ 저당권을 피담보채권과 분리하여 양도하거나, 피담보채권과 분리하여 다른 채권의 담보로 하는 등기를 신청한 경우
⑥ 일부 지분에 대한 소유권보존등기를 신청한 경우
⑦ 공동상속인 중 일부가 자신의 상속지분만에 대한 상속등기를 신청한 경우
⑧ 관공서 또는 법원의 촉탁으로 실행되어야 할 등기를 신청한 경우
⑨ 이미 보존등기된 부동산에 대하여 다시 보존등기를 신청한 경우
⑩ 그 밖에 신청취지 자체에 의하여 법률상 허용될 수 없음이 명백한 등기를 신청한 경우

[그 밖에 신청취지 자체에 의하여 법률상 허용될 수 없음이 명백한 등기의 예시]
㉠ 수인의 가등기권리자 중 1인이 가등기권리자 전원 명의의 본등기를 신청한 경우
㉡ 가등기에 기하여 본등기를 금지하는 가처분등기를 촉탁한 경우
㉢ 합유지분에 대한 이전등기나 저당권설정등기를 신청하거나, 가압류등기를 촉탁한 경우
㉣ 환매특약등기를 소유권이전등기와 동시에 신청하지 아니한 경우
㉤ 부동산의 일부와 소유권의 일부

구 분	지상권, 지역권, 전세권, 임차권	소유권이전, 저당권, 가압류, 가처분	소유권보존
부동산의 일부	○	×(각하)	×(각하)
소유권의 일부 (= 지분)	×(각하)	○	×(각하)

(3) 신청할 권한이 없는 자가 신청한 경우(제3호)

등기신청의 당사자가 아니거나 무권대리인의 신청이 이에 해당한다.

(4) 방문신청에 따라 등기를 신청할 때에 당사자나 그 대리인이 출석하지 아니한 경우(제4호)

제4호의 각하사유는 전자신청방법으로 등기를 신청하는 경우에는 적용되지 않는다.

(5) 신청정보의 제공이 대법원규칙으로 정한 방식에 맞지 아니한 경우(제5호)

(6) 신청정보의 부동산 또는 등기의 목적인 권리의 표시가 등기기록과 일치하지 아니한 경우(제6호)

(7) 신청정보의 등기의무자의 표시가 등기기록과 일치하지 아니한 경우. 다만, 포괄승계인이 등기신청을 하는 경우는 제외한다(제7호).

(8) 신청정보와 등기원인을 증명하는 정보가 일치하지 아니한 경우(제8호)

(9) 등기에 필요한 첨부정보를 제공하지 아니한 경우(제9호)

위조된 첨부정보를 제공한 경우, 그것은 유효한 정보가 아니므로 그 정보를 제공하지 않은 것으로 해석하여 각하한다.

(10) 취득세, 등록면허세(등록에 대한 등록면허세만 해당한다) **또는 수수료를 내지 아니하거나 등기신청과 관련하여 다른 법률에 따라 부과된 의무를 이행하지 아니한 경우**(제10호)

(11) 신청정보 또는 등기기록의 부동산의 표시가 토지대장·임야대장 또는 건축물대장과 일치하지 아니한 경우(제11호)

3. 흠결의 보정

(1) 등기신청이 위 **2.**의 각하사유에 해당한다 할지라도 신청의 잘못된 부분이 보정될 수 있는 경우로서 신청인이 등기관이 보정을 명한 날의 다음 날까지 그 잘못된 부분을 보정하였을 때에는 각하되지 않는다(법 제29조 단서). 신청에 흠결이 있는 경우 등기관은 신청인에게 보정하도록 권고하는 것은 바람직하나 반드시 보정명령을 하여야 할 의무가 있는 것은 아니다.

(2) 등기관이 보정명령을 하고자 할 때에는 보정할 사항을 명시하여 **구두, 전화, 모사전송(FAX)** 등의 방법으로 보정을 명령하여야 한다. 한편, 전자신청에 대한 보정사항이 있는 경우 등기관은 보정사유를 등록한 후 **전자우편, 구두, 전화, 기타 모사전송**의 방법에 의하여 그 사유를 신청인에게 통지하여야 한다.

4. 각하결정 및 효력

(1) 등기관이 등기신청을 각하함에는 **이유를 적은 결정**으로 한다(법 제29조).

(2) 각하결정등본을 교부하거나 송달할 때에는 등기신청서 이외의 **첨부서류**도 함께 교부하거나 송달하여야 한다. 다만, 첨부서류 중 각하사유를 증명할 서류는 이를 복사하여 당해 등기신청서에 편철한다(등기예규 제1703호).

5. 각하사유를 간과하고 실행한 등기의 효력

(1) 법 제29조 제1호 및 제2호 위반 등기

① 관할 위반(제1호), 사건이 등기할 것이 아닌 경우(제2호)를 간과하고 한 등기는 실체관계의 부합 여부에 관계없이 **무효**이다.

② 등기관이 등기를 마친 후 그 등기가 법 제29조 제1호 또는 제2호에 해당된 것임을 발견하였을 때에는 등기권리자, 등기의무자와 등기상 이해관계 있는 제3자에게 1개월 이내의 기간을 정하여 그 기간에 이의를 진술하지 아니하면 등기를 말소한다는 뜻을 통지하여야 한다(법 제58조 제1항).

③ 등기관은 정해진 기간 이내에 이의를 진술한 자가 없거나 이의를 각하한 경우에는 등기를 직권으로 말소하여야 한다(법 제58조 제4항).

(2) 법 제29조 제3호 이하의 위반 등기

법 제29조 제3호부터 제11호를 위반한 등기는 절차상의 흠결은 있지만, 그 등기가 **실체관계와 부합하면 유효**로 본다. 이에 따라 등기관은 그 등기를 직권으로 말소할 수 없으며, 이해관계인이라 하여 이의신청의 사유로 삼을 수도 없다.

01 「부동산등기법」 제29조 제2호의 '사건이 등기할 것이 아닌 경우'에 해당하는 것을 모두 고른 것은? (다툼이 있으면 판례에 따름) ·34회

> ㉠ 위조한 개명허가서를 첨부한 등기명의인 표시변경등기신청
> ㉡ 「하천법」상 하천에 대한 지상권설정등기신청
> ㉢ 법령에 근거가 없는 특약사항의 등기신청
> ㉣ 일부지분에 대한 소유권보존등기신청

① ㉠   ② ㉠, ㉡
③ ㉢, ㉣   ④ ㉡, ㉢, ㉣
⑤ ㉠, ㉡, ㉢, ㉣

해설 ㉡ 「하천법」상 하천에 대한 지상권설정등기신청 : 「하천법」상 하천에 대한 지상
권설정등기는 허용되지 않으므로 제2호 위반에 해당한다(등기예규 제1387호).
㉢㉣ 법 제29조 제2호에 해당한다.
㉠ 위조한 개명허가서를 첨부한 등기명의인 표시변경등기신청 : 위조된 첨부정
보를 제공한 경우, 그것은 유효한 정보가 아니므로 그 정보를 제공하지 않은
것으로 보아 각하한다(법 제29조 제9호 위반).

정답 ④

02 등기신청의 각하사유에 해당하는 것을 모두 고른 것은? ·29회

> ㉠ 매매로 인한 소유권이전등기 이후에 환매특약등기를 신청한 경우
> ㉡ 관공서의 공매처분으로 인한 권리이전의 등기를 매수인이 신청한 경우
> ㉢ 전세권의 양도금지 특약을 등기신청한 경우
> ㉣ 소유권이전등기의무자의 등기기록상 주소가 신청정보의 주소로 변
> 경된 사실이 명백한 때

① ㉠, ㉡   ② ㉡, ㉢
③ ㉢, ㉣   ④ ㉠, ㉡, ㉢
⑤ ㉠, ㉡, ㉢, ㉣

해설 ㉠ 환매특약등기는 매매로 인한 소유권이전등기와 동시에 신청하여야 하므로 소
유권이전등기 후 환매특약등기만 별도로 신청하는 것은 각하사유에 해당한다.
㉡ 관공서의 공매처분으로 인한 권리이전의 등기는 반드시 관공서의 촉탁으로
해야 하므로 매수인이 이를 신청하는 경우는 각하된다.
㉢ 전세권의 양도금지 특약을 등기신청한 경우는 「민법」상 허용되는 특약사항
으로 등기할 수 있다.
㉣ 소유권이전등기의무자의 등기기록상 주소가 신청정보의 주소로 변경된 사실
이 명백한 때에는 등기관이 이를 직권으로 등기명의인의 표시변경등기를 한
후 소유권이전등기를 하여야 한다.

정답 ①

03 등기관이 직권으로 말소할 수 <u>없는</u> 등기는?   • 23회

① 甲 소유 건물에 대한 乙의 유치권등기
② 甲 소유 농지에 대한 乙의 전세권설정등기
③ 채권자 乙의 신청에 의한 甲 소유 토지에 대한 가압류등기
④ 공동상속인 甲과 乙 중 乙의 상속지분만에 대한 상속등기
⑤ 위조된 甲의 인감증명에 의한 甲으로부터 乙로의 소유권이전등기

> **해설** ⑤ 위조된 인감증명은 인감증명으로서는 효력이 없으므로 필요한 첨부정보를 제
> 공하지 않은 것으로 해석할 수 있다(법 제29조 제9호 위반). 이 경우 실체관계
> 와 부합하면 그 등기는 유효하므로 등기관은 이를 직권으로 말소할 수 없다.
> ①②③④ 모두 「부동산등기법」 제29조 제2호 '사건이 등기할 것이 아닌 경우'
> 에 해당하므로 등기관이 이를 직권으로 말소할 수 있다.
>
> 정답 ⑤

4 등기신청의 취하

1. 의의 및 취하의 시기

'등기신청의 취하'란 등기신청인이 그가 한 등기신청을 스스로 철회하는 것
을 말한다. 등기신청의 취하는 등기관이 등기를 마치기 전까지 할 수 있다
(규칙 제51조 제1항).

2. 취하권자 및 취하의 방법

(1) 취하할 수 있는 자는 등기신청인이며, 공동으로 한 등기신청은 반드시 공
동으로 취하하여야 하고, 대리인이 취하하는 경우에는 그에 대한 특별수
권이 있어야 한다.

(2) 방문신청의 방법으로 등기를 신청한 경우는 신청인 또는 그 대리인이 등
기소에 출석하여 취하서를 제출하는 방법으로 등기신청을 취하한다(규칙
제51조 제2항 제1호).

(3) 전자신청의 방법으로 등기를 신청한 경우는 전산정보처리조직을 이용하여
취하정보를 전자문서로 등기소에 송신하는 방법으로 등기신청을 취하한다
(규칙 제51조 제2항 제2호).

(4) 등기를 일괄신청한 경우에는 그 전부뿐만 아니라 일부를 취하할 수도 있
다(등기예규 제1643호).

3. 취하의 효과

등기관은 신청서접수장의 비고란에 취하되었음을 표시하고, 그 등기신청서와 그 부속서류를 신청인 또는 그 대리인에게 환부하며, 취하서는 신청서 기타 부속서류 편철장에 취하된 등기신청서를 편철하였어야 할 곳에 편철한다(등기예규 제1643호).

5 등기의 실행 및 식별부호의 기록(교합) ·26회

1. 등기의 실행순서

(1) 등기관은 접수번호의 순서에 따라 등기를 하여야 한다(법 제11조 제3항). 다만, 수십 필지의 분할·합병등기, 여러 동의 아파트 분양사건과 같은 집단 사건 또는 법률적 판단이 어려운 경우와 같이 만일 접수순서대로 처리한다면 후순위로 접수된 다른 사건의 처리가 상당히 지연될 것이 예상될 경우에는 그 사유를 등록하고 이들 신청사건보다 나중에 접수된 사건을 먼저 처리할 수 있다(등기예규 제1515호).

(2) 동일 부동산에 대하여 여러 개의 등기신청사건이 접수된 경우 그 상호 간에는 위 **(1)**의 지연처리, 보정명령을 한 경우에도 반드시 접수순서에 따라 처리하여야 한다(등기예규 제1515호).

2. 등기의 실행 및 식별부호 기록(교합)

(1) 등기관은 등기사무를 전산정보처리조직을 이용하여 등기부에 등기사항을 기록하는 방식으로 처리하여야 한다(법 제11조 제2항).

(2) 등기관이 등기사무를 처리한 때에는 등기사무를 처리한 등기관이 누구인지 알 수 있는 조치를 하여야 하는데(법 제11조 제4항), 등기사무를 처리한 등기관이 누구인지 알 수 있도록 하는 조치는 각 등기관이 미리 부여받은 식별부호를 기록하는 방법으로 한다(규칙 제7조). 식별부호를 기록함으로써 등기의 실행은 마쳐지고(완료되고) 일반에게 공시된다.

3. 등기의 효력발생시기

등기관이 등기를 마친 경우 그 등기는 접수한 때부터 효력을 발생한다(법 제6조 제2항).

6 등기완료 후의 절차 ·24회 ·25회 ·27회 ·30회 ·34회

1. 등기부부본자료의 작성

(1) 등기부의 전부 또는 일부가 손상된 경우에 그 등기부를 복구하기 위하여 등기관이 등기를 마쳤을 때에는 등기부부본자료를 작성하여야 한다(법 제16조). '등기부부본자료(登記簿副本資料)'란 등기부와 동일한 내용으로 보조기억장치에 기록된 자료를 말한다(법 제2조 제2호).

(2) 등기부부본자료는 전산정보처리조직으로 작성하여 법원행정처장이 지정하는 장소에 보관하고 등기부와 동일하게 관리하여야 한다(규칙 제15조).

2. 등기필정보의 작성 및 통지

(1) 의 의

등기필정보란 등기부에 새로운 권리자가 기록되는 경우에 그 권리자를 확인하기 위하여 등기관이 작성한 정보를 말한다(법 제2조 제4호).

(2) 등기필정보의 작성

① 등기필정보는 아라비아숫자와 그 밖의 부호의 조합으로 이루어진 일련번호와 비밀번호로 구성한다(규칙 제106조 제1항).

② 등기필정보는 부동산 및 등기명의인별로 작성한다. 다만, 대법원예규로 정하는 바에 따라 등기명의인별로 작성할 수 있다(규칙 제106조 제2항).

(3) 등기필정보 작성대상 등기(등기예규 제1749호)

등기관이 등기권리자의 신청에 의하여 다음 중 어느 하나의 등기를 하는 때에는 등기필정보를 작성하여야 한다. 그 이외의 등기를 하는 때에는 등기필정보를 작성하지 아니한다.

기 출 지 문 O X

등기를 마친 경우 그 등기의 효력은 대법원규칙으로 정하는 등기신청정보가 전산정보처리조직에 저장된 때 발생한다. ·26회
( )

정답 (○)

등기신청은 해당 부동산이 다른 부동산과 구별될 수 있게 하는 정보가 전산정보처리조직에 저장된 때 접수된 것으로 본다.

기 출 지 문 O X

등기관이 새로운 권리에 관한 등기를 마친 경우, 원칙적으로 등기필정보를 작성하여 등기권리자에게 통지하여야 한다. ·30회
( )

정답 (○)

기 출 지 문 O X

등기필정보는 아라비아 숫자와 그 밖의 부호의 조합으로 이루어진 일련번호와 비밀번호로 구성한다. ·34회 ( )

정답 (○)

① 등기할 수 있는 권리로 규정하고 있는 권리를 보존, 설정, 이전하는 등기를 하는 경우
② 위 ①의 권리의 설정 또는 이전 청구권보전을 위한 가등기를 하는 경우
③ 권리자를 추가하는 경정 또는 변경등기(예 甲 단독소유를 甲, 乙 공유로 경정하는 경우나 합유자가 추가되는 합유명의인표시변경등기 등)를 하는 경우

(4) 등기필정보를 작성·통지하지 않는 경우(법 제50조, 규칙 제109조)

① 등기권리자가 등기필정보의 통지를 원하지 아니하는 경우
② 등기필정보를 전산정보처리조직으로 통지받아야 할 자가 수신이 가능한 때부터 3개월 이내에 전산정보처리조직을 이용하여 수신하지 않은 경우
③ 등기필정보통지서를 수령할 자가 등기를 마친 때부터 3개월 이내에 그 서면을 수령하지 않은 경우
④ 승소한 등기의무자가 등기신청을 한 경우
⑤ 등기권리자를 대위하여 등기신청을 한 경우
⑥ 등기관이 직권으로 소유권보존등기를 한 경우
⑦ 국가 또는 지방자치단체가 등기권리자인 경우
⑧ 관공서가 등기를 촉탁한 경우. 다만, 관공서가 등기권리자를 위해 등기를 촉탁하는 경우에는 그러하지 아니하다(등기예규 제1749호).

(5) 등기필정보의 통지방법(규칙 제107조)
① 방문신청의 경우 : 등기필정보를 적은 서면(등기필정보통지서)을 교부하는 방법으로 통지한다.
② 전자신청의 경우 : 전산정보처리조직을 이용하여 송신하는 방법으로 통지한다.

(6) 등기필정보 통지의 상대방(규칙 제108조)
① 등기관은 등기를 마치면 등기필정보를 등기명의인이 된 신청인에게 통지한다. 다만, 관공서가 등기권리자를 위하여 등기를 촉탁한 경우에는 그 관공서 또는 등기권리자에게 등기필정보를 통지한다.
② 법정대리인이 등기를 신청한 경우에는 그 법정대리인에게, 법인의 대표자나 지배인이 신청한 경우에는 그 대표자나 지배인에게, 법인 아닌 사단이나 재단의 대표자나 관리인이 신청한 경우에는 그 대표자나 관리인에게 등기필정보를 통지한다.

(7) 등기필정보의 실효신고(규칙 제110조)

등기명의인 또는 그 상속인 그 밖의 포괄승계인은 등기필정보의 실효신고를 할 수 있다.

3. 등기완료의 통지

(1) 등기관이 등기를 마쳤을 때에는 대법원규칙으로 정하는 바에 따라 신청인 등에게 그 사실을 알려야 한다(법 제30조).

(2) 등기완료통지는 신청인 및 다음의 어느 하나에 해당하는 자에게 하여야 한다(규칙 제53조).

> ① 승소한 등기의무자의 등기신청에 있어서 등기권리자
> ② 대위채권자의 등기신청에서 피대위자(= 등기권리자)
> ③ 직권 소유권보존등기에서 소유권보존등기명의인
> ④ 등기필정보를 제공하여야 하는 등기신청에서 등기필정보를 제공하지 않고 확인제도나 확인정보를 제공한 등기신청에 있어서 등기의무자
> ⑤ 관공서가 촉탁하는 등기에서 관공서

기출&예상 문제

등기필정보에 관한 설명으로 틀린 것은? • 30회

① 승소한 등기의무자가 단독으로 등기를 신청한 경우, 등기필정보를 등기권리자에게 통지하지 않아도 된다.
② 등기관이 새로운 권리에 관한 등기를 마친 경우, 원칙적으로 등기필정보를 작성하여 등기권리자에게 통지하여야 한다.
③ 등기권리자가 등기필정보를 분실한 경우, 관할 등기소에 재교부를 신청할 수 있다.
④ 승소한 등기의무자가 단독으로 권리에 관한 등기를 신청하는 경우, 그의 등기필정보를 등기소에 제공하여야 한다.
⑤ 등기관이 법원의 촉탁에 따라 가압류등기를 하기 위해 직권으로 소유권보존등기를 한 경우, 소유자에게 등기필정보를 통지하지 않는다.

해설 ③ 등기소는 등기필정보가 멸실 또는 분실되더라도 그 사유를 불문하고 이를 재교부하지 않는다.

정답 ③

기출지문 OX

행정구역변경으로 인하여 등기관이 직권으로 행한 주소변경등기를 마친 후에 등기명의인에게 등기완료통지를 하여야 한다.
• 24회 수정 ( )

정답 (×)
하여야 한다. ⇨ 하지 않는다.

1. 등기원인을 증명하는 정보의 반환(등기예규 제1514호)

(1) 신청정보에 첨부된 등기원인을 증명하는 정보를 담고 있는 서면이 법률행위의 성립을 증명하는 서면이거나 법률사실의 성립을 증명하는 서면일 때에는 등기관이 등기를 마친 후에 이를 신청인에게 돌려주어야 한다(규칙 제66조 제1항).

(2) 법률행위의 성립을 증명하는 서면
  ① 소유권이전등기의 경우에는 매매계약서, 증여계약서, 교환계약서 등
  ② 각종 권리의 설정등기의 경우에는 근저당권설정계약서, 전세권설정계약서 등

(3) 법률사실을 증명하는 서면
  ① 수용에 의한 소유권이전등기신청의 경우에는 협의성립확인서 또는 재결서
  ② 판결에 의한 등기신청의 경우에는 집행력 있는 판결정본 등이다.

2. 소유권변경사실의 통지

등기관이 다음의 등기를 하였을 때에는 지체 없이 그 사실을 토지의 경우에는 지적소관청에, 건물의 경우에는 건축물대장 소관청에 각각 알려야 한다(법 제62조). 이 경우 소유권변경사실의 통지는 전산정보처리조직을 이용하여 할 수 있다(규칙 제120조).
① 소유권의 보존 또는 이전
② 소유권의 등기명의인표시의 변경 또는 경정
③ 소유권의 변경 또는 경정
④ 소유권의 말소 또는 말소회복
➕ 소유권에 대한 가등기나 처분제한등기(예 압류·가압류·가처분 등)는 통지의 대상이 아니다.

3. 과세자료의 제공

등기관이 소유권의 보존 또는 이전의 등기(가등기를 포함한다)를 하였을 때에는 대법원규칙으로 정하는 바에 따라 지체 없이 그 사실을 부동산 소재지 관할 세무서장에게 통지하여야 한다(법 제63조). 이 경우 과세자료의 제공은 전산정보처리조직을 이용하여 할 수 있다(규칙 제120조).

등기필정보 및 등기완료통지

권리자 : 김 세 연
(주민)등록번호 : 750826 – 2******
주소 : 서울특별시 서초구 방배로 46길 60 우성아파트 103–903
부동산고유번호 : 1102–2011–002634
부동산소재 : [집합건물] 서울특별시 서초구 방배동 123 삼성래미안아파트 103동
　　　　　　11층 1101호
접수일자 : 2011년 9월 14일
접수번호 : 69578
등기목적 : 소유권이전
등기원인 및 일자 : 2011년 8월 10일 매매

부착기준선 ┌　　일련번호 : WTDI–UPRV–P6H1

비밀번호(기재순서 : 순번 – 비밀번호)

01–7952	11–7072	21–2009	31–8842	41–3168
02–5790	12–7320	22–5102	32–1924	42–7064
03–1568	13–9724	23–1903	33–1690	43–4443
04–8861	14–8752	24–5554	34–3155	44–6994
05–1205	15–8608	25–7023	35–9695	45–2263
06–8893	16–5164	26–3856	36–6031	46–2140
07–5311	17–1538	27–2339	37–8569	47–3151
08–3481	18–3188	28–8119	38–9800	48–5318
09–7450	19–7312	29–1505	39–6977	49–1314
10–1176	20–1396	30–3488	40–6557	50–6459

2011년 9월 16일
서울중앙지방법원 등기국
등기관

※ 등기필정보 사용방법 및 주의사항
◆ 보안스티커 안에는 다음 번 등기신청 시에 필요한 일련번호와 50개의 비밀번호가 기재
　되어 있습니다.
◆ 등기신청 시 보안스티커를 떼어내고 일련번호와 비밀번호 1개를 임의로 선택하여 해당
　순번과 함께 신청서에 기재하면 종래의 등기필증을 첨부한 것과 동일한 효력이 있으며,
　등기필정보 및 등기완료 통지서면 자체를 첨부하는 것이 아님에 유의하시기 바랍니다.
◆ 따라서 등기신청 시 등기필정보 및 등기완료통지서면을 거래상대방이나 대리인에게
　줄 필요가 없고, 대리인에게 위임한 경우에는 일련번호와 비밀번호 50개 중 1개와 해당
　순번만 알려주시면 됩니다.
◆ 만일 등기필정보의 비밀번호 등을 다른 사람이 안 경우에는 종래의 등기필증을 분실한
　것과 마찬가지의 위험이 발생하므로 관리에 철저를 기하시기 바랍니다.
☞ 등기필정보 및 등기완료통지서는 종래의 등기필증을 대신하여 발행된 것으로 <u>분실 시</u>
　<u>재발급되지 아니하니</u> 보관에 각별히 유의하시기 바랍니다.

각통 제 35 호 (전산)

등기의무자에 의한 등기완료통지서

접 수 일 자 : 2011년 9월 14일
접 수 번 호 : 3456
등 기 목 적 : 소유권이전
등기원인및일자 : 2011년 9월 13일 매매

권 리 자 : 김갑동
(주민)등록번호 : 730305-*******
주 소 : 서울특별시 서초구 서초동 200

의 무 자 : 이을동
(주민)등록번호 : 700407-*******
주 소 : 서울특별시 강남구 청담동 300

부 동 산 소 재 : [토지] 서울특별시 서초구 서초동 111 (1102-2006-002634)

　

위와 같이 등기의무자의 등기신청에 의하여 등기를 완료하였으므로 「부동산등기규칙」 제53조에 의하여 통지합니다.

2011년 9월 28일

서울중앙지방법원 등기국
등기관

김갑동
서울특별시 서초구 서초동 200

각통 제 36 호 (전산)

대위등기완료통지서

접 수 일 자 : 2011년 9월 14일
접 수 번 호 : 3456
등 기 목 적 : 소유권이전
등기원인및일자 : 2008년 1월 3일 상속

권 리 자 : 김갑동
(주민)등록번호 : 730305-*******
주 소 : 서울특별시 서초구 서초동 200

대 위 원 인 : 2011년 9월 13일 서울중앙지방법원의 가압류결정

대 위 자 : 박병동
주 소 : 서울특별시 강남구 청담동 300

부 동 산 소 재 : [토지] 서울특별시 서초구 서초동 111 (1102-2006-002634)

위와 같이 등기를 완료하였으므로 「부동산등기규칙」 제53조에 의하여 통지합니다.

2011년 9월 28일

서울중앙지방법원 등기국
등기관

김갑동
서울특별시 서초구 서초동 200

등기관의 처분에 대한 이의신청

1 의 의

등기관의 결정 또는 처분에 이의가 있는 자는 관할 지방법원에 이의신청을 할수 있다(법 제100조). 이의신청은 등기관의 부당한 처분으로 불이익을 당한 자가 「부동산등기법」이 정한 절차에 따라 등기관의 처분의 당부에 대하여 법원으로 하여금 심사하게 하는 제도이다. 등기사무는 사법행정사무로서 특수성을 갖고 있으므로 등기관의 처분에 대한 이의신청의 방법으로 그 등기의 시정을 구할 수 있을 경우에는 민사소송이나 행정소송의 방법으로 시정을 구할 수는 없다.

2 이의신청의 대상

이의신청의 대상이 되는 것은 등기관의 '부당한' '결정 또는 처분'이다.

1. 등기관의 '결정 또는 처분'

등기관의 '결정'으로는 법 제29조에 의한 각하결정이 있다. 등기관의 '처분'이란 결정 이외의 조치로서 직접 등기절차에 관한 처분(예 등기신청의 접수, 수리, 등기의 실행 등)과 기타 「부동산등기법」이 정하고 있는 등기관의 모든처분(예 등기부의 열람, 등·초본의 교부 등)을 말한다.

2. '부당한' 결정 또는 처분(= 이의사유)

(1) 등기신청의 각하결정에 대한 이의신청

등기신청의 각하결정에 대한 이의신청의 경우 등기관의 각하결정이 부당하다는 사유면 족하고 그 이의사유에 특별한 제한은 없다. 즉, 등기관이법 제29조 제1호부터 제11호 중 어떤 사유를 들어 등기신청을 각하한 경우, 등기신청인은 이의신청으로 각하결정의 부당성을 다툴 수 있다(등기예규 제1689호).

기 출 지 문 O X

등기신청의 각하결정에 대한 이의신청은 등기관의 각하결정이 부당하다는 사유로 족하다.

• 24회 ( )

정답 (O)

---

(2) 등기신청을 수리하여 완료된 등기에 대한 이의신청

등기관이 등기신청을 각하하여야 함에도 불구하고 등기를 실행한 경우에는 그 등기가 「부동산등기법」 제29조 제1호, 제2호에 해당하는 경우에 한하여 이의신청을 할 수 있고, 동법 제29조 제3호 이하의 사유로는 이의신청의 방법으로 그 등기의 말소를 구할 수 없다(등기예규 제1689호).

(3) 부당의 판단시점

등기관의 결정 또는 처분에 대한 부당성은 해당 결정 또는 처분을 한 시점을 기준으로 판단하여야 한다. 따라서 그 결정 또는 처분 시에 주장되거나 제출되지 아니한 새로운 사실이나 새로운 증거방법을 근거로 이의신청을 할 수는 없다(법 제102조).

3 이의신청 절차(등기예규 제1689호)

1. 이의신청인

(1) 등기신청을 각하한 경우

등기신청의 각하결정에 대하여는 등기신청인인 등기권리자 및 등기의무자에 한하여 이의신청을 할 수 있고, 제3자는 이의신청을 할 수 없다.

(2) 등기신청을 실행한 경우

등기를 실행한 처분에 대하여는 등기상 이해관계 있는 제3자가 그 처분에 대한 이의신청을 할 수 있다. 그 이의신청을 할 수 있는지의 여부에 대한 구체적 예시는 다음과 같다.

> ① 채권자가 채무자를 대위하여 경료한 등기가 채무자의 신청에 의하여 말소된 경우에는 그 말소처분에 대하여 채권자는 등기상 이해관계인으로서 이의신청을 할 수 있다.
> ② 상속인이 아닌 자는 상속등기가 위법하다 하여 이의신청을 할 수 없다.
> ③ 저당권설정자는 저당권의 양수인과 양도인 사이의 저당권이전의 부기등기에 대하여 이의신청을 할 수 없다.
> ④ 등기의 말소신청에 있어 이해관계 있는 제3자의 승낙서 등 서면이 첨부되어 있지 아니하였다는 사유는 제3자의 이해에 관련된 것이므로, 말소등기의무자는 말소처분에 대하여 이의신청을 할 수 있는 등기상 이해관계인에 해당되지 아니하여 이의신청을 할 수 없다.

구 분	이해관계인 이의신청 가능 여부	이의신청 사유
실 행	할 수 있다.	1호 ~ 2호 (○) 3호 ~ 11호 (×)
각 하	할 수 없다. (등기신청인만 가능)	1호 ~ 11호 (○)

2. 이의신청방법 및 기간

(1) 등기관의 결정 또는 처분에 이의가 있는 자는 관할 지방법원에 이의신청을 할 수 있으나(법 제100조), 이의의 신청은 등기소에 이의신청서를 제출하는 방법으로 한다(법 제101조).

(2) 이의신청기간에는 제한이 없으므로, 이의의 이익이 있는 한 언제든지 이의신청을 할 수 있다.

3. 이의신청에 대한 효력

등기관의 결정 또는 처분에 대한 이의에는 집행정지의 효력이 없다(법 제104조). 따라서 이의신청이 진행 중이라도 새로운 등기신청이 있으면 등기관은 이를 수리하여야 한다.

4 등기관의 조치

1. 각하결정에 대한 이의신청이 있는 경우

(1) 이의가 이유 있다고 인정한 경우

이의신청이 이유가 있다는 것은 등기관의 결정이 부당하다는 뜻이므로 등기관은 이의가 이유 있다고 인정하면 그에 해당하는 처분을 하여야 한다(법 제103조 제1항). 등기신청을 각하한 결정이 부당하다고 인정한 때에는 그 등기신청에 의한 등기를 실행한다.

(2) 이의가 이유 없다고 인정한 경우

등기관은 이의가 이유 없다고 인정하면 이의신청일부터 3일 이내에 의견을 붙여 이의신청서를 관할 지방법원에 보내야 한다(법 제103조 제2항).

2. 수리하여 완료된 등기에 대한 이의신청이 있는 경우

(1) 이의가 이유 있다고 인정한 경우

이의신청이 이유가 있다는 것은 등기관의 결정이 부당하다는 뜻이므로 관할 위반(법 제29조 제1호), 사건이 등기할 것이 아닌 경우(법 제29조 제2호)에 해당하여 이의가 있다고 인정한 경우에는 당사자 및 이해관계인에게 통지 절차를 걸쳐 그 등기를 직권으로 말소한다(규칙 제159조 제1항).

(2) 이의가 이유 없다고 인정한 경우

등기관은 이의가 이유 없다고 인정하면 이의신청일부터 3일 이내에 의견을 붙여 이의신청서를 관할 지방법원에 보내야 한다(법 제103조 제2항).

5 관할 지방법원의 조치 및 불복

1. 결정 전 가등기 또는 부기등기의 명령

관할 지방법원은 이의신청에 대하여 결정하기 전에 등기관에게 가등기 또는 이의가 있다는 뜻의 부기등기를 명할 수 있다(법 제106조).

2. 이의신청을 인용한 경우

(1) 관할 지방법원은 이의에 대하여 이유를 붙여 결정을 하여야 한다. 이 경우 이의가 이유 있다고 인정하면 등기관에게 그에 해당하는 처분을 명하고 그 뜻을 이의신청인과 등기상의 이해관계인에게 알려야 한다(법 제105조 제1항).

(2) 등기신청의 각하결정에 대한 이의신청에 따라 관할 지방법원이 그 등기의 기록명령을 하였더라도 다음의 어느 하나에 해당하는 경우에는 그 기록명령에 따른 등기를 할 수 없다(규칙 제161조 제1항).

기 출 지 문 O X

소유권이전등기의 기록명령이 있었으나 그 기록명령에 따른 등기 전에 제3자 명의로 저당권등기가 되어 있는 경우라도 등기관은 기록명령에 따른 등기를 할 수 있다. •30회　　　(　)

정답 (○)

① 권리이전등기의 기록명령이 있었으나, 그 기록명령에 따른 등기 전에 제3자 명의로 권리이전등기가 되어 있는 경우
② 지상권, 지역권, 전세권 또는 임차권의 설정등기의 기록명령이 있었으나, 그 기록명령에 따른 등기 전에 동일한 부분에 지상권, 전세권 또는 임차권의 설정등기가 되어 있는 경우
③ 말소등기의 기록명령이 있었으나 그 기록명령에 따른 등기 전에 등기상 이해관계인이 발생한 경우
④ 등기관이 기록명령에 따른 등기를 하기 위하여 신청인에게 첨부정보를 다시 등기소에 제공할 것을 명령하였으나 신청인이 이에 응하지 아니한 경우

3. 이의신청을 기각(각하 포함)한 경우

관할 지방법원은 이의신청을 기각(각하 포함)하였을 때에는 그 결정등본을 등기관과 이의신청인에게 송달한다.

4. 지방법원의 결정에 대한 항고

관할 지방법원의 결정에 대하여 불복하고자 하는 이의신청인은 「비송사건절차법」에 따라 항고할 수 있다(법 제105조 제2항).

기출&예상　문제

01 등기관의 처분에 대한 이의신청에 관한 설명으로 틀린 것은?

•34회

① 등기신청인이 아닌 제3자는 등기신청의 각하결정에 대하여 이의신청을 할 수 없다.
② 이의신청은 대법원규칙으로 정하는 바에 따라 관할 지방법원에 이의신청서를 제출하는 방법으로 한다.
③ 이의신청기간에는 제한이 없으므로 이의의 이익이 있는 한 언제라도 이의신청을 할 수 있다.
④ 등기관의 처분 시에 주장하거나 제출하지 아니한 새로운 사실을 근거로 이의신청을 할 수 없다.
⑤ 등기관의 처분에 대한 이의신청이 있더라도 그 부동산에 대한 다른 등기신청은 수리된다.

02 등기관의 결정 또는 처분에 대한 이의에 관한 설명으로 **틀린** 것을 모두 고른 것은?

• 31회

ⓒ 이의에는 집행정지의 효력이 있다.
ⓒ 이의신청자는 새로운 사실을 근거로 이의신청을 할 수 있다.
ⓒ 등기관의 결정에 이의가 있는 자는 관할 지방법원에 이의신청을 할 수 있다.
ⓒ 등기관은 이의가 이유 없다고 인정하면 이의신청일로부터 3일 이내에 의견을 붙여 이의신청서를 이의신청자에게 보내야 한다.

① ㉠, ㉢
② ㉡, ㉣
③ ㉠, ㉡, ㉣
④ ㉠, ㉢, ㉣
⑤ ㉡, ㉢, ㉣

❶ 토지의 지목변경이 있는 경우 그 토지 소유명의인은 (   ) 이내에 부동산의 표시변경등기 신청을 하여야 한다.

❷ 미등기부동산에 대하여 소유권이전을 내용으로 하는 계약을 체결한 자는 계약체결 전에 보존등기를 신청할 수 있는 경우에는 그 (   )로부터 60일 이내에 보존등기를 신청하여야 한다.

❸ 甲이 乙에게 X부동산을 매도하였다면, (   )이 그 소유권이전등기 신청기간의 기산일이다.

❹ 법인 아닌 사단인 종중이 건물을 매수한 경우, 종중의 대표자는 (   )명의로 소유권이전등기를 신청할 수 있다.

❺ 소유권이전등기의 이행판결에 등기절차의 이행을 명하는 가집행이 붙은 경우라도 판결이 (   )되지 아니하였으면 가집행선고에 의한 소유권이전등기를 신청할 수 없다.

❻ (   )이 확정되면 그 소송에서 패소한 피고도 단독으로 공유물분할을 원인으로 한 지분이전등기를 신청할 수 있다.

❼ 방문신청(e-Form신청 포함)의 경우 임의대리인의 자격에 관하여는 특별한 제한이 없으므로 변호사 또는 법무사가 아니라도 등기신청의 대리인이 될 수 있지만, 전자신청의 경우에는 (   )(변호사나 법무사)만이 대리인이 될 수 있다.

❽ 공동상속인 甲과 乙 중 甲이 자신의 상속지분만에 대한 상속등기를 신청한 경우 각하(   ).

❾ 공동가등기권자 중 일부의 가등기권자가 자기의 지분만에 관하여 본등기를 신청한 경우 각하(   ).

❿ 「하천법」상 하천을 목적으로 지상권설정등기를 신청한 경우 각하(   ).

정답 **1** 1개월 **2** 계약체결일 **3** 잔금지급일 **4** 종중 **5** 확정 **6** 공유물분할판결 **7** 자격자대리인
8 된다 **9** 되지 않는다 **10** 된다

⑪ 채무자 甲 소유 토지에 대하여 채권자 乙이 가압류등기를 신청한 경우 각하(   ).

⑫ 위조된 甲의 인감증명에 의한 甲으로부터 乙로의 소유권이전등기가 마쳐진 경우 등기관은 이를 직권으로 말소할 수 (   ).

⑬ 부동산의 합유지분에 대한 가압류등기가 마쳐진 경우 등기관은 이를 직권으로 말소할 수 (   ).

⑭ 환매특약의 등기를 신청하는 경우 (   )에 환매기간이 정하여져 있는 경우에만 이를 기록하여야 한다.

⑮ 상속을 원인으로 소유권이전등기를 신청하는 경우, 농지취득자격증명을 제공(   ).

⑯ 토지에 대한 표시변경등기를 신청하는 경우, 등기원인을 증명하는 정보로서 (   )정보를 첨부 정보로 제공하면 된다.

⑰ 등기관이 등기를 마친 경우, 그 등기는 (   )부터 효력이 생긴다.

⑱ 법정대리인이 등기를 신청하여 본인이 새로운 권리자가 된 경우, 등기필정보는 특별한 사정이 없는 한 (   )에게 통지된다.

⑲ 채권자가 채무자를 대위하여 등기를 신청한 경우에는 등기관은 등기완료 후에 채권자에게 등기필 정보를 작성하여 통지(   ).

⑳ 등기관의 결정 또는 처분에 이의가 있는 자는 관할 지방법원에 이의신청을 할 수 있으나, 이의의 신청은 (   )에 이의신청서를 제출하는 방법으로 한다.

정답   11 된다   12 없다   13 있다   14 등기원인   15 하지 않는다   16 토지대장   17 접수한 때
18 법정대리인   19 하지 않는다   20 등기소

04 | 각종 권리의 등기절차

┃10개년 출제문항 수

25회	26회	27회	28회	29회
5	5	4	4	5
30회	31회	32회	33회	34회
5	5	5	5	3

┗→ 총 24문제 中 평균 약 4.6문제 출제

┃학습전략

• 소유권보존등기의 신청인, 직권보존등기를 정리하여야 합니다.

• 소유권이전등기(매매·수용·유증 등), 환매특약등기 및 신탁등기를 확실히 정리하여야 합니다.

• 전세권에 관한 등기, 저당권에 관한 등기(말소등기, 공동저당)를 정리하여야 합니다.

제1절 소유권에 관한 등기절차

1 소유권보존등기 •24회 •25회 •26회 •27회 •29회 •30회 •31회 •33회 •34회

1. 의의 및 성질

(1) '소유권보존등기'란 미등기부동산에 대하여 등기기록을 개설하는 최초의 등기를 말한다. 다만, 소유권은 소유권보존등기를 함으로써 발생하는 것이 아니라 이미 발생한 소유권을 등기기록에 공시하는 등기일 뿐이다.

(2) 소유권보존등기는 최초의 등기로서 부동산 전부에 대하여 소유권 전부를 등기하여야 하므로 부동산의 일부나 소유권의 일부에 대한 보존등기는 허용되지 않는다. 즉, 공유자 중 1인 또는 수인이 공유자 전원을 표시하여 공유자 전원 명의로 소유권보존등기를 신청할 수 있지만, 공유자 1인은 자기의 지분만에 대해 소유권보존등기를 신청할 수 없다.

2. 신청에 의한 소유권보존등기

(1) 소유권보존등기를 신청할 수 있는 자

미등기의 토지 또는 건물에 관한 소유권보존등기는 다음의 어느 하나에

기 출 지 문 O X

일부지분에 대한 소유권보존등기를 신청한 경우에는 그 등기신청은 각하되어야 한다. •26회

( )

정답 (○)

해당하는 자가 단독으로 신청할 수 있다. 「부동산등기법」 제65조와 등기
예규 제1483호를 중심으로 살펴보겠다.

1. 토지대장, 임야대장 또는 건축물대장에 최초의 소유자로 등록되어 있는 자 또는 그 상속인, 그 밖의 포괄승계인(법 제65조 제1호)

① 소유권보존등기는 대장에 최초의 소유자로 등록되어 있는 자가 신청할 수 있으므로 대장상 소유권이전등록을 받은 소유명의인 또는 그 상속인은 직접 자기 명의로 소유권보존등기를 신청할 수는 없고, 최초의 소유자 명의로 보존등기를 마친 다음 자기 명의로 소유권이전등기를 하여야 한다.

② 다만, 미등기토지의 지적공부상 '국'으로부터 소유권이전등록을 받은 경우에는 직접 자기 명의로 소유권보존등기를 신청할 수 있다.

③ 대장상 최초의 소유자가 사망한 경우 그 자의 상속인도 소유권보존등기를 신청할 수 있다. 이 경우 피상속인 명의의 보존등기 후 상속인명의로 소유권이전등기를 하는 것이 아니라 상속인 명의로 직접 보존등기를 한다.

④ 대장상 최초의 소유자의 상속인 이외의 포괄승계인에 해당하는 자로는 포괄유증을 받은 자, 회사합병 후에 존속한 회사 등이 있는데, 이들은 직접 자신 명의의 소유권보존등기를 신청할 수 있다.

⑤ 다만, 최초의 소유자로부터 특정유증을 받은 수증자는 포괄승계인이 아니므로 직접 자신 명의로 보존등기를 신청할 수 없고, 상속인 명의로 보존등기를 마친 후 자신 명의로 소유권이전등기를 하여야 한다.

2. 확정판결에 의하여 자기의 소유권을 증명하는 자 (법 제65조 제2호)

① 판결의 종류
   ㉠ 소유권을 증명하는 판결은 보존등기 신청인의 소유임을 확정하는 내용의 것이면 충분하므로 그 판결은 소유권확인판결에 한하는 것은 아니며, 형성판결이나 이행판결이라도 그 이유 중에서 보존등기 신청인의 소유임을 확정하는 내용의 것이면 이에 해당한다.
   ㉡ 판결과 동일한 효력이 있는 화해조서, 조정조서, 인낙조서 등도 보존등기신청인의 소유임을 확정하는 내용의 것이면 이에 해당한다.

기 출 지 문 O X

토지에 관한 소유권보존등기의 경우, 당해 토지가 소유권보존등기 신청인의 소유임을 이유로 소유권보존등기의 말소를 명한 확정판결에 의해서 자기의 소유권을 증명하는 자는 소유권보존등기를 신청할 수 있다. •26회
( )

정답 (○)

기 출 지 문 O X

건물에 대하여 국가를 상대로 한 소유권확인판결에 의해서 자기의 소유권을 증명하는 자는 소유권보존등기를 신청할 수 있다.
•26회
( )

정답 (×)
건물에 대하여 ⇨ 토지에 대하여

기 출 지 문 O X

미등기토지에 관한 소유권보존등기는 수용으로 인하여 소유권을 취득하였음을 증명하는 자도 신청할 수 있다. •29회
( )

정답 (○)

기 출 지 문 O X

미등기 토지에 대한 소유권을 군수의 확인에 의해 증명한 자는 그 토지에 대한 소유권보존등기를 신청할 수 있다. •34회
( )

정답 (×)
신청할 수 있다. ⇨ 신청할 수 없다.

ⓒ 위 판결에 해당하는 것으로는 당해 부동산이 보존등기신청인의 소유임을 이유로 소유권보존등기의 말소를 명한 판결 및 토지대장상 공유인 미등기토지에 대한 공유물분할의 판결 등이 있다.

② 판결의 상대방(=피고)

ⓐ 판결의 상대방은 원칙적으로 소유권보존등기를 신청할 수 있는 자를 피고로 하여야 한다.

ⓑ 다만, 대장의 소유자란이 공란으로 되어 있거나 소유자표시에 일부 누락이 있어 대장상의 소유자를 특정할 수 없는 경우에 토지는 국가를 피고로 하여야 하고, 건물의 경우에는 지방자치단체를 피고로 하여야 한다.

> ⊕ 보충 **신청인의 소유임을 증명하는 판결에 해당하지 않는 경우의 예시**
>
> 1. 건물에 대하여 국가를 상대로 한 소유권확인판결
> 2. 건물에 대하여 건축허가명의인(또는 건축주)을 상대로 한 소유권확인판결

3. 수용으로 인하여 소유권을 취득하였음을 증명하는 자
(법 제65조 제3호)

① 미등기부동산을 수용한 사업시행자는 직접 자기 명의로 소유권보존등기를 신청할 수 있다.

② 등기된 부동산을 수용한 경우에는 사업시행자 명의로 소유권이전등기를 신청하여야 한다.

4. 특별자치도지사, 시장, 군수 또는 구청장(자치구의 구청장을 말한다)의 확인에 의하여 자기의 소유권을 증명하는 자(법 제65조 제4호)

① 본 규정은 건물에만 적용되는 것이므로, 이에 의하여 토지에 대한 보존등기는 허용되지 않는다.

② 시장 등이 발급한 사실확인서가 되기 위해서는 건물의 소재와 지번, 건물의 종류, 구조, 면적 등 건물의 표시와 소유자의 표시 및 그 건물이 완성되어 존재한다는 사실이 기재되어 있어야 한다. 다만, 납세증명서, 세목별과세증명서 및 건축물의 사용승인서 등은 위의 확인서에 해당하지 않는다.

(2) 신청정보의 제공사항

소유권보존등기를 신청하는 경우에는 법 제65조 각 호의 어느 하나에 따라 등기를 신청한다는 뜻을 신청정보의 내용으로 등기소에 제공하여야 한다. 반면, 등기원인과 그 연월일은 신청정보의 내용으로 등기소에 제공할 필요가 없다(규칙 제121조 제1항).

(3) 첨부정보

① 등기원인을 증명하는 정보 : 소유권보존등기의 등기원인은 '미등기부동산에 대하여 현재 소유자라는 사실'이므로 이를 증명하는 정보는 법 제65조 소유권보존등기를 신청할 수 있는 자에 따라 달라진다. 즉, 토지대장 정보나 건축물대장 정보, 판결정본과 확정증명서, 재결서등본, 특별자치도지사·시장·군수·구청장이 작성한 확인서 등이 이에 해당한다.

② 대장정보 : 보존등기를 신청하는 경우에는 신청정보에 토지의 표시를 증명하는 토지대장 정보나 임야대장 정보 또는 건물의 표시를 증명하는 건축물대장 정보나 그 밖의 정보를 첨부정보로서 등기소에 제공하여야 한다(규칙 제121조 제2항).

③ 소재도 : 건물의 소유권보존등기를 신청하는 경우에 그 대지 위에 여러 개의 건물이 있을 때에는 그 대지 위에 있는 건물의 소재도를 첨부정보로서 등기소에 제공하여야 한다. 다만, 건물의 표시를 증명하는 정보로서 건축물대장 정보를 등기소에 제공한 경우에는 그러하지 아니하다(규칙 제121조 제3항).

(4) 등기의 실행 및 완료 후의 절차

① 새로운 등기기록을 개설하여 표제부와 갑구에 법정 등기사항을 적는다. 소유권보존등기를 할 때에는 등기원인과 그 연월일을 기록하지 아니한다(법 제64조).

② 등기관이 소유권보존등기를 마쳤을 때에는 등기필정보를 작성하여 등기권리자(= 소유권보존등기명의인)에게 통지하여야 하고(법 제50조 제1항), 소유권보존등기명의인에게 등기완료사실을 통지하여야 한다(법 제30조, 규칙 제53조 제1항).

③ 소유권보존등기를 완료한 후 등기관은 대장소관청에 등기완료의 사실을 통지하고, 관할 세무서장에게 등기사실을 통지하여야 한다(법 제62조, 제63조).

■ 소유권보존등기 기록례

고유번호 1146-2012-090186

【 표제부 】			(건물의 표시)	
표시 번호	접 수	소재지번 및 건물번호	건물내역	등기원인 및 기타사항
1	2023년 2월 9일	경기도 의왕시 청계동 98 (도로명주소) 경기도 의왕시 덕장로 22	벽돌조 슬래브지붕 단층주택 125m² 지하실 34m²	

【 갑구 】			(소유권에 관한 사항)	
순위 번호	등기목적	접 수	등기원인	권리자 및 기타사항
1	소유권 보존	2023년 2월 9일 제12192호		소유자 변나발 750802-2****** 경기도 의왕시 덕장로 22

3. 직권에 의한 소유권보존등기

(1) 직권보존등기를 하는 경우

① 등기관이 미등기부동산에 대하여 법원의 촉탁에 따라 소유권의 처분제 한의 등기(예 가압류, 가처분, 강제경매개시결정등기 등)를 할 때에는 직권 으로 소유권보존등기를 한다(법 제66조 제1항).

② 미등기주택이나 상가건물에 대하여 임차권등기명령에 의한 등기촉탁 이 있는 경우에는 등기관은 직권으로 소유권보존등기를 한 후 주택임 차권등기나 상가건물임차권등기를 하여야 한다(등기예규 1688호).

(2) 직권보존등기의 실행

① 등기관이 직권으로 소유권보존등기를 할 때에는 처분제한의 등기를 명 하는 법원의 재판에 따라 소유권의 등기를 한다는 뜻을 기록하여야 한다 (법 제66조 제1항).

② 등기관이 직권으로 건물에 대한 소유권보존등기를 하는 경우에는 그 건 물이 「건축법」상 사용승인을 받아야 할 건물임에도 사용승인을 받지 아 니하였다면 그 사실을 표제부에 기록하여야 한다(법 제66조 제2항).

③ 후에 보존등기된 건물에 대하여 「건축법」상 사용승인이 이루어진 경우 에는 그 건물소유권의 등기명의인은 1개월 이내에 위 ②의 단서의 기록 에 대한 말소등기를 신청하여야 한다(법 제66조 제3항).

(3) 직권보존등기의 구조

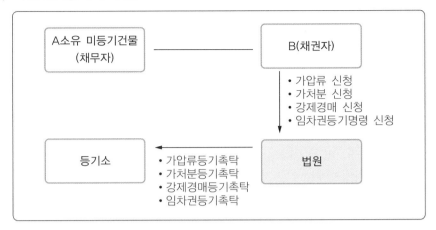

■ 직권소유권보존등기 기록례

【갑구】	(소유권에 관한 사항)			
순위 번호	등기목적	접 수	등기원인	권리자 및 기타사항
1	소유권 보존			소유자 신우빈 750802-1****** 서울특별시 강남구 헌릉로 21길 56
2	가압류	2023년 7월 13일 제51213호	2023년 7월 6일 서울중앙지방법 원의 가압류결정 (2021카단2153)	청구금액 금 50,000,000원 채권자 이대주 700221-1****** 서울특별시 서초구 사평대로 52길 15

4. 구분건물의 소유권보존등기

(1) 원 칙

구분건물의 소유권보존등기도 일반건물의 소유권보존등기를 신청할 수 있는 자가 신청할 수 있다.

(2) 신청의 특칙

① 1동의 건물에 속하는 구분건물 중 일부만에 관하여 소유권보존등기를 신청하는 경우에는 나머지 구분건물의 표시에 관한 등기를 동시에 신청하여야 한다. 이 경우 구분건물의 소유자는 1동에 속하는 다른 구분건물의 소유자를 대위하여 그 건물의 표시에 관한 등기를 신청할 수 있다(법 제46조 제1항, 제2항).

② 구분건물이 아닌 건물로 등기된 건물에 접속하여 구분건물을 신축한 경우에 그 신축건물의 소유권보존등기를 신청할 때에는 구분건물이 아닌 건물을 구분건물로 변경하는 건물의 표시변경등기를 동시에 신청하여야 한다. 이 경우 그 신축건물의 소유자는 다른 건물의 소유자를 대위하여 다른 건물의 표시에 관한 등기를 신청할 수 있다(법 제46조 제3항).

(3) 신청정보 및 첨부정보

① 신청정보에는 1동 건물의 표시 및 구분건물의 표시와 대지권이 있는 경우에는 대지권의 표시를 적는다(규칙 제43조 제1항).

② 구분건물에 대한 소유권보존등기를 신청하는 경우에는 1동의 건물의 소재도, 각 층의 평면도와 전유부분의 평면도를 첨부정보로서 등기소에 제공하여야 한다. 다만, 건물의 표시를 증명하는 정보로서 건축물대장 정보를 등기소에 제공한 경우에는 그러하지 아니하다(규칙 제121조 제4항).

기출&예상 문제

01 대장은 편성되어 있으나 미등기인 부동산의 소유권보존등기에 관한 설명으로 틀린 것은? · 33회

① 등기관이 보존등기를 할 때에는 등기원인과 그 연월일을 기록해야 한다.

② 대장에 최초 소유자로 등록된 자의 상속인은 보존등기를 신청할 수 있다.

③ 수용으로 인하여 소유권을 취득하였음을 증명하는 자는 미등기토지에 대한 보존등기를 신청할 수 있다.

④ 군수의 확인에 의해 미등기건물에 대한 자기의 소유권을 증명하는 자는 보존등기를 신청할 수 있다.

⑤ 등기관이 법원의 촉탁에 따라 소유권의 처분제한의 등기를 할 때는 직권으로 보존등기를 한다.

해설 ① 등기관이 소유권보존등기를 할 때에는 등기원인과 그 연월일을 기록하지 아니한다(법 제64조).

정답 ①

02 소유권보존등기에 관한 설명으로 <u>틀린</u> 것은? (다툼이 있으면 판례에 따름)

・27회

① 甲이 신축한 미등기건물을 甲으로부터 매수한 乙은 甲 명의로 소유권보존등기 후 소유권이전등기를 해야 한다.

② 미등기토지에 관한 소유권보존등기는 수용으로 인해 소유권을 취득하였음을 증명하는 자도 신청할 수 있다.

③ 미등기토지에 대해 소유권처분제한의 등기촉탁이 있는 경우, 등기관이 직권으로 소유권보존등기를 한다.

④ 본 건물의 사용에만 제공되는 부속건물도 소유자의 신청에 따라 본 건물과 별도의 독립건물로 등기할 수 있다.

⑤ 토지대장상 최초의 소유자인 甲의 미등기토지가 상속된 경우, 甲 명의로 보존등기를 한 후 상속인 명의로 소유권이전등기를 한다.

> **해설** ⑤ 토지대장상 최초의 소유자인 甲의 미등기토지가 상속된 경우는 甲 명의로 보존등기를 할 필요 없이 직접 甲의 상속인 명의로 보존등기를 신청하여야 한다 (법 제65조).
>
> 정답 ⑤

2 소유권이전등기 서설 ・26회 ・27회 ・28회 ・29회 ・31회

1. 의의 및 특징

(1) '소유권이전등기'는 이미 보존등기된 소유권을 법률행위(예 매매, 증여 등) 또는 법률의 규정(예 상속, 공용징수, 판결, 경매 등)에 의하여 타인에게 이전하는 것을 공시하는 등기를 말한다.

(2) 소유권이전등기는 항상 주등기 형식으로 실행하고, 그 계속성이 나타나야 하므로 전 소유자를 말소하지 않는다. 참고로, 소유권 외의 권리의 이전등기는 항상 부기등기 형식으로 실행하고, 전 권리자를 말소하는 표시를 하여야 한다.

2. 소유권의 일부이전

(1) 의 의

'소유권의 일부이전'이란 단독소유를 공유로 하거나 이미 성립하고 있는 공유물의 지분을 단순히 이전하는 것을 말한다. 이것은 부동산의 일부를 이전하는 것과 구별하여야 하는데, 부동산의 일부에 대한 소유권이전등기는 허용되지 아니하므로 분할 후 별개의 부동산으로 만든 후 소유권이전등기를 하여야 한다.

(2) 소유권의 일부이전등기의 신청 및 실행

① 소유권의 일부에 대한 이전등기를 신청하는 경우에는 이전되는 지분을 신청정보의 내용으로 등기소에 제공하여야 한다. 이 경우 등기원인에 공유물 분할금지약정이 있을 때에는 그 약정에 관한 사항도 신청정보의 내용으로 등기소에 제공하여야 한다(규칙 제123조).

② 등기관이 소유권의 일부에 관한 이전등기를 할 때에는 이전되는 지분을 기록하여야 한다. 이 경우 등기원인에 공유물 분할금지약정이 있을 때에는 그 약정에 관한 사항도 기록하여야 하는데, 이를 등기하면 대항력이 발생한다(법 제67조 제1항).

③ 예를 들어 갑구 순위번호 2번에 기록된 A의 공유지분 4분의 3 중 절반을 B에게 이전하는 경우, 등기목적란에 '2번 A지분 4분의 3 중 일부(8분의 3)이전'으로 기록한다.

■: 소유권의 일부이전 기록례

【갑구】				(소유권에 관한 사항)
순위 번호	등기목적	접 수	등기원인	권리자 및 기타사항
2	소유권이전	2020년 9월 3일 제87654호	2020년 7월 9일 상속	공유자 지분 4분의 3 정승현 750521-1****** 서울특별시 강남구 삼성로 29 공유자 지분 4분의 1 김현우 770123-1****** 서울특별시 중구 수표로 32
3	2번 정승현 지분 4분의 3 중 일부 (8분의 3)이전	2023년 7월 1일 제63554호	2023년 6월 3일 매매	공유자 지분 8분의 3 정민주 801101-2****** 서울특별시 마포구 염리로 327 거래가액 금 100,000,000원

1. 공유에 관한 등기

(1) 공유자는 언제든지 그 지분을 처분할 수 있으며, 공유지분은 등기한다.

(2) 공유지분을 이전할 수 있고, 공유지분을 목적으로 저당권이나 가압류, 가처분 등기를 할 수 있지만, 이를 목적으로 전세권 등 용익권을 설정할 수는 없다.

(3) 토지에 대한 공유물 분할약정으로 인한 소유권이전등기는 특정부분에 대하여 소유권을 취득하는 자가 등기권리자가 되고 나머지 공유자가 등기의무자가 되어 공동으로 신청한다.

(4) 공유자 중 1인의 지분포기로 인한 소유권이전등기는 공유지분권을 포기하는 공유자를 등기의무자로 하고 다른 공유자를 등기권리자로 하여 공동으로 신청하여야 한다.

(5) 등기된 공유물 분할금지기간을 단축하는 약정에 관한 **변경등기**는 공유자 전원이 공동으로 신청하여야 한다.

(6) 등기된 공유물 분할금지기간약정을 갱신하는 경우, 이에 대한 **변경등기**는 공유자 전원이 공동으로 신청하여야 한다.

2. 합유에 관한 등기

(1) 합유재산에 대하여 합유자의 합유지분은 있지만 이를 등기하지 않는다.

(2) 합유지분에 대한 이전등기나 저당권설정등기, 가압류등기는 허용되지 않는다.

(3) 합유자 중 1인은 합유자 전원의 동의를 얻으면 지분을 처분할 수 있는데, 이 경우 이전등기 형식으로 하는 것이 아니라 **합유명의인변경등기**를 부기등기 형식으로 실행한다.

(4) 합유자가 3인 이상인 경우에 그 중 1인이 사망한 때에는 해당 부동산은 잔존 합유자의 합유로 귀속되는 것이므로, 잔존 합유자는 해당 부동산을 잔존 합유자의 합유로 하는 **합유명의인 변경등기**를 신청할 수 있다.

(5) 합유자가 2인인 경우에 그 중 1인이 사망한 때에는 해당 부동산은 잔존 합유자의 단독소유로 귀속되는 것이므로, 잔존 합유자는 해당 부동산을 잔존 합유자의 단독소유로 하는 **합유명의인 변경등기**를 신청할 수 있다.

3. 소유형태의 변경(공유 ⇔ 합유)

(1) 소유형태를 공유에서 합유로 변경하는 경우, 공유자들의 공동신청으로 '변경계약'을 등기원인으로 소유권변경등기를 신청할 수 있다.

(2) 수인의 합유자 명의로 등기되어 있는 부동산도 합유자 전원의 합의에 의하여 수인의 공유지분의 소유형태로 소유권변경등기를 신청할 수 있다.

기 출 지 문 O X

공유자 중 1인의 지분포기로 인한 소유권이전등기는 지분을 포기한 공유자가 단독으로 신청한다. ・30회 ( )

정답 (×)

공유지분권을 포기하는 공유자를 등기의무자로 하고 다른 공유자를 등기권리자로 하여 공동으로 신청하여야 한다.

기 출 지 문 O X

공유물분할금지약정이 등기된 경우, 그 약정의 변경등기는 공유자 중 1인이 단독으로 신청할 수 있다. ・32회 ( )

정답 (×)

공유자 전원이 공동으로 신청하여야 한다.

기 출 지 문 O X

합유자 1인이 다른 합유자 전원의 동의를 얻어 자신의 지분을 제3자에게 처분하는 경우, 지분이전등기를 한다. ・22회 ( )

정답 (×)

지분이전등기를 한다. ⇨ 합유명의인변경등기를 하여야 한다.

01 공유에 관한 등기에 관한 설명으로 옳은 것은? (다툼이 있으면 판례에 따름)

• 30회

① 미등기부동산의 공유자 중 1인은 전체 부동산에 대한 소유권보존등기를 신청할 수 없다.

② 공유자 중 1인의 지분포기로 인한 소유권이전등기는 지분을 포기한 공유자가 단독으로 신청한다.

③ 등기된 공유물 분할금지기간 약정을 갱신하는 경우, 공유자 중 1인이 단독으로 변경을 신청할 수 있다.

④ 건물의 특정부분이 아닌 공유지분에 대한 전세권설정등기를 할 수 있다.

⑤ 1필지의 토지 일부를 특정하여 구분소유하기로 하고 1필지 전체에 공유지분등기를 마친 경우, 대외관계에서는 1필지 전체에 공유관계가 성립한다.

해설 ① 미등기부동산의 공유자 중 1인은 전체 부동산에 대한 소유권보존등기를 신청할 수 있다.

② 공유자 중 1인의 지분포기로 인한 소유권이전등기는 지분을 포기한 공유자를 등기의무자로 하고 다른 공유자를 등기권리자로 하여 공동으로 신청한다.

③ 등기된 공유물 분할금지기간 약정을 갱신하는 경우, 이에 대한 변경등기는 공유자 전원이 공동으로 신청하여야 한다.

④ 공유지분에 대한 전세권설정등기는 허용되지 않는다.

정답 ⑤

02 합유등기에 관한 설명으로 틀린 것은?

• 30회

① 「민법」상 조합의 소유인 부동산을 등기한 경우, 조합원 전원의 명의로 합유등기를 한다.

② 합유등기를 하는 경우, 합유자의 이름과 각자의 지분비율이 기록되어야 한다.

③ 2인의 합유자 중 1인이 사망한 경우, 잔존 합유자는 그의 단독소유로 합유명의인 변경등기를 신청할 수 있다.

④ 합유자 중 1인이 다른 합유자 전원의 동의를 얻어 합유지분을 처분한 경우, 지분이전등기를 신청할 수 없다.

⑤ 공유자 전원이 그 소유관계를 합유로 변경하는 경우, 변경계약을 등기원인으로 변경등기를 신청해야 한다.

해설 ② 합유등기에 있어서는 등기부상 각 합유자의 지분을 표시하지 아니한다(등기예규 제911호).

정답 ②

3 매매로 인한 소유권이전등기와 거래가액등기 ·32회 ·33회

1. 거래가액 등기의 대상

거래가액은 2006.1.1. 이후 작성된 매매계약서를 등기원인증서로 하여 소유권이전등기를 신청하는 경우에 기록하므로 다음의 경우에는 거래가액을 등기하지 않는다(등기예규 제1633호). 이 경우 거래가액이란 「부동산 거래 신고 등에 관한 법률」 제3조에 따라 신고한 금액을 말한다(규칙 제124조 제1항).

> ① 2006.1.1. 이전에 작성된 매매계약서에 의한 등기신청을 하는 때
> ② 등기원인이 매매라 하더라도 등기원인증서가 판결, 조정조서 등 매매계약서가 아닌 때
> ③ 매매계약서를 등기원인증서로 제출하면서 소유권이전등기가 아닌 소유권이전청구권가등기를 신청하는 때

2. 거래계약신고필증정보 및 매매목록 제공

(1) 매매계약 등을 등기원인으로 하는 소유권이전등기를 신청하는 경우에는 거래가액을 신청정보의 내용으로 등기소에 제공하고, 시장·군수 또는 구청장으로부터 제공받은 거래계약신고필증정보를 첨부정보로서 등기소에 제공하여야 한다(규칙 제124조 제2항 전단).

(2) 이 경우 거래부동산이 2개 이상인 경우 또는 거래부동산이 1개라 하더라도 여러 명의 매도인과 여러 명의 매수인 사이의 매매계약인 경우에는 매매목록도 첨부정보로서 등기소에 제공하여야 한다(규칙 제124조 제2항 후단).

3. 거래가액의 등기방법

등기관이 거래가액을 등기할 때에는 다음의 구분에 따른 방법으로 한다(규칙 제125조).

(1) 매매목록의 제공이 필요 없는 경우
등기기록 중 갑구의 권리자 및 기타사항란에 거래가액을 기록하는 방법으로 등기한다.

2022년에 체결된 「부동산 거래 신고 등에 관한 법률」 제3조 제 1항 제1호의 부동산 매매계약의 계약서를 등기원인증서로 하는 소유권이전등기에 관해 등기관 은 거래가액을 등기기록 중 갑구 의 등기원인란에 기록하는 방법 으로 등기한다. • 33회 ( )

정답 (×)

갑구의 등기원인란 ⇨ 갑구의 권 리자 및 기타사항란

(2) 매매목록이 제공된 경우

거래가액과 부동산의 표시를 기록한 매매목록을 전자적으로 작성하여 번호를 부여하고 등기기록 중 갑구의 권리자 및 기타사항란에 그 매매목록의 번호를 기록하는 방법으로 등기한다.

【갑구】			(소유권에 관한 사항)		
순위 번호	등기목적	접 수	등기원인	권리자 및 기타사항
1	소유권 보존	2016년 5월 3일 제37353호		소유자 김우재 750802-1****** 서울특별시 강남구 헌릉로 21길 456
2	소유권 이전	2023년 7월 13일 제51213호	2023년 6월 10일 매매	소유자 신세계 730212-1****** 서울특별시 종로구 인사로 94길 156 거래가액 금 800,000,000원

> **참고** 매매목록과 거래가액 등기의 양식

1. 거래가액 등기 양식

(토지 : 서울특별시 강남구 신사동 153)

【갑구】			(소유권에 관한 사항)		
순위 번호	등기 목적	접 수	등기원인	권리자 및 기타사항
2	소유권 이전	2005년 5월 10일 제55500호	2005년 5월 9일 매매	소유자 오팔자 730102-1****** 서울시 중구 다동 6
3	소유권 이전	2023년 8월 5일 제84000호	2023년 6월 4일 매매	소유자 나산다 750320-1****** 서울시 강남구 개포로 100 현대 1차아파트 5동 502호 매매목록 제2022-101호

(건물 : 서울특별시 강남구 신사동 153)

【갑구】			(소유권에 관한 사항)		
순위 번호	등기 목적	접 수	등기원인	권리자 및 기타사항
2	소유권 이전	2005년 5월 10일 제55500호	2005년 5월 9일 매매	소유자 오팔자 730102-1****** 서울시 중구 다동 6
3	소유권 이전	2023년 8월 5일 제84000호	2023년 6월 4일 매매	소유자 나산다 750320-1****** 서울시 강남구 개포로 100 현대 1차아파트 5동 502호 매매목록 제2022-101호

2. 매매목록 양식

매매목록				
목록번호	2023-101			
거래가액	금 150,000,000원			
일련번호	부동산의 표시	순위번호	예비란	
			등기원인	경정원인
1	[토지] 서울특별시 강남구 신사동 153	3	2023년 6월 4일 매매	
2	[건물] 서울특별시 강남구 신사동 153	3	2023년 6월 4일 매매	

기출&예상 문제

소유권에 관한 등기의 설명으로 옳은 것을 모두 고른 것은? • 32회

㉠ 공유물 분할금지약정이 등기된 부동산의 경우에 그 약정상 금지기간 동안에는 그 부동산의 소유권 일부에 관한 이전등기를 할 수 없다.

㉡ 2020년에 체결된 부동산매매계약서를 등기원인을 증명하는 정보로 하여 소유권이전등기를 신청하는 경우에는 거래가액을 신청정보의 내용으로 제공하여야 한다.

㉢ 거래가액을 신청정보의 내용으로 제공하는 경우, 1개의 부동산에 관한 여러 명의 매도인과 여러 명의 매수인 사이의 매매계약인 때에는 매매목록을 첨부정보로 제공하여야 한다.

㉣ 공유물분할금지약정이 등기된 경우, 그 약정의 변경등기는 공유자 중 1인이 단독으로 신청할 수 있다.

① ㉠, ㉡   ② ㉠, ㉢
③ ㉡, ㉢   ④ ㉡, ㉣
⑤ ㉢, ㉣

해설 ㉠ 공유물 분할금지약정이 등기된 부동산의 경우에 그 약정상 금지기간 동안에는 공유물의 분할이 허용되지 않지만, 소유권의 일부인 지분을 이전하는 데는 문제없다.

㉣ 공유물 분할금지약정이 등기된 경우, 그 약정의 변경등기는 공유자 전원이 공동으로 신청한다.

정답 ③

1. 상속
   일정한 친족 관계가 있는 사람 사이에서 한 사람이 사망한 후에 다른 사람에게 재산에 관한 권리와 의무의 일체를 이어주거나 이어받는 것으로 '법률의 규정'에 해당한다.
2. 유증
   유언에 의하여 재산의 전부 또는 일부를 무상으로 다른 사람에게 물려주는 행위로서 법률행위 중 '단독행위'에 해당한다.
3. 증여
   당사자의 일방이 자기의 재산을 무상으로 상대편에게 줄 의사를 표시하고 상대편이 이를 승낙함으로써 성립하는 법률행위로서 '계약'이다.
4. 사인증여
   증여자가 사망하면 효력이 발생하는 '증여계약'이다.

4 상속으로 인한 소유권이전등기 ·26회 ·27회

1. 의 의

'상속'이란 피상속인의 사망으로 피상속인의 일신에 전속한 것을 제외하고 피상속인에게 속하였던 재산에 관한 권리의무를 포괄적으로 승계하는 것을 말한다(민법 제1005조). 상속인은 피상속인의 사망으로 등기를 하지 않더라도 물권을 취득하지만 그 물권을 처분하기 위해서는 등기를 하여야 한다(민법 제187조).

2. 등기신청인

(1) 상속으로 인한 등기는 등기권리자(상속인)가 단독으로 신청한다(법 제23조 제3항).

(2) 상속인이 수인인 경우에는 공동상속인 전원 또는 공동상속인 중 1인이 전원을 위하여 전원 명의의 상속등기를 신청할 수 있다. 이처럼 상속등기는 반드시 상속인 전원 명의로 등기를 하여야 하므로 공동상속인 중 일부가 자신의 상속지분만에 대한 상속등기를 신청하는 경우는 '사건이 등기할 것이 아닌 경우(법 제29조 제2호)'에 해당하여 각하된다.

(3) 상속등기는 반드시 전원 명의로 등기를 하여야 하므로 상속등기를 마친 후에 공동상속인 중 일부가 자기 상속지분만의 말소등기를 신청할 수는 없다.

3. 신청정보 및 첨부정보

(1) 협의분할에 의한 상속의 경우에는 예외가 인정되지만, 원칙적으로 상속등기의 등기원인은 '상속'으로 기록하고, 그 연월일는 '상속개시일', 즉 피상속인 사망일을 기록한다.

(2) 상속을 원인으로 등기를 신청하는 경우에는 상속을 증명하는 시·구·읍·면장의 서면을 첨부하여야 하는데, 이에 해당하는 것으로는 피상속인의 제적등본 및 기본증명서, 가족관계증명서, 친양자입양관계증명서 등이 있다.

4. 협의분할에 의한 상속등기

(1) 유언에 의하여 분할방법을 지정한 경우가 아닌 한 공동상속인은 언제든지 협의에 의하여 상속재산을 분할할 수 있다(민법 제1013조). 상속재산의 분할은 상속이 개시된 때에 소급하여 효력이 발생한다(민법 제1015조).

(2) 법정상속분에 따른 상속등기를 하기 전에 협의분할을 한 경우에는 협의분할을 원인으로 하는 소유권이전등기를 신청하여야 하나, 법정상속분에 따른 상속등기를 한 후에 협의분할을 한 경우에는 소유권경정등기를 신청하여야 한다. 협의분할의 효력이 상속이 개시된 때로 소급하기 때문이다.

> **한눈에 보기** **협의분할에 의한 상속등기**
>
> | 구 분 | 상속등기 전 협의분할한 경우 | 상속등기 후 협의분할한 경우 |
> |---|---|---|
> | 등기의 목적 | 소유권이전등기 | 소유권경정등기 |
> | 등기원인 | 협의분할에 의한 상속 ||
> | 그 연월일 | 피상속인의 사망일 | 협의분할일 |

■■ 상속등기 및 협의분할에 의한 상속등기 기록례

【갑구】			(소유권에 관한 사항)	
순위 번호	등기목적	접 수	등기원인	권리자 및 기타사항
2	소유권 이전	2011년 3월 8일 제19415호	2011년 1월 4일 상속	~~공유자 지분 2분의 1~~ ~~김일남 550225-1******~~ ~~서울특별시 종로구 인사동 123~~ ~~공유자 지분 2분의 1~~ ~~김일녀 570225-2******~~ ~~서울특별시 서대문구 홍제동 23-4~~
2-1	2번 소유권 경정	2013년 7월 13일 제51213호	2013년 7월 8일 협의분할에 인한 상속	공유자 지분 4분의 3 김일남 550225-1****** 서울특별시 종로구 인사동 123 공유자 지분 4분의 1 김일녀 570225-2****** 서울특별시 서대문구 홍제동 23-4

5 유증으로 인한 소유권이전등기 · 24회 · 34회

1. 의의 및 종류

'유증'이란 유언자가 유언에 의하여 자기의 재산을 수증자에게 사후에 무상으로 양도하는 단독행위를 말한다. 이는 특정 재산을 양도하는 특정유증과 재산의 전부 또는 일정 지분을 양도하는 포괄유증으로 나누어진다. 다음의 내용은 등기예규 제1512호를 기초로 서술한다.

2. 유언의 효력발생시기 및 유증으로 인한 물권변동시기

(1) 유언의 효력발생시기

유언은 유언자가 사망한 때로부터 그 효력이 생긴다. 다만, 유언에 정지조건이 있는 경우에 그 조건이 유언자의 사망 후에 성취한 때에는 그 조건성취한 때로부터 유언의 효력이 생긴다(민법 제1073조).

(2) 유증으로 인한 물권변동시기

포괄유증은 포괄승계에 해당하여 유증자의 사망 시에 물권변동의 효력이 발생하는 반면, 특정유증은 법률행위의 일반원칙에 따라 등기를 하여야 물권변동의 효력이 발생한다.

3. 등기신청인

(1) 유증으로 인한 소유권이전등기는 포괄유증이든 특정유증이든 불문하고 수증자를 등기권리자로, 상속인 또는 유언집행자를 등기의무자로 하여 공동으로 신청한다.

(2) 수증자가 여럿인 포괄유증의 경우에는 수증자 전원이 공동으로 신청하거나 각자가 자기 지분만에 대하여 소유권이전등기를 신청할 수 있다.

4. 등기원인 및 그 연월일

등기원인은 'O년 O월 O일 유증'으로 기록하고, 그 연월일은 유증자가 사망한 날을 기록한다. 다만, 유증에 조건 또는 기한이 붙은 경우에는 그 조건을 성취한 날 또는 그 기한이 도래한 날을 기록한다.

5. 등기신청방법

이미 등기된 부동산에 대한 유증으로 인한 소유권이전등기는 포괄유증이든 특정유증이든 모두 상속등기를 거치지 않고 유증자로부터 직접 수증자 명의로 등기를 신청하여야 한다. 그러나 유증으로 인한 소유권이전등기 전에 상속등기가 이미 마쳐진 경우에는 상속등기를 말소함이 없이 상속인으로부터 유증으로 인한 소유권이전등기를 신청할 수 있다.

> **➕ 보충** **미등기부동산에 대한 유증으로 인한 소유권보존등기 신청**
>
> 1. 포괄유증을 받은 자는 직접 수증자 명의로 소유권보존등기를 신청할 수 있다.
> 2. 특정유증을 받은 자는 직접 수증자 명의로 보존등기를 신청할 수 없고, 상속인명의로 보존등기를 마친 후 수증자 명의로 소유권이전등기를 하여야 한다.

6. 그 밖에 검토할 사항

(1) 등기필정보의 제공

유증으로 인한 소유권이전등기는 공동으로 신청하여야 하므로, 유증자의 등기필정보를 신청정보의 내용으로 제공하여야 한다.

(2) 유증의 가등기

유증을 원인으로 한 소유권이전등기청구권보전의 가등기는 유언자가 사망한 후인 경우에는 이를 수리하되, 유언자가 생존 중인 경우에는 이를 수리하여서는 아니 된다.

(3) 유류분*과의 관계

유증으로 인한 소유권이전등기 신청이 상속인의 유류분을 침해하는 내용이라 하더라도 등기관은 이를 수리하여야 한다.

기 출 지 문 O X

미등기부동산이 특정유증된 경우, 유언집행자는 상속인 명의의 소유권보존등기를 거쳐 유증으로 인한 소유권이전등기를 신청하여야 한다. • 24회 (   )

정답 (○)

* **유류분**
유증자의 의사와 관계없이 상속인이 법정상속분 중 일정 부분을 반드시 취득할 수 있도록 하는 제도이다. 다만, 유류분반환청구권은 모든 상속인에게 있는 것이 아니라 피상속인의 직계비속(자녀), 배우자, 직계존속(부모), 형제자매에게만 인정된다.

유증으로 인한 소유권이전등기에 관한 설명으로 틀린 것은? (다툼이 있으면 판례에 따름)
• 24회

① 유증에 기한이 붙은 경우에는 그 기한이 도래한 날을 등기원인일자로 기록한다.

② 포괄유증은 수증자 명의의 등기가 없어도 유증의 효력이 발생하는 시점에 물권변동의 효력이 발생한다.

③ 유증으로 인한 소유권이전등기는 상속등기를 거쳐 수증자 명의로 이전등기를 신청하여야 한다.

④ 유증으로 인한 소유권이전등기 신청이 상속인의 유류분을 침해하는 내용이라 하더라도 등기관은 이를 수리하여야 한다.

⑤ 미등기부동산이 특정유증된 경우, 유언집행자는 상속인 명의의 소유권보존등기를 거쳐 유증으로 인한 소유권이전등기를 신청하여야 한다.

해설 ③ 유증으로 인한 소유권이전등기는 상속등기를 할 필요 없이 수증자 명의로 직접 소유권이전등기를 신청하여야 한다.

정답 ③

6 수용으로 인한 소유권이전등기

• 24회 • 27회 • 28회 • 29회 • 30회 • 31회 • 32회 • 34회

1. 의의 및 성질

(1) '수용'이란 공익사업을 위하여 법정절차에 따라 토지 등에 대한 사인의 소유권 및 소유권 외의 권리를 강제적으로 취득하는 것을 말한다(공익사업을 위한 토지 등의 취득 및 보상에 관한 법률 제45조).

(2) 토지수용은 사업시행자가 피수용자의 의사에 따라 그의 권리를 승계취득하는 것이 아니라 법률의 규정에 따라 강제적으로 수용의 개시일에 원시취득하는 것이다. 구체적으로 사업시행자는 수용의 개시일까지 수용보상금을 지급 또는 공탁하면 수용의 개시일*에 등기를 하지 않더라도 소유권을 취득하고, 그 토지에 있던 다른 권리는 소멸한다.

* **수용의 개시일**
토지수용위원회가 재결로써 결정한 수용을 시작하는 날을 말한다.

2. 신청인

(1) 등기된 부동산에 대한 수용으로 인한 소유권의 취득은 원시취득이지만 그 등기의 형식은 소유권이전등기로 한다. 이 경우 소유권이전등기는 등기권리자인 사업시행자가 단독으로 신청할 수 있다(법 제99조 제1항).

(2) 국가 또는 지방자치단체가 등기권리자인 경우에 국가 또는 지방자치단체는 지체 없이 수용으로 인한 소유권이전등기를 등기소에 촉탁하여야 한다(법 제99조 제3항).

(3) 참고로, 미등기부동산을 수용한 경우는 사업시행자 명의로 소유권보존등기를 신청하여야 한다(법 제65조 제3호).

3. 대위등기 신청

(1) 등기권리자(사업시행자)는 수용으로 인한 소유권이전등기를 신청하는 경우에 등기명의인이나 상속인, 그 밖의 포괄승계인을 갈음하여 부동산의 표시 또는 등기명의인의 표시의 변경, 경정 또는 상속, 그 밖의 포괄승계로 인한 소유권이전의 등기를 신청할 수 있다(법 제99조 제2항).

(2) 국가 또는 지방자치단체가 등기권리자인 경우에 국가 또는 지방자치단체는 지체 없이 위 **(1)**의 등기를 등기소에 촉탁하여야 한다(동조 제3항).

4. 신청정보 및 첨부정보

(1) 신청정보에 등기원인은 '토지수용'으로, 등기원인일자 '수용의 개시일(재결일이 아닌 수용한 날)'을 적는다(등기예규 제1388호). 또한 토지수용위원회의 재결로써 존속이 인정된 권리가 있으면 이에 관한 사항을 신청정보의 내용으로 등기소에 제공하여야 한다(규칙 제156조 제1항).

(2) 등기원인을 증명하는 정보로 협의성립에 의한 수용일 때에는 토지수용위원회의 '협의성립확인서'를, 재결에 의한 수용일 때에는 토지수용위원회의 '재결서등본'을 제공하여야 한다. 또한, 보상이나 공탁을 증명하는 정보를 첨부정보로서 등기소에 제공하여야 한다(규칙 제156조 제2항).

기 출 지 문 O X

국가 및 지방자치단체에 해당하지 않는 등기권리자는 재결수용으로 인한 소유권이전등기를 단독으로 신청할 수 있다. •31회
(   )

정답 (O)

기 출 지 문 O X

수용으로 인한 소유권이전등기 신청서에 등기원인은 토지수용으로, 그 연월일은 수용의 재결일을 기재하여야 한다. •30회
(   )

정답 (×)
수용의 재결일 ⇨ 수용의 개시일

기 출 지 문 O X

수용으로 인한 소유권이전등기는 토지수용위원회의 재결서를 등기원인증서로 첨부하여 사업시행자가 단독으로 신청할 수 있다. •30회
(   )

정답 (O)

5. 등기의 실행 및 직권말소

(1) 수용으로 인한 소유권 취득은 그 성질이 원시취득이므로 수용으로 인한 소유권이전등기의 신청 또는 촉탁에 의하여 소유권이전등기를 할 때에는 그 부동산의 등기기록 중 소유권, 소유권 외의 권리, 그 밖의 처분제한에 관한 등기가 있으면 그 등기를 등기관은 직권으로 말소하여야 한다(법 제99조 제4항 본문).

(2) 다만, 그 부동산을 위하여 존재하는 지역권의 등기 또는 토지수용위원회의 재결로써 존속이 인정된 권리의 등기는 말소하지 아니한다(법 제99조 제4항 단서).

| 한눈에 보기 | 수용에 의한 소유권이전등기 시 직권말소 여부 | |

구 분	소유권이전등기	소유권 외 (지상권, 지역권, 전세권, 임차권, 저당권, 가압류, 가처분 등)
원 칙	말소하지 않는다.	직권으로 말소한다.
예 외	• 수용의 개시일 이후에 마쳐진 소유권이전등기는 직권으로 말소한다. • 다만, 수용의 개시일 이후에 마쳐진 소유권이전등기라도 수용의 개시일 이전에 발생한 상속을 원인으로 한 소유권이전등기는 말소의 대상이 아니다.	그 부동산을 위하여 존재하는 지역권등기는 직권말소의 대상이 아니다.

6. 재결이 실효된 경우

토지수용의 재결의 실효를 원인으로 하는 토지수용으로 인한 소유권이전등기의 말소의 신청은 등기의무자와 등기권리자가 공동으로 신청하여야 하며, 이에 의하여 토지수용으로 인한 소유권이전등기를 말소한 때에는 등기관은 토지수용으로 말소한 등기를 직권으로 회복하여야 한다(등기예규 제1388호).

기출지문 OX

등기관은 재결수용으로 인한 소유권이전등기를 하는 경우에 그 부동산을 위하여 존재하는 지역권의 등기를 직권으로 말소하여야 한다. •31회 ( )

정답 (×)
직권으로 말소하여야 한다. ⇨ 직권으로 말소하지 아니한다.

기출지문 OX

수용으로 인한 소유권이전등기를 하는 경우, 등기권리자는 그 목적물에 설정되어 있는 근저당권설정등기의 말소등기를 단독으로 신청하여야 한다. •28회 ( )

정답 (×)
단독으로 신청하여야 한다. ⇨ 등기관이 직권으로 말소하여야 한다.

기출지문 OX

수용으로 인한 소유권이전등기가 된 경우 토지수용위원회의 재결이 실효된 경우, 그 소유권이전등기의 말소등기는 원칙적으로 공동신청에 의한다. •30회 ( )

정답 (○)

기출&예상 문제

수용으로 인한 등기에 관한 설명으로 옳은 것을 모두 고른 것은? ·30회

> ⊙ 수용으로 인한 소유권이전등기는 토지수용위원회의 재결서를 등기
> 원인증서로 첨부하여 사업시행자가 단독으로 신청할 수 있다.
> ⓒ 수용으로 인한 소유권이전등기신청서에 등기원인은 토지수용으로,
> 그 연월일은 수용의 재결일을 기재하여야 한다.
> ⓒ 수용으로 인한 등기신청 시 농지취득자격증명을 첨부하여야 한다.
> ⓔ 등기권리자의 단독신청에 따라 수용으로 인한 소유권이전등기를 하
> 는 경우, 등기관은 그 부동산을 위해 존재하는 지역권의 등기를 직권
> 으로 말소해서는 안 된다.
> ⓜ 수용으로 인한 소유권이전등기가 된 경우 토지수용위원회의 재결이
> 실효된 경우, 그 소유권이전등기의 말소등기는 원칙적으로 공동신
> 청에 의한다.

① ⊙, ⓒ, ⓒ   ② ⊙, ⓒ, ⓔ
③ ⊙, ⓔ, ⓜ   ④ ⓒ, ⓒ, ⓜ
⑤ ⓒ, ⓔ, ⓜ

해설 ⓒ 수용으로 인한 소유권이전등기신청서에 등기원인은 토지수용으로, 그 연월
일은 수용의 재결일을 기재하지 않고 '수용의 개시일'을 기재하여야 한다.
　　ⓒ 농지취득자격증명은 '법률행위'에 의한 소유권이전등기를 신청하는 경우 제
공하는 것을 원칙으로 하므로, 법률의 규정(수용, 진정명의회복 등)에 의한
등기신청 시에는 제공을 요하지 않는다(등기예규 제1635호).

정답 ③

7 진정명의회복을 원인으로 한 소유권이전등기 ·29회 ·34회

1. 의 의

(1) '진정명의회복을 원인으로 한 소유권이전등기'란 등기원인의 무효 등으로
등기기록에 기록된 등기명의인이 무권리자인 경우에 진정한 소유자가 무
권리자 명의의 등기를 말소하지 않고 자기명의로 소유권이전등기하는 것
을 말한다. 이하에서 등기예규 제1631호를 중심으로 살펴보겠다.

(2) 예를 들어, 甲 소유 토지에 대해 甲과 乙의 가장매매에 의해 乙 앞으로 소유
권이전등기가 된 후에 선의의 丙 앞으로 저당권설정등기가 설정된 경우, 甲
과 乙은 공동으로 진정명의회복을 위한 소유권이전등기를 신청할 수 있다.

기출지문 OX

실체관계와 부합하지 않는 원인
무효의 소유권이전등기가 甲으
로부터 乙 명의로 마쳐진 경우, 甲
은 乙에 대하여 진정명의회복을
등기원인으로 하는 소유권이전
등기를 청구할 수 있다. ·20회

(   )

정답 (○)

2. 신청인

(1) 공동신청

이미 자기 앞으로 소유권을 표상하는 등기가 되어 있던 자 또는 지적공부상 소유자로 등록되어 있던 자로서 소유권보존등기를 신청할 수 있는 자는 현재의 등기명의인과 공동으로 진정명의회복을 등기원인으로 하여 소유권이전등기를 신청할 수 있다.

(2) 단독신청

현재의 등기명의인이 이에 협력하지 않으면 현재의 등기명의인을 상대로 '진정명의회복'을 등기원인으로 한 소유권이전등기절차의 이행을 명하는 판결을 받아 단독으로 신청할 수 있다.

3. 신청정보 및 첨부정보의 제공

(1) 진정명의회복등기를 신청하는 경우에 신청정보에 등기의 목적은 '소유권이전'으로, 등기원인은 '진정명의회복'으로 기록하지만, 등기원인일자는 기록하지 않는다(등기예규 1631호). 판결을 받아 단독신청하는 경우도 등기원인일자는 기록하지 않는다.

(2) 공동신청에 의할 경우에는 등기원인을 증명하는 정보가 존재하지 않지만, 판결에 의하여 단독신청하는 경우에는 판결정본이 등기원인을 증명하는 정보가 된다.

(3) 진정명의회복은 법률행위가 아니라 법률의 규정에 해당하므로 계약을 전제로 하는 토지거래허가증이나 농지취득자격증명을 제공할 필요는 없다. 또한 판결서정본에 검인을 받을 필요도 없다.

■ **진정명의회복을 원인으로 한 소유권이전등기 기록례**

【갑구】			(소유권에 관한 사항)	
순위번호	등기목적	접 수	등기원인	권리자 및 기타사항
1	소유권보존	2010년 2월 4일 제2315호		소유자 정기동 731203-1****** 서울특별시 강동구 천호동 34
2	소유권이전	2022년 7월 8일 제42315호	2022년 6월 5일 매매	소유자 김인호 780412-1****** 서울특별시 관악구 난향로 12길 34
3	소유권이전	2023년 10월 23일 제82312호	진정명의회복	소유자 정기동 731203-1****** 서울특별시 강동구 천호로 22

기 출 지 문 O X

특정유증을 받은 자로서 아직 소유권등기를 이전받지 않은 자는 직접 진정명의회복을 원인으로 한 소유권이전등기를 청구할 수 없다. •34회   (   )

정답 (○)

기 출 지 문 O X

진정명의회복을 원인으로 하는 소유권이전등기에는 등기원인일자를 기록하지 않는다. •22회

(   )

정답 (○)

8 환매특약등기 · 29회 · 33회

1. 의의 및 성질

(1) '환매특약'이란 매매계약과 동시에 일정한 기간 내에 매매대금 및 매매비용을 반환하고 다시 부동산을 매수할 수 있는 권리를 유보하는 특약을 말한다(민법 제590조 제1항). 이러한 환매특약에 의하여 매매의 목적물을 다시 살 수 있는 권리를 환매권이라고 한다.

(2) 환매권은 채권이므로 제3자에게 그 효력을 주장할 수 없으나 매매등기와 동시에 환매권의 보류를 등기한 때에는 제3자에 대하여 대항력이 발생한다(민법 제592조). 즉, 환매특약등기 후에 제3의 취득자가 있다면 그 자에게 직접 환매권을 행사할 수 있고, 환매특약등기 후에 제3자에게 설정된 저당권이나 지상권 등에 대하여 환매권 행사를 이유로 말소를 청구할 수도 있다.

2. 환매특약등기의 절차

(1) 공동신청

환매특약등기는 매도인이 등기권리자가 되고 매수인이 등기의무자가 되어 공동으로 신청한다.

(2) 동시신청

① 환매특약등기는 매도인을 등기권리자로 하고 매수인을 등기의무자로 하여 소유권이전등기와 동시에 신청하여야 한다. 이 경우 신청정보는 소유권이전등기신청정보와 별개로 작성하여야 한다.

② 소유권이전등기를 마친 후에 환매특약등기를 신청한 경우 「민법」 제592조의 동시신청에 반하는 것으로 「부동산등기법」 제29조 제2호 '사건이 등기할 것이 아닌 경우'에 해당하여 각하된다.

(3) 신청정보의 제공사항

① 필요적 제공사항 : 환매특약의 등기를 신청하는 경우에는 신청정보에 매수인이 지급한 대금과 매매비용을 제공하여야 한다(규칙 제113조).

② 임의적 제공사항 : 환매기간은 등기원인에 그 사항이 정하여져 있는 경우만 기록한다(규칙 제113조). 환매기간은 부동산은 5년을 넘지 못하며, 약정기간이 이를 넘는 때에는 부동산은 5년으로 단축한다(민법 제591조 제1항). 환매기간을 정하지 아니한 때에는 그 기간은 부동산은 5년으로 한다(민법 제591조 제3항).

(4) 환매특약등기의 실행

① 환매특약등기는 매수인의 환매특약부 소유권이전등기에 부기등기로 실행한다(법 제52조 제6호).
② 소유권이전등기와 환매특약등기는 동시에 신청하므로 양 등기의 접수연월일과 접수번호는 동일하게 기록된다.

3. 환매권의 이전등기 및 환매특약등기의 말소등기

(1) 환매권의 이전등기

환매권은 재산권이므로 환매권자는 이를 양도할 수 있다. 이 경우 환매권의 양도인이 등기의무자가 되고, 양수인이 등기권리자가 되어 환매권의 이전등기를 공동으로 신청한다. 환매권의 이전등기는 부기등기의 부기등기로 실행한다.

(2) 환매특약등기의 말소등기

① 직권말소 : 환매권자가 환매권을 행사하여 소유권이전등기를 하는 경우, 환매특약등기는 존치할 필요가 없으므로 등기관은 직권으로 이를 말소한다.
② 공동신청말소 : 환매기간의 경과 등 환매권의 행사 이외의 사유로 환매권이 소멸하는 경우, 매수인이 등기권리자가 되고 매도인이 등기의무자가 되어 공동으로 환매특약등기의 말소를 신청하여야 한다.

■■ 환매특약등기 기록례

【갑구】				(소유권에 관한 사항)
순위 번호	등기목적	접 수	등기원인	권리자 및 기타사항
1	소유권 보존	2017년 6월 7일 제57654호		소유자 지우림 730321-2****** 서울특별시 강남구 봉은사로 123
2	소유권 이전	2020년 9월 3일 제87654호	2020년 7월 19일 환매특약부매매	소유자 정현승 680521-1****** 서울특별시 강남구 코엑스로 54
2-1	~~환매특약~~	~~2020년 9월 3일 제87654호~~	~~2020년 7월 19일 특약~~	~~환매대금 금 70,000,000원 매매비용 금 7,000,000원 환매기간 2022년 7월 8일까지 환매권자 지우림 730321-2****** 서울특별시 서초구 서초동 123~~
3	소유권 이전	2024년 7월 8일 제65214호	2024년 7월 7일 환매	소유자 지우림 730321-2****** 서울특별시 서초구 서초동 123
4	2-1번 환매권말소			3번 소유권이전등기로 인하여 2022년 7월 8일 등기

9 신탁등기 •25회 •26회 •27회 •29회 •31회 •32회 •33회

1. 의의 및 성질

(1) 「신탁법」상 '신탁'이란 위탁자와 수탁자 간의 신임관계에 기하여 위탁자가 수탁자에게 특정의 재산을 이전하거나 담보권의 설정 또는 그 밖의 처분을 하고 수탁자로 하여금 수익자의 이익 또는 특정의 목적을 위하여 그 재산의 관리, 처분, 운용, 개발, 그 밖에 신탁 목적의 달성을 위하여 필요한 행위를 하게 하는 법률관계를 말한다(신탁법 제2조).

(2) 신탁행위는 채권계약으로 이를 등기하여야 그 효력을 제3자에게 대항할 수 있다. 즉, 등기할 수 있는 재산권에 관하여는 신탁의 등기를 함으로써 그 재산이 신탁재산에 속한 것임을 제3자에게 대항할 수 있다(신탁법 제4조 제1항).

2. 신탁등기의 신청인

(1) 신탁재산에 속하는 부동산의 신탁등기는 수탁자가 단독으로 신청한다(법 제23조 제7항).

(2) 수탁자가 타인에게 신탁재산에 대하여 신탁을 설정하는 경우, 해당 신탁재산에 속하는 부동산에 관한 권리이전등기에 대하여는 새로운 신탁의 수탁자를 등기권리자로 하고 원래 신탁의 수탁자를 등기의무자로 한다. 이 경우 해당 신탁재산에 속하는 부동산의 신탁등기는 새로운 신탁의 수탁자가 단독으로 신청한다(법 제23조 제8항).

(3) 수익자나 위탁자는 수탁자를 대위하여 신탁등기를 신청할 수 있다(법 제82조 제2항).

3. 신탁등기의 신청방법

(1) 신탁등기의 신청은 해당 부동산에 관한 권리의 설정등기, 보존등기, 이전등기 또는 변경등기의 신청과 동시에 하여야 한다(법 제82조 제1항). 즉, 신탁등기의 신청은 해당 신탁으로 인한 권리의 이전 또는 보존이나 설정등기의 신청과 함께 1건의 신청정보로 일괄하여 하여야 한다(규칙 제139조 제1항). 다만, 수익자나 위탁자가 수탁자를 대위하여 신탁등기를 신청하는 경우에는 동시신청 규정을 적용하지 않는다(법 제82조 제2항 단서).

PART 2

04 각종 권리의 등기절차

기 출 지 문 O X

수익자는 수탁자를 대위하여 신탁등기를 신청할 수 있다. •33회
( )

정답 (○)

기 출 지 문 O X

신탁등기의 신청은 해당 신탁으로 인한 권리의 이전 또는 보존이나 설정등기의 신청과 함께 1건의 신청정보로 일괄하여 하여야 한다. •26회 ( )

정답 (○)

기 출 지 문 O X

수익자가 수탁자를 대위하여 신탁등기를 신청할 경우, 해당 부동산에 대한 권리의 설정등기와 동시에 신청하여야 한다. •25회
( )

정답 (×)
동시에 신청하여야 한다. ⇨ 동시신청을 요하지 않는다.

(2) 등기원인이 신탁임에도 신탁등기만을 신청하거나 소유권이전등기만을 신청하는 경우에는 「부동산등기법」 제29조 제5호 '신청정보의 제공이 대법원규칙으로 정한 방식에 맞지 아니한 경우'에 해당하므로 신청을 각하하여야 한다(등기예규 제1726호).

(3) 신탁행위에 의한 신탁등기를 신청하는 경우 등기의 목적은 '소유권이전 및 신탁', 등기원인과 그 연월일은 'ㅇ년 ㅇ월 ㅇ일 신탁'으로 하여 신청정보의 내용으로 제공한다(등기예규 제1726호).

4. 신탁등기의 실행 및 신탁원부

(1) 등기관이 권리의 이전 또는 보존이나 설정등기와 함께 신탁등기를 할 때에는 하나의 순위번호를 사용하여야 한다(규칙 제139조 제7항).

(2) 등기관이 신탁등기를 할 때에는 신탁원부를 작성하고, 등기기록에는 신탁원부의 번호를 기록하여야 한다(법 제81조 제1항). 이 경우 신탁원부는 등기기록의 일부로 본다(법 제81조 제3항).

(3) 여러 개의 부동산에 관하여 1건의 신청정보로 일괄하여 신탁등기를 신청하는 경우에는 각 부동산별로 신탁원부 작성을 위한 정보를 제공하여야 한다(등기예규 제1726호).

(4) 신탁가등기는 소유권이전청구권보전을 위한 가등기와 동일한 방식으로 신청하되, 신탁원부 작성을 위한 정보도 첨부정보로서 제공하여야 한다(등기예규 제1726호).

■■ **신탁등기 기록례**

【갑구】				(소유권에 관한 사항)
순위 번호	등기목적	접 수	등기원인	권리자 및 기타사항
2	소유권 이전	2020년 1월 9일 제670호	2020년 1월 8일 매매	소유자　전맡겨　700104-1****** 서울특별시 서초구 반포대로 60 (반포동) 거래가액 금 700,000,000원
3	소유권 이전	2023년 5월 31일 제3005호	2023년 5월 30일 신탁	수탁자　나믿음　750321-1****** 서울특별시 서초구 방배로 246 (방배동)
	신 탁			신탁원부　제2022-125호

▪▌ 신탁가등기 기록례

【갑구】				(소유권에 관한 사항)
순위 번호	등기목적	접 수	등기원인	권리자 및 기타사항
3	소유권이전 청구권 가등기	2023년 5월 31일 제30005호	2023년 5월 30일 신탁예약	수탁자 나믿음 750321-1****** 서울특별시 서초구 방배로 246 (방배동)
	신탁가등기			신탁원부 제2023-125호

5. 수탁자가 여러 명인 경우

(1) 수탁자가 여러 명인 경우 등기관은 신탁재산이 **합유**인 뜻을 기록하여야 한다(법 제84조 제1항).

(2) 여러 명의 수탁자 중 1인이 그 임무가 종료된 경우 다른 수탁자는 단독으로 권리변경등기를 신청할 수 있다. 이 경우 다른 수탁자가 여러 명일 때에는 그 전원이 공동으로 신청하여야 한다(법 제84조 제2항).

6. 신탁등기의 말소

(1) 신탁등기의 말소등기는 **수탁자가 단독으로** 신청할 수 있다(법 제87조 제3항).

(2) 신탁재산에 속한 권리가 이전, 변경 또는 소멸됨에 따라 신탁재산에 속하지 아니하게 된 경우 신탁등기의 말소신청은 신탁된 권리의 이전등기, 변경등기 또는 말소등기의 신청과 동시에 하여야 한다(법 제87조 제1항). 즉, 신탁등기의 말소등기신청은 권리의 이전 또는 말소등기나 수탁자의 고유재산으로 된 뜻의 등기신청과 함께 **1건의 신청정보로** 일괄하여 하여야 한다(규칙 제144조 제1항).

(3) 수탁자가 신탁등기의 말소등기를 신청하지 않는 경우 **수익자나 위탁자는** 수탁자를 대위하여 신탁등기의 말소를 신청할 수 있다. 이 경우 동시신청 규정을 적용하지 않는다(법 제87조 제4항).

(4) 등기관이 권리의 이전 또는 말소등기나 수탁자의 고유재산으로 된 뜻의 등기와 함께 신탁등기의 말소등기를 할 때에는 **하나의 순위번호를** 사용하고, 종전의 신탁등기를 말소하는 표시를 하여야 한다(규칙 제144조 제2항).

기출지문 O X

수탁자가 여러 명인 경우 등기관은 신탁재산이 공유인 뜻을 등기부에 기록하여야 한다. • 25회

( )

정답 (×)

공유 ⇨ 합유

기출지문 O X

신탁등기의 말소등기신청은 권리의 이전 또는 말소등기나 수탁자의 고유재산으로 된 뜻의 등기신청과 함께 1건의 신청정보로 일괄하여 해야 한다. • 27회

( )

정답 (○)

(5) 신탁재산이 수탁자의 고유재산이 되었을 때에는 그 뜻의 등기를 주등기로 하여야 한다(규칙 제143조).

■■ 신탁부동산의 수탁자 고유재산으로의 전환으로 인한 말소

【갑구】			(소유권에 관한 사항)	
순위번호	등기목적	접 수	등기원인	권리자 및 기타사항
2	소유권 이전	2022년 5월 31일 제3005호	2022년 5월 30일 신탁	소유자 나믿음 750321-1****** 서울특별시 서초구 방배로 246 (방배동) 거래가액 금 700,000,000원
	~~신탁재산처분에 의한 신탁~~			~~신탁원부 제2022 125호~~
3	2번수탁자의 고유재산으로 된 뜻의 등기	2024년 1월 31일 제6000호	2024년 1월 30일 신탁재산의 고유재산 전환	
	2번신탁등기 말소		신탁재산의 고유재산 전환	

⊕ 보충 **신탁원부 기록사항의 변경등기**

1. **수탁자의 신청**
   수탁자는 제85조 및 제85조의2에 해당하는 경우를 제외하고 제81조 제1항 각 호의 사항이 변경되었을 때에는 지체 없이 신탁원부 기록의 변경등기를 신청하여야 한다(법 제86조).

2. **법원 또는 법무부장관의 촉탁**
   (1) 법원은 다음의 어느 하나에 해당하는 재판을 한 경우 지체 없이 신탁원부 기록의 변경등기를 등기소에 촉탁하여야 한다(법 제85조 제1항).
   ① 수탁자 해임의 재판
   ② 신탁관리인의 선임 또는 해임의 재판
   ③ 신탁 변경의 재판
   (2) 법무부장관은 다음의 어느 하나에 해당하는 경우 지체 없이 신탁원부 기록의 변경등기를 등기소에 촉탁하여야 한다(법 제85조 제2항).
   ① 수탁자를 직권으로 해임한 경우
   ② 신탁관리인을 직권으로 선임하거나 해임한 경우
   ③ 신탁내용의 변경을 명한 경우
   (3) 등기관이 제1항 제1호 및 제2항 제1호에 따라 법원 또는 주무관청의 촉탁에 의하여 수탁자 해임에 관한 신탁원부 기록의 변경등기를 하였을 때에는 직권으로 등기기록에 수탁자 해임의 뜻을 부기하여야 한다(법 제85조 제3항).

3. 등기관의 직권

등기관이 신탁재산에 속하는 부동산에 관한 권리에 대하여 다음의 어느 하나에 해당하는 등기를 할 경우 직권으로 그 부동산에 관한 신탁원부 기록의 변경등기를 하여야 한다(법 제85조의2).

(1) 수탁자의 변경으로 인한 이전등기
(2) 여러 명의 수탁자 중 1인의 임무 종료로 인한 변경등기
(3) 수탁자인 등기명의인의 성명 및 주소(법인인 경우에는 그 명칭 및 사무소 소재지를 말한다)에 관한 변경등기 또는 경정등기

기출 지문 O X

여러 명의 수탁자 중 1인의 임무 종료로 인한 합유명의인 변경등기를 한 경우에는 등기관은 직권으로 신탁원부 기록을 변경해야 한다. • 33회   (   )

정답 (○)

기출&예상 문제

01 「신탁법」에 따른 신탁의 등기에 관한 설명으로 옳은 것은? • 31회

① 수익자는 수탁자를 대위하여 신탁등기를 신청할 수 없다.
② 신탁등기의 말소등기는 수탁자가 단독으로 신청할 수 없다.
③ 하나의 부동산에 대해 수탁자가 여러 명인 경우, 등기관은 그 신탁부동산이 합유인 뜻을 기록하여야 한다.
④ 신탁재산에 속한 권리가 이전됨에 따라 신탁재산에 속하지 아니하게 된 경우, 신탁등기의 말소신청은 신탁된 권리의 이전등기가 마쳐진 후에 별도로 하여야 한다.
⑤ 위탁자와 수익자가 합의로 적법하게 수탁자를 해임함에 따라 수탁자의 임무가 종료된 경우, 신수탁자는 단독으로 신탁재산인 부동산에 관한 권리이전등기를 신청할 수 없다.

해설 ① 수익자나 위탁자는 수탁자를 대위하여 신탁등기를 신청할 수 있다(법 제82조 제2항).
② 신탁등기의 말소등기는 수탁자가 단독으로 신청할 수 있다(법 제87조 제3항).
④ 신탁재산에 속한 권리가 이전, 변경 또는 소멸됨에 따라 신탁재산에 속하지 아니하게 된 경우 신탁등기의 말소신청은 신탁된 권리의 이전등기, 변경등기 또는 말소등기의 신청과 동시에 하여야 한다(법 제87조 제1항).
⑤ 위탁자와 수익자의 합의로 수탁자를 해임함에 따라 수탁자의 임무가 종료된 경우, 신수탁자는 단독으로 신탁재산에 속하는 부동산에 관한 권리이전등기를 신청할 수 있다(법 제83조).

정답 ③

PART 2

04 각종 권리의 등기절차

02 「부동산등기법」상 신탁등기에 관한 설명으로 **틀린** 것은? ·33회

① 수익자는 수탁자를 대위하여 신탁등기를 신청할 수 있다.

② 신탁등기의 말소등기는 수탁자가 단독으로 신청할 수 있다.

③ 신탁가등기는 소유권이전청구권보전을 위한 가등기와 동일한 방식으로 신청하되, 신탁원부 작성을 위한 정보를 첨부정보로서 제공해야 한다.

④ 여러 명의 수탁자 중 1인의 임무종료로 인한 합유명의인 변경등기를 한 경우에는 등기관은 직권으로 신탁원부 기록을 변경해야 한다.

⑤ 법원이 신탁관리인 선임의 재판을 한 경우, 그 신탁관리인은 지체없이 신탁원부 기록의 변경등기를 신청해야 한다.

해설 ⑤ 법원은 다음의 어느 하나에 해당하는 재판을 한 경우 지체 없이 신탁원부 기록의 변경등기를 등기소에 촉탁하여야 한다(법 제85조 제1항).

> 1. 수탁자 해임의 재판
> 2. 신탁관리인의 선임 또는 해임의 재판
> 3. 신탁 변경의 재판

정답 ⑤

제2절 **소유권 외의 권리에 관한 등기절차**

1 지상권등기 ·28회 ·31회 ·34회

1. 의의 및 객체

(1) '지상권'은 타인의 토지에 건물 기타 공작물이나 수목을 소유하기 위하여 그 토지를 사용할 수 있는 물권이다(민법 제279조).

(2) 지상권은 배타적인 권리이므로 지상권이 설정된 토지에 이중으로 설정하지 못한다. 한편, 지상권은 토지의 전부뿐만 아니라 일부에도 설정할 수 있지만, 공유지분상에는 설정할 수 없다.

(3) 지상권은 농지에도 설정할 수 있다. 예를 들어 한국전력공사가 송전선을 연결할 목적으로 농지에 송전탑을 세우는 경우 농지를 빌릴 수 있는데, 이 경우 적합한 권리가 지상권이다.

2. 지상권설정등기의 신청인

지상권설정등기는 지상권자를 등기권리자로 하고 지상권설정자(토지소유자)를 등기의무자로 하여 공동으로 신청한다.

3. 신청정보의 내용(규칙 제126조)

(1) 필요적 제공사항

① **지상권설정의 목적** : 지상권은 그 목적에 따라 최단존속기간이 다르므로 설정계약에 정하여진 지상권설정의 목적인 건물, 공작물, 수목 중 어느 것을 소유할 것인가를 명확히 적는다.

② **지상권설정의 범위** : 지상권은 1필지의 전부 또는 일부에 설정할 수 있으므로 그 범위를 적어야 한다. 지상권을 토지의 일부에 설정하는 경우 그 부분을 표시한 지적도를 첨부정보로서 등기소에 제공하여야 한다(규칙 제126조 제2항).

(2) 임의적 제공사항

① **지상권의 존속기간** : 지상권의 존속기간은 확정기간뿐만 아니라 '철탑 존속기간으로 한다.'와 같은 불확정기간으로도 정할 수 있다. 또한 지상권의 존속기간을 「민법」에 규정된 최단존속기간보다 단축하여 기재한 등기신청의 경우 최단기간까지 연장된 것으로 보므로(민법 제280조 제2항) 그 등기신청은 수리하여야 한다.

② **지료 및 그 지급시기 등** : 지상권설정등기를 하는 데 필요적 사항이 아니므로, 등기원인에 그 약정이 있는 경우에만 이를 제공하여야 한다.

4. 지상권설정등기의 첨부정보

(1) 등기원인을 증명하는 정보(예 지상권설정계약서 등), 등기의무자의 권리에 관한 등기필정보, 등기의무자의 인감증명 등을 제공하여야 한다.

(2) 지상권의 목적인 토지가 토지거래허가구역 안의 토지인 경우에는 토지거래허가증을 제공하여야 한다.

(3) 지상권설정의 범위가 부동산의 일부인 경우에는 그 부분을 표시한 지적도를 첨부정보로서 등기소에 제공하여야 한다(규칙 제126조 제2항).

5. 지상권설정등기의 실행

등기관이 지상권설정의 등기를 할 때에는 일반적인 등기사항 외에 다음의 사항을 기록하여야 한다(법 제69조).

> ① 지상권설정의 목적
> ② 범위
> ③ 등기원인에 그 약정이 있는 경우 지상권의 존속기간
> ④ 등기원인에 그 약정이 있는 경우 지료와 지급시기
> ⑤ 지상권설정의 범위가 토지의 일부인 경우에는 그 부분을 표시한 도면의 번호

■■ 지상권설정등기 및 이전등기의 기록례

【을구】				(소유권 외의 권리에 관한 사항)
순위 번호	등기목적	접 수	등기원인	권리자 및 기타사항
1	지상권 설정	2021년 5월 23일 제41234호	2021년 5월 1일 설정계약	목적 철근콘크리트건물 소유 범위 동남쪽 200m² 존속기간 2020년 5월 23일부터 30년간 지료 월 300,000원 지급시기 매월 말일 ~~지상권자 김 수 안~~ ~~801221-1******~~ ~~서울 강남구 봉은사로 30~~ 도면 편철장 제3책 제8면
1-1	1번 지상권 이전	2023년 10월 5일 제22345호	2023년 10월 4일 매매	지상권자 이 수 백 681210-1****** 서울 강남구 테헤란로 120

6. 구분지상권설정등기

(1) 구분지상권의 의의 및 성질

① 건물 기타의 공작물을 소유하기 위하여 지하 또는 지상의 공간을 상하의 범위를 정하여 그 일정 부분을 사용목적으로 설정하는 지상권을 말한다. 권리의 성질상 수목의 소유를 목적으로 구분지상권을 설정할 수 없다.

② 지상권은 배타적인 권리이므로 지상권이 설정된 토지에 이중의 지상권을 설정할 수 없지만, 구분지상권은 그 상하의 범위가 중복되지 않는 한 각각 다른 2개 이상의 구분지상권을 따로 등기할 수 있다.

기 출 지 문 O X

동일 토지에 관하여 지상권이 미치는 범위가 각각 다른 2개 이상의 구분지상권은 그 토지의 등기기록에 각기 따로 등기할 수 있다.
• 21회   (   )

정답 (○)

(2) 신청정보의 제공내용

① **구분지상권설정의 목적** : 구분지상권은 건물 기타의 공작물을 소유하기 위하여 지하 또는 지상의 공간을 상하의 범위를 정하여 그 일정 부분을 사용하는 권리이므로 반드시 그 목적을 제공하여야 한다. 예를 들어 '송전선 소유', '지하철도 소유' 등으로 제공한다.

② **지상권설정의 범위** : 지하 또는 지상에서의 토지의 상하범위를 구체적으로 적어야 한다. 예를 들어 '평균 해수면 위 100미터로부터 150미터 사이' 또는 '토지의 동남쪽 끝 지점을 포함한 수평면을 기준으로 하여 지하 20미터로부터 50미터 사이' 등으로 제공하여야 한다. 그러나 지적도면을 첨부정보로 제공할 필요는 없다(등기예규 제1040호).

③ **임의적 제공사항** : 등기원인에 구분지상권의 행사를 위하여 토지의 사용을 제한할 수 있다는 약정이 있는 경우에만 이를 제공하여야 한다(규칙 제126조 제1항).

2 지역권등기 · 24회 · 28회 · 31회 · 34회

1. 지역권의 의의 및 성질

(1) '지역권'은 설정행위에서 정한 일정한 목적(예 통행 · 인수 · 관망 등)을 위하여 타인의 토지를 자기 **토지의 편익에 이용**하는 물권이다(민법 제291조). 편익을 받는 토지를 요역지, 편익을 제공하는 토지를 승역지라고 한다.

(2) 지역권은 설정계약을 원인으로 취득하는 것이 일반적이지만, 점유시효취득을 원인으로 하여 취득할 수도 있다. 즉, 지역권은 계속되고 표현된 것에 한하여 「민법」 제245조 제1항의 **점유시효취득의 규정**을 준용하므로(민법 제294조), 점유시효취득의 요건을 갖춘 자는 등기함으로써 **통행지역권**을 **취득**한다.

(3) 지역권은 요역지와 분리하여 양도하거나 다른 권리의 목적으로 하지 못하므로(민법 제292조 제2항) 요역지의 소유권이 이전되는 경우 **별도의 지역권이전등기를 하지 않더라도 지역권이전의 효력은 발생한다.**

2. 지역권설정등기의 신청인

지역권설정등기는 지역권자(= 요역지권리자)가 등기권리자가 되고, 지역권설정자(= 승역지권리자)가 등기의무자가 되어 공동으로 신청한다. 지역권은 두 개의 토지 사이의 이용의 조절을 목적으로 하는 권리이므로, 토지소유자 이외에 지상권자나 전세권자도 각각의 권한 내에서 지역권설정의 당사자가 될 수 있다.

3. 신청정보의 내용(규칙 제127조)

(1) 필요적 제공사항

① 지역권설정의 목적 : 지역권설정의 목적으로 편익의 종류(예 통행, 인수, 관망 등)를 신청정보의 내용으로 등기소에 제공하여야 한다.

② 지역권설정의 범위 : 승역지의 전부에 지역권을 설정할 때에는 '전부', 승역지의 일부에 지역권을 설정할 때에는 예를 들어 '남쪽 $100m^2$'를 신청정보의 내용으로 등기소에 제공하여야 한다. 승역지의 범위가 일부인 경우에는 지적도를 첨부정보로 제공하여 그 목적 범위를 표시하여야 한다(규칙 제127조 제2항).

③ 요역지 : 편익을 받은 요역지의 소재, 지번, 지목, 면적을 제공하여야 한다. 이 경우 요역지는 반드시 전부를 위하여 설정되는 것이지, 요역지의 일부를 위하여 지역권을 설정할 수는 없다.

(2) 임의적 제공사항

지역권은 요역지소유권에 부종하여 이전하는 것이 원칙이지만, 등기원인에 부종성을 배제하는 약정이 있는 때에는 그 약정을 신청정보의 내용으로 제공하여야 한다(규칙 제127조 제1항).

4. 등기의 실행

(1) 승역지의 지역권등기

① 등기관이 승역지의 등기기록에 지역권설정의 등기를 할 때에는 일반적인 등기사항 외에 다음의 사항을 기록하여야 한다(법 제70조).

  〇 지역권설정의 목적
  〈 범위
  〉 요역지
  《 등기원인에 그 약정이 있는 경우 「민법」 제292조 제1항 단서, 제297조
     제1항 단서 또는 제298조의 약정
  》 승역지의 일부에 지역권설정의 등기를 할 때에는 그 부분을 표시한
     도면의 번호

② 승역지의 소유권자가 설정한 지역권은 **주등기** 형식으로 실행하지만, 승역지의 지상권자나 전세권자가 설정한 지역권은 **지상권등기**나 **전세권등기**에 **부기등기** 형식으로 실행한다.

(2) 요역지의 지역권등기

① **승역지와 요역지의 관할이 같은 경우** : 등기관이 승역지에 지역권설정의 등기를 하였을 때에는 직권으로 요역지의 등기기록에 다음의 사항을 기록하여야 한다(법 제71조 제1항).

  〇 순위번호   〈 등기목적
  〉 승역지   《 지역권설정의 목적
  》 범위   「 등기연월일

② **승역지와 요역지의 관할이 다른 경우** : 양 필지의 관할이 다른 경우에는 등기관은 지체 없이 그 등기소에 승역지, 요역지, 지역권 설정의 목적과 범위, 신청서의 접수연월일을 통지하여야 하고(법 제71조 제2항), 통지를 받은 등기소의 등기관은 지체 없이 요역지인 부동산의 등기기록에 순위번호, 등기목적, 승역지, 지역권설정의 목적, 범위 및 그 통지의 접수연월일 및 그 접수번호를 기록하여야 한다(법 제71조 제3항).

■■ 지역권설정등기의 기록례

1. 승역지 지역권등기

【을구】				(소유권 외의 권리에 관한 사항)
순위 번호	등기목적	접 수	등기원인	권리자 및 기타사항
1	지역권 설정	2023년 5월 3일 제31234호	2023년 5월 1일 설정계약	목적 통행 범위 남쪽 100m² 요역지 광주시 초월읍 도평리 100 도면번호 제68호

기 출 지 문 O X

승역지의 지상권자는 그 토지 위에 지역권을 설정할 수 있는 등기의무자가 될 수 없다. • 24회
        ( )

정답 (×)
될 수 없다. ⇨ 될 수 있다.

기 출 지 문 O X

지역권설정등기 시 요역지지역권의 등기사항은 등기관이 직권으로 기록하여야 한다. • 24회
        ( )

정답 (○)

기 출 지 문 O X

승역지에 지역권설정등기를 한 경우, 요역지의 등기기록에는 그 승역지를 기록할 필요가 없다.
• 31회   ( )

정답 (×)
기록할 필요가 없다. ⇨ 기록하여야 한다.

2. 요역지 지역권등기

【을구】				(소유권 외의 권리에 관한 사항)	
순위 번호	등기목적	접 수	등기원인	권리자 및 기타사항	
1	요역지 지역권			승역지 목적 범위	광주시 초월읍 도평리 101 통행 남쪽 100m² 2022년 5월 3일 등기

3 전세권등기 •25회 •26회 •27회 •31회 •32회 •33회 •34회

1. 의의 및 성질

(1) '전세권'은 전세금을 지급하고 타인의 부동산을 점유하여 그 부동산의 용도에 따라 사용·수익하는 용익물권이다. 지상권과 지역권이 토지에만 설정할 수 있는 권리인 반면, 전세권은 토지와 건물 모두에 설정할 수 있는 권리이다.

(2) 전세권은 용익물권이지만 경매신청권과 우선변제권이 인정되는 담보물권으로서의 성질도 갖는다(민법 제303조 제1항).

(3) 전세권은 부동산 일부에 설정은 가능하지만 공유지분에는 설정할 수 없다. 한편, 농경지는 전세권의 목적으로 하지 못한다(민법 제303조 제2항).

2. 공동신청

전세권설정등기는 전세권자가 등기권리자가 되고, 전세권설정자(부동산 소유자)가 등기의무자가 되어 공동으로 신청한다.

3. 신청정보의 내용(규칙 제128조)

(1) 필요적 제공사항

① 전세금 또는 전전세금 : 전세금 또는 전전세금은 전세권 또는 전전세권의 필수적 요소로서 반드시 제공하여야 한다.

② 전세권 또는 전전세의 목적인 범위 : 부동산의 전부 또는 일부를 전세권의 목적으로 하는 경우에는 그 범위를 신청정보에 기록한다. 부동산의 일부에 전세권이나 전전세를 설정하는 경우는 지적도면 또는 건물의 도면을 첨부정보로서 제공하여야 한다.

(2) 임의적 제공사항

존속기간, 위약금이나 배상금, 양도금지나 담보제공금지, 전전세금지나 임대차금지 등은 등기원인에 그 약정이 있는 경우에만 신청정보의 내용으로 제공하여야 한다.

> **참고** 「민법」 제312조(전세권의 존속기간)
>
> 1. 전세권의 존속기간은 10년을 넘지 못한다. 당사자의 약정기간이 10년을 넘는 때에는 이를 10년으로 단축한다.
> 2. 건물에 대한 전세권의 존속기간을 1년 미만으로 정한 때에는 이를 1년으로 한다.
> 3. 전세권의 설정은 이를 갱신할 수 있다. 그 기간은 갱신한 날로부터 10년을 넘지 못한다.
> 4. 건물의 전세권설정자가 전세권의 존속기간 만료 전 6월부터 1월까지 사이에 전세권자에 대하여 갱신거절의 통지 또는 조건을 변경하지 아니하면 갱신하지 아니한다는 뜻의 통지를 하지 아니한 경우에는 그 기간이 만료된 때에 전(前) 전세권과 동일한 조건으로 다시 전세권을 설정한 것으로 본다. 이 경우 전세권의 존속기간은 그 정함이 없는 것으로 본다.

기 출 지 문 O X

부동산의 일부에 대하여는 전세권설정등기를 신청할 수 없다.
• 26회   (   )

정답 (×)

할 수 없다. ⇨ 할 수 있다.

기 출 지 문 O X

건물의 특정부분이 아닌 공유지분에 대한 전세권설정등기도 가능하다. • 26회   (   )

정답 (×)

가능하다. ⇨ 할 수 없다.

기 출 지 문 O X

등기관이 전세권설정등기를 할 때에는 전세금을 기록하여야 한다. • 26회   (   )

정답 (○)

기 출 지 문 O X

전세권의 목적인 범위가 건물의 일부로서 특정 층 전부인 경우에는 전세권설정등기 신청서에 그 층의 도면을 첨부해야 한다.
• 33회   (   )

정답 (×)

그 층의 도면을 첨부하지 않는다.

PART 2

04 각종 권리의 등기절차

4. 전세권설정등기의 실행

(1) 전세권의 등기사항

등기관이 전세권설정이나 전전세(轉傳貰)의 등기를 할 때에는 일반적인 등기사항 외에 다음의 사항을 기록하여야 한다(법 제72조).

> ① 전세금 또는 전전세금
> ② 범위
> ③ 등기원인에 존속기간의 약정이 있는 경우에 존속기간
> ④ 등기원인에 위약금 또는 배상금의 약정이 있는 경우에 위약금 또는 배상금
> ⑤ 등기원인에 전세권의 양도, 담보제공, 전전세, 임대 등의 금지약정이 있는 경우에 양도, 담보제공, 전전세, 임대차 등의 금지약정
> ⑥ 전세권설정이나 전전세의 범위가 부동산의 일부인 경우에는 그 부분을 표시한 도면의 번호

(2) 공동전세의 등기

여러 개의 부동산에 관한 전세권의 등기에는 공동저당에 관한 규정을 준용하므로(규칙 제128조 제3항), 공동전세권의 목적 부동산이 5개 이상인 경우 등기관은 공동전세목록을 작성하여야 한다.

(3) 전전세의 등기

전전세의 등기는 전세권의 존속기간 내에서만 가능하므로 존속기간이 만료된 건물전세권에 대한 전전세의 등기는 허용되지 않는다. 전전세의 등기는 전세권자가 설정한 전세권이므로 전세권등기에 부기등기 형식으로 실행한다.

5. 전세금반환채권의 일부 양도에 따른 전세권 일부이전등기

(1) 전세권의 존속기간이 만료된 경우 전세권자는 전세금반환채권의 일부를 양도할 수 있는데, 이를 원인으로 한 전세권의 일부이전등기를 신청하는 경우에는 양도액을 신청정보의 내용으로 등기소에 제공하여야 한다(규칙 제129조 제1항).

(2) 전세권 일부이전등기의 신청은 전세권의 존속기간의 만료 전에는 할 수 없는 것이 원칙이지만, 존속기간 만료 전이라도 해당 전세권이 소멸하였음을 증명하여 신청하는 경우에는 그러하지 아니하다(법 제73조 제2항).

(3) 등기관이 전세금반환채권의 일부 양도를 원인으로 한 전세권 일부이전등기를 할 때에는 양도액을 기록한다(법 제73조 제1항).

6. 전세권부저당권설정등기

(1) 전세권을 목적으로 저당권을 설정할 수 있는데, 이는 전세권의 존속기간 내에서만 허용된다. 존속기간이 경과된 전세권을 목적으로 저당권을 설정할 수는 없다.

(2) 건물전세권이 법정갱신된 이후 전세권을 목적으로 저당권을 설정하기 위해서는 우선 존속기간에 대한 변경등기를 선행하여야 한다. 즉, 등기기록상 존속기간이 경과된 전세권에 대하여도 존속기간 및 전세금을 변경하는 변경등기를 할 수 있다.

■■ 전세권설정등기 기록례

【을구】				(소유권 외의 권리에 관한 사항)
순위 번호	등기목적	접 수	등기원인	권리자 및 기타사항

1	전세권
	설정
		2022년 5월 8일
		제31234호
			2022년 5월 3일
			설정계약
				전세금 300,000,000원
				범위 건물 전부
				존속기간 2022년 5월 8일부터
				       2025년 5월 7일까지
				전세권자 권순일 800112-1******
				       서울특별시 서초구 사임당로 94

1-1	1번전세권
	전전세
		2023년 9월 8일
		제81234호
			2023년 9월 7일
			설정계약
				전세금 250,000,000원
				범위 건물 전부
				존속기간 2023년 9월 8일부터
				       2025년 5월 7일까지
				전세권자 서무지 820712-1******
				       서울특별시 동작구 국사봉길 294

전세권의 등기에 관한 설명으로 틀린 것은? •25회

① 수개의 부동산에 관한 권리를 목적으로 하는 전세권설정등기를 할 수 있다.

② 공유부동산에 전세권을 설정할 경우, 그 등기기록에 기록된 공유자 전원이 등기의무자이다.

③ 등기원인에 위약금약정이 있는 경우, 등기관은 전세권설정등기를 할 때 이를 기록한다.

④ 전세권이 소멸하기 전에 전세금반환채권의 일부양도에 따른 전세권 일부이전등기를 신청할 수 있다.

⑤ 전세금반환채권의 일부양도를 원인으로 한 전세권 일부이전등기를 할 때 양도액을 기록한다.

해설 ④ 전세금반환채권의 일부양도에 따른 전세권 일부이전등기는 전세권이 소멸한 후에 할 수 있고, 소멸하기 전에는 이를 허용하지 않는다.

정답 ④

4 임차권등기 •27회 •28회 •31회 •34회

1. 의 의

임대차계약이란 당사자 일방이 상대방에게 목적물을 사용·수익하게 할 것을 약정하고 상대방은 이에 대한 대가로서 차임을 지급할 것을 약정함으로써 성립하는 채권계약이다. 임대차계약으로 발생한 권리를 '임차권'이라고 한다.

2. 임차권과 대항력

(1) 임차권은 채권이므로 등기를 하지 않더라도 권리가 발생하지만, 부동산임대차를 등기한 때에는 그때부터 제3자에 대하여 효력이 생긴다(민법 제621조 제2항).

(2) 건물의 소유를 목적으로 한 토지임대차는 이를 등기하지 아니한 경우에도 임차인이 그 지상건물을 등기한 때에는 제3자에 대하여 임대차의 효력이 생긴다(민법 제622조 제1항).

(3) 주택임대차는 그 등기가 없는 경우에도 임차인이 주택의 인도와 주민등록을 마친 때에는 그 다음 날부터 제3자에 대하여 효력이 생긴다(주택임대차보호법 제3조 제1항). 이와 같이 주택에 대하여는 임차권의 등기를 하지 않더라도 일정한 요건을 갖추면 제3자에 대한 대항력이 생기도록 예외를 인정하고 있다.

3. 공동신청

임차권설정등기는 임차인이 등기권리자가 되고 임대인이 등기의무자가 되어 공동으로 신청한다.

4. 신청정보의 내용(규칙 제130조 제1항)

(1) 필요적 제공사항
① **차임** : 차임은 임대차의 필요적 요소이므로 임차권의 설정등기 신청정보로 이를 제공하여야 한다.
② **임차권설정의 범위** : 임차권은 부동산의 **전부 또는 일부**에 설정할 수 있으므로 그 범위를 적어야 한다. 임차권을 부동산의 일부에 설정하는 경우 그 부분을 표시한 지적도나 건물도면을 첨부정보로서 제공하여야 한다(규칙 제130조 제2항).

(2) 임의적 제공사항
① 차임지급시기, 존속기간, 임차보증금, 임차권의 양도 또는 임차물의 전대에 대한 임대인의 동의는 등기원인에 그 사항이 있는 경우에만 신청정보의 내용으로 등기소에 제공하여야 한다(규칙 제130조).
② 처분능력이나 권한이 없는 자가 단기 임대차를 한 경우, 등기원인에 그 사항이 있는 경우에만 신청정보의 내용으로 등기소에 제공하여야 한다.

5. 첨부정보

(1) 도 면
임차권설정 또는 임차물 전대의 범위가 **부동산의 일부인** 경우에는 그 부분을 표시한 지적도나 건물도면을 첨부정보로서 등기소에 제공하여야 한다(규칙 제130조 제2항).

기 출 지 문 O X

임차권설정등기를 신청할 때에는 차임을 신청정보의 내용으로 제공하여야 한다. •28회 (   )

정답 (○)

기 출 지 문 O X

임대차 차임지급시기에 관한 약정이 있는 경우, 임차권등기에 이를 기록하지 않더라도 임차권 등기는 유효하다. •31회 (   )

정답 (○)

(2) 임대인의 동의서

임차권의 양도 또는 임차물의 전대에 대한 임대인의 동의가 있다는 뜻의 등기가 없는 경우에 임차권의 이전 또는 임차물의 전대의 등기를 신청할 때에는 임대인의 동의가 있음을 증명하는 정보를 첨부정보로서 등기소에 제공하여야 한다(규칙 제130조 제3항).

6. 임차권설정등기*의 실행 및 임차권의 이전등기

(1) 등기관이 임차권설정 또는 임차물전대의 등기를 할 때에는 다음의 사항을 기록하여야 한다. 다만, ③부터 ⑥까지는 등기원인에 그 사항이 있는 경우에만 기록한다(법 제74조).

> ① 차임, 차임이 없이 보증금의 지급만을 내용으로 하는 채권적 전세의 경우, 임차보증금을 임차권설정등기기록에 기록하여야 한다(1995.12.08. 등기 3402-854).
> ② 범위
> ③ 차임지급시기
> ④ 존속기간. 다만, 처분능력 또는 처분권한 없는 임대인에 의한 「민법」 제619조의 단기임대차인 경우에는 그 뜻도 기록한다.
> ⑤ 임차보증금
> ⑥ 임차권의 양도 또는 임차물의 전대에 대한 임대인의 동의
> ⑦ 임차권설정 또는 임차물전대의 범위가 부동산의 일부인 때에는 그 부분을 표시한 도면의 번호

(2) 임차권의 이전 및 임차물의 전대의 등기는 **부기등기 형식**으로 실행한다.

■■ 임차권설정등기 기록례

【을구】				(소유권 외의 권리에 관한 사항)
순위 번호	등기목적	접 수	등기원인	권리자 및 기타사항
1	임차권설정	2021년 1월 3일 제2346호	2021년 1월 2일 설정계약	임차보증금　　금 100,000,000원 차임　　　　　월 금 500,000원 차임지급시기　매월 말일 범위　　　　　1층 전부 존속기간　　　2021년 1월 3일부터 　　　　　　　2023년 1월 2일까지 임차권자　　　김조한 750610-1****** 　　　　　　　서울특별시 동작구 동작대로2길 124

* **임차권설정등기**
임차권설정등기는 임대인과 임차인이 임대차계약을 통하여 발생한 임차권을 등기하는 것으로 등기의 목적은 '임차권설정'으로 기록한다.

추가
주택임차권등기는 「주택임대차보호법」상 인정되는 임차권등기명령제도에 의하여 법원의 촉탁에 따라 실행하는 등기로 등기의 목적은 '주택임차권'으로 기록한다.

기 출 지 문 O X
임차권의 이전 및 임차물전대의 등기는 임차권등기에 부기등기의 형식으로 한다. •19회 （　）
정답 （ O ）

7. 임차권등기명령에 의한 임차권등기

(1) 의 의

주택·상가건물 임대차가 끝난 후 보증금이 반환되지 아니한 경우, 임차인은 임차주택이나 상가건물의 소재지를 관할하는 지방법원·지방법원지원 또는 시·군법원에 임차권등기명령을 신청할 수 있다(주택임대차보호법 제3조의3 제1항, 상가건물임대차보호법 제6조 제1항).

(2) 임차권등기명령의 효력발생시기 및 등기의 촉탁

① 임차권등기명령의 신청에 대한 재판은 결정으로 하고, 그 결정을 당사자에게 송달하여야 한다. 임차권등기명령은 임대인에게 그 결정이 송달된 때 또는 제5조 단서의 규정에 따른 등기가 된 때에 효력이 생긴다(임차권등기명령 절차에 관한 규칙 제4조 제1항).

② 법원사무관 등은 임차권등기명령의 결정이 임대인에게 송달된 때에는 지체 없이 촉탁서에 결정 등본을 첨부하여 등기관에게 임차권등기의 기입을 촉탁하여야 한다. 다만, 주택임차권등기명령의 경우에는 임대인에게 임차권등기명령의 결정을 송달하기 전에도 임차권등기의 기입을 촉탁할 수 있다(동 규칙 제5조).

③ 법원의 촉탁에 의하여 임차권등기를 하는 경우에는 등기의 목적을 '주택임차권(상가건물임차권)'이라고 기록하며, 임대차계약을 체결한 날, 임차보증금액, 임차주택(임차상가건물)을 점유하기 시작한 날, 주민등록을 마친 날(사업자등록을 신청한 날), 임대차계약서상의 확정일자를 받은 날을 기록한다. 이 경우 차임의 약정이 있는 때에는 이를 기록하여야 한다(동규칙 제6조).

(3) 임차권등기명령에 따른 등기의 효력

① 임차권등기명령에 따른 임차권등기가 마쳐지면 임차인은 대항력 및 우선변제권을 취득한다. 다만, 임차권등기 이전에 이미 대항력 또는 우선변제권을 취득한 경우에는 그 대항력 또는 우선변제권은 그대로 유지되며, 이후 대항요건을 상실하더라도 이미 취득한 대항력 또는 우선변제권은 상실하지 아니한다.

② 임차인은 임차권등기명령의 신청 및 그에 따른 임차권등기와 관련하여 소요된 비용을 임대인에게 청구할 수 있다.

③ 주택·상가건물 임대차보호법상 등기명령에 의한 임차권등기에 기초하여 임차권이전등기를 할 수 없다.

▪▪ 임차권등기명령에 의한 주택임차권등기 기록례

【을구】				(소유권 외의 권리에 관한 사항)
순위 번호	등기목적	접 수	등기원인	권리자 및 기타사항
1	주택 임차권	2023년 1월 3일 제2346호	2023년 1월 2일 서울중앙지방법원의 임차권등기명령 (99카기123)	임차보증금　금 150,000,000원 차임　　　　월 금 200,000원 범위　　　　주택 전부 임대차계약일자 2020년 9월 10일 주민등록일자　2020년 10월 10일 점유개시일자　2020년 10월 10일 확정일자　　　2020년 10월 10일 임차권자　　　김 사 우 　　　　　　　850610-1****** 　　　　　　　서울 동작구 등용로 100

> **기출&예상　문제**
>
> **등기관이 용익권의 등기를 하는 경우에 관한 설명으로 옳은 것은?** • 34회
>
> ① 1필 토지 전부에 지상권설정등기를 하는 경우, 지상권설정의 범위를 기록하지 않는다.
> ② 지역권의 경우, 승역지의 등기기록에 설정의 목적, 범위 등을 기록할 뿐, 요역지의 등기기록에는 지역권에 관한 등기사항을 기록하지 않는다.
> ③ 전세권의 존속기간이 만료된 경우, 그 전세권설정등기를 말소하지 않고 동일한 범위를 대상으로 하는 다른 전세권설정등기를 할 수 있다.
> ④ 2개의 목적물에 하나의 전세권설정계약으로 전세권설정등기를 하는 경우, 공동전세목록을 작성하지 않는다.
> ⑤ 차임이 없이 보증금의 지급만을 내용으로 하는 채권적 전세의 경우, 임차권설정등기기록에 차임 및 임차보증금을 기록하지 않는다.

해설 ④ 공동전세권의 목적 부동산이 5개 이상인 경우 등기관은 공동전세목록을 작성하여야 한다(규칙 제128조 제3항).
① 1필 토지 전부에 지상권설정등기를 하더라도 반드시 지상권설정의 범위를 기록하여야 한다.
② 요역지의 등기기록에는 승역지, 지역권설정의 목적, 지역권설정의 범위를 기록하여야 한다(법 제71조 제1항).
③ 전세권의 존속기간이 만료된 경우, 그 전세권설정등기를 말소하지 않고는 동일한 범위를 대상으로 하는 다른 전세권설정등기를 할 수 없다.
⑤ 차임이 없이 보증금의 지급만을 내용으로 하는 채권적 전세의 경우, 임차보증금을 임차권설정등기기록에 기록하여야 한다(1995.12.8, 등기 3402-854).

정답 ④

5 저당권등기 · 24회 · 25회 · 26회 · 27회 · 28회 · 29회 · 30회 · 31회 · 32회 · 33회 · 34회

1. 저당권의 의의 및 객체

(1) 의 의

'저당권'이란 채무자 또는 제3자(물상보증인)가 담보로 제공한 부동산의 점유를 이전받지 아니하고 그 담보가치만을 지배하고 있다가 채무의 변제가 없는 경우에 이를 경매해서 그 목적물로부터 우선변제를 받을 수 있는 담보물권을 말한다(민법 제356조).

(2) 객 체

① 「부동산등기법」상 저당권의 목적이 될 수 있는 권리는 소유권·지상권·전세권에 한하므로(민법 제371조) 등기된 임차권은 저당권의 목적이 될 수 없다.
② 저당권은 소유권의 일부인 공유지분에는 설정할 수 있지만, 부동산의 일부에는 설정할 수 없다.
③ 저당권의 목적인 부동산에는 특별한 제한이 없으므로 '농경지'나 「하천법」상의 '하천'도 저당권의 목적이 될 수 있다.
④ 저당권은 배타적인 권리가 아니므로 동일 부동산에 순위가 같거나 다른 수개의 저당권을 설정할 수 있다.

기출지문 O X

전세권은 저당권의 목적이 될 수 있다. · 24회 ( )

정답 (○)

기출지문 O X

토지소유권의 공유지분에 대하여 저당권을 설정할 수 있다. · 24회 ( )

정답 (○)

2. 저당권의 효력이 미치는 목적물의 범위

(1) 저당권의 효력은 저당부동산에 부합된 물건과 종물에 미친다. 그러나 법률에 특별한 규정 또는 설정행위에 다른 약정이 있으면 그러하지 아니하다(민법 제358조).

(2) 증축건물 또는 부속건물이 기존건물과 일체성이 인정되어 기존건물에 건물표시변경등기의 형식으로 증축등기 또는 부속건물등기를 하였다면 기존건물에 대한 저당권의 효력은 증축된 건물 또는 부속건물에도 당연히 미치므로 증축된 건물 또는 부속건물에 저당권의 효력을 미치게 하는 취지의 변경등기는 필요하지 않다.

(3) 「민법」 제358조 본문을 유추하여 '종된 권리'에도 저당권의 효력은 미치는 것으로 본다. 즉, 건물에 대한 저당권의 효력은 그 건물의 소유를 목적으로 하는 지상권에도 미치므로 건물에 대한 경매 시 매수인(경락인)은 건물 소유권과 함께 지상권을 등기 없이도 취득한다.

3. 저당권설정등기

(1) 신청인

저당권설정등기는 저당권자가 등기권리자가 되고, 저당권설정자(소유권자, 지상권자 또는 전세권자)가 등기의무자가 되어 공동으로 신청한다.

(2) 신청정보의 내용(규칙 제131조)

① 필요적 제공사항

> ㉠ **채권액 또는 채권의 평가액** : 일정한 금액을 목적으로 하지 않는 채권을 담보하기 위한 저당권설정등기를 신청하는 경우에는 그 채권의 평가액을 신청정보의 내용으로 등기소에 제공하여야 한다.
> ㉡ **채무자의 표시** : 채무자의 성명(명칭)과 주소(사무소 소재지)를 제공하여야 한다. 채무자와 저당권설정자가 다른 경우(물상보증인)뿐만 아니라 채무자와 저당권설정자가 동일한 경우에도 반드시 적어야 한다.
> ㉢ **저당권의 목적이 지상권, 전세권일 때** : 저당권의 목적이 소유권 외의 권리일 때에는 그 권리의 표시에 관한 사항을 신청정보의 내용으로 등기소에 제공하여야 한다.

기 출 지 문 O X

일정 금액을 목적으로 하지 않는 채권을 담보하는 저당권설정의 등기는 채권평가액을 기록할 필요가 없다. • 30회　(　)

정답 (×)

기록할 필요가 없다. ⇨ 기록하여야 한다.

기 출 지 문 O X

채무자와 저당권설정자가 동일한 경우에도 등기기록에 채무자를 표시하여야 한다. • 28회
(　)

정답 (○)

② 임의적 제공사항 : 다음의 사항은 등기원인에 그 약정이 있는 경우에만 제공하여야 한다.

> ㉠ 변제기
> ㉡ 이자와 그 발생기 또는 지급시기
> ㉢ 원본 또는 이자의 지급장소
> ㉣ 채무불이행으로 인한 손해배상에 관한 약정
> ㉤ 저당부동산에 부합된 물건이나 종물에 대하여 저당권의 효력이 미치지 않는다는 특약이 있을 때 그 특약
> ㉥ 채권이 조건부인 때에는 그 조건

(3) 등기의 실행

소유권을 목적으로 하는 저당권설정등기는 을구에 주등기로 실행하고, 지상권 또는 전세권을 목적으로 하는 저당권설정등기는 지상권등기 또는 전세권등기에 부기등기 형식으로 실행한다.

4. 저당권의 이전등기

(1) 의 의

① 저당권은 담보물권이므로 채권에 수반하는 성질이 있다. 즉, 저당권부 채권양도나 대위변제 등을 이유로 채권이 양도되면 특별한 약정이 없는 한 이를 담보하기 위한 저당권도 이전된다.

② 저당권은 채권에 부종하므로 저당권을 피담보채권과 분리하여 타인에게 양도하거나 다른 채권의 담보로 하지 못한다. 이를 위반하여 저당권을 피담보채권과 분리하여 양도하거나, 피담보채권과 분리하여 다른 채권의 담보로 하는 등기를 신청한 경우는 법 제29조 제2호 '사건이 등기할 것이 아닌 경우'에 해당하여 각하된다(규칙 제52조).

(2) 공동신청

채권양도를 원인으로 하는 저당권이전등기는 양수인을 등기권리자로 하고, 양도인을 등기의무자로 하여 공동으로 신청한다.

(3) 신청정보의 제공사항

① 저당권의 이전등기를 신청하는 경우에는 저당권이 채권과 같이 이전한다는 뜻을 신청정보의 내용으로 등기소에 제공하여야 한다(규칙 제137조 제1항).

② 채권일부의 양도나 대위변제로 인한 저당권의 이전등기를 신청하는 경우에는 양도나 대위변제의 목적인 채권액을 신청정보의 내용으로 등기소에 제공하여야 한다(동조 제2항).

(4) 등기의 실행

① 저당권의 이전등기는 항상 부기등기에 의한다. 저당권이전등기 후 종전 저당권자의 표시에 관한 사항을 말소하는 표시를 하여야 한다(규칙 제112조 제3항).

② 등기관이 채권의 일부에 대한 양도 또는 대위변제로 인한 저당권 일부이전등기를 할 때에는 일반적 등기사항 외에 양도액 또는 변제액을 기록하여야 한다(법 제79조).

■■ 저당권이전등기 기록례

【을구】				(소유권 이외의 권리에 관한 사항)
순위 번호	등기목적	접 수	등기원인	권리자 및 기타사항
1	저당권 설정	2023년 7월 7일 제66348호	2023년 7월 7일 설정계약	채권액 금 450,000,000원 채무자 김연구 인천광역시 남동구 함박뫼로 123, 111동 202호 ~~저당권자 김근식 681224-1******~~ ~~경기도 의왕시 청계1로 27~~
1-1	1번 저당권 이전	2024년 1월 2일 제127호	2023년 12월 29일 채권양도	저당권자 정구부 721004-1****** 경기도 안양시 동안구 귀인로 213

5. 저당권의 말소등기

(1) 의 의

'저당권의 말소등기'는 채무의 변제 등으로 인한 피담보채권의 소멸, 저당권의 포기, 저당권의 목적인 지상권·전세권의 소멸 등으로 저당권이 소멸하는 경우에 이를 공시하기 위한 등기이다.

(2) 신청인

① 원칙 : 저당권말소등기는 저당권설정자(부동산소유자 또는 지상권자·전세권자)가 등기권리자가 되고, 저당권자가 등기의무자가 되어 공동으로 신청한다.

② 저당권이 이전된 경우의 말소등기 : 저당권설정자가 등기권리자가 되고, 저당권의 양수인이 등기의무자가 되어 공동으로 신청한다. 저당권의

양도인은 등기기록에서 이미 말소된 상태로 등기의무자가 될 수 없다(등기예규 제1656호). 이 경우 주등기인 저당권설정등기의 말소를 신청하면 부기등기인 이전등기는 별도의 신청이 없더라도 등기관이 직권으로 말소한다.

③ 저당권설정등기 후 소유권이 이전된 경우의 저당권말소등기 : 저당권설정등기의 말소등기를 함에 있어 저당권설정 후 소유권이 제3자에게 이전된 경우에는 **저당권설정자 또는 제3취득자가 저당권자와 공동**으로 그 말소등기를 신청할 수 있다(등기예규 제1656호).

판례

근저당권이 설정된 후에 그 부동산의 소유권이 제3자에게 이전된 경우에는 현재의 소유자가 자신의 소유권에 기하여 피담보채무의 소멸을 원인으로 그 근저당권설정등기의 말소를 청구할 수 있음은 물론이지만, 근저당권설정자인 종전의 소유자도 근저당권설정계약의 당사자로서 근저당권소멸에 따른 원상회복으로 근저당권자에게 근저당권설정등기의 말소를 구할 수 있는 계약상 권리가 있으므로 이러한 계약상 권리에 터잡아 근저당권자에게 피담보채무의 소멸을 이유로 하여 그 근저당권설정등기의 말소를 청구할 수 있다고 봄이 상당하고, 목적물의 소유권을 상실하였다는 이유만으로 그러한 권리를 행사할 수 없다고 볼 것은 아니다(대판 전합체 1994.1.25, 93다16338).

■■ 저당권말소등기 기록례

【을구】				(소유권 이외의 권리에 관한 사항)
순위 번호	등기목적	접 수	등기원인	권리자 및 기타사항

~~1~~	~~저당권
	설정~~
		~~2023년 7월 7일
		제66348호~~
			~~2023년 7월 7일
			설정계약~~
				~~채권액 금 450,000,000원~~
				~~채무자 김연구~~
				   ~~인천광역시 남동구 함박뫼로 123, 111동~~
				   ~~202호~~
				~~저당권자 김근식 681224-1******~~
				   ~~경기도 의왕시 청계1로 27~~

~~1-1~~	~~1번 저당권 이전~~	~~2024년 1월 2일 제2724호~~	~~2023년 12월 29일 채권양도~~	~~저당권자 정구부 721004-1******~~ ~~경기도 안양시 동안구 귀인로 213~~
2	1번 저당권 설정등기 말소	2024년 10월 2일 제82724호	2024년 10월 1일 해지	

기출지문 OX

근저당권이전의 부기등기는 주등기인 근저당권설정등기가 말소되는 경우에도 별도의 말소신청에 의하여 말소하여야 한다.
• 16회   (   )

정답 (×)

근저당권이전의 부기등기는 주등기인 근저당권설정등기가 말소되는 경우에 등기관이 직권으로 말소한다.

기출지문 OX

부동산에 관한 근저당권설정등기의 말소등기를 함에 있어 근저당권 설정 후 소유권이 제3자에게 이전된 경우, 근저당권설정자 또는 제3취득자는 근저당권자와 공동으로 그 말소등기를 신청할 수 있다. • 33회   (   )

정답 (○)

6. 공동저당에 관한 등기

(1) 의 의

'공동저당'이란 동일한 채권의 담보를 위하여 수개의 부동산 위에 설정하는 저당권을 말한다. 처음부터 동시에 공동저당이 된 것을 창설적 공동저당이라고 하고, 저당권이 설정된 이후에 다른 부동산을 추가적으로 제공하며 저당권을 설정하는 것을 추가적 공동저당이라고 한다.

(2) 신청정보

여러 개의 부동산에 관한 권리를 목적으로 하는 저당권설정의 등기를 신청하는 경우에는 각 부동산에 관한 권리의 표시를 신청정보의 내용으로 등기소에 제공하여야 한다(규칙 제133조 제1항).

(3) 창설적 공동저당권의 설정등기에 관한 특칙

① 등기관이 동일한 채권에 관하여 여러 개의 부동산에 관한 권리를 목적으로 하는 저당권설정의 등기를 할 때에는 각 부동산의 등기기록에 그 부동산에 관한 권리가 다른 부동산에 관한 권리와 함께 저당권의 목적으로 제공된 뜻을 기록하여야 한다(법 제78조 제1항). 공동담보라는 뜻의 기록은 각 부동산의 등기기록 중 해당 등기의 끝부분에 하여야 한다(규칙 제135조 제1항).

② 등기관은 공동저당의 목적 부동산이 5개 이상일 때에는 공동담보목록을 작성하여야 하는데, 공동담보목록은 등기기록의 일부로 본다(법 제78조 제2항, 제3항). 공동담보목록은 전자적으로 작성하여야 하며, 1년마다 그 번호를 새로 부여하여야 한다(규칙 제133조 제2항).

(4) 추가적 공동저당권의 설정등기에 관한 특칙

① 등기관이 1개 또는 여러 개의 부동산에 관한 권리를 목적으로 하는 저당권설정의 등기를 한 후 동일한 채권에 대하여 다른 1개 또는 여러 개의 부동산에 관한 권리를 목적으로 하는 저당권설정의 등기를 할 때에는 그 등기와 종전의 등기에 각 부동산에 관한 권리가 함께 저당권의 목적으로 제공된 뜻을 기록하여야 한다(법 제78조 제4항). 공동담보 목적으로 새로 추가되는 부동산의 등기기록에는 그 등기의 끝부분에 공동담보라는 뜻을 기록하고 종전에 등기한 부동산의 등기기록에는 해당 등기에 부기등기로 그 뜻을 기록하여야 한다(규칙 제135조 제3항).

② 등기관은 추가하는 부동산과 전에 등기한 부동산을 합하여 5개 이상인 경우에도 공동담보목록을 작성하여야 한다(법 제78조 제4항 후단).

⊕ 보충 공동저당의 대위등기

1. **의 의**

   동일한 채권의 담보로 수개의 부동산에 저당권을 설정한 경우에 저당부동산 중 일부의 경매대가를 먼저 배당하는 경우에는 그 대가에서 그 채권 전부의 변제를 받을 수 있다. 이 경우에 그 경매한 부동산의 차순위저당권자는 선순위저당권자가 다른 부동산의 경매대가에서 변제를 받을 수 있는 금액의 한도에서 선순위자를 대위하여 저당권을 행사할 수 있다(민법 제368조 제2항).

2. **공동저당의 대위등기 실행(등기예규 제1407호)**

   (1) 공동저당 대위등기는 선순위저당권자가 등기의무자로 되고 대위자(차순위저당권자)가 등기권리자로 되어 공동으로 신청하여야 한다.

   (2) 등기관이 공동저당 대위등기를 할 때에는 매각부동산 위에 존재하는 차순위저당권자의 피담보채권에 관한 내용과 매각부동산, 매각대금, 선순위저당권자가 변제받은 금액을 기록하여야 한다.

   (3) 공동저당 대위등기는 대위등기의 목적이 된 저당권등기에 부기등기로 한다.

7. 근저당권의 등기

(1) 근저당권의 의의 및 성질

① '근저당권'은 계속적인 거래관계로부터 발생하고 소멸하는 불특정다수의 장래채권을 결산기에 계산하여 잔존하는 채무를 일정한 한도액의 범위 내에서 담보하는 저당권을 말한다(대판 1996.6.14. 95다53812).

② 근저당권은 담보물권의 부종성이 완화되고 불특정의 채권을 담보한다는 점, 채권최고액을 기록한다는 점에서 저당권과 차이가 있지만, 기본적인 구조와 성질은 저당권과 유사하다.

(2) 근저당권설정등기

① 등기의 실행 : 등기의 목적은 '근저당권설정'으로 기록하고, 근저당권의 내용으로 '채권최고액'과 '채무자'를 기록한다(법 제75조 제2항).

② 채권의 최고액 : 채권최고액은 채권자·채무자가 수인인 경우에도 반드시 단일하게 기록하여야 하고, 이를 구분하여 기록하지 못한다. 예를 들어 '채권최고액 : 채무자 甲에 대하여 1억원, 채무자 乙에 대하여 2억원, 또는 채권최고액 3억원, 최고액의 내역 : 채무자 甲에 대하여 1억원, 채무자 乙에 대하여 2억원'으로 기록하여서는 아니 된다.

기출지문 O X

공동저당 부동산 중 일부의 매각대금을 먼저 배당하여 경매부동산의 후순위저당권자가 대위등기를 할 때, 매각대금을 기록하는 것이 아니라 선순위저당권자가 변제받은 금액을 기록해야 한다. • 30회　　　　( )

정답 (×)

매각부동산, 매각대금 및 선순위저당권자가 변제받은 금액을 기록하여야 한다.

기출지문 O X

근저당권설정등기를 하는 경우 그 근저당권의 채권자 또는 채무자가 수인이면 각 채권자 또는 채무자별로 채권최고액을 구분하여 기재하여야 한다. • 21회　　　　( )

정답 (×)

구분하여 ⇨ 단일하게

PART 2

04 각종 권리의 등기절차

③ 채권최고액을 외국통화로 표시하여 신청정보로 제공한 경우에는 외화 표시금액(예 '미화 금 ○○달러')을 채권최고액으로 기록한다(등기예규 제1656호).

④ 채권최고액에는 이자, 위약금, 지연배상액 등이 포함된 것으로 해석하므로 이것들을 별도로 기록하지는 않는다.

⑤ 채무자의 성명 또는 명칭과 주소 또는 사무소 소재지 : 채무자가 수인인 경우 그 수인의 채무자가 연대채무자라 하더라도 등기기록에는 단순히 '채무자'로 적는다.

⑥ 존속기간 : 존속기간은 등기원인에 그 약정이 있는 경우에만 기록한다.

■■ 근저당권 기록례

【을구】				(소유권 이외의 권리에 관한 사항)	
순위번호	등기목적	접 수	등기원인	권리자 및 기타사항	
1	근저당권 설정	2023년 3월 15일 제23691호	2023년 3월 14일 설정계약	채권최고액 채무자 근저당권자 공동담보	금 100,000,000원 이희선 서울 중구 서소문로 8 신우진 780412-1****** 서울 중구 장충단로 25 토지 서울특별시 성동구 행당동 223 토지 서울특별시 성동구 행당동 224

> ✔ 참고 **근저당권의 이전 및 변경등기**
>
> 1. 근저당권의 이전등기(등기예규 제1656호)
>   (1) 피담보채권이 확정되기 전의 근저당권이전등기
>   근저당권의 피담보채권이 확정되기 전에 근저당권의 기초가 되는 기본계약상의 채권자의 지위가 제3자에게 전부 또는 일부 양도된 경우에 그 양도인과 양수인은 '계약양도' 또는 '계약의 일부양도'를 등기원인으로 하여 근저당권이전등기를 신청할 수 있다.
>   (2) 피담보채권이 확정된 후의 근저당권이전등기
>   피담보채권이 확정된 후에 그 피담보채권이 양도 또는 대위변제된 경우에는 근저당권자 및 채권양수인 또는 대위변제자는 '확정채권양도' 또는 '확정채권 대위변제'를 등기원인으로 하여 근저당권이전등기를 신청할 수 있다.
>   (3) 근저당권의 이전등기를 신청함에 있어서 근저당권설정자가 물상보증인이거나 소유자가 제3취득자인 경우에도 그의 승낙서를 첨부할 필요가 없다.

(4) 근저당권의 피담보채권이 확정되기 전에 그 피담보채권이 양도 또는 대위변제된 경우에는 이를 원인으로 하여 근저당권이전등기를 신청할 수 없다.

2. 근저당권의 변경등기
  (1) 채무자 변경으로 인한 근저당권변경등기(등기예규 제1656호)
    ① 피담보채권이 확정되기 전의 근저당권변경등기 : 근저당권의 피담보채권이 확정되기 전에 근저당권의 기초가 되는 기본계약상의 채무자 지위의 전부 또는 일부를 제3자가 인수한 경우에 근저당권설정자(등기의무자)와 근저당권자(등기권리자)는 '계약인수', '계약의 일부인수', 또는 '중첩적 계약인수'를 등기원인으로 하여 채무자 변경을 내용으로 하는 근저당권변경등기를 신청할 수 있다.
    ② 피담보채권이 확정된 후의 근저당권변경등기 : 근저당권의 피담보채권이 확정된 후에 제3자가 그 피담보채무를 인수한 경우에는 '확정채무의 면책적 인수' 또는 '확정채무의 중첩적 인수'를 등기원인으로 하여 근저당권변경등기를 신청할 수 있다.
    ③ 등기형식 : 채무자 변경으로 인한 근저당권변경등기는 등기상 이해관계인의 문제가 발생하지 않으므로 항상 부기등기에 의한다.
  (2) 채권최고액 변경으로 인한 근저당권변경등기
    채권최고액을 변경하는 등기에 대하여 등기상 이해관계인이 없거나 그의 승낙서 또는 이에 대항할 수 있는 재판의 등본을 첨부한 경우에는 부기등기에 의하나, 이를 첨부하지 못한 경우에는 주등기로 실행한다.

기 출 지 문 O X

근저당권의 피담보채권이 확정되기 전에 그 피담보채권이 양도된 경우, 이를 원인으로 하여 근저당권이전등기를 신청할 수 없다.
• 26회   (   )

정답 (○)

기출&예상 문제

01 저당권의 등기절차에 관한 설명으로 틀린 것은?   • 28회

① 일정한 금액을 목적으로 하지 않는 채권을 담보하기 위한 저당권설정등기를 신청하는 경우, 그 채권의 평가액을 신청정보의 내용으로 등기소에 제공하여야 한다.
② 저당권의 이전등기를 신청하는 경우, 저당권이 채권과 같이 이전한다는 뜻을 신청정보의 내용으로 등기소에 제공하여야 한다.
③ 채무자와 저당권설정자가 동일한 경우에도 등기기록에 채무자를 표시하여야 한다.
④ 3개의 부동산이 공동담보의 목적물로 제공되는 경우, 등기관은 공동담보목록을 작성하여야 한다.
⑤ 피담보채권의 일부양도를 이유로 저당권의 일부이전등기를 하는 경우, 등기관은 그 양도액도 기록하여야 한다.

해설 ④ 등기관이 공동담보목록을 작성하여야 하는 것은 5개 이상의 부동산이 공동담보의 목적물로 제공되는 경우이다.

정답 ④

02 등기관이 근저당권등기를 하는 경우에 관한 설명으로 **틀린** 것은?

· 34회

① 채무자의 성명, 주소 및 주민등록번호를 등기기록에 기록하여야 한다.
② 채무자가 수인인 경우라도 채무자별로 채권최고액을 구분하여 기록할 수 없다.
③ 신청정보의 채권최고액이 외국통화로 표시된 경우, 외화표시금액을 채권최고액으로 기록한다.
④ 선순위근저당권의 채권최고액을 감액하는 변경등기는 그 저당목적물에 관한 후순위권리자의 승낙서가 첨부되지 않더라도 할 수 있다.
⑤ 수용으로 인한 소유권이전등기를 하는 경우, 특별한 사정이 없는 한 그 부동산의 등기기록 중 근저당권등기는 직권으로 말소하여야 한다.

> **해설** ① 채무자의 성명(명칭)과 주소(사무소 소재지)은 기록하여야 하지만, 주민등록번호는 기록하지 않는다(법 제75조).
> ③ 채권최고액을 외국통화로 표시하여 신청정보로 제공한 경우에는 외화표시금액(**예** '미화 금 ○○달러')을 채권최고액으로 기록한다(등기예규 제1656호).
>
> **정답** ①

6 권리질권등기 · 29회

1. 의 의

'권리질권'이란 재산권(**예** 채권, 주식 등) 등을 목적으로 하는 질권을 말한다(민법 제345조). 현행 「부동산등기법」상 등기할 수 있는 권리질권은 저당권부 채권질권에 한한다.

2. 공동신청

권리질권은 저당권부채권을 목적으로 설정하는 것이므로 저당권자가 등기의무자가 되고, 권리질권자가 등기권리자가 되어 공동으로 신청한다.

3. 신청정보의 내용

(1) 저당권에 대한 권리질권의 등기를 신청하는 경우에는 질권의 목적인 채권을 담보하는 저당권의 표시에 관한 사항을 신청정보의 내용으로 등기소에 제공하여야 한다(규칙 제132조 제1항).

(2) 저당권에 대한 권리질권의 등기를 신청하는 경우에는 신청정보의 일반적 제공사항 외에 채권액 또는 채권최고액, 채무자의 표시를 신청정보로 제공하여야 한다. 다만, 변제기와 이자의 약정이 있는 경우에는 그 내용을 신청정보의 내용으로 등기소에 제공하여야 한다(규칙 제132조 제1항).

4. 등기의 실행 및 효력

저당권으로 담보한 채권을 질권의 목적으로 한 때에는 그 저당권등기에 질권의 부기등기를 하여야 그 효력이 저당권에 미친다(민법 제348조).

■■ 권리질권등기 기록례

【을구】				(소유권 이외의 권리에 관한 사항)
순위 번호	등기목적	접 수	등기원인	권리자 및 기타사항
1	저당권 설정	2023년 7월 7일 제66348호	2023년 7월 7일 설정계약	채권액　　금 450,000,000원 채무자　　김연구 　　　　　인천광역시 남동구 함박뫼로 123, 111동 　　　　　202호 저당권자　김근식 681224-1****** 　　　　　경기도 의왕시 청계1로 27
1-1	1번 저당권부 질권	2023년 11월 2일 제87124호	2023년 11월 2일 설정계약	채권액　　금 100,000,000원 채무자　　김근식 　　　　　경기도 의왕시 청계1로 27 채권자　　장여신 750214-1****** 　　　　　경기도 안양시 동안구 귀인로 21

담보물권에 관한 등기에 대한 설명으로 옳은 것은? • 29회

① 「민법」상 조합 자체를 채무자로 표시하여 근저당설정등기를 할 수 없다.
② 근저당권의 존속기간은 등기할 수 없다.
③ 채무자 변경을 원인으로 하는 저당권변경등기는 변경 전 채무자를 등기권리자로, 변경 후 채무자를 등기의무자로 하여 공동으로 신청한다.
④ 근저당권설정등기 신청서에 변제기 및 이자를 기재하여야 한다.
⑤ 「민법」상 저당권부 채권에 대한 질권을 설정함에 있어서 채권최고액은 등기할 수 없다.

해설 ② 근저당권의 존속기간이 등기원인에 정하여져 있는 경우에는 이를 등기하여야 한다.
③ 채무자 변경을 원인으로 하는 저당권변경등기는 저당권자를 등기권리자로, 저당권설정자를 등기의무자로 하여 공동으로 신청한다.
④ 근저당권설정등기에서 변제기 및 이자는 등기사항에 해당하지 않는다.
⑤ 「민법」상 저당권부 채권에 대한 질권을 설정함에 있어서 채권액 또는 채권최고액은 등기하여야 한다.

정답 ①

① 미등기 건물의 건축물대장상 소유자로부터 포괄유증을 받은 자는 (   ) 명의로 소유권 보존등기를 신청할 수 있다.

② 미등기부동산에 대하여 수용으로 인하여 소유권을 취득하였음을 증명하는 자는 자기 명의로 (   )를 신청할 수 있다.

③ 미등기 토지에 대한 소유권을 군수의 확인에 의해 증명한 자는 그 토지에 대한 소유권보존 등기를 신청할 수 (   ).

④ 소유권보존등기를 신청하는 경우에는 (   )과 그 (   )은 신청정보의 내용으로 등기소에 제공할 필요가 없다.

⑤ 등기관이 미등기부동산에 대하여 (   )의 촉탁에 따라 소유권의 (   )등기를 할 때에는 직권으로 소유권보존등기를 한다.

⑥ 소유권의 일부이전등기를 신청하는 경우 이전할 (   )을 신청정보에 제공하여야 한다.

⑦ 매매계약으로 인한 소유권이전등기를 신청하는 경우 신청정보에 (   )을 기록하고, (   )를 첨부정보로 제공하여야 한다.

⑧ (   )은 수증자 명의의 등기가 없어도 유증의 효력이 발생하는 시점에 물권변동의 효력이 발생하지만, (   )의 경우는 등기를 하여야 물권변동의 효력이 발생한다.

⑨ 미등기부동산이 특정유증된 경우, 유언집행자는 (   ) 명의의 소유권보존등기를 거쳐 (   ) 명의의 소유권이전등기를 신청하여야 한다.

정답 1 수증자 또는 자기   2 소유권보존등기   3 없다   4 등기원인, 연월일   5 법원, 처분제한
6 지분   7 거래가액, 거래계약신고필증정보   8 포괄유증, 특정유증   9 상속인, 수증자

⑩ 유증으로 인한 소유권이전등기는 (   )를 할 필요 없이 직접 수증자 명의로 소유권 이전등기를 신청하여야 한다.

⑪ 신탁등기의 신청은 해당 신탁으로 인한 권리의 이전 또는 보존이나 설정등기의 신청과 함께 (   )의 신청정보로 (   )하여 하여야 한다.

⑫ 수탁자가 여러 명인 경우 등기관은 신탁재산이 (   )인 뜻을 등기기록에 기록하여야 한다.

⑬ 신탁으로 인한 권리의 이전등기와 신탁등기는 (   )의 순위번호를 사용한다.

⑭ 1필 토지 전부에 지상권설정등기를 하는 경우, 지상권 설정의 범위를 기록(   ).

⑮ 승역지의 지상권자가 지역권을 설정하는 경우, 그 지역권설정등기는 지상권등기에 (   )로 한다.

⑯ 전세권의 존속기간이 만료된 경우 전세권자는 전세금반환채권의 일부를 양도할 수 있는데, 이를 원인으로 한 전세권의 일부이전등기를 신청하는 경우에는 (   )을 신청정보의 내용으로 등기소에 제공하여야 한다.

⑰ 근저당권의 채권최고액은 채권자·채무자가 수인인 경우에도 반드시 (   ) 기록하여야 하고, 이를 구분하여 기록하지 못한다.

⑱ 일정한 금액을 목적으로 하지 아니하는 채권을 담보하기 위한 저당권설정등기는 (   )을 기록하여야 한다.

⑲ 저당권으로 담보한 채권을 질권의 목적으로 한 때에는 그 저당권등기에 질권의 (   )를 하여야 그 효력이 저당권에 미친다.

> 정답
> **10** 상속등기   **11** 1건, 일괄   **12** 합유   **13** 하나   **14** 한다   **15** 부기등기   **16** 양도액
> **17** 단일하게   **18** 채권의 평가액   **19** 부기등기

05 | 각종의 등기절차

▌10개년 출제문항 수

25회	26회	27회	28회	29회
2	3	2	4	3
30회	31회	32회	33회	34회
2	2	1	3	1

└→ 총 24문제 中 평균 약 2문제 출제

▌학습전략

• 가등기는 매년 출제되므로 전반적인 내용을 반드시 숙지하여야 합니다.

• 부기등기와 말소등기의 출제비중이 높기 때문에 확실하게 정리해야 합니다.

제1절 | 변경등기

• 25회 • 29회 • 31회 • 32회 • 34회

1 의의 및 종류

1. 의 의

'변경등기'란 등기사항의 일부가 후발적으로 실체관계와 부합하지 않게 된 경우에 이를 일치시키기 위한 등기를 말한다. 예를 들어 전세권설정등기 후 전세금을 증액한 경우 증액된 전세금만큼을 등기기록에 반영하는 등기를 전세권변경등기라고 한다.

2. 종 류

변경등기는 그 대상에 따라 표제부에서 하는 부동산의 표시변경등기와 갑구·을구에서 하는 권리의 변경등기 및 등기명의인의 표시변경등기로 구분한다.

(1) 표제부의 변경등기(= 부동산의 표시변경등기)

토지의 표시에 관한 변경등기	토지의 소재와 지번, 지목, 면적 등이 변경된 경우에 실행하는 변경등기로 토지의 분할, 합병, 지목변경 등이 등기원인이 된다.
건물의 표시에 관한 변경등기	건물의 소재, 지번, 구조, 종류, 면적, 건물번호 등에 변경이 있는 경우에 실행하는 변경등기이다. 건물의 분할, 구분, 합병, 부속건물의 신축 등이 등기원인이 된다.

(2) 갑구·을구의 변경등기

권리의 변경등기	등기되어 있는 권리의 내용에 변경이 있는 경우(예 전세권의 전세금이나 존속기간의 변경, 근저당권의 채권최고액의 변경 등)에 실행하는 변경등기이다.
등기명의인의 표시변경등기	등기명의인의 표시인 성명(명칭), (주민)등록번호, 주소(소재지)에 변경이 있는 경우(예 개명, 주소의 변경)에 하는 변경등기이다.

2 부동산의 표시변경등기

1. 의의 및 등기원인

(1) '부동산의 표시에 관한 변경등기'란 토지의 표시인 소재와 지번, 지목, 면적에 변경이 있는 경우와 건물의 표시인 소재, 지번, 구조, 종류, 면적, 건물번호 등에 변경이 있는 경우에 하는 변경등기이다.

(2) 토지의 경우 행정구역 또는 행정구역의 명칭변경이 있거나 토지의 분할, 합병, 지목변경 등 표제부의 등기사항에 변경이 있는 때에 부동산의 표시변경등기의 원인이 된다(법 제35조 참조).

(3) 건물의 경우 행정구역 또는 행정구역의 명칭변경이 있거나 건물의 분할, 구분, 합병, 부속건물의 신축 등 표제부의 등기사항에 변경이 있는 때에 부동산의 표시변경등기의 원인이 된다(법 제41조 제1항 참조).

2. 신청에 의한 부동산의 표시변경등기

(1) 대장등록의 선행

토지나 건물의 표시에 관한 변경의 사실이 있으면 먼저 토지대장이나 임야대장, 건축물대장상의 등록을 변경하고, 이를 첨부하여 변경등기를 신청하여야 한다.

(2) 단독신청·신청의무

토지의 표시나 건물의 표시에 변경이 있는 때에는 그 토지나 건물소유권의 등기명의인은 그 사실이 있는 때부터 1개월 이내에 그 등기를 신청하여야 한다(법 제35조, 제41조 제1항). 다만, 이를 게을리하더라도 **과태료를 부과하지는 않는다.**

(3) 신청정보 및 첨부정보

① 토지나 건물의 표시변경등기를 신청하는 경우에는 그 토지나 건물의 **변경 전과 변경 후의 표시에 관한 정보**를 신청정보의 내용으로 등기소에 제공하여야 한다(규칙 제72조 제1항, 제86조 제1항).

② 토지의 표시의 변경을 증명하는 **토지대장 정보**나 **임야대장 정보**를 첨부정보로서 등기소에 제공하여야 하고(규칙 제72조 제2항), 건물의 표시의 변경을 증명하는 **건축물대장 정보**를 첨부정보로서 등기소에 제공하여야 한다(규칙 제86조 제3항).

(4) 등기의 실행

부동산의 표시에 관한 사항을 변경하는 등기를 할 때에는 **항상 주등기로** 실행하며, 종전의 표시에 관한 등기를 말소하는 표시를 하여야 한다(규칙 제73조, 제87조 제1항).

3. 직권에 의한 부동산의 표시변경등기

(1) 행정구역 또는 그 명칭이 변경되었을 때에는 등기기록에 기록된 행정구역 또는 그 명칭에 대하여 **변경등기가 있는 것으로 본다**(법 제31조). 이 경우에 공시를 명확하게 하기 위하여 등기관은 **직권으로 부동산의 표시변경등기**를 할 수 있다(규칙 제54조).

(2) 지적공부소관청의 불부합통지에 의한 직권등기

① 지적공부에 등록된 토지소유자의 변경사항을 정리하려는 경우에 있어 등기기록에 기록된 토지의 표시가 지적공부와 일치하지 아니한 때에는 이를 정리할 수 없고, 그 뜻을 관할 등기관서에 통지하여야 한다(공간정보의 구축 및 관리 등에 관한 법률 제88조 제3항). 이를 불부합통지라 한다.

② 등기관은 불부합통지를 받은 경우에 1개월 내에 토지소유자의 등기신청이 없는 때에는 직권으로 통지서의 기재내용에 따른 변경등기를 하고 그 사실을 지적소관청과 소유권의 등기명의인에게 알려야 한다(법 제36조).

■■ 토지의 표시변경등기 기록례

【표제부】					(토지의 표시)
표시 번호	접 수	소재지번	지 목	면 적	등기원인 및 기타사항
1	2002년 2월 9일	서울특별시 강남구 서초동 7	대	330.5m²	
2		서울특별시 서초구 서초동 7	대	330.5m²	2002년 12월 1일 행정구역 및 명칭 변경 2003년 1월 11일 등기
3	2005년 9월 9일	서울특별시 서초구 서초동 7	대	430.5m²	합병으로 인하여 대100m²를 서울 특별시 서초구 서초동 7-1에서 이기

4. 토지의 분합등기

(1) 의 의

'토지의 분합등기'란 「공간정보의 구축 및 관리 등에 관한 법률」에 따른 토지의 분할, 합병이 있는 경우 그에 따라 등기기록을 정리하는 등기로써 1필지를 2필지 이상으로 나누거나(분필등기), 2필지 이상의 토지를 1필지로 합치는(합필등기) 경우를 말한다.

(2) 합필등기의 제한

① 합필등기를 하기 위해서는 「공간정보의 구축 및 관리 등에 관한 법률」 상 합병의 요건을 갖추어야 한다. 소유권·지상권·전세권·임차권 및 승역지에 하는 지역권의 등기 외의 권리에 관한 등기가 있는 토지에 대하여는 합필의 등기를 할 수 없다. 다만, 합필하려는 모든 토지에 등기원인 및 그 연월일과 접수번호가 동일한 저당권등기가 있거나 등기사항이 동일한 신탁등기가 있는 경우에는 합필의 등기를 할 수 있다(법 제37조 제1항).

② 등기관이 위 ①을 위반한 등기의 신청을 각하하면 지체 없이 그 사유를 지적소관청에 알려야 한다(법 제37조 제2항).

5. 건물의 분합등기

(1) 건물의 분할

甲 건물로부터 그 부속건물을 분할하여 이를 乙 건물로 한 경우에 등기관이 분할등기를 할 때에는 乙 건물에 관하여 등기기록을 개설하고, 그 등기기록 중 표제부에 건물의 표시와 분할로 인하여 甲 건물의 등기기록에서 옮겨 기록한 뜻을 기록하여야 한다(규칙 제96조 제1항).

(2) 건물의 합병

甲 건물을 乙 건물 또는 그 부속건물에 합병하거나 乙 건물의 부속건물로 한 경우를 말한다. 이러한 경우 乙 건물 등기기록에 변경등기를 하고 甲 건물 등기기록은 폐쇄한다(규칙 제100조 제1항 제2항).

(3) 건물의 구분

① 구분건물이 아닌 甲 건물을 구분하여 甲 건물과 乙 건물로 한 경우나 구분건물인 甲 건물을 구분하여 甲 건물과 乙 건물로 한 경우를 말한다.

② 구분건물이 아닌 甲 건물을 구분하여 甲 건물과 乙 건물로 한 경우는 구분 후의 甲 건물과 乙 건물에 대하여 등기기록을 개설하고 종전 甲 건물의 등기기록은 폐쇄한다(규칙 제97조 제1항, 제2항).

(4) 건물합병의 제한

① 소유권·전세권 및 임차권의 등기 외의 권리에 관한 등기가 있는 건물에 관하여는 합병의 등기를 할 수 없다. 다만, 합병하려는 모든 건물에 등기원인 및 그 연월일과 접수번호가 동일한 저당권등기가 있거나 등기사항이 동일한 신탁등기가 있는 경우에는 합병의 등기를 할 수 있다(법 제42조 제1항).

② 등기관이 위 ①을 위반한 등기의 신청을 각하하면 지체 없이 그 사유를 건축물대장 소관청에 알려야 한다(법 제42조 제2항).

건축물대장에 甲 건물을 乙 건물에 합병하는 등록을 2018년 8월 1일에 한 후, 건물의 합병등기를 하고자 하는 경우에 관한 설명으로 <u>틀린</u> 것은?

• 29회 수정

① 乙 건물의 소유권의 등기명의인은 건축물대장상 건물의 합병등록이 있는 날로부터 1개월 이내에 건물합병등기를 신청하여야 한다.

② 건물합병등기를 신청할 의무 있는 자가 그 등기신청을 게을리하였더라도, 「부동산등기법」상 과태료를 부과받지 아니한다.

③ 합병등기를 신청하는 경우, 乙 건물의 변경 전과 변경 후의 표시에 관한 정보를 신청정보의 내용으로 등기소에 제공하여야 한다.

④ 甲 건물에만 저당권등기가 존재하는 경우에 건물합병등기가 허용된다.

⑤ 등기관이 합병제한 사유가 있음을 이유로 신청을 각하한 경우 지체 없이 그 사유를 건축물대장 소관청에 알려야 한다.

해설 ④ 합병 대상건물에 소유권과 용익권 이외의 권리에 관한 등기가 있는 경우 합병은 허용되지 않으므로, 甲 건물에만 저당권등기가 존재하는 경우에 건물합병등기는 허용되지 않는다.

정답 ④

3 권리의 변경등기

1. 의 의

'권리의 변경등기'란 이미 등기된 권리의 내용 중 일부가 후발적으로 변경된 경우 변경된 실체관계와 등기기록상의 기록을 일치시키기 위한 등기이다. 권리의 변경은 권리의 내용이 변경되는 것이므로 권리주체의 변동(예 소유권 이전 등)이나 권리객체의 변경(부동산의 표시변경)은 권리의 변경등기에 해당되지 아니한다.

⊕ 보충	권리의 변경등기의 내용

구 분	내 용
소유권의 변경등기	소유형태를 공유에서 합유로 변경하거나 합유를 공유로 변경하는 경우
지상권의 변경등기	범위의 변경, 존속기간의 연장 또는 단축, 지료의 증감, 지급시기의 변경 등
전세권의 변경등기	범위의 변경, 전세금의 증감, 존속기간의 연장 또는 단축 등
저당권의 변경등기	피담보채권액의 증감, 채무자의 변경, 이자율의 변경 등
근저당권의 변경등기	채권최고액의 증감, 채무자의 변경 등
임차권의 변경등기	차임의 증감, 보증금의 변경, 존속기간의 연장 또는 단축 등

2. 공동신청

권리의 변경등기의 신청은 일반원칙에 따라 등기권리자와 등기의무자의 공동신청에 의한다. 누가 등기권리자이고 등기의무자인지는 구체적인 권리의 변경등기마다 다르므로 일률적으로 말할 수는 없다.

3. 등기의 실행

(1) 부기등기로 하는 경우

① 권리의 변경등기는 등기상 이해관계 있는 제3자가 존재하지 않거나, 등기상 이해관계 있는 제3자가 있더라도 그 자의 승낙이 있는 경우에는 부기등기로 하여야 한다(법 제52조 제5호).

② 등기관이 권리의 변경등기를 할 때에는 변경 전의 등기사항을 말소하는 표시를 하여야 한다(규칙 제112조 제1항).

(2) 주등기로 하는 경우

① 권리의 변경등기를 하는 데 있어 등기상 이해관계 있는 제3자가 있으나 그 자의 동의서나 이에 대항할 수 있는 재판의 등본이 없는 경우에는 그 이해관계인의 등기보다 후순위가 되는 주등기로 하여야 한다(법 제52조 제5호).

② 주등기의 방법에 의할 때에는 변경 전의 등기사항은 종전의 순위로 제3자에게 대항할 수 있어야 하므로 변경 전의 등기사항을 말소하는 표시를 하지 않는다(규칙 제112조 제1항 후단).

기 출 지 문 O X

권리변경등기는 등기상 이해관계인의 승낙을 얻으면 부기등기로 실행할 수 있다. • 21회

( )

정답 (O)

➕ 보충 등기상 이해관계 있는 제3자

1. 의 의

등기상 이해관계 있는 제3자란 등기의 기록형식상 불이익을 받게 될 위치에 있는 자를 말하는데, 실제로 불이익이 발생하였느냐의 여부는 묻지 않는다. 유리하게 되는 자는 이해관계인에 해당하지 않는다.

2. 이해관계인에 해당하는 경우

(1) 선순위 전세권의 전세금의 증액에 따라 변경등기를 하는 경우에 후순위 저당권자는 불이익을 받을 염려가 있으므로 이해관계인에 해당한다.

(2) 선순위 저당권의 채권액의 증액에 따라 변경등기를 하는 경우에 후순위 전세권자나 저당권자는 불이익을 받을 염려가 있으므로 이해관계인에 해당한다.

3. 이해관계인에 해당하지 않는 경우

(1) 선순위 전세권의 전세금의 감액에 따라 변경등기를 하는 경우에 후순위 저당권자는 불이익을 받을 염려가 없고 오히려 이익이 되므로 이해관계인이 아니다.

(2) 선순위 저당권의 채권액의 감액에 따라 변경등기를 하는 경우에 후순위 전세권자나 저당권자는 불이익을 받을 염려가 없고 오히려 이익이 되므로 이해관계인이 아니다.

■■ 권리의 변경등기 – 이해관계인의 승낙서를 첨부하지 못한 경우

【을구】				(소유권 이외의 권리에 관한 사항)
순위번호	등기목적	접 수	등기원인	권리자 및 기타사항
1	전세권 설정	2021년 7월 7일 제66348호	2021년 6월 7일 설정계약	전세금　　　금 300,000,000원 범위　　　　건물의 전부 존속기간　　2021년 7월 7일부터 　　　　　　2023년 7월 6일까지 전세권자　　김수희 801012-2****** 　　　　　　경기도 의왕시 덕장로 22
2	근저당권 설정	2022년 11월 7일 제96362호	2022년 11월 7일 설정계약	채권최고액　금 200,000,000원 채무자　　　변정수 근저당권자　오인수 760201-1****** 　　　　　　경기도 안양시 동안구 귀인로 123
3	1번 전세권 변경	2023년 7월 6일 제69541호	2023년 6월 15일 변경계약	전세금　　　금 370,000,000원 존속기간　　2021년 7월 7일부터 　　　　　　2025년 7월 6일까지

▪▪ 권리의 변경등기 – 이해관계인의 승낙서를 첨부한 경우

【을구】			(소유권 이외의 권리에 관한 사항)		
순위 번호	등기목적	접 수	등기원인	권리자 및 기타사항
1	전세권 설정	2021년 7월 7일 제66348호	2021년 6월 7일 설정계약	전세금 ~~금 300,000,000원~~ 범위 건물의 전부 존속기간 ~~2021년 7월 7일부터~~ ~~2023년 7월 6일까지~~ 전세권자 김수희 801012-2****** 경기도 의왕시 덕장로 22
1-1	1번 전세권 변경	2023년 7월 6일 제69541호	2023년 6월 15일 변경계약	전세금 금 370,000,000원 존속기간 2021년 7월 7일부터 2025년 7월 6일까지
2	근저당권 설정	2022년 11월 7일 제96362호	2022년 11월 7일 설정계약	채권최고액 금 200,000,000원 채무자 변정수 근저당권자 오인수 760201-1****** 경기도 안양시 동안구 귀인로 123

기출&예상 문제

등기상 이해관계 있는 제3자가 있는 경우에 그 제3자의 승낙이 없으면
부기등기로 할 수 <u>없는</u> 것은? • 29회

① 환매특약등기
② 지상권의 이전등기
③ 등기명의인표시의 변경등기
④ 지상권 위에 설정한 저당권의 이전등기
⑤ 근저당권에서 채권최고액 증액의 변경등기

해설 ⑤ 근저당권에서 채권최고액 증액의 변경등기가 권리의 변경등기에 해당한다.
등기상 이해관계 있는 제3자가 있는 경우에 그 제3자의 승낙이 없으면 부기
등기로 할 수 없고 주등기로 하는 등기는 권리의 변경등기나 경정등기이다.

정답 ⑤

---

4 등기명의인의 표시변경등기

1. 의 의

등기명의인의 표시인 성명(명칭), 주소(사무소 소재지), (주민)등록번호 등이
등기 후에 변경됨으로써 이를 실체관계와 부합하도록 바로잡는 등기를 말
한다.

등기명의인의 표시변경사유가 발생한 경우에 그 변경등기를 의무적으로 하여야 할 것은 아니지만, 등기명의인의 표시변경등기를 하지 아니하고 다른 등기신청을 하는 때에는 각하사유가 된다.

2. 신청에 의한 변경등기

(1) 등기명의인의 표시변경등기는 변경등기에 의하여 불이익을 받는 자나 이해관계인이 있을 수 없으므로 해당 권리의 등기명의인이 단독으로 신청한다(법 제23조 제6항).

(2) 등기의 실행

등기명의인표시의 변경등기는 항상 부기등기로 하며, 등기관이 등기명의인표시의 변경등기를 할 때에는 변경 전의 등기사항을 말소하는 표시를 하여야 한다(규칙 제112조 제2항).

3. 직권에 의한 변경등기

(1) 행정구역 또는 그 명칭이 변경되었을 때에는 등기기록에 기록된 행정구역 또는 그 명칭에 대하여 변경등기가 있는 것으로 본다(법 제31조). 이 경우 등기관은 공시를 명확하게 하기 위하여 직권으로 등기명의인의 주소변경 등기를 할 수 있다(규칙 제54조).

(2) 등기관이 소유권이전등기를 할 때에 등기명의인의 주소변경으로 신청정보상의 등기의무자의 표시가 등기기록과 일치하지 아니하는 경우라도, 첨부정보로서 제공된 주소를 증명하는 정보에 등기의무자의 등기기록상의 주소가 신청정보상의 주소로 변경된 사실이 명백히 나타나면 직권으로 등기명의인표시의 변경등기를 하여야 한다(규칙 제122조).

■ 등기명의인의 표시변경등기 기록례

【갑구】				(소유권에 관한 사항)
순위번호	등기목적	접 수	등기원인	권리자 및 기타사항
2	소유권이전	2021년 9월 3일 제87654호	2021년 7월 9일 상속	소유자 정승현 780521-1****** ~~서울특별시 강남구 국기원길 29~~
2-1	2번 등기명의인 표시변경	2022년 7월 1일 제63554호	2022년 6월 13일 주소이전	정승현의 주소 서울특별시 강남구 국기원길 327

> **⊘ 참고** **등기명의인의 표시변경등기의 생략**
>
> 1. 등기명의인의 주소가 수차 이전되었을 때에는 중간의 변경사항을 생략하고 바로 등기기록상의 주소로부터 최종 주소로 등기명의인의 표시변경등기를 할 수 있다(등기예규 제428호).
> 2. 근저당권 등 소유권 외의 권리에 관한 등기(가등기를 포함한다)의 말소등기를 신청하는 경우에 그 등기명의인의 표시에 변경·경정의 사유가 있는 때라도 신청정보에 그 변경·경정을 증명함으로써 등기명의인의 표시변경·경정등기를 생략할 수 있다.
> 3. 건물멸실등기를 신청하는 경우에 소유권의 등기명의인의 표시변경·경정사유가 있어도 그 변경·경정을 증명하는 서면을 첨부하는 경우에는 그 등기명의인의 표시변경·경정등기를 생략할 수 있다.

제2절 경정등기

• 24회 • 25회 • 26회

1 의 의

1. '경정등기'란 등기를 실행하는 순간(= 원시적)부터 착오 또는 빠진 사항이 있어 등기기록과 실체관계에 일부 불일치가 발생한 경우 이를 시정하기 위한 등기를 말한다. 경정등기는 그 불일치가 등기의 일부에 관한 것이라는 점에서 말소등기와 다르며, 불일치의 발생시점이 원시적이라는 점에서 변경등기와 다르다.

2. 경정등기의 종류와 신청 및 실행방법은 변경등기와 유사하므로 중복되는 부분은 생략하겠다.

2 경정등기의 요건

1. 등기사항의 '일부'에 대한 착오 또는 빠진 사항일 것

경정등기는 등기사항의 일부에 착오나 빠진 사항이 있을 것을 요건으로 하므로, 등기사항의 전부에 대하여 착오나 빠진 사항이 있는 경우에는 경정등기를 하는 것이 아니라 그 등기의 말소등기를 한다.

2. 등기기록과 실체관계의 불일치는 '원시적'으로 발생한 것일 것

등기기록과 실체관계의 불일치는 등기를 기록하는 순간부터 발생한 것이어야 한다. 등기를 마친 후에 발생한 불일치는 변경등기 방식으로 바로잡아야 한다.

3. 경정 전후에 '동일성 또는 유사성'이 있을 것

경정 전의 등기와 경정 후의 등기 사이에는 '동일성 또는 유사성'이 있어야 한다. 경정 전의 등기와 경정 후의 등기 사이에 동일성 또는 유사성이 없는 경우에는 경정등기를 할 수 없고, 말소등기를 하여야 한다.

> **⊕ 보충 등기의 동일성(등기예규 제1564호)**
>
> 1. 부동산표시의 경정등기
>   (1) 경정등기는 그것을 허용해도 그 경정의 전후를 통하여 표시된 부동산의 동일성에 변함이 없는 것으로 여겨질 정도로 착오 또는 빠진 사항의 표시가 경미하거나 극히 부분적일 때에 한하여 허용되는 것이 원칙이다.
>   (2) 다만, 이러한 동일성 또는 유사성을 인정할 수 없는 경우라 하더라도 같은 부동산에 관하여 따로 소유권보존등기가 존재하지 아니하거나 등기의 형식상 예측할 수 없는 손해를 입을 우려가 있는 이해관계인이 없는 경우, 등기관은 그 경정등기 신청을 수리할 수 있다.
> 2. 권리에 관한 경정등기
>   (1) 허용되는 경우
>   ① 소유권보존등기의 경정 : 등기명의인의 인감증명이나 소유권확인판결서 등을 첨부하여 단독소유의 소유권보존등기를 공동소유로 경정하거나 공동소유를 단독소유로 경정하는 경우
>   ② 상속으로 인한 소유권이전등기의 경정 : 법정상속분대로 등기된 후 협의분할에 의하여 소유권경정등기를 신청하는 경우 또는 협의분할에 의한 상속등기 후 협의해제를 원인으로 법정상속분대로 소유권경정등기를 신청하는 경우
>   ③ 등기원인증서의 실질적 내용이 매매임에도 증여로 기재되어 있거나 등기 당시 도래하지 않은 일자가 등기원인일자로 등기원인증서에 기재되어 있는 등 등기원인증서상의 기재의 착오가 외관상 명백한 경우
>   (2) 허용되지 않는 경우
>   ① 권리 자체를 경정(예 소유권이전등기를 저당권설정등기로 경정하거나 저당권설정등기를 전세권설정등기로 경정하는 경우 등)하는 등기신청
>   ② 권리자 전체를 경정(예 권리자를 甲에서 乙로 경정하거나, 甲과 乙의 공동소유에서 丙과 丁의 공동소유로 경정하는 경우 등)하는 등기신청

기 출 지 문 O X

법정상속분에 따라 상속등기를 마친 후에 공동상속인 중 1인에게 재산을 취득하게 하는 상속재산분할협의를 한 경우에는 소유권경정등기를 할 수 없다. • 19회
(   )

정답 (×)

할 수 없다. ⇨ 할 수 있다.

기 출 지 문 O X

전세권설정등기를 하기로 합의하였으나 당사자 신청의 착오로 임차권으로 등기된 경우, 그 불일치는 경정등기로 시정할 수 있다. • 26회
(   )

정답 (×)

경정등기로 시정할 수 없고 임차권등기를 말소하여야 한다.

기 출 지 문 O X

권리자는 甲임에도 불구하고 당사자 신청의 착오로 乙 명의로 등기된 경우, 그 불일치는 경정등기로 시정할 수 없다. • 26회
(   )

정답 (○)

3. 등기명의인표시의 경정

등기명의인표시경정등기는 경정 전후의 등기명의인이 인격의 동일성을 유지하는 경우에만 신청할 수 있다. 그러므로 법인 아닌 사단을 법인으로 경정하는 등기를 신청하는 등 동일성을 해하는 등기명의인표시경정등기 신청은 수리할 수 없다.

③ 신청에 의한 경정등기

1. 신청인

경정등기를 신청하는 방식은 변경등기와 동일하다. 즉, 부동산의 표시경정등기는 소유권의 등기명의인이 단독으로 신청하고, 권리의 경정등기는 등기권리자와 등기의무자가 공동으로 신청하며, 등기명의인의 표시경정등기는 등기명의인이 단독으로 신청한다.

2. 착오 또는 빠진 사항의 통지

(1) 등기관이 등기를 마친 후 그 등기에 착오나 빠진 부분이 있음을 발견하였을 때에는 지체 없이 그 사실을 등기권리자와 등기의무자에게 알려야 하고, 등기권리자와 등기의무자가 없는 경우에는 등기명의인에게 알려야 한다. 등기권리자·의무자 또는 등기명의인이 각 2인 이상인 경우에는 그 중 1인에게 통지하면 된다(법 제32조 제1항).

(2) 착오 또는 빠진 사항의 등기가 채권자대위권에 의하여 마쳐진 경우에는 그 대위채권자에게도 알려야 한다(법 제32조 제4항).

■■ 등기명의인의 표시경정등기 기록례

【갑구】		(소유권에 관한 사항)		
순위 번호	등기목적	접 수	등기원인	권리자 및 기타사항
2	소유권 이전	2023년 9월 3일 제87654호	2023년 7월 9일 상속	소유자 정승헌 580521-1****** 서울특별시 강남구 봉은사로 129
2-1	2번 등기 명의인 표시경정	2023년 11월 1일 제63554호	2023년 9월 3일 신청착오	정승헌의 성명 정승현

4 직권경정등기

1. 요 건

(1) 등기관의 잘못일 것

등기관이 등기의 착오나 빠진 부분이 등기관의 잘못으로 인한 것임을 발견한 경우에는 지체 없이 그 등기를 직권으로 경정하여야 한다(법 제32조 제2항). 신청인의 잘못으로 이와 같은 불일치가 발생한 경우 등기관은 직권으로 경정등기를 할 수 없다.

(2) 등기상 이해관계인의 승낙이 있을 것

직권경정등기를 하는 데 있어 등기상 이해관계 있는 제3자가 있는 경우에는 제3자의 승낙이 있어야 한다(법 제32조 제2항 후단). 이를 첨부하지 못하면 직권으로 경정등기를 할 수 없고 당사자의 신청에 의하여 경정등기를 할 수 밖에 없다.

(3) 동일성을 요하는지 여부

등기관의 과오로 인해 등기의 착오가 발생한 경우에는 경정 전·후의 등기의 동일성 여부를 별도로 심사하지 않고 처리한다. 단, 갑구에 하여야 할 등기를 등기관의 착오로 을구에 등기한 것과 같이 경정절차에 의하여 바로잡을 수 없는 등기는 종전 등기를 착오 발견으로 말소한 후 직권 또는 신청에 의하여 경정등기를 하여야 한다(등기예규 제1564호).

(4) 당사자의 경정등기 신청가능 여부

등기완료 후 등기관의 과오로 인한 등기의 착오(신청과 다른 내용으로 등기된 경우를 말한다)를 발견한 경우, 등기권리자 또는 등기의무자는 등기필정보 등 그 사실을 증명하는 서면을 첨부하여 착오발견으로 인한 경정등기를 신청할 수 있다(등기예규 제1564호).

2. 절 차

(1) 등기관이 직권으로 경정등기를 하였을 때에는 그 사실을 등기권리자·등기의무자 또는 등기명의인에게 알려야 한다. 등기권리자·등기의무자 또는 등기명의인이 각 2인 이상인 경우에는 그 중 1인에게 통지하면 된다(법 제32조 제3항).

기 출 지 문 O X

등기의무자가 2인 이상일 경우, 직권으로 경정등기를 마친 등기관은 그 전원에게 그 사실을 통지하여야 한다. • 25회　( )

정답 (×)

그 중 1인에게 통지하면 된다.

(2) 채권자대위권에 의하여 등기가 마쳐진 때에는 그 채권자에게도 직권경정 등기의 사실을 통지하여야 한다(법 제32조 제4항).

(3) 직권경정등기를 마친 등기관은 경정등기를 한 취지를 지방법원장에게 보고하여야 한다(등기예규 제1564호).

제3절	말소등기

• 26회 • 28회 • 29회

1 의 의

'말소등기'란 기존 등기의 전부가 원시적 또는 후발적 사유로 실체관계와 부합하지 않게 된 경우 기존등기 전부를 소멸시킬 목적으로 실행하는 등기를 말한다.

2 말소등기의 요건

1. 기존 등기의 전부가 불일치할 것

말소등기의 대상이 되는 것은 등기사항의 전부가 불일치한 경우에 한한다. 등기사항의 일부만이 불일치한 때에는 변경등기나 경정등기의 대상이 되는 것이지 말소등기의 대상이 되는 것은 아니다.

2. 불일치의 사유는 묻지 않을 것

불일치의 사유는 묻지 않으므로 원시적으로 불일치하게 된 경우(예 등기원인의 무효)뿐만 아니라 후발적으로 불일치하게 된 경우(예 채무변제에 의한 저당권의 소멸)도 포함된다. 또한 불일치 사유가 실체적(예 등기원인의 무효)이든 절차적(예 중복등기, 관할위반 등)이든 상관없다.

기 출 지 문 O X

등기의 일부를 말소하는 표시를 하는 것은 말소등기가 아니다.
• 20회 수정 ( )

정답 (○)

기 출 지 문 O X

말소등기는 기존의 등기가 원시적 또는 후발적인 원인에 의하여 등기사항 전부가 부적법할 것을 요건으로 한다. • 28회 ( )

정답 (○)

말소등기신청의 경우에 '등기상
이해관계 있는 제3자'란 등기의
말소로 인하여 손해를 입을 우려
가 있다는 것이 등기기록에 의하
여 형식적으로 인정되는 자를 말
한다. • 28회   (   )

정답 (○)

甲 ➡ 乙 ➡ 丙 순으로 소유권이
전등기가 된 상태에서 乙 명의의
소유권이전등기를 말소할 때에
는 등기상 이해관계 있는 제3자
丙의 승낙이 있어야 한다. • 23회
                     (   )

정답 (×)
丙은 이해관계인에 해당하지 않
는다.

3. 이해관계 있는 제3자가 있는 경우 제3자의 승낙이 있을 것

(1) 말소등기를 신청하는 경우에 그 말소에 대하여 등기상 이해관계 있는 제3
자가 있을 때에는 제3자의 승낙이 있어야 한다(법 제57조 제1항). 승낙서
등을 첨부하지 아니하고 말소등기를 신청한 경우는 법 제29조 제9호에 해
당하여 각하된다. 여기서 '등기상 이해관계 있는 제3자'란 등기의 말소로
인하여 손해를 입을 우려가 있다는 것이 등기기록에 의하여 형식적으로
인정되는 자를 말한다.

(2) 말소등기와 등기기록상 양립할 수 없는 자는 말소등기를 하는 데 있어 이
해관계인이 될 수 없다. 예를 들어 선순위 소유권등기를 말소하는 데 있어
이와 양립할 수 없는 후순위 소유자는 이해관계인이 될 수 없고, 말소의
전제가 될 뿐이다.

(3) 이해관계인의 해당 여부

이해관계인 해당(O)	① 소유권보존등기의 말소등기 신청 시 그 소유권을 목적으로 하는 모든 권리자, 즉 저당권자, 지상권자, 가압류권자, 가등기권자 등 ② 소유권이 甲에서 乙로 이전되고 乙이 丙에게 저당권을 설정한 경우 乙의 소유권이전등기의 말소등기 신청 시 저당권자 丙 ③ 지상권의 말소등기 신청 시에 지상권을 목적으로 한 저당권자
이해관계인 해당(X)	① 甲 ➡ 乙 ➡ 丙 순으로 소유권이전등기가 된 상태에서 乙 명의의 소유권 이전등기를 말소할 때의 丙 ② 1순위 저당권의 말소등기 시 2순위 저당권자 ③ 2순위 저당권의 말소등기 시 1순위 저당권자 ④ 지상권의 말소등기 시 해당 부동산에 대한 저당권자

3 말소등기의 개시유형

1. 공동신청(원칙)

말소등기도 등기신청의 일반원칙에 따라 등기권리자와 등기의무자의 공동
신청에 의한다(법 제23조 제1항).

2. 단독신청

(1) 판결에 의한 말소등기(법 제23조 제4항)

(2) 소유권보존등기의 말소등기

소유권의 등기명의인이 단독으로 신청한다(법 제23조 제2항).

(3) 사망으로 인한 권리의 소멸

등기명의인인 사람의 사망으로 권리가 소멸한다는 약정이 등기되어 있는 경우에 사람의 사망으로 그 권리가 소멸하였을 때에는, 등기권리자는 그 사실을 증명하여 단독으로 해당 등기의 말소를 신청할 수 있다(법 제55조).

(4) 등기의무자의 소재불명

등기권리자가 등기의무자의 소재불명으로 인하여 공동으로 등기의 말소를 신청할 수 없을 때에는 공시최고를 신청한 후 제권판결이 있으면 등기권리자가 그 사실을 증명하여 단독으로 등기의 말소를 신청할 수 있다(법 제56조).

(5) 가등기의 말소

가등기의 말소등기는 일반원칙에 따라 공동신청이 원칙이나 가등기명의인이 단독으로 신청할 수 있고, 가등기의무자 또는 가등기에 관하여 등기상 이해관계 있는 자는 가등기명의인의 승낙을 받아 단독으로 가등기의 말소를 신청할 수 있다(법 제93조).

(6) 가처분등기 이후에 마처진 제3자 명의의 등기의 말소

권리의 이전, 말소 또는 설정등기청구권을 보전하기 위한 처분금지가처분등기가 된 후 가처분채권자가 가처분채무자를 등기의무자로 하여 권리의 이전, 말소 또는 설정의 등기를 신청하는 경우에는, 그 가처분등기 이후에 된 등기로서 가처분채권자의 권리를 침해하는 등기를 가처분채권자의 단독신청으로 말소할 수 있다(법 제94조 제1항).

(7) 혼동에 의한 말소

동일한 물건에 대한 소유권과 다른 물권이 동일한 사람에게 귀속한 때에는 다른 물권은 소멸한다(민법 제191조 제1항). 이 경우 소멸한 권리의 말소등기는 그 등기명의인이 단독으로 신청한다.

3. 직권에 의한 말소

(1) 관할위반(법 제29조 제1호)·**사건이 등기할 것이 아닌 경우**(제2호) **위반의 등기**

① 등기관이 등기를 마친 후 그 등기가 제29조 제1호 또는 제2호에 해당된 것임을 발견하였을 때에는 등기권리자, 등기의무자와 등기상 이해관계 있는 제3자에게 1개월 이내의 기간을 정하여 그 기간에 이의를 진술하지 아니하면 등기를 말소한다는 뜻을 통지하여야 한다(법 제58조 제1항).

② 등기관은 위 ①의 기간 이내에 이의를 진술한 자가 없거나 이의를 각하한 경우에는 등기를 직권으로 말소하여야 한다(법 제58조 제4항).

(2) 말소등기 시 말소할 등기를 목적으로 하는 이해관계 있는 제3자 명의의 등기는 제3자의 승낙이 있을 경우 등기관이 직권으로 말소한다(법 제57조).

(3) 등기관은 가등기에 의한 본등기를 하였을 때에는 가등기 이후에 된 등기로서 가등기에 의하여 보전되는 권리를 침해하는 등기를 직권으로 말소하여야 한다(법 제92조).

(4) 등기관이 수용으로 인한 소유권이전등기를 하는 경우 그 부동산의 등기기록 중 소유권, 소유권 외의 권리(그 부동산을 위하여 존재하는 지역권은 제외한다), 그 밖의 처분제한에 관한 등기가 있으면 그 등기를 직권으로 말소하여야 한다(법 제99조 제4항).

(5) 환매에 따른 권리취득의 등기를 하였을 때에는 환매특약의 등기를 말소하여야 한다(규칙 제114조 제1항).

4. 촉탁에 의한 말소

(1) 관공서가 공매처분을 한 경우에 등기권리자의 청구를 받으면 지체 없이 공매처분으로 인하여 소멸한 권리 등기의 말소 및 체납처분에 관한 압류등기 및 공매공고등기의 말소등기를 등기소에 촉탁하여야 한다(법 제97조).

(2) 경매절차에서 매각대금이 지급되면 법원사무관 등은 매수인(경락인)이 인수하지 아니한 부동산의 부담에 관한 기입을 말소하는 등기와 경매개시결정등기를 말소하는 등기를 촉탁하여야 한다(민사집행법 제144조 제1항).

4 말소등기의 실행

(1) 등기를 말소할 때에는 말소의 등기를 한 후 해당 등기를 말소하는 표시를 하여야 한다(규칙 제116조 제1항). 말소등기는 항상 주등기 형식으로 한다.

(2) 말소등기를 함에 있어서 말소할 권리를 목적으로 하는 제3자의 권리에 관한 등기가 있을 때에는 등기기록 중 해당구에 그 제3자의 권리의 표시를 하고 어느 권리의 등기를 말소함으로 인하여 말소한다는 뜻을 기록하여야 한다(규칙 제116조 제2항).

(3) 말소등기가 무효라고 하여 말소등기를 말소할 수는 없다. 이 경우 말소회복등기를 하여야 한다.

【갑구】		(소유권에 관한 사항)		
순위 번호	등기목적	접 수	등기원인	권리자 및 기타사항
1	소유권 보존	2020년 9월 6일 제73005호		소유자　김대인 800114-1****** 서울특별시 강남구 헌릉로 21길 253
2	~~소유권~~ ~~이전~~	~~2023년 4월 6일~~ ~~제23005호~~	~~2023년 3월 1일~~ ~~매매~~	~~소유자　김이동 750724-1******~~ ~~서울특별시 종로구 원서로 15길 125~~
3	2번 소유권 이전등기말소	2023년 6월 5일 제48278호	2023년 6월 4일 합의해제	

■■ 이해관계인 등기의 직권말소등기 기록례

【을구】		(소유권 외의 권리에 관한 사항)		
순위 번호	등기목적	접 수	등기원인	권리자 및 기타사항
~~1~~	~~전세권설정~~	~~(생략)~~	~~(생략)~~	~~(생략)~~
~~1-1~~	~~1번 전세권의~~ ~~저당권설정~~	~~(생략)~~	~~(생략)~~	~~(생략)~~
2	1번 전세권말소	2023년 6월 5일 제48278호	2023년 6월 4일 해지	
3	1-1번 저당권말소			1번 전세권말소로 인하여 2023년 6월 5일 등기

기 출 지 문 O X

말소되는 등기의 종류에는 제한이 없으며, 말소등기의 말소등기도 허용된다. •28회　(　)

정답 (×)
말소등기의 말소등기는 허용되지 않는다.

PART 2

05 각종의 등기절차

CHAPTER 05 각종의 등기절차 ◂ **365**

01 말소등기에 관한 설명으로 **틀린** 것은? (다툼이 있으면 판례에 따름)

• 28회

① 말소되는 등기의 종류에는 제한이 없으며, 말소등기의 말소등기도 허용된다.

② 말소등기는 기존의 등기가 원시적 또는 후발적인 원인에 의하여 등기사항 전부가 부적법할 것을 요건으로 한다.

③ 농지를 목적으로 하는 전세권설정등기가 실행된 경우, 등기관은 이를 직권으로 말소할 수 있다.

④ 피담보채무의 소멸을 이유로 근저당권설정등기가 말소되는 경우, 채무자를 추가한 근저당권 변경의 부기등기는 직권으로 말소된다.

⑤ 말소등기 신청의 경우에 '등기상 이해관계 있는 제3자'란 등기의 말소로 인하여 손해를 입을 우려가 있다는 것이 등기기록에 의하여 형식적으로 인정되는 자를 말한다.

> **해설** ① 말소등기의 말소등기는 허용되지 않으므로 말소회복등기를 하여야 한다.
>
> **정답** ①

02 말소등기를 신청하는 경우 그 말소에 관하여 승낙서를 첨부하여야 하는 등기상 이해관계 있는 제3자에 해당하는 것을 모두 고른 것은? • 29회

> ㉠ 지상권등기를 말소하는 경우 그 지상권을 목적으로 하는 저당권자
> ㉡ 순위 2번 저당권등기를 말소하는 경우 순위 1번 저당권자
> ㉢ 순위 1번 저당권등기를 말소하는 경우 순위 2번 저당권자
> ㉣ 토지에 대한 저당권등기를 말소하는 경우 그 토지에 대한 지상권자
> ㉤ 소유권보존등기를 말소하는 경우 가압류권자

① ㉠, ㉣ 　　　② ㉠, ㉤ 　　　③ ㉡, ㉢
④ ㉡, ㉤ 　　　⑤ ㉢, ㉣

> **해설** ㉠ 지상권등기를 말소하는 경우 그 지상권을 목적으로 하는 저당권자는 이해관계인에 해당한다.
>
> ㉤ 소유권보존등기를 말소하는 경우 가압류권자는 보전되는 권리가 없어지므로 이해관계인에 해당한다.
>
> ㉡ 순위 2번 저당권등기를 말소하는 경우 순위 1번 저당권자는 불이익을 받을 염려가 없으므로 이해관계인에 해당하지 않는다.
>
> ㉢ 순위 1번 저당권등기를 말소하는 경우 순위 2번 저당권자는 이익이 되므로 이해관계인에 해당하지 않는다.
>
> ㉣ 토지에 대한 저당권등기를 말소하는 경우 그 토지에 대한 지상권자는 이익이 되거나 불이익을 받을 염려가 없으므로 이해관계인에 해당하지 않는다.
>
> **정답** ②

| 제4절 | 말소회복등기 |

1 의 의

'말소회복등기'란 등기사항의 전부 또는 일부가 부적법하게 말소된 경우, 말소된 등기를 재현하여 말소되기 이전의 순위와 효력을 회복하도록 하는 등기를 말한다.

2 말소회복등기의 요건 •26회 •27회

1. 등기사항이 부적법하게 말소되었을 것

부적법의 원인은 실체적 이유(원인무효)이든 절차적 이유(등기관의 과오)이든 묻지 않는다. 다만, 어떤 이유이건 당사자가 자발적으로 말소등기를 한 경우에는 말소회복등기의 대상이 될 수 없다.

2. 말소된 등기를 회복하려는 것일 것

말소회복등기는 이전에 말소된 등기 자체의 재현을 목적으로 한다. 따라서 말소등기를 말소하는 방법으로서는 종래 말소된 등기가 회복되지 아니하므로 말소회복등기를 하여야 한다. 즉, 말소등기의 말소등기는 허용되지 않는다.

3. 이해관계 있는 제3자가 있는 경우 제3자의 승낙이 있을 것

(1) 말소된 등기의 회복을 신청하는 경우에 등기상 이해관계 있는 제3자가 있을 때에는 그 제3자의 승낙이 있어야 한다(법 제59조). 승낙서 등을 첨부하지 아니하고 말소회복등기를 신청한 경우는 법 제29조 제9호에 해당하여 각하된다.

(2) '등기상 이해관계 있는 제3자'란 말소회복등기로 인하여 손해를 입을 우려가 있다는 것이 등기기록에 의하여 형식적으로 인정되는 자를 말한다. '손해를 입을 우려'가 있는지의 여부는 제3자의 권리취득등기 시나 말소등기 시를 기준으로 할 것이 아니라 회복등기 시를 기준으로 판별하여야 한다.

기 출 지 문 O X

말소된 등기의 회복을 신청하는 경우, 등기상 이해관계 있는 제3자가 있을 때에는 그 제3자의 승낙이 필요하다. •26회 (   )

정답 (○)

(3) 회복등기와 등기기록상 양립할 수 없는 등기는 이를 먼저 말소하지 않는한 회복등기를 할 수 없다. 이러한 등기는 회복등기에 앞서 말소의 대상(전제)이 될 뿐이므로 그 등기명의인은 승낙을 받아야 할 이해관계 있는 제3자가 아니다.

(4) 이해관계인의 해당 여부

이해관계인 해당(O)	① 1순위 저당권등기 회복 시 그 저당권 말소 후에 설정된 2순위 저당권자 ② 1순위 저당권등기 회복 시 그 저당권 말소 전에 설정된 2순위 저당권자 ③ 1순위 전세권등기 회복 시 그 전세권 말소 후에 설정된 2순위 저당권자
이해관계인 해당(X)	① 2번 소유권이전등기 회복 시 3번으로 소유권이전등기를 마친 소유권의 등기명의인 ② 1번 전세권설정등기 회복 시 2번으로 전세권설정등기를 마친 전세권의 등기명의인 ③ 지상권설정등기 회복 시 그 지상권을 목적으로 하였던 저당권설정등기의 등기명의인

> **한눈에 보기** 이해관계인과 승낙서

구 분	승낙서 첨부(O)	승낙서 첨부(X)
권리의 변경등기, 권리의 경정등기	실행(부기등기)	실행(주등기)
말소등기, 말소회복등기	실행	각하

1. 권리의 변경등기를 하는 데 있어 등기상 이해관계인이 있는 경우, 그 자의 승낙서 등을 첨부하여야 한다.   (×)
2. 권리의 경정등기를 하는 데 있어 등기상 이해관계인이 있는 경우, 그 자의 승낙서 등을 첨부하여야 한다.   (×)
3. 말소등기를 하는 데 있어 등기상 이해관계인이 있는 경우, 그 자의 승낙서 등을 첨부하여야 한다.   (○)
4. 말소회복등기를 하는 데 있어 등기상 이해관계인이 있는 경우, 그 자의 승낙서 등을 첨부하여야 한다.   (○)

3 말소회복등기의 개시 유형

1. 신청에 의한 회복등기

(1) 말소회복등기도 등기신청의 일반원칙에 따라 등기권리자와 등기의무자가 공동으로 신청한다(법 제23조 제1항).

(2) 당사자 일방이 등기에 협력하지 않으면 판결을 받아 단독으로 신청할 수 있다(동조 제4항). 한편, 불법말소된 상속등기는 상속인이 단독으로 신청하여 회복등기를 할 수 있다.

2. 직권에 의한 회복등기

등기관의 직권으로 말소등기가 이루어진 경우에는 회복등기 역시 등기관의 직권으로 하여야 한다. 예를 들어 가등기에 기한 본등기에 의하여 직권으로 말소된 제3자의 권리에 관한 등기는 가등기에 기한 본등기가 원인무효 등으로 말소되는 때에는 등기관이 직권으로 회복등기를 하여야 한다.

3. 촉탁에 의한 회복등기

말소등기가 관공서의 촉탁으로 마쳐진 경우에는 그 회복등기도 관공서의 촉탁으로 이루어져야 한다. 예를 들어 가압류등기나 가처분등기, 경매개시결정등기 등이 법원의 촉탁으로 부적법하게 말소된 경우에는 그 회복등기도 법원의 촉탁으로 이루어져야 한다.

4 말소회복등기의 실행 및 효력

1. 등기사항의 전부에 대한 말소회복등기

어떤 등기사항의 전부가 부적법하게 말소된 경우에 그 등기 전부를 회복하고자 하는 때에는 통상의 절차에 따라 주등기로 회복의 등기를 한 후 다시 말소된 등기와 같은 등기를 하여야 한다(규칙 제118조 본문).

2. 등기사항의 일부에 대한 말소회복등기

어떤 등기사항의 일부가 부적법하게 말소된 경우에 이를 회복하기 위해서는 부기에 의하여 말소된 등기사항만 다시 등기를 한다(규칙 제118조 후단).

3. 말소회복등기의 효력

말소회복된 등기는 말소되기 전과 동일한 순위와 효력을 회복한다.

기출지문 OX

등기의 전부가 말소된 경우 그 회복등기는 주등기로 실행한다.
• 22회 수정   (   )

정답 (○)

■ 등기사항 전부의 말소회복등기 기록례

【갑구】			(소유권에 관한 사항)	
순위 번호	등기목적	접 수	등기원인	등기원인 및 기타사항
1	소유권 보존	(생략)	(생략)	(생략)
2	~~소유권 이전~~	~~2021년 5월 10일 제23456호~~	~~2021년 5월 7일 매매~~	~~소유자 유제일 770702-1****** 서울특별시 강남구 국기원길 30~~
3	2번 소유권 말소	2022년 6월 10일 제34567호	매매계약 해제	
4	2번 소유권 회복	2023년 10월 10일 제45675호	2023년 10월 2일 서울민사지방 법원의 확정판결	
2	소유권 이전	2021년 5월 10일 제23456호	2021년 5월 7일 매매	소유자 유제일 770702-1****** 서울특별시 강남구 국기원길 30

■ 등기사항 일부의 말소회복등기 기록례

【을구】			(소유권 외의 권리에 관한 사항)	
순위 번호	등기목적	접 수	등기원인	권리자 및 기타사항

1	저당권 설정	2022년 6월 5일
		제2062호
			2022년 6월 2일
			설정계약
				채권액 금 5,000,000원
				~~이자 연 2할~~
				채무자 이부일
				          서울 종로구 돈화문로 123
				저당권자 김인주 790909-1******
				          서울특별시 강남구 봉은사로 23

~~1-1~~	~~1번 저당권 변경~~	~~2023년 3월 4일 제8822호~~	~~2023년 3월 2일 변경계약~~	~~이자 약정의 폐지~~
1-2	2번 등기로 인하여 1번 등기회복			이자 연 2할 2023년 5월 6일
2	1-1번 저당권변경 등기말소	2023년 5월 6일 제10500호	신청착오	

| 제5절 | 멸실등기 |

• 24회 • 27회 • 31회

1 의 의

1. 토지의 함몰·포락 또는 건물의 소실·붕괴 등으로 인하여 1개의 부동산 전부가 물리적으로 소멸하는 경우에 이를 공시하는 등기를 말한다. 부동산의 일부가 멸실된 경우에는 부동산의 표시변경등기를 실행하여야 한다.

2. 존재하지 아니하는 건물에 대한 등기가 있는 때에도 멸실등기를 한다(법 제44조 제1항).

2 멸실등기의 절차

1. 신청인

(1) 단독신청

부동산이 멸실한 경우 그 소유권의 등기명의인은 그 사실이 있는 때부터 1개월 이내에 멸실등기를 신청하여야 한다(법 제39조, 제43조 제1항). 다만, 존재하지 아니하는 건물에 대한 등기가 있는 때에는 지체 없이 멸실등기를 신청하여야 한다(법 제44조 제1항). 이 경우 신청기간 내에 그 등기신청을 하지 아니한 때에도 과태료는 부과되지 않는다.

(2) 대위신청

① 건물의 멸실 또는 부존재의 경우에 그 신청의무기간 내에 그 소유권의 등기명의인이 멸실등기를 신청하지 아니하는 경우에는 그 건물대지의 소유자가 건물소유권의 등기명의인을 대위하여 그 등기를 신청할 수 있다(법 제43조 제2항, 제44조 제2항).

② 구분건물로서 그 건물이 속하는 1동 전부가 멸실된 경우에는 그 구분건물의 소유권의 등기명의인은 1동의 건물에 속하는 다른 구분건물의 소유권의 등기명의인을 대위하여 1동 전부에 대한 멸실등기를 신청할 수 있다(법 제43조 제3항).

기 출 지 문 O X

존재하지 아니하는 건물에 대한 등기가 있을 때 그 소유권의 등기명의인은 지체 없이 그 건물의 멸실등기를 신청하여야 한다.
• 31회 ( )

정답 (○)

기 출 지 문 O X

멸실된 건물의 소유자인 등기명의인이 멸실 후 1개월 이내에 그 건물의 멸실등기를 신청하지 않는 경우, 그 건물 대지의 소유자가 대위하여 멸실등기를 신청할 수 있다. • 27회 ( )

정답 (○)

기 출 지 문 O X

등기된 건물이 멸실된 경우에는 건물소유권의 등기명의인만이 멸실등기를 신청할 수 있는 것은 아니다. • 24회 ( )

정답 (○)

2. 첨부정보

(1) 대장정보

토지멸실등기를 신청하는 경우에는 그 멸실을 증명하는 토지대장 정보나 임야대장 정보를 첨부정보로서 등기소에 제공하여야 하고(규칙 제83조), 건물멸실등기를 신청하는 경우에는 그 멸실이나 부존재를 증명하는 건축물대장 정보나 그 밖의 정보를 첨부정보로서 등기소에 제공하여야 한다(규칙 제102조).

(2) 이해관계인의 승낙서

부동산의 멸실등기 신청 시에 그 부동산에 소유권 외의 등기상 이해관계인(예 전세권자, 저당권자, 가압류권자 등)이 있더라도 그 자들의 승낙이 있었음을 증명하는 정보 또는 이에 대항할 수 있는 재판이 있음을 증명하는 정보를 첨부정보로 등기소에 제공할 필요는 없다.

3. 등기상 이해관계인에게 통지

(1) 소유권 외의 권리가 등기되어 있는 건물에 대한 멸실등기의 신청이 있는 경우에 등기관은 그 권리의 등기명의인에게 1개월 이내의 기간을 정하여 그 기간까지 이의를 진술하지 아니하면 멸실등기를 한다는 뜻을 알려야 한다. 다만, 건축물대장에 건물멸실의 뜻이 기록되어 있거나 소유권 외의 권리의 등기명의인이 멸실등기에 동의한 경우에는 그러하지 아니하다(법 제45조 제1항).

(2) 토지의 멸실등기 시에는 반드시 토지대장 정보나 임야대장 정보를 첨부하여야 하므로 등기상 이해관계인에게 통지할 필요가 없다.

4. 멸실등기의 실행

(1) 멸실등기를 하는 때에는 등기기록 중 표제부에 멸실의 뜻과 그 원인 또는 부존재의 뜻을 기록하고, 표제부의 등기를 말소하는 표시를 한 후 그 등기기록을 폐쇄하여야 한다(규칙 제84조 제1항, 제103조 제1항 본문).

(2) 멸실한 건물이 구분건물인 경우에는 그 등기기록을 폐쇄하지 아니한다(규칙 제103조 제1항 단서). 이 경우 해당 구분건물 전체의 등기기록은 폐쇄하지 않지만, 멸실된 해당 구분건물에 관한 등기기록은 제거하여 폐쇄한다.

■■ 멸실등기 기록례

【표제부】			(건물의 표시)	
표시 번호	접 수	소재지번 및 건물번호	건물내역	등기원인 및 기타사항
~~1~~	~~2006년~~ ~~2월 9일~~	~~경기도 의왕시 청계동 98~~ ~~(도로명주소) 경기도 의왕시 덕~~ ~~장로 22~~	~~벽돌조 슬래브지붕~~ ~~단층주택 125m²~~ ~~지하실 34m²~~	~~도면의 번호 제124호~~
2	2023년 10월 9일			2023년 9월 12일 멸실
				2번 등기하였으므로 본호 기록 폐쇄 2023년 10월 9일

제6절 부기등기

• 25회 • 28회 • 29회 • 30회 • 31회 • 32회 • 33회

1 의 의

1. '부기등기(附記登記)'란 독립한 순위번호를 갖지 않고 주등기 또는 부기등기의 순위번호에 가지번호를 붙여서 하는 등기를 말한다.

2. 부기등기는 주등기와 동일성을 유지하기 위한 등기로 주등기에 종속되어 일체성을 이룬다. 한편, 부기등기는 주등기의 순위와 효력을 그대로 유지하는 기능도 한다.

2 부기등기의 실행 및 효력

1. 등기관이 부기등기를 할 때에는 그 부기등기가 어느 등기에 기초한 것인지 알 수 있도록 주등기 또는 부기등기의 순위번호에 가지번호를 붙여서 하여야 한다(규칙 제2조). 등기실무상 '2-1, 2-1-1' 형태로 부기등기를 실행한다.

2. 부기등기는 순위번호에 가지번호를 붙여서 하므로 권리관계를 공시하는 갑구와 을구에서만 실행하고 표제부에는 실행하지 않는다.

3. 1개의 주등기에는 여러 개의 부기등기를 할 수 있다. 등기실무상 '2-1, 2-2, 2-3' 형태로 실행한다.

4. 부기등기의 순위는 주등기의 순위에 따른다. 다만, 같은 주등기에 관한 부기등기 상호 간의 순위는 그 등기 순서에 따른다(법 제5조).

5. 환매권이전등기를 하는 경우는 부기등기의 부기등기도 할 수 있는데, 부기등기의 부기등기는 '2-1-1' 형태로 실행한다.

3 주등기하는 경우

1. 소유권의 이전등기
2. 소유권을 목적으로 하는 권리에 관한 등기
   (예 소유자가 설정한 지상권이나 저당권설정등기)
3. 소유권에 대한 처분제한 등기(예 소유권을 목적으로 하는 가압류나 가처분등기)
4. 표제부의 등기(예 부동산의 표시변경등기, 멸실등기 등)
5. 모든 권리의 말소등기
6. 전부말소회복등기

4 부기등기하는 경우

등기관이 다음의 등기를 할 때에는 부기등기로 하여야 한다(법 제52조).

1. 소유권 외의 권리의 이전등기
   (예 전세권이전등기, 가등기상의 권리의 이전등기 등)
2. 소유권 외의 권리를 목적으로 하는 권리에 관한 등기
   (예 전세권부 저당권설정등기, 전전세권등기, 권리질권등기 등)
3. 소유권 외의 권리에 대한 처분제한 등기
   (예 전세권에 대한 가압류나 가처분등기 등)
4. 환매특약등기
5. 권리소멸약정등기
6. 공유물 분할금지의 약정등기
7. 등기명의인표시의 변경이나 경정의 등기
8. 권리의 변경이나 경정의 등기. 다만, 등기상 이해관계 있는 제3자의 승낙이 없는 경우에는 주등기로 실행한다.
9. 일부말소회복등기

부기등기 기록례 1

【을구】	(소유권 이외의 권리에 관한 사항)			
순위번호	등기목적	접 수	등기원인	권리자 및 기타사항
1	전세권설정	2021년 7월 7일 제66348호	2021년 6월 7일 설정계약	~~전세금~~ ~~금 300,000,000원~~ 범위　건물의 전부 ~~존속기간~~　~~2021년 7월 7일부터~~ ~~2023년 7월 6일까지~~ 전세권자　김수희 770112-2****** 서울특별시 관악구 난향로 123
1-1	1번 전세권변경	2023년 7월 6일 제69541호	2023년 6월 30일 변경계약	전세금　금 360,000,000원 전세기간　2021년 7월 7일부터 2025년 7월 6일까지

부기등기 기록례 2

【을구】	(소유권 이외의 권리에 관한 사항)			
순위번호	등기목적	접 수	등기원인	권리자 및 기타사항
1	전세권설정	2021년 7월 7일 제66348호	2021년 6월 7일 설정계약	전세금　금 300,000,000원 범위　건물의 전부 존속기간　2021년 7월 7일부터 2023년 7월 6일까지 ~~전세권자~~　~~김수희 770112-2******~~ ~~서울특별시 관악구 난향로 123~~
1-1	1번 전세권이전	2021년 12월 7일 제79541호	2021년 12월 5일 이전계약	전세권자　김수미 800315-2****** 서울특별시 관악구 난향로 23-45
1-2	1번 전세권 저당권설정	2022년 3월 9일 제19541호	2022년 3월 9일 설정계약	채권액　금 50,000,000원 채무자　김수미 서울특별시 관악구 난향로 23-45 저당권자　김현식 781224-1****** 경기도 의왕시 청계1로 27
1-3	1번 전세권 가압류	2022년 8월 3일 제69541호	2022년 8월 2일 서울중앙지방법원의 가압류결정	청구금액　금 30,000,000원 채권자　정인수 820111-1****** 서울특별시 서초구 남부순환로 120

01 부기로 하는 등기로 옳은 것은?

•33회

① 부동산멸실등기
② 공유물 분할금지의 약정등기
③ 소유권이전등기
④ 토지분필등기
⑤ 부동산의 표시변경등기 등 표제부의 등기

해설 ② 등기관이 다음의 등기를 할 때에는 부기등기로 하여야 한다(법 제52조).

> 1. 소유권 외의 권리의 이전등기
> 2. 소유권 외의 권리를 목적으로 하는 권리에 관한 등기
> 3. 소유권 외의 권리에 대한 처분제한 등기
> 4. 환매특약등기
> 5. 권리소멸약정등기
> 6. 공유물 분할금지의 약정등기
> 7. 등기명의인표시의 변경이나 경정의 등기
> 8. 권리의 변경이나 경정의 등기. 다만, 등기상 이해관계 있는 제3자의 승낙이 없는 경우에는 주등기로 실행한다.
> 9. 일부말소회복등기

정답 ②

02 부기등기에 관한 설명으로 틀린 것을 모두 고른 것은?

•21회

> ㉠ 지상권설정등기는 부기등기로 실행한다.
> ㉡ 환매권의 이전등기는 부기등기의 부기등기로 실행한다.
> ㉢ 권리변경등기는 등기상 이해관계인의 승낙을 얻으면 부기등기로 실행할 수 있다.
> ㉣ 1개의 주등기에 여러 개의 부기등기가 있는 경우 그 부기등기 상호간의 순위는 그 등기 순서에 의한다.
> ㉤ 소유권처분제한의 등기는 부기등기로 실행한다.

① ㉠, ㉡   ② ㉡, ㉢
③ ㉢, ㉣   ④ ㉣, ㉤
⑤ ㉠, ㉤

해설 ㉠ 지상권설정등기는 소유권자가 설정한 등기이므로 주등기로 실행한다.
㉤ 소유권처분제한의 등기는 주등기로 실행한다. 예를 들어 소유권에 대한 가압류등기나 가처분등기는 주등기로 실행한다.

정답 ⑤

제7절 가등기

• 24회 • 25회 • 26회 • 27회 • 28회 • 29회 • 30회 • 31회 • 32회 • 33회 • 34회

1 의의 및 종류

1. 의 의

'가등기'란 등기할 수 있는 권리에 대한 청구권을 보전하기 위한 임시적인 등기를 말한다. 가등기는 당장 본등기를 실행할 수 있는 실체적 요건을 갖추지 못한 경우에 등기되는 권리의 청구권을 미리 보전함으로써 순위를 확보하기 위한 예비등기이다.

2. 가등기의 종류

(1) 청구권보전가등기

가등기는 「부동산등기법」상 등기할 수 있는 각종 권리의 설정·이전·변경·소멸의 청구권을 보전할 목적으로 본등기 전에 미리 해두는 예비적 등기이다. 일반적으로 가등기라고 할 때는 청구권보전의 가등기를 말한다.

(2) 담보가등기

담보가등기란 「가등기담보 등에 관한 법률」에 의한 채권담보의 목적으로 하는 가등기를 말한다. 소비대차로 인하여 발생한 채권을 담보하기 위하여 대물변제의 예약을 하고, 채무불이행 시 장차 발생하게 될 소유권이전청구권을 보전할 목적으로 하는 등기이다. 담보가등기에는 가등기의 일반적 효력 이외에 경매신청권과 우선변제권이 인정된다.

2 가등기의 요건

1. 가등기를 할 수 있는 권리

가등기는 본등기를 할 수 있는 권리에 대하여 할 수 있는데, 「부동산등기법」상 본등기를 할 수 있는 권리로는 소유권, 지상권, 지역권, 전세권, 저당권, 권리질권, 채권담보권, 임차권이 있으므로(법 제3조), 가등기 역시 이들 권리에 대하여 할 수 있다(법 제88조).

기 출 지 문 O X

근저당권 채권최고액의 변경등기 청구권을 보전하기 위해 가등기를 할 수 있다. • 32회   (   )

정답 (O)

2. 가등기로 보전하는 청구권

(1) 가등기는 「부동산등기법」상 등기할 수 있는 각종 권리의 설정·이전·변경·소멸의 청구권을 보전하기 위해서 한다. 가등기로 보전하려는 청구권은 상대적 효력만 있는 채권적 청구권에 한한다. 물권적 청구권은 대세적 효력이 있어 가등기로 보전할 필요가 없기 때문이다.

(2) 가등기로 보전하려는 청구권은 장래에 확정될 것이거나 시기부 또는 정지조건부 청구권이라도 무방하다(법 제88조). 종기부 또는 해제조건부 청구권은 기한이 도래하거나 조건이 성취되면 청구권이 소멸하므로 가등기의 대상이 될 수 없다.

3. 가등기의 허용 여부가 문제되는 경우

(1) 소유권보존등기의 가등기

가등기는 청구권을 보전하기 위한 임시적인 등기인데, 소유권보존등기에는 청구권이 존재하지 않으므로 소유권보존등기에 대하여는 가등기가 인정되지 않는다.

(2) 이중의 가등기

가등기 자체는 처분금지의 효력이 없으므로 동일 부동산에 대해서 수개의 가등기도 허용된다.

(3) 가등기상 권리의 이전등기(가등기의 이전등기)

가등기된 물권변동의 청구권(예 소유권이전청구권 등)을 양도한 경우에는 양도인과 양수인의 공동신청으로 그 가등기상의 권리(예 소유권이전청구권 등)의 이전등기를 가등기에 대한 부기등기의 형식으로 실행할 수 있다. 가등기상의 권리의 이전청구권을 보전하기 위하여 가등기에 대한 가등기도 허용된다.

(4) 가등기상 권리에 대한 가압류등기 및 가처분등기

가등기상의 권리는 처분할 수 있는 권리로서 재산적 가치가 있으므로 가등기상 권리에 대한 처분금지가처분등기나 가압류등기를 부기등기 형식으로 할 수 있다.

(5) 가등기에 기한 본등기금지 가처분등기

가처분은 다툼이 있는 물건이나 권리를 대상으로 그 처분을 금지하는 것을 목적으로 하는 보전처분인데, 가등기에 기해 본등기를 하는 것은 권리의 처분이 아니라 취득이므로 가등기에 기한 본등기를 금지하는 가처분등기는 허용되지 않는다.

(6) 말소등기의 가등기

권리의 소멸청구권을 보전하기 위하여 가등기를 할 수 있는지가 문제되는데, 말소등기의 원인이 채권적 청구권인 경우에는 가등기가 인정된다 (법 제88조 본문). 반면, 매매계약 해제로 인한 소유권이전등기의 말소등기의 청구권을 보전하기 위한 가등기는 허용되지 않는다. 해제로 인한 말소청구권은 물권적 청구권이기 때문이다.

(7) 유증을 원인으로 한 소유권이전가등기

유증을 원인으로 한 소유권이전가등기는 유언자가 생존하는 동안에는 허용되지 않으나, 유언자가 사망한 후에는 가능하다. 유증을 원인으로 하는 등기청구권은 유언자가 사망한 후에 발생하기 때문이다.

(8) 사인증여를 원인으로 한 소유권이전가등기

사인증여계약을 원인으로 수증자가 갖는 소유권이전청구권은 증여자의 사망으로 효력을 발생하는 일종의 시기부 청구권이므로 가등기의 대상이 될 수 있다.

한눈에 보기 **가등기의 허용 여부**

허용 (O)	1. 채권적 청구권을 보전하기 위한 가등기 2. 시기부·정지조건부 청구권을 보전하기 위한 가등기 3. 이중의 가등기 4. 가등기상의 권리의 이전등기 5. 가등기상 권리에 대한 가압류등기나 가처분등기
허용 (X)	1. 물권적 청구권을 보전하기 위한 가등기 2. 종기부·해제조건부 청구권을 보전하기 위한 가등기 3. 소유권보존등기의 가등기 4. 가등기에 기한 본등기금지가처분등기 5. 표제부의 가등기

3 가등기의 신청

1. 공동신청(원칙)

가등기도 권리의 등기의 일종이므로 등기신청의 일반원칙에 따라 가등기권리자와 가등기의무자가 공동으로 신청한다(법 제23조 제1항).

2. 단독신청(예외)

(1) 가등기의무자가 가등기에 협력하지 않는 경우 가등기권리자는 가등기의무자를 상대로 승소판결을 얻어서 단독으로 가등기를 신청할 수 있다(법 제23조 제4항).

(2) 가등기의무자가 가등기에 협력하지 않는 경우 위 **(1)**의 방법 외에도 가등기권리자는 가등기를 명하는 부동산의 소재지를 관할하는 지방법원의 가처분명령이 있을 때에는 단독으로 가등기를 신청할 수 있다(법 제89조, 제90조 제1항).

(3) 가등기권리자는 가등기의무자의 승낙을 받아 단독으로 가등기를 신청할 수 있다(법 제89조).

4 신청정보 및 첨부정보

1. 신청정보

가등기를 신청하는 경우에는 그 가등기로 보전하려고 하는 권리를 신청정보의 내용으로 등기소에 제공하여야 한다(규칙 제145조 제1항).

2. 첨부정보

(1) 가등기권리자가 단독으로 가등기를 신청하는 경우에는 가등기의무자의 승낙이나 가처분명령이 있음을 증명하는 정보를 첨부정보로서 등기소에 제공하여야 한다(규칙 제145조 제2항).

(2) 등기원인을 증명하는 정보로는 매매계약서나 매매예약서, 가등기가처분 명령*을 받은 경우에는 가등기가처분명령정본, 의사진술을 명하는 판결을 받은 경우에는 판결정본과 확정증명서 등을 첨부하여야 한다.

(3) 공동신청의 경우 가등기의무자의 권리에 관한 등기필정보를 제공하여야 하지만, 가등기가처분명령정본을 첨부하여 단독으로 가등기를 신청하는 경우에는 등기필정보의 제공을 요하지 않는다.

(4) 검인계약서나 농지취득자격증명은 가등기에는 제공할 필요가 없고 본등기 시에 제공하여야 한다. 다만, 토지거래허가지역에서는 가등기 시에 **토지 거래허가증**을 첨부정보로 제공하여야 한다(부동산거래 신고 등에 관한 법률 제11조 제1항).

5 가등기의 실행 및 효력

1. 가등기의 실행

(1) 가등기는 보전하려는 권리의 종류에 따라 **갑구 또는 을구**에 기록한다. 예를 들어 소유권이전등기청구권을 보전하는 가등기는 갑구에 기록하지만, 전세권설정등기청구권을 보전하는 가등기는 을구에 기록한다.

(2) 가등기의 형식은 가등기에 의하여 실행되는 본등기의 형식에 의하여 결정된다. 즉, 본등기가 주등기에 의할 경우라면 가등기도 주등기로 하고, 본등기를 부기등기로 하여야 할 경우에는 가등기도 부기등기로 한다. 예를 들어 소유권이전등기가 주등기이므로 소유권이전등기청구권보전가등기도 주등기 형식으로 실행하고, 전세권이전등기가 부기등기이므로 전세권이전등기청구권보전가등기도 부기등기 형식으로 실행한다.

2. 가등기의 효력

(1) 가등기는 채권적 청구권을 보전하는 것으로 가등기를 하였더라도 물권변동의 효력이나 제3자에 대한 대항력이 발생하는 것은 아니다. 또한 소유권자의 처분권능을 제한하는 것도 아니므로 소유권자가 이를 처분하였을 때라도 가등기명의인은 그 등기의 말소를 청구할 수 없다.

* 가등기가처분명령
가등기의무자가 가등기신청에 협조하지 않는 경우 가등기권리자는 법원에 대하여 가등기를 필해야 한다는 취지의 가처분명령을 신청하고, 이 명령에 의거하여 일방적으로 행하는 가등기를 가등기가처분명령에 의한 가등기라고 한다.

기출지문 O X

가등기권리자는 무효인 중복등기에 관하여 말소를 청구할 수 는 권리가 없다. • 19회 (   )

정답 (○)

(2) 판례(대판 1963.4.18, 63다114)는 소유권이전청구권의 보전을 위한 가등기가 있다 하여 반드시 금전채무에 관한 담보계약이나 대물변제의 예약이 있었던 것이라고 단정할 수 없다고 하여 **가등기의 추정력을 부정**하고 있다.

▪▪ 소유권이전청구권 가등기 기록례

【갑구】				(소유권에 관한 사항)
순위 번호	등기목적	접 수	등기원인	권리자 및 기타사항
2	소유권이전	(생략)	(생략)	(생략)
3	소유권이전 청구권가등기	2023년 3월 2일 제3125호	2023년 2월 25일 매매예약	가등기권자 우혜수 700708-2****** 서울특별시 광진구 능동로 50

▪▪ 가등기가처분명령에 의한 가등기 기록례

【갑구】				(소유권에 관한 사항)
순위 번호	등기목적	접 수	등기원인	권리자 및 기타사항
2	소유권이전	(생략)	(생략)	(생략)
3	소유권이전 청구권가등기	2023년 3월 2일 제3125호	2023년 2월 25일 서울지방법원의 가등기가처분결정 (2022카기500)	가등기권자 우혜수 700708-2****** 서울특별시 광진구 능동로 50

6 가등기의 말소등기

1. 공동신청(원칙)

등기신청의 일반원칙에 따라 **가등기의무자가 등기권리자가 되고, 가등기명의인이 등기의무자가** 되어 공동신청에 의하여 말소한다(법 제23조 제1항).

2. 단독신청(예외)

(1) **가등기명의인**은 단독으로 가등기의 말소를 신청할 수 있다(법 제93조 제1항). 소유권에 관한 가등기명의인이 가등기의 말소등기를 신청하는 경우 가등기명의인의 인감증명을 제출하여야 한다(규칙 제60조 제1항 제2호).

(2) 가등기의무자는 가등기명의인의 승낙을 받아 단독으로 가등기의 말소를 신청할 수 있다(법 제93조 제2항).

(3) 가등기에 관하여 등기상 이해관계 있는 자는 가등기명의인의 승낙을 받아 단독으로 가등기의 말소를 신청할 수 있다(법 제93조 제2항). 예를 들어 가등기가 마쳐진 이후에 소유권을 취득한 제3취득자나 근저당권설정등기를 마친 자 등이 가등기에 관하여 등기상 이해관계 있는 자에 해당한다.

■ 가등기의 말소등기 기록례

【갑구】	(소유권에 관한 사항)			
순위번호	등기목적	접 수	등기원인	권리자 및 기타사항
2	소유권이전	(생략)	(생략)	(생략)
3	~~소유권이전 청구권가등기~~	~~2023년 3월 2일 제3125호~~	~~2023년 2월 25일 매매예약~~	~~가등기권자 우혜수 700708-2******~~ ~~서울특별시 광진구 능동로 50~~
4	3번 가등기말소	2023년 9월 1일 제73125호	2023년 8월 30일 해제	

7 가등기에 기한 본등기

1. 신청인

(1) 등기권리자

① 가등기에 기한 본등기도 등기신청의 일반원칙에 따라 가등기권리자가 등기권리자가 되고, 가등기의무자가 등기의무자가 되어 공동으로 신청한다. 다만, 가등기의무자가 본등기에 협조하지 않으면 가등기권리자는 판결을 받아 단독으로 본등기를 신청할 수 있다.

② 가등기 후 가등기상의 권리가 제3자에게 이전된 경우, 그 제3자가 가등기에 기한 본등기의 등기권리자가 된다.

③ 하나의 가등기에 관하여 여러 사람의 가등기권자가 있는 경우에 가등기권자 모두가 공동의 이름으로 본등기를 신청하거나, 그 중 일부의 가등기권자가 자기의 가등기지분에 관하여 본등기를 신청할 수 있다. 하지만 일부의 가등기권자가 공유물보존행위에 준하여 가등기 전부에 관한 본등기를 신청할 수는 없다(등기예규 제1632호).

④ 공동가등기권자 중 일부의 가등기권자가 자기의 지분만에 관하여 본등기를 신청할 때에는 신청서에 그 뜻을 기재하여야 하고 등기기록에도 그 뜻을 기록하여야 한다(등기예규 제1632호).

(2) 등기의무자

가등기에 의한 본등기 신청의 등기의무자는 **가등기를 할 때의 소유자**이며, 가등기 후에 제3자에게 소유권이 이전된 경우에도 가등기의무자는 변동되지 않는다(등기예규 제1632호).

2. 본등기의 실행 및 효력

(1) 가등기를 한 후 본등기의 신청이 있을 때에는 **가등기의 순위번호를 사용**하여 본등기를 하여야 하므로(규칙 제146조) 본등기의 순위번호를 따로 기재할 필요는 없다. 한편, 본등기의 실행 후에도 가등기를 말소하는 표시를 하지 않는다.

(2) 가등기에 의한 본등기를 한 경우 본등기의 순위는 가등기의 순위에 따른다(법 제91조). 즉, 본등기의 순위는 가등기 시로 소급하게 되는데, 이를 **가등기의 순위보전의 효력**이라고 한다. 주의할 것은 실체법상의 효력은 가등기 시로 소급하지 않고 본등기 시에 발생한다는 점이다.

■■ 소유권이전청구권보전가등기에 기한 본등기 기록례

【갑구】			(소유권에 관한 사항)	
순위번호	등기목적	접 수	등기원인	권리자 및 기타사항
2	소유권이전	(생략)	(생략)	(생략)
3	소유권이전청구권가등기	2023년 3월 2일 제3125호	2023년 2월 25일 매매예약	가등기권자 우혜수 700708-2****** 서울특별시 광진구 능동로 50
	소유권이전	2023년 9월 8일 제2125호	2023년 9월 1일 매매	소유자 우혜수 700708-2****** 서울특별시 광진구 능동로 50

■■ 가등기권리자 중 1인의 지분만에 대한 본등기 기록례

【갑구】			(소유권에 관한 사항)	
순위번호	등기목적	접 수	등기원인	권리자 및 기타사항
2	소유권이전	(생략)	(생략)	(생략)
3	소유권이전청구권가등기	2023년 3월 2일 제3125호	2023년 2월 25일 매매예약	가등기권자 지분 2분의 1 우혜수 700708-2****** 　서울특별시 광진구 능동로 50 가등기권자 지분 2분의 1 전민수 760505-1****** 　서울특별시 광진구 능동로 50
	소유권일부이전	2023년 9월 8일 제2125호	2023년 9월 1일 매매	공유자 지분 2분의 1 우혜수 700708-2****** 　서울특별시 광진구 능동로 50

3. 본등기 후의 조치

등기관은 가등기에 의한 본등기를 하였을 때에는 가등기 이후에 된 등기로서 가등기에 의하여 보전되는 권리를 침해하는 등기를 직권으로 말소하여야 한다(법 제92조 제1항). 등기관이 가등기 이후의 등기를 말소하였을 때에는 지체 없이 그 사실을 말소된 권리의 등기명의인에게 통지하여야 한다(동조 제2항).

4. 다른 원인으로 소유권이전등기를 한 경우

소유권이전청구권가등기권자가 가등기에 의한 본등기를 하지 않고 다른 원인에 의한 소유권이전등기를 한 후에는 다시 그 가등기에 의한 본등기를 할 수 없다. 다만, 가등기 후 위 소유권이전등기 전에 제3자 앞으로 처분제한의 등기가 되어 있거나 중간처분의 등기가 된 경우에는 그러하지 아니하다(등기예규 제1632호).

한눈에 보기 **가등기에 기한 본등기 후 직권말소 여부**

1. **소유권이전등기청구권보전 가등기에 의하여 소유권이전의 본등기를 한 경우**(규칙 제147조)
   (1) **직권말소하는 경우**
      소유권이전등기, 제한물권의 설정등기, 임차권설정등기, 가압류·가처분등 기, 경매개시결정등기, 가등기의무자의 사망으로 인한 상속등기, 주택임차권 (설정)등기, 상가건물임차권(설정)등기 등은 직권말소한다.
   (2) **직권말소의 대상이 아닌 경우**
      ① 해당 가등기상 권리를 목적으로 하는 가압류등기나 가처분등기
      ② 가등기 전에 마쳐진 가압류에 의한 강제경매개시결정등기
      ③ 가등기 전에 마쳐진 담보가등기, 전세권 및 저당권에 의한 임의경매개시결 정등기
      ④ 가등기권자에게 대항할 수 있는 주택임차권등기, 주택임차권설정등기, 상 가건물임차권등기, 상가건물임차권설정등기(이하 '주택임차권등기 등'이라 한다)
   (3) **체납처분으로 인한 압류등기**
      가등기 후 본등기 전에 마쳐진 체납처분으로 인한 압류등기에 대하여는 직권 말소대상통지를 한 후 이의신청이 있으면 직권말소 여부를 결정한다.

2. **지상권, 전세권 또는 임차권의 설정등기청구권보전 가등기에 의하여 지상권, 전 세권 또는 임차권의 설정의 본등기를 한 경우**(규칙 제148조 제1항, 제2항)
   (1) **직권말소하는 경우**(동일한 부분에 마쳐진 등기로 한정한다) – 〈용익권등기〉
      ① 지상권설정등기
      ② 지역권설정등기
      ③ 전세권설정등기
      ④ 임차권설정등기
      ⑤ 주택임차권등기 등. 다만, 가등기권자에게 대항할 수 있는 임차인 명의의 등기는 그러하지 아니하다. 이 경우 가등기에 의한 본등기의 신청을 하려 면 먼저 대항력 있는 주택임차권등기 등을 말소하여야 한다.
   (2) **직권말소의 대상이 아닌 경우** – 〈용익권 외의 등기〉
      ① 소유권이전등기 및 소유권이전등기청구권보전 가등기
      ② 가압류 및 가처분 등 처분제한의 등기
      ③ 체납처분으로 인한 압류등기
      ④ 저당권설정등기
      ⑤ 가등기가 되어 있지 않은 부분에 대한 지상권, 지역권, 전세권 또는 임차 권의 설정등기와 주택임차권등기 등

3. **저당권설정등기청구권보전 가등기에 의하여 저당권설정의 본등기를 한 경우**(규 칙 제148조 제3항)
   저당권설정등기청구권보전 가등기에 의하여 저당권설정의 본등기를 한 경우 가 등기 후 본등기 전에 마쳐진 모든 등기는 직권말소의 대상이 되지 아니한다.

01 가등기에 관한 설명으로 <u>틀린</u> 것은? (다툼이 있으면 판례에 따름)

• 29회

① 부동산임차권의 이전청구권을 보전하기 위한 가등기는 허용된다.
② 가등기에 기한 본등기를 금지하는 취지의 가처분등기는 할 수 없다.
③ 가등기의무자도 가등기명의인의 승낙을 받아 단독으로 가등기의 말소를 청구할 수 있다.
④ 사인증여로 인하여 발생한 소유권이전등기청구권을 보전하기 위한 가등기는 할 수 없다.
⑤ 甲이 자신의 토지에 대해 乙에게 저당권설정청구권 보전을 위한 가등기를 해준 뒤 丙에게 그 토지에 대해 소유권이전등기를 했더라도 가등기에 기한 본등기 신청의 등기의무자는 甲이다.

해설 ④ 사인증여를 원인으로 수증자가 갖는 소유권이전청구권은 증여자의 사망으로 효력을 발생하는 일종의 시기부 청구권이므로 가등기의 대상이 될 수 있다.

정답 ④

02 가등기에 관한 설명으로 <u>틀린</u> 것은?

• 34회

① 가등기로 보전하려는 등기청구권이 해제조건부인 경우에는 가등기를 할 수 없다.
② 소유권이전청구권 가등기는 주등기의 방식으로 한다.
③ 가등기는 가등기권리자와 가등기의무자가 공동으로 신청할 수 있다.
④ 가등기에 기한 본등기를 금지하는 취지의 가처분등기의 촉탁이 있는 경우, 등기관은 이를 각하하여야 한다.
⑤ 소유권이전청구권 가등기에 기하여 본등기를 하는 경우, 등기관은 그 가등기를 말소하는 표시를 하여야 한다.

해설 ⑤ 본등기를 하는 경우, 순위가 유지됨을 공시할 필요가 있기 때문에 가등기를 말소하지 않고 그대로 둔다.

정답 ⑤

03 가등기에 관한 설명으로 틀린 것은?

• 32회

① 가등기권리자는 가등기를 명하는 법원의 가처분명령이 있는 경우에는 단독으로 가등기를 신청할 수 있다.

② 근저당권 채권최고액의 변경등기청구권을 보전하기 위해 가등기를 할 수 있다.

③ 가등기를 한 후 본등기의 신청이 있을 때에는 가등기의 순위번호를 사용하여 본등기를 하여야 한다.

④ 임차권설정등기청구권보전 가등기에 의한 본등기를 한 경우 가등기 후 본등기 전에 마쳐진 저당권설정등기는 직권말소의 대상이 아니다.

⑤ 등기관이 소유권이전등기청구권보전 가등기에 의한 본등기를 한 경우, 가등기 후 본등기 전에 마쳐진 해당 가등기상 권리를 목적으로 하는 가처분등기는 직권으로 말소한다.

해설 ⑤ 등기관이 소유권이전등기청구권보전 가등기에 의하여 소유권이전의 본등기를 한 경우에는 가등기 후 본등기 전에 마쳐진 등기 중 다음의 등기를 제외하고는 직권으로 말소한다.

> 1. 해당 가등기상 권리를 목적으로 하는 가압류등기나 가처분등기
> 2. 가등기 전에 마쳐진 가압류에 의한 강제경매개시결정등기
> 3. 가등기 전에 마쳐진 담보가등기, 전세권 및 저당권에 의한 임의경매개시결정등기
> 4. 가등기권자에게 대항할 수 있는 주택임차권등기, 주택임차권설정등기, 상가건물임차권등기, 상가건물임차권설정등기(이하 '주택임차권등기 등'이라 한다)

정답 ⑤

제8절	가압류등기 및 가처분등기

• 24회 • 25회

1 가압류등기

1. 의 의

'가압류'는 금전채권이나 금전으로 환산할 수 있는 채권에 대하여 이를 하지 아니하면 판결을 집행할 수 없거나 판결을 집행하는 것이 매우 곤란할 염려가 있을 경우에 동산 또는 부동산에 대한 강제집행을 보전하기 위하여 하는 집행보전처분이다(민사집행법 제276조, 제277조).

2. 가압류의 목적물

(1) 부동산의 소유권뿐만 아니라 지상권이나 전세권, 등기된 임차권 등이 가압류의 목적물이 될 수 있다.

(2) 공유지분

공유지분은 등기기록에 기록되어 자유롭게 처분할 수 있고 담보로 제공할 수도 있으므로, 가압류의 대상이 될 수 있다.

(3) 합유지분

합유지분은 등기기록에 기록되지 않아서 자유롭게 처분할 수 없고 담보로 제공할 수도 없으므로, 가압류의 대상이 될 수 없다. 합유지분에 대한 가압류등기의 촉탁이 있는 경우 등기관은 법 제29조 제2호 위반으로 각하하여야 한다.

(4) 가등기상의 권리(=가등기로 보전하는 청구권)

가등기로 보전하는 청구권은 재산적 가치가 있고 이를 처분할 수도 있으므로 가압류의 대상이 된다.

(5) 미등기부동산

미등기부동산도 가압류의 대상이 된다. 미등기부동산에 대하여 법원의 가압류등기 촉탁이 있는 경우에 등기관은 직권으로 소유권보존등기를 한 후 가압류등기를 한다.

기 출 지 문 O X

등기된 임차권에 대하여 가압류 등기를 할 수 있다. • 23회

(　　)

정답 (○)

3. 가압류등기의 촉탁 및 실행

(1) 가압류등기는 반드시 법원의 촉탁으로 실행하여야 하므로, 가압류채권자가 직접 등기소에 가압류등기를 신청하는 경우 법 제29조 제2호 '사건이 등기할 것이 아닌 경우'에 해당하여 각하된다.

(2) 가압류등기는 갑구나 을구에 기록한다. 소유권에 대한 가압류등기는 주등기로 실행하고, 소유권 외의 권리 및 가등기상의 권리에 대한 가압류등기는 부기등기로 실행한다.

(3) 가압류등기에는 가압류사건번호와 청구금액을 기록하고, 채권자를 기록한다. 채권자가 다수인 경우에는 채권자 전부를 기록하여야 하며, 'ㅇㅇㅇ 외 ㅇ명'과 같이 채권자 일부만 기록하여서는 아니 된다.

▪️ **가압류등기 기록례**

【갑구】				(소유권에 관한 사항)
순위 번호	등기목적	접 수	등기원인	권리자 및 기타사항
4	소유권 이전	(생략)	(생략)	(생략)
5	가압류	2023년 5월 7일 제45006호	2023년 5월 6일 수원지방법원의 가압류결정 (2023카단1000)	청구금액 금 40,000,000원 채권자 이덕만 850505-1****** 서울특별시 중구 동호로 20길 78

4. 가압류등기의 말소

(1) 가압류집행의 취소결정을 한 때나 가압류의 취하 또는 그 집행취소 신청이 있는 때 법원사무관 등이 그 재판서 또는 취하서 등을 첨부하여 가압류등기의 말소촉탁을 하면 등기관은 이에 따라 가압류등기를 말소한다. 당사자가 등기소에 직접 가압류등기의 말소신청을 할 수 없음을 주의하여야 한다.

(2) 소유권이전청구권보전 가등기 후 본등기 전에 마쳐진 가압류등기는 가등기에 의한 본등기를 하였을 때 등기관이 직권으로 말소한다.

(3) 처분금지가처분 후에 마쳐진 가압류등기는 가처분채권자가 본안소송에서 승소한 경우 가처분채권자의 단독신청으로 말소한다.

2 가처분등기

1. 의 의

채권자가 금전 이외의 청구권을 가지고 있을 때 그 강제집행 시까지 다툼이 되는 물건이나 권리(=계쟁물)가 멸실·처분되는 등 현상이 바뀌면 당사자가 권리를 실행하지 못하거나 이를 실행하는 것이 매우 곤란할 염려가 있을 경우에 그 계쟁물의 현상을 유지시키는 집행보전처분이다(민사집행법 제300조).

2. 가처분의 목적물

(1) 부동산의 소유권뿐만 아니라 지상권이나 전세권, 등기된 임차권 등이 가처분의 목적물이 될 수 있다.

(2) 공유지분

공유지분은 등기기록에 기록되어 자유롭게 처분할 수 있고 담보로 제공할 수도 있으므로, 가처분의 대상이 될 수 있다.

(3) 합유지분

합유지분은 등기기록에 기록되지 않아서 자유롭게 처분할 수 없고 담보로 제공할 수도 없으므로, 가처분의 대상이 될 수 없다. 합유지분에 대한 가처분등기의 촉탁이 있는 경우 등기관은 법 제29조 제2호 위반으로 각하하여야 한다.

(4) 가등기상의 권리(=가등기로 보전하는 청구권)

가등기로 보전하는 청구권은 재산적 가치가 있고 이를 처분할 수도 있으므로 가처분의 대상이 된다. 다만, 가등기에 기한 본등기를 금지하는 가처분등기는 허용되지 않는다.

(5) 미등기부동산

미등기부동산도 가처분의 대상이 된다. 미등기부동산에 대하여 법원의 가처분등기 촉탁이 있는 경우에 등기관은 직권으로 소유권보존등기를 한 후 가처분등기를 한다.

3. 가처분등기의 촉탁 및 실행

(1) 가처분등기는 반드시 법원의 촉탁으로 실행하여야 하므로, 가처분채권자가 직접 등기소에 가처분등기를 신청하는 경우 법 제29조 제2호 '사건이 등기할 것이 아닌 경우'에 해당하여 각하된다.

(2) 가처분등기는 갑구나 을구에 기록한다. 가처분의 피보전권리가 소유권 이외의 권리설정등기청구권으로서 소유명의인을 가처분채무자로 하는 경우에는 그 가처분등기를 등기기록 중 갑구에 한다(규칙 제151조 제2항).

(3) 등기관이 가처분등기를 할 때에는 가처분의 피보전권리와 금지사항을 기록하여야 한다(규칙 제151조 제1항). 다만, 청구금액을 기록하지는 않는다.

▪▪ 가처분등기 기록례

【갑구】				(소유권에 관한 사항)
순위번호	등기목적	접 수	등기원인	권리자 및 기타사항
2	소유권이전	2022년 7월 13일 제51213호	2022년 6월 10일 매매	소유자 신세계 830212-1****** 서울특별시 종로구 인사로 94길 156 거래가액 금 800,000,000원
3	가처분	2023년 9월 7일 제77006호	2023년 9월 6일 서울중앙지방법원의 가처분결정 (2023카합1000)	피보전권리 소유권이전등기청구권 채권자 이토우 750505-1****** 서울특별시 중구 동호로 20길 78 금지사항 양도, 담보권설정, 기타 일체의 처분행위의 금지

4. 가처분에 저촉되는 등기의 실행 여부

처분금지가처분에 저촉하는(= 반하는) 소유권이전등기나 전세권설정등기, 저당권설정등기, 가압류등기 등 일체의 등기는 모두 허용된다. 처분금지가처분등기가 있음을 이유로 이들 등기신청이나 촉탁을 각하할 수 없다.

5. 가처분등기 이후의 등기의 말소

(1) 소유권이전등기청구권 또는 소유권이전등기말소등기청구권을 보전하기 위한 가처분등기 후 제3자의 권리가 등기된 경우

① 소유권이전등기청구권 또는 소유권이전등기말소등기(소유권보존등기말소등기를 포함한다)청구권을 보전하기 위한 가처분등기가 마쳐진 후 그 가처분채권자가 가처분채무자를 등기의무자로 하여 소유권이전등기 또는 소유권말소등기를 신청하는 경우에는, 동시에 가처분등기 이후에 마쳐진 제3자 명의의 등기의 말소를 단독으로 신청할 수 있다(규칙 제152조 제1항 본문).

② 다만, 다음의 등기는 말소의 대상이 아니다(규칙 제152조 제1항 단서).

> ⊙ 가처분등기 전에 마쳐진 가압류에 의한 강제경매개시결정등기
> ⊙ 가처분등기 전에 마쳐진 담보가등기, 전세권 및 저당권에 의한 임의경매개시결정등기
> ⊙ 가처분채권자에게 대항할 수 있는 주택임차권등기 등

③ 가처분등기 이후의 등기의 말소를 신청하는 경우에는 등기원인을 '가처분에 의한 실효'라고 하여야 한다. 이 경우 그 연월일은 신청정보의 내용으로 등기소에 제공할 필요가 없다(규칙 제154조).

④ 등기관이 가처분등기 이후의 등기를 말소하였을 때에는 지체 없이 그 사실을 말소된 권리의 등기명의인에게 통지하여야 한다(법 제94조 제3항).

⑤ 등기관이 가처분등기 이후의 등기를 말소할 때에는 직권으로 그 가처분등기도 말소하여야 한다. 가처분등기 이후의 등기가 없는 경우로서 가처분채무자를 등기의무자로 하는 권리의 이전, 말소 또는 설정의 등기만을 할 때에도 또한 같다(법 제94조 제2항).

기 출 지 문 O X

처분금지가처분등기 후에 마쳐진 등기는 가처분채권자의 본안 승소 후에 가처분채권자의 단독 신청으로 말소할 수 있다.

• 23회 수정   (   )

정답 (○)

기 출 지 문 O X

처분금지가처분등기가 된 후, 가처분채무자를 등기의무자로 하여 소유권이전등기를 신청하는 가처분채권자는 그 가처분등기 후에 마쳐진 등기 전부의 말소를 단독으로 신청할 수 있다. • 25회

(   )

정답 (×)

전부를 말소하는 것은 아니다.

(2) 지상권, 전세권 또는 임차권의 설정등기청구권을 보전하기 위한 가처분등기 후 제3자의 권리가 등기된 경우

지상권, 전세권 또는 임차권의 설정등기청구권을 보전하기 위한 가처분등기가 마쳐진 후 그 가처분채권자가 가처분채무자를 등기의무자로 하여 지상권, 전세권 또는 임차권의 설정등기를 신청하는 경우에는, 그 가처분등기 이후에 마쳐진 제3자 명의의 지상권, 지역권, 전세권 또는 임차권의 설정등기(동일한 부분에 마쳐진 등기로 한정한다)의 말소를 단독으로 신청할 수 있다(규칙 제153조 제1항).

(3) 저당권설정등기청구권을 보전하기 위한 가처분등기 후 제3자의 권리가 등기된 경우

저당권설정등기청구권을 보전하기 위한 가처분등기가 마쳐진 후 그 가처분채권자가 가처분채무자를 등기의무자로 하여 저당권설정등기를 신청하는 경우에는 그 가처분등기 이후에 마쳐진 제3자 명의의 등기라 하더라도 그 말소를 신청할 수 없다(규칙 제153조 제2항).

기출&예상 문제

01 가압류·가처분등기에 관한 설명으로 옳은 것은? • 22회

① 소유권에 대한 가압류등기는 부기등기로 한다.
② 처분금지가처분등기가 되어 있는 토지에 대하여는 지상권설정등기를 신청할 수 없다.
③ 부동산의 공유지분에 대해서도 가압류등기가 가능하다.
④ 부동산에 대한 처분금지가처분등기의 경우, 금전채권을 피보전권리로 기재한다.
⑤ 가압류등기의 말소등기는 등기권리자와 등기의무자가 공동으로 신청해야 한다.

해설 ① 소유권에 대한 가압류등기는 주등기로 한다.
② 처분금지가처분등기가 되어 있는 토지라도 지상권설정등기를 신청할 수 있다.
④ 부동산에 대한 처분금지가처분등기의 경우, 금전채권을 피보전권리로 기록하는 것이 아니라 특정의 청구권을 피보전권리로 기록한다.
⑤ 가압류등기의 말소등기는 법원의 촉탁으로 하는 것이 원칙이다.

정답 ③

02 乙 소유의 건물에 대하여 소유권이전등기청구권을 보전하기 위한 甲의 가처분이 2013.2.1. 등기되었다. 甲이 乙을 등기의무자로 하여 소유권이전등기를 신청하는 경우, 그 건물에 있던 다음의 제3자 명의의 등기 중 단독으로 등기의 말소를 신청할 수 있는 것은?

• 24회

① 2013.1.7. 등기된 가압류에 의하여 2013.6.7.에 한 강제경매개시결정등기
② 2013.1.8. 등기된 가등기담보권에 의하여 2013.7.8.에 한 임의경매개시결정등기
③ 임차권등기명령에 의해 2013.4.2.에 한 甲에게 대항할 수 있는 주택임차권등기
④ 2013.1.9. 체결된 매매계약에 의하여 2013.8.1.에 한 소유권이전등기
⑤ 2013.1.9. 등기된 근저당권에 의하여 2013.9.2.에 한 임의경매개시결정등기

해설 ① 2013.1.7. 등기된 가압류에 의하여 2013.6.7.에 한 강제경매개시결정등기는 가처분등기 전에 마쳐진 가압류에 의한 강제경매등기이므로 말소의 대상이 아니다.
② 2013.1.8. 등기된 가등기담보권에 의하여 2013.7.8.에 한 임의경매개시결정등기는 가처분등기 전에 마쳐진 가등기담보권에 의한 임의경매등기이므로 말소의 대상이 아니다.
③ 甲에게 대항할 수 있는 주택임차권등기는 말소의 대상이 아니다.
⑤ 2013.1.9. 등기된 근저당권에 의하여 2013.9.2.에 한 임의경매개시결정등기는 가처분등기 전에 마쳐진 근저당권에 의한 임의경매등기이므로 말소의 대상이 아니다.

정답 ④

❶ 권리의 변경등기를 하는 데 있어 등기상 이해관계인이 없으면 (   )등기한다. 다만, 등기상 이해관계인이 있더라도 승낙서를 첨부하면 (   )등기하고, 승낙서 등을 첨부하지 못하면 (   )등기한다.

❷ 등기관이 직권으로 경정등기를 마친 후에는 그 사실을 등기권리자나 등기의무자에게 통지하여야 하는데, 등기권리자나 등기의무자가 2인 이상인 경우는 (   )인에게 통지한다.

❸ 말소등기나 말소회복등기를 하는 데 있어 등기상 이해관계 있는 제3자가 있는 경우에는 그 제3자의 승낙이 있어야 한다. 이를 첨부하지 못하면 등기신청은 (   )된다.

❹ 등기사항의 전부가 부적법하게 말소된 경우는 (   )등기로 회복등기하고, 일부가 부적법하게 말소된 경우는 (   )등기로 회복등기한다.

❺ 소유권을 목적으로 하는 권리에 관한 등기는 (   )등기로 하는 반면, 소유권 외의 권리를 목적으로 하는 권리에 관한 등기는 (   )등기로 한다.

❻ 가등기로 보전하려는 청구권은 (   )청구권에 한한다.

❼ 가등기에 의하여 보전하려는 청구권이 (   )에 확정될 것이거나 시기부 또는 (   )조건부인 경우에도 가등기를 할 수 있다.

❽ 가등기상 권리의 이전등기는 가등기에 대한 (   )등기의 형식에 의한다.

❾ 가등기상의 권리에 대한 처분금지가처분등기나 가압류등기를 (   )등기 형식으로 할 수 있다.

❿ 가등기권자는 (   )의 승낙서를 첨부하여 단독으로 가등기를 신청할 수 있다.

정답   **1** 부기, 부기, 주   **2** 1   **3** 각하   **4** 주, 부기   **5** 주, 부기   **6** 채권적   **7** 장래, 정지   **8** 부기
9 부기   **10** 가등기의무자

⑪ 토지거래허가구역 내의 토지에 대한 소유권이전가등기를 신청하는 경우 토지거래허가증을
(　　　).

⑫ 일부의 가등기권자가 공유물보존행위에 준하여 가등기 전부에 대하여 본등기를 신청할 수
(　　　).

⑬ 가등기에 기하여 본등기의 신청이 있는 경우, 본등기의 순위번호를 따로 기재할 필요 없이
(　　　)의 순위번호를 그대로 사용한다.

⑭ 가등기에 기한 본등기가 이루어지면 본등기의 순위는 가등기를 마친 시점으로 소급하는 것을 가등
기의 본등기 (　　　)의 효력이라고 한다.

⑮ 소유권이전청구권 가등기에 기하여 본등기를 하는 경우, 등기관은 그 가등기를 말소하는 표시를
(　　　).

⑯ 가등기에 기하여 본등기를 한 경우 가등기권자에게 (　　　)할 수 있는 주택임차권등기는 직권
말소의 대상이 아니다.

⑰ 지상권, 전세권, 임차권설정청구권보전 가등기에 기하여 본등기를 한 경우 가등기 후에 마쳐진
(　　　) 등기는 모두 등기관이 직권으로 말소하지만, (　　　) 외의 등기는 직권말소의 대상이
아니다.

⑱ 부동산의 공유지분에는 가압류나 가처분등기를 할 수 (　　　). 반면, 부동산의 합유지분에는
가압류나 가처분등기를 할 수 (　　　).

⑲ 가압류등기에는 청구금액을 (　　　). 반면, 가처분등기에는 청구금액을 (　　　).

⑳ 처분금지가처분등기에 반하여 소유권이전등기나 근저당권설정등기를 신청할 수 (　　　).

정답　　11 첨부한다　12 없다　13 가등기　14 순위보전　15 하지 않는다　16 대항　17 용익권, 용익권
18 있다, 없다　19 기록한다, 기록하지 않는다　20 있다

01 공간정보의 구축 및 관리 등에 관한 법령상 지적측량수행자가 지적측량 의뢰를 받은 때 그 다음 날까지 지적소관청에 제출하여야 하는 것으로 옳은 것은?

① 지적측량 수행계획서   ② 지적측량 의뢰서

③ 토지이동현황 조사계획서   ④ 토지이동 정리결의서

⑤ 지적측량 결과서

02 공간정보의 구축 및 관리 등에 관한 법령상 도시개발사업 등의 시행자가 그 사업의 착수·변경 및 완료 사실을 지적소관청에 신고하여야 하는 사업으로 **틀린** 것은?

① 「공공주택 특별법」에 따른 공공주택지구 조성사업

② 「도시 및 주거환경정비법」에 따른 정비사업

③ 「택지개발촉진법」에 따른 택지개발사업

④ 「지역개발 및 지원에 관한 법률」에 따른 지역개발사업

⑤ 「지적재조사에 관한 특별법」에 따른 지적재조사사업

03 공간정보의 구축 및 관리 등에 관한 법령상 지목의 구분으로 옳은 것은?

① 온수·약수·석유류 등을 일정한 장소로 운송하는 송수관·송유관 및 저장시설의 부지는 '광천지'로 한다.

② 일반 공중의 종교의식을 위하여 예배·법요·설교·제사 등을 하기 위한 교회·사찰·향교 등 건축물의 부지와 이에 접속된 부속시설물의 부지는 '사적지'로 한다.

③ 자연의 유수(流水)가 있거나 있을 것으로 예상되는 토지는 '구거'로 한다.

④ 제조업을 하고 있는 공장시설물의 부지와 같은 구역에 있는 의료시설 등 부속시설물의 부지는 '공장용지'로 한다.

⑤ 일반 공중의 보건·휴양 및 정서생활에 이용하기 위한 시설을 갖춘 토지로서 「국토의 계획 및 이용에 관한 법률」에 따라 공원 또는 녹지로 결정·고시된 토지는 '체육용지'로 한다.

04 공간정보의 구축 및 관리 등에 관한 법령상 지적도의 축척이 600분의 1인 지역에서 신규등록할 1필지의 면적을 측정한 값이 145.450m²인 경우 토지대장에 등록하는 면적의 결정으로 옳은 것은?

① 145m²
② 145.4m²
③ 145.45m²
④ 145.5m²
⑤ 146m²

05 공간정보의 구축 및 관리 등에 관한 법령상 대지권등록부와 경계점좌표등록부의 공통 등록사항을 모두 고른 것은?

ㄱ 지번	ㄴ 소유자의 성명 또는 명칭
ㄷ 토지의 소재	ㄹ 토지의 고유번호
ㅁ 지적도면의 번호	

① ㄱ, ㄷ, ㄹ
② ㄷ, ㄹ, ㅁ
③ ㄱ, ㄴ, ㄷ, ㄹ
④ ㄱ, ㄴ, ㄷ, ㅁ
⑤ ㄱ, ㄴ, ㄹ, ㅁ

06 공간정보의 구축 및 관리 등에 관한 법령상 지적소관청이 토지소유자에게 지적정리 등을 통지하여야 하는 시기에 대한 설명이다. (   )에 들어갈 내용으로 옳은 것은?

• 토지의 표시에 관한 변경등기가 필요하지 아니한 경우 : (ㄱ)에 등록한 날부터 (ㄴ) 이내
• 토지의 표시에 관한 변경등기가 필요한 경우 : 그 (ㄷ)를 접수한 날부터 (ㄹ) 이내

① ㄱ : 등기완료의 통지서,　ㄴ : 15일,　ㄷ : 지적공부,　　　　　ㄹ : 7일
② ㄱ : 등기완료의 통지서,　ㄴ : 7일,　ㄷ : 지적공부,　　　　　ㄹ : 15일
③ ㄱ : 지적공부,　　　　　ㄴ : 7일,　ㄷ : 등기완료의 통지서,　ㄹ : 15일
④ ㄱ : 지적공부,　　　　　ㄴ : 10일,　ㄷ : 등기완료의 통지서,　ㄹ : 15일
⑤ ㄱ : 지적공부,　　　　　ㄴ : 15일,　ㄷ : 등기완료의 통지서,　ㄹ : 7일

07 공간정보의 구축 및 관리 등에 관한 법령상 지적삼각보조점성과의 등본을 발급받으려는 경우 그 신청기관으로 옳은 것은?

① 시·도지사
② 시·도지사 또는 지적소관청
③ 지적소관청
④ 지적소관청 또는 한국국토정보공사
⑤ 한국국토정보공사

08 공간정보의 구축 및 관리 등에 관한 법령상 지적소관청은 축척변경에 따른 청산금의 납부 및 지급이 완료되었을 때 지체 없이 축척변경의 확정공고를 하여야 한다. 이 경우 확정공고에 포함되어야 할 사항으로 틀린 것은?

① 토지의 소재 및 지역명
② 축척변경 지번별 조서
③ 청산금 조서
④ 지적도의 축척
⑤ 지역별 제곱미터당 금액조서

09 공간정보의 구축 및 관리 등에 관한 법령상 중앙지적위원회의 구성 및 회의 등에 관한 설명으로 옳은 것을 모두 고른 것은?

> ㉠ 중앙지적위원회의 간사는 국토교통부의 지적업무 담당 공무원 중에서 지적업무 담당 국장이 임명하며, 회의 준비, 회의록 작성 및 회의 결과에 따른 업무 등 중앙지적위원회의 서무를 담당한다.
> ㉡ 중앙지적위원회의 회의는 재적위원 과반수의 출석으로 개의(開議)하고, 출석위원 과반수의 찬성으로 의결한다.
> ㉢ 중앙지적위원회는 관계인을 출석하게 하여 의견을 들을 수 있으며, 필요하면 현지조사를 할 수 있다.
> ㉣ 위원장이 중앙지적위원회의 회의를 소집할 때에는 회의 일시·장소 및 심의 안건을 회의 7일 전까지 각 위원에게 서면으로 통지하여야 한다.

① ㉠, ㉡
② ㉡, ㉢
③ ㉠, ㉡, ㉢
④ ㉠, ㉢, ㉣
⑤ ㉡, ㉢, ㉣

10 공간정보의 구축 및 관리 등에 관한 법령상 지적측량의 측량기간 및 검사기간에 대한 설명이다. ( )에 들어갈 내용으로 옳은 것은? (단, 지적측량 의뢰인과 지적측량수행자가 서로 합의하여 따로 기간을 정하는 경우는 제외함)

> 지적측량의 측량기간은 (㉠)일로 하며, 측량검사기간은 (㉡)일로 한다. 다만, 지적기준점을 설치하여 측량 또는 측량검사를 하는 경우 지적기준점이 15점 이하인 경우에는 (㉢)일을, 15점을 초과하는 경우에는 (㉣)일에 15점을 초과하는 (㉤)점마다 1일을 가산한다.

① ㉠ : 4, ㉡ : 4, ㉢ : 4, ㉣ : 4, ㉤ : 3
② ㉠ : 5, ㉡ : 4, ㉢ : 4, ㉣ : 4, ㉤ : 4
③ ㉠ : 5, ㉡ : 4, ㉢ : 4, ㉣ : 5, ㉤ : 3
④ ㉠ : 5, ㉡ : 4, ㉢ : 5, ㉣ : 5, ㉤ : 4
⑤ ㉠ : 6, ㉡ : 5, ㉢ : 5, ㉣ : 5, ㉤ : 3

11 공간정보의 구축 및 관리 등에 관한 법령상 지적소관청은 축척변경 확정공고를 하였을 때에는 지체 없이 축척변경에 따라 확정된 사항을 지적공부에 등록하여야 한다. 이 경우 토지대장에 등록하는 기준으로 옳은 것은?

① 축척변경 확정측량 결과도에 따른다.
② 청산금납부고지서에 따른다.
③ 토지이동현황 조사계획서에 따른다.
④ 확정공고된 축척변경 지번별 조서에 따른다.
⑤ 축척변경 시행계획에 따른다.

12 공간정보의 구축 및 관리 등에 관한 법령상 지상경계점등록부의 등록사항으로 틀린 것은?

① 지적도면의 번호   ② 토지의 소재
③ 공부상 지목과 실제 토지이용 지목   ④ 경계점의 사진 파일
⑤ 경계점표지의 종류 및 경계점 위치

13 등기신청에 관한 설명으로 <u>틀린</u> 것은?

① 정지조건이 붙은 유증을 원인으로 소유권이전등기를 신청하는 경우, 조건성취를 증명하는 서면을 첨부하여야 한다.

② 사립대학이 부동산을 기증받은 경우, 학교 명의로 소유권이전등기를 할 수 있다.

③ 법무사는 매매계약에 따른 소유권이전등기를 매도인과 매수인 쌍방을 대리하여 신청할 수 있다.

④ 법인 아닌 사단인 종중이 건물을 매수한 경우, 종중의 대표자는 종중 명의로 소유권이전등기를 신청할 수 있다.

⑤ 채권자대위권에 의한 등기신청의 경우, 대위채권자는 채무자의 등기신청권을 자기의 이름으로 행사한다.

14 「부동산등기법」상 등기할 수 <u>없는</u> 것을 모두 고른 것은?

㉠ 분묘기지권	㉡ 전세권저당권
㉢ 주위토지통행권	㉣ 구분지상권

① ㉠, ㉢

② ㉡, ㉣

③ ㉠, ㉡, ㉢

④ ㉠, ㉢, ㉣

⑤ ㉡, ㉢, ㉣

15 등기한 권리의 순위에 관한 설명으로 <u>틀린</u> 것은? (다툼이 있으면 판례에 따름)

① 부동산에 대한 가압류등기와 저당권설정등기 상호 간의 순위는 접수번호에 따른다.

② 2번 저당권이 설정된 후 1번 저당권 일부이전의 부기등기가 이루어진 경우, 배당에 있어서 그 부기등기가 2번 저당권에 우선한다.

③ 위조된 근저당권해지증서에 의해 1번 근저당권등기가 말소된 후 2번 근저당권이 설정된 경우, 말소된 1번 근저당권등기가 회복되더라도 2번 근저당권이 우선한다.

④ 가등기 후에 제3자 명의의 소유권이전등기가 이루어진 경우, 가등기에 기한 본등기가 이루어지면 본등기는 제3자 명의 등기에 우선한다.

⑤ 집합건물 착공 전의 나대지에 대하여 근저당권이 설정된 경우, 그 근저당권등기는 집합건물을 위한 대지권등기에 우선한다.

16 등기신청을 위한 첨부정보에 관한 설명으로 옳은 것을 모두 고른 것은?

> ○ 토지에 대한 표시변경등기를 신청하는 경우, 등기원인을 증명하는 정보로서 토지대장정보를 제공하면 된다.
> ○ 매매를 원인으로 소유권이전등기를 신청하는 경우, 등기의무자의 주소를 증명하는 정보도 제공하여야 한다.
> ○ 상속등기를 신청하면서 등기원인을 증명하는 정보로서 상속인 전원이 참여한 공정증서에 의한 상속재산분할협의서를 제공하는 경우, 상속인들의 인감증명을 제출할 필요가 없다.
> ② 농지에 대한 소유권이전등기를 신청하는 경우, 등기원인을 증명하는 정보가 집행력 있는 판결인 때에는 특별한 사정이 없는 한 농지취득자격증명을 첨부하지 않아도 된다.

① ㄱ, ㄴ   ② ㄷ, ㄹ
③ ㄱ, ㄴ, ㄷ   ④ ㄱ, ㄷ, ㄹ
⑤ ㄴ, ㄷ, ㄹ

17 등기관이 용익권의 등기를 하는 경우에 관한 설명으로 옳은 것은?

① 1필 토지 전부에 지상권설정등기를 하는 경우, 지상권설정의 범위를 기록하지 않는다.
② 지역권의 경우, 승역지의 등기기록에 설정의 목적, 범위 등을 기록할 뿐, 요역지의 등기기록에는 지역권에 관한 등기사항을 기록하지 않는다.
③ 전세권의 존속기간이 만료된 경우, 그 전세권설정등기를 말소하지 않고 동일한 범위를 대상으로 하는 다른 전세권설정등기를 할 수 있다.
④ 2개의 목적물에 하나의 전세권설정계약으로 전세권설정등기를 하는 경우, 공동전세목록을 작성하지 않는다.
⑤ 차임이 없이 보증금의 지급만을 내용으로 하는 채권적 전세의 경우, 임차권설정등기기록에 차임 및 임차보증금을 기록하지 않는다.

18 등기관이 근저당권등기를 하는 경우에 관한 설명으로 틀린 것은?

① 채무자의 성명, 주소 및 주민등록번호를 등기기록에 기록하여야 한다.
② 채무자가 수인인 경우라도 채무자별로 채권최고액을 구분하여 기록할 수 없다.
③ 신청정보의 채권최고액이 외국통화로 표시된 경우, 외화표시금액을 채권최고액으로 기록한다.
④ 선순위근저당권의 채권최고액을 감액하는 변경등기는 그 저당목적물에 관한 후순위권리자의 승낙
   서가 첨부되지 않더라도 할 수 있다.
⑤ 수용으로 인한 소유권이전등기를 하는 경우, 특별한 사정이 없는 한 그 부동산의 등기기록 중 근저
   당권등기는 직권으로 말소하여야 한다.

19 가등기에 관한 설명으로 틀린 것은?

① 가등기로 보전하려는 등기청구권이 해제조건부인 경우에는 가등기를 할 수 없다.
② 소유권이전청구권 가등기는 주등기의 방식으로 한다.
③ 가등기는 가등기권리자와 가등기의무자가 공동으로 신청할 수 있다.
④ 가등기에 기한 본등기를 금지하는 취지의 가처분등기의 촉탁이 있는 경우, 등기관은 이를 각하하여
   야 한다.
⑤ 소유권이전청구권 가등기에 기하여 본등기를 하는 경우, 등기관은 그 가등기를 말소하는 표시를 하
   여야 한다.

20 등기관의 처분에 대한 이의신청에 관한 설명으로 틀린 것은?

① 등기신청인이 아닌 제3자는 등기신청의 각하결정에 대하여 이의신청을 할 수 없다.
② 이의신청은 대법원규칙으로 정하는 바에 따라 관할 지방법원에 이의신청서를 제출하는 방법으로
   한다.
③ 이의신청기간에는 제한이 없으므로 이의의 이익이 있는 한 언제라도 이의신청을 할 수 있다.
④ 등기관의 처분 시에 주장하거나 제출하지 아니한 새로운 사실을 근거로 이의신청을 할 수 없다.
⑤ 등기관의 처분에 대한 이의신청이 있더라도 그 부동산에 대한 다른 등기신청은 수리된다.

21 「부동산등기법」 제29조 제2호의 '사건이 등기할 것이 아닌 경우'에 해당하는 것을 모두 고른 것은? (다툼이 있으면 판례에 따름)

> ㉠ 위조한 개명허가서를 첨부한 등기명의인 표시변경등기신청
> ㉡ 「하천법」상 하천에 대한 지상권설정등기신청
> ㉢ 법령에 근거가 없는 특약사항의 등기신청
> ㉣ 일부지분에 대한 소유권보존등기신청

① ㉠
② ㉠, ㉡
③ ㉢, ㉣
④ ㉡, ㉢, ㉣
⑤ ㉠, ㉡, ㉢, ㉣

22 구분건물의 등기에 관한 설명으로 틀린 것은?

① 대지권의 표시에 관한 사항은 전유부분의 등기기록 표제부에 기록하여야 한다.
② 토지전세권이 대지권인 경우에 대지권이라는 뜻의 등기가 되어 있는 토지의 등기기록에는 특별한 사정이 없는 한 저당권설정등기를 할 수 없다.
③ 대지권의 변경이 있는 경우, 구분건물의 소유권의 등기명의인은 1동의 건물에 속하는 다른 구분건물의 소유권의 등기명의인을 대위하여 대지권변경등기를 신청할 수 있다.
④ 1동의 건물에 속하는 구분건물 중 일부만에 관하여 소유권보존등기를 신청하는 경우에는 나머지 구분건물의 표시에 관한 등기를 동시에 신청하여야 한다.
⑤ 집합건물의 규약상 공용부분이라는 뜻을 정한 규약을 폐지한 경우, 그 공용부분의 취득자는 소유권이전등기를 신청하여야 한다.

23 소유권등기에 관한 설명으로 <u>틀린</u> 것은? (다툼이 있으면 판례에 따름)

① 미등기 건물의 건축물대장상 소유자로부터 포괄유증을 받은 자는 자기 명의로 소유권보존등기를 신청할 수 있다.

② 미등기 부동산이 전전양도된 경우, 최후의 양수인이 소유권보존등기를 한 때에도 그 등기가 결과적으로 실질적 법률관계에 부합된다면, 특별한 사정이 없는 한 그 등기는 무효라고 볼 수 없다.

③ 미등기 토지에 대한 소유권을 군수의 확인에 의해 증명한 자는 그 토지에 대한 소유권보존등기를 신청할 수 있다.

④ 특정유증을 받은 자로서 아직 소유권등기를 이전받지 않은 자는 직접 진정명의회복을 원인으로 한 소유권이전등기를 청구할 수 없다.

⑤ 부동산 공유자의 공유지분 포기에 따른 등기는 해당 지분에 관하여 다른 공유자 앞으로 소유권이전등기를 하는 형태가 되어야 한다.

24 등기필정보에 관한 설명으로 옳은 것은?

① 등기필정보는 아라비아 숫자와 그 밖의 부호의 조합으로 이루어진 일련번호와 비밀번호로 구성한다.

② 법정대리인이 등기를 신청하여 본인이 새로운 권리자가 된 경우, 등기필정보는 특별한 사정이 없는 한 본인에게 통지된다.

③ 등기절차의 인수를 명하는 판결에 따라 승소한 등기의무자가 단독으로 등기를 신청하는 경우, 등기필정보를 등기소에 제공할 필요가 없다.

④ 등기권리자의 채권자가 등기권리자를 대위하여 등기신청을 한 경우, 등기필정보는 그 대위채권자에게 통지된다.

⑤ 등기명의인의 포괄승계인은 등기필정보의 실효신고를 할 수 없다.

한눈에 보는 정답

01	02	03	04	05	06	07	08	09	10
①	⑤	④	②	①	③	③	⑤	②	②
11	12	13	14	15	16	17	18	19	20
④	①	②	①	③	③	④	①	⑤	②
21	22	23	24						
④	②, ⑤	③	①						

01　①

카테고리 　공간정보의 구축 및 관리 등에 관한 법률 > 지적측량

해설

① 지적측량수행자는 지적측량 의뢰를 받은 때에는 측량기간·측량일자 및 측량수수료 등을 적은 지적측량 수행계획서를 그 다음 날까지 지적소관청에 제출하여야 한다(규칙 제25조 제2항).

02　⑤

카테고리 　공간정보의 구축 및 관리 등에 관한 법률 > 토지의 이동 및 지적정리

해설

토지개발사업 등의 범위(법 제86조, 영 제83조 제1항)

① 「도시개발법」에 따른 도시개발사업
② 「농어촌정비법」에 따른 농어촌정비사업
③ 「주택법」에 따른 주택건설사업
④ 「택지개발촉진법」에 따른 택지개발사업
⑤ 「산업입지 및 개발에 관한 법률」에 따른 산업단지개발사업
⑥ 「도시 및 주거환경정비법」에 따른 정비사업
⑦ 「지역개발 및 지원에 관한 법률」에 따른 지역개발사업
⑧ 「체육시설의 설치·이용에 관한 법률」에 따른 체육시설 설치를 위한 토지개발사업
⑨ 「관광진흥법」에 따른 관광단지 개발사업
⑩ 「공유수면 관리 및 매립에 관한 법률」에 따른 매립사업
⑪ 「항만법」, 「신항만건설촉진법」에 따른 항만개발사업 및 「항만재개발 및 주변지역 발전에 관한 법률」에 따른 항만재개발사업
⑫ 「공공주택 특별법」에 따른 공공주택지구 조성사업

---

⑬ 「물류시설의 개발 및 운영에 관한 법률」 및 「경제자유구역의 지정 및 운영에 관한 특별법」에 따른 개발사업

⑭ 「철도의 건설 및 철도시설 유지관리에 관한 법률」에 따른 고속철도, 일반철도 및 광역철도 건설사업

⑮ 「도로법」에 따른 고속국도 및 일반국도 건설사업

⑯ 그 밖에 위의 사업과 유사한 경우로서 국토교통부장관이 고시하는 요건에 해당하는 토지개발사업

03 ④

카테고리 공간정보의 구축 및 관리 등에 관한 법률 > 토지의 등록

해설

① 온수·약수·석유류 등을 일정한 장소로 운송하는 송수관·송유관 및 저장시설의 부지는 '광천지'로 하지 않는다.

② 일반 공중의 종교의식을 위하여 예배·법요·설교·제사 등을 하기 위한 교회·사찰·향교 등 건축물의 부지와 이에 접속된 부속시설물의 부지는 '종교용지'로 한다.

③ 자연의 유수(流水)가 있거나 있을 것으로 예상되는 토지는 '하천'으로 한다.

⑤ 일반 공중의 보건·휴양 및 정서생활에 이용하기 위한 시설을 갖춘 토지로서 「국토의 계획 및 이용에 관한 법률」에 따라 공원 또는 녹지로 결정·고시된 토지는 '공원'으로 한다.

04 ②

카테고리 공간정보의 구축 및 관리 등에 관한 법률 > 토지의 등록

해설

② 지적도의 축척이 600분의 1인 지역은 경계점좌표등록부를 갖춰두는 지역이므로 제곱미터 이하 한 자리 단위로 등록하여야 한다. 0.1제곱미터 미만의 끝수가 있는 경우 그 끝수가 0.05제곱미터일 때에는 구하려는 끝자리의 숫자가 0 또는 짝수이면 버리고, 홀수이면 올린다(영 제60조 제1항 제2호). 문제의 경우 끝수가 0.05이고 구하려는 끝자리의 숫자가 4이므로 145.4m²로 등록하여야 한다.

05 ①

카테고리 공간정보의 구축 및 관리 등에 관한 법률 > 지적공부 및 부동산종합공부

해설

㉠㉢ 소재와 지번은 모든 지적공부에 공통되는 등록사항이다.

㉣ 토지의 고유번호는 지적도면을 제외한 토지대장, 임야대장, 공유지연명부, 대지권등록부, 경계점좌표등록부에 등록한다.

㉡ 소유자의 성명 또는 명칭은 대지권등록부의 등록사항이지만, 경계점좌표등록부의 등록사항은 아니다.

㉤ 지적도면의 번호는 경계점좌표등록부의 등록사항이지만, 대지권등록부의 등록사항은 아니다.

06 ③

카테고리 공간정보의 구축 및 관리 등에 관한 법률 > 토지의 이동 및 지적정리

해설

• 토지의 표시에 관한 변경등기가 필요하지 아니한 경우 : '지적공부'에 등록한 날부터 '7일' 이내
• 토지의 표시에 관한 변경등기가 필요한 경우 : 그 '등기완료의 통지서'를 접수한 날부터 '15일' 이내

07 ③

카테고리 공간정보의 구축 및 관리 등에 관한 법률 > 지적측량

해설

③ 지적측량기준점성과 또는 그 측량부를 열람하거나 등본을 발급받으려는 자는 지적삼각점성과에 대해서는 특별시장·광역시장·특별자치시장·도지사·특별자치도지사(이하 '시·도지사'라 한다) 또는 지적소관청에 신청하고, 지적삼각보조점성과 및 지적도근점성과에 대해서는 지적소관청에 신청하여야 한다(규칙 제26조 제1항).

08 ⑤

카테고리 공간정보의 구축 및 관리 등에 관한 법률 > 토지의 이동 및 지적정리

해설

⑤ 청산금의 납부 및 지급이 완료되었을 때에는 지적소관청은 다음의 사항을 포함하여 지체 없이 축척변경의 확정공고를 하여야 한다(영 제78조 제1항, 규칙 제92조 제1항).

• 토지의 소재 및 지역명	• 축척변경 지번별 조서
• 청산금 조서	• 지적도의 축척

09 ②

카테고리 공간정보의 구축 및 관리 등에 관한 법률 > 지적측량

해설

ⓒ 영 제21조 제3항
ⓔ 영 제21조 제4항
ⓐ 중앙지적위원회의 간사는 국토교통부의 지적업무 담당 공무원 중에서 국토교통부장관이 임명하며, 회의 준비, 회의록 작성 및 회의 결과에 따른 업무 등 중앙지적위원회의 서무를 담당한다(영 제20조 제5항).
ⓓ 위원장이 중앙지적위원회의 회의를 소집할 때에는 회의 일시·장소 및 심의 안건을 회의 5일 전까지 각 위원에게 서면으로 통지하여야 한다(영 제21조 제5항).

10 ②

카테고리 공간정보의 구축 및 관리 등에 관한 법률 > 지적측량

해설

② 지적측량의 측량기간은 '5일'로 하며, 측량검사기간은 '4일'로 한다. 다만, 지적기준점을 설치하여 측량 또는 측량검사를 하는 경우 지적기준점이 15점 이하인 경우에는 '4일'을, 15점을 초과하는 경우에는 '4일'에 15점을 초과하는 '4점'마다 1일을 가산한다(규칙 제25조 제3항).

11 ④

카테고리 공간정보의 구축 및 관리 등에 관한 법률 > 토지의 이동 및 지적정리

해설

④ 지적소관청은 축척변경에 따라 확정된 사항을 지적공부에 등록하는 때에는 다음의 기준에 따라야 한다(규칙 제92조 제2항).

> 1. 토지대장은 확정공고된 축척변경 지번별 조서에 따를 것
> 2. 지적도는 확정측량 결과도 또는 경계점좌표에 따를 것

12 ①

카테고리 공간정보의 구축 및 관리 등에 관한 법률 > 토지의 등록

해설

① 지상경계점등록부에 다음의 사항을 등록하여야 한다(법 제65조 제2항, 규칙 제60조).

> ① 토지의 소재
> ② 지번
> ③ 경계점표지의 종류 및 경계점 위치
> ④ 경계점 위치 설명도
> ⑤ 경계점좌표(경계점좌표등록부 시행지역에 한정한다)
> ⑥ 경계점의 사진 파일
> ⑦ 공부상 지목과 실제 토지이용 지목

13 ②

카테고리 부동산등기법 > 등기절차 총론

해설

② 학교는 하나의 시설물에 불과하여 권리·의무의 주체가 될 수 없으므로 학교 명의로 등기할 수 없고 설립자 명의로 등기를 하여야 한다. 사립대학교는 설립자인 학교법인 명의로 소유권이전등기를 하여야 한다.

14 ①

카테고리 부동산등기법 > 등기제도 총칙

해설

• 「부동산등기법」상 등기할 사항인 권리 : 소유권, 지상권, 지역권, 전세권, 임차권, 저당권, 권리질권과 채권담보권(법 제 3조). 저당권은 소유권, 지상권, 전세권을 목적으로 설정할 수 있고, 특정 공간을 사용하는 구분지상권은 지상권의 일종으로 등기할 수 있는 권리이다.

• 등기할 수 없는 권리 : 점유권, 유치권, 동산질권, 주위토지통행권, 분묘기지권 등

15 ③

카테고리 부동산등기법 > 등기제도 총칙

해설

③ 말소회복등기는 말소되기 전의 등기와 동일한 순위와 효력을 보유하므로 1번 근저당권등기가 말소되고 2번 근저당권이 설정된 후, 말소된 1번 근저당권등기가 회복되면 2번 근저당권보다 선순위가 된다.

① 등기한 순서는 등기기록 중 같은 구(區)에서 한 등기는 순위번호에 따르고, 다른 구에서 한 등기는 접수번호에 따르므로(법 제4조 제2항) 갑구에 등기한 가압류등기와 을구에 등기한 저당권설정등기 상호 간의 순위는 접수번호에 따른다.

② 부기등기의 순위는 주등기의 순위에 따르므로(법 제5조) 2번 저당권이 설정된 후 1번 저당권 일부이전의 부기등기가 이루어진 경우, 배당에 있어서 그 부기등기가 2번 저당권에 우선한다.

④ 가등기에 의한 본등기를 한 경우 본등기의 순위는 가등기의 순위에 따르므로(법 제91조), 가등기 후에 제3자 명의의 소유권이전등기가 이루어진 경우, 가등기에 기한 본등기가 이루어지면 본등기는 제3자 명의 등기에 우선한다.

16 ③

카테고리 부동산등기법 > 등기절차 총론

해설

㉠ 토지의 표시변경등기를 신청하는 경우에는 그 변경을 증명하는 토지대장 정보나 임야대장 정보를 첨부정보로서 등기소에 제공하여야 한다(부동산등기규칙 제72조 제2항).

㉡ 매매를 원인으로 소유권이전등기를 신청하는 경우, 등기권리자뿐만 아니라 등기의무자의 주소를 증명하는 정보도 제공하여야 한다(부동산등기규칙 제46조 제1항 제6호).

㉢ 상속재산분할협의서 등이 공정증서인 경우에는 인감증명을 제출할 필요가 없다(부동산등기규칙 제60조 제4항).

㉣ 등기원인을 증명하는 정보가 집행력 있는 판결인 경우에는 제3자의 허가 등을 증명하는 정보를 제공할 필요가 없다. 다만, 등기원인에 대하여 행정관청의 허가, 동의 또는 승낙을 받을 것이 요구되는 소유권이전등기를 신청할 때에는 그 허가, 동의 또는 승낙을 증명하는 서면을 제출하여야 하므로(부동산등기규칙 제46조 제3항, 부동산등기 특별조치법 제5조 제1항) 농지에 대한 소유권이전등기를 신청하는 경우, 등기원인을 증명하는 정보가 집행력 있는 판결인 때에는 농지취득자격증명을 첨부하여야 한다.

17 ④

카테고리 부동산등기법 > 각종 권리의 등기절차

해설

④ 공동전세권의 목적 부동산이 5개 이상인 경우 등기관은 공동전세목록을 작성하여야 한다(규칙 제128조 제3항).
① 1필 토지 전부에 지상권설정등기를 하더라도 반드시 지상권 설정의 범위를 기록하여야 한다.
② 요역지의 등기기록에는 승역지, 지역권설정의 목적, 지역권설정의 범위를 기록하여야 한다(법 제71조 제1항).
③ 전세권의 존속기간이 만료된 경우, 그 전세권설정등기를 말소하지 않고는 동일한 범위를 대상으로 하는 다른 전세권설정등기를 할 수 없다.
⑤ 차임이 없이 보증금의 지급만을 내용으로 하는 채권적 전세의 경우, 임차보증금을 임차권설정등기기록에 기록하여야 한다(1995.12.8, 등기 3402-854).

18 ①

카테고리 부동산등기법 > 각종 권리의 등기절차

해설

① 채무자의 성명(명칭)과 주소(사무소 소재지)는 기록하여야 하지만, 주민등록번호는 기록하지 않는다(법 제75조).
② 채권최고액을 외국통화로 표시하여 신청정보로 제공한 경우에는 외화표시금액(예 '미화 금 ○○달러')을 채권최고액으로 기록한다(등기예규 제1656호).

19 ⑤

카테고리 부동산등기법 > 각종 권리의 등기절차

해설

⑤ 본등기를 하는 경우, 순위가 유지됨을 공시할 필요가 있기 때문에 가등기를 말소하지 않고 그대로 둔다.

20 ②

카테고리 부동산등기법 > 등기절차 총론

해설

② 등기관의 결정 또는 처분에 이의가 있는 자는 관할 지방법원에 이의신청을 할 수 있으나(법 제100조), 이의의 신청은 등기소에 이의신청서를 제출하는 방법으로 한다(법 제101조).

21 ④

카테고리 부동산등기법 > 등기절차 총론

해설

ⓛ 「하천법」상 하천에 대한 지상권설정등기신청 : 「하천법」상 하천에 대한 지상권설정등기는 허용되지 않으므로 제2호 위반에 해당한다(등기예규 제1387호).
ⓒⓔ 법 제29조 제2호
ⓐ 위조한 개명허가서를 첨부한 등기명의인 표시변경등기신청 : 위조된 첨부정보를 제공한 경우, 그것은 유효한 정보가 아니므로 그 정보를 제공하지 않은 것으로 보아 각하한다(법 제29조 제9호 위반).

22 ②, ⑤

카테고리 부동산등기법 > 등기의 기관과 그 설비

해설

② 전세권이 대지권인 경우에 대지권이라는 뜻의 등기가 되어 있는 토지의 등기기록에는 전세권이전등기, 전세권부저당권설정등기, 그 밖에 이와 관련이 있는 등기를 할 수 없다(법 제61조 제4항, 제5항). 반면, 대지권이라는 뜻의 등기가 되어 있는 토지의 소유권은 전유부분과 일체성이 있는 권리가 아니므로 그 토지에 대한 소유권이전등기나 저당권설정등기는 허용된다.

⑤ 공용부분이라는 뜻을 정한 규약을 폐지한 경우에 공용부분의 취득자는 지체 없이 소유권보존등기를 신청하여야 한다(법 제47조 제2항).

23 ③

카테고리 부동산등기법 > 각종 권리의 등기절차

해설

③ 특별자치도지사, 시장, 군수 또는 구청장(자치구의 구청장을 말한다)의 확인에 의하여 건물이 자기의 소유권을 증명하는 자는 자기명의의 보존등기를 신청할 수 있다(법 제65조 제4호). 본 규정은 건물에만 적용되고 토지에는 적용되지 않는다.

24 ①

카테고리 부동산등기법 > 등기절차 총론

해설

① 규칙 제106조 제1항

② 법정대리인이 등기를 신청한 경우에는 그 법정대리인에게, 법인의 대표자나 지배인이 신청한 경우에는 그 대표자나 지배인에게, 법인 아닌 사단이나 재단의 대표자나 관리인이 신청한 경우에는 그 대표자나 관리인에게 등기필정보를 통지한다(규칙 제108조 제2항).

③ 등기필정보는 공동신청 또는 승소한 등기의무자의 단독신청에 의하여 권리에 관한 등기를 신청하는 경우로 한정하여 제공한다(규칙 제43조 제1항 제7호).

④ 등기권리자의 채권자가 등기권리자를 대위하여 등기를 신청하여 마친 경우, 등기를 완료한 후 등기명의인을 위한 등기필정보를 작성하여 통지하지 않는다(규칙 제109조 제2항 제4호).

⑤ 등기명의인 또는 그 상속인 그 밖의 포괄승계인은 등기필정보의 실효신고를 할 수 있다(규칙 제110조).

삶의 순간순간이
아름다운 마무리이며
새로운 시작이어야 한다.

– 법정 스님

2024 공인중개사 2차 기본서 부동산공시법

발 행 일	2024년 1월 7일 초판
편 저 자	김민석
펴 낸 이	양형남
펴 낸 곳	(주)에듀윌
등록번호	제25100-2002-000052호
주 소	08378 서울특별시 구로구 디지털로34길 55
	코오롱싸이언스밸리 2차 3층

www.eduwill.net
대표전화 1600-6700

여러분의 작은 소리
에듀윌은 크게 듣겠습니다.

본 교재에 대한 여러분의 목소리를 들려주세요.
공부하시면서 어려웠던 점, 궁금한 점,
칭찬하고 싶은 점, 개선할 점, 어떤 것이라도 좋습니다.

에듀윌은 여러분께서 나누어 주신 의견을
통해 끊임없이 발전하고 있습니다.

에듀윌 도서몰 book.eduwill.net
• 부가학습자료 및 정오표: 에듀윌 도서몰 → 도서자료실
• 교재 문의: 에듀윌 도서몰 → 문의하기 → 교재(내용, 출간) / 주문 및 배송

에듀윌 직영학원에서
합격을 수강하세요

언제나 전문 학습 매니저와 상담이 가능한 안내데스크

고품질 영상 및 음향 장비를 갖춘 최고의 강의실

재충전을 위한 카페 분위기의 아늑한 휴게실

에듀윌의 상징 노란색의 환한 학원 입구

에듀윌 직영학원 대표전화

공인중개사 학원	02)815-0600	공무원 학원	02)6328-0600	편입 학원	02)6419-0600
주택관리사 학원	02)815-3388	경찰 학원	02)6332-0600	세무사·회계사 학원	02)6010-0600
전기기사 학원	02)6268-1400	소방 학원	02)6337-0600	취업아카데미	02)6486-0600
부동산아카데미	02)6736-0600				

공인중개사학원
바로가기

에듀윌 공인중개사 동문회 9가지 특권

1. 에듀윌 공인중개사 합격자 모임

2. 동문회 인맥북

믿고 의지할 수 있는
동문들을 한 손에!

3. 동문 중개업소 홍보물 지원

4. 동문회와 함께하는 사회공헌활동

5. 동문회 사이트

전국구 동문 인맥
네트워크!
dongmun.eduwill.net

6. 동문회 소식지 무료 구독

7. 최대 규모의 동문회 커뮤니티

8. 창업 사무소 지원 센터

상위1% 고소득을 위한
**동문회 전임
자문교수**

김진희 교수

우수 동문 선정
**부동산 사무소
언론홍보 지원**

업계 최고
**전문가 초청
성공특강**

9. 취업/창업 코칭 센터

합격 후 취업 성공
**부동산 중개법인
취업연계**

전국 인맥 네트워크
**동문선배 사무소
취업연계**

선배 동문
**성공 노하우
실무포럼**

※ 본 특권은 회원별로 상이하며, 예고 없이 변경될 수 있습니다.

에듀윌 공인중개사 동문회 | dongmun.eduwill.net
문의 | 1600-6700

에듀윌 부동산 아카데미 강의 듣기

성공 창업의 필수 코스 부동산 창업 CEO 과정

1 튼튼 창업 기초

- 창업 입지 컨설팅
- 중개사무 문서작성
- 성공 개업 실무TIP

2 중개업 필수 실무

- 온라인 마케팅
- 세금 실무
- 토지/상가 실무
- 재개발/재건축

3 실전 Level-Up

- 계약서작성 실습
- 중개영업 실무
- 사고방지 민법실무
- 빌딩 중개 실무

4 부동산 투자

- 시장 분석
- 투자 정책

부동산으로 성공하는 컨설팅 전문가 3대 특별 과정

마케팅 마스터

- 데이터 분석
- 블로그 마케팅
- 유튜브 마케팅
- 실습 샘플 파일 제공

디벨로퍼 마스터

- 부동산 개발 사업
- 유형별 절차와 특징
- 토지 확보 및 환경 분석
- 사업성 검토

빅데이터 마스터

- QGIS 프로그램 이해
- 공공데이터 분석 및 활용
- 컨설팅 리포트 작성
- 토지 상권 분석

경매의 神과 함께 '중개'에서 '경매'로 수수료 업그레이드

- 공인중개사를 위한 경매 실무
- 투자 및 중개업 분야 확장
- 고수들만 아는 돈 되는 특수 물권
- 이론(기본) - 이론(심화) - 임장 3단계 과정
- 경매 정보 사이트 무료 이용

실전 경매의 神
안성선
이주왕
장석태

에듀윌 부동산 아카데미 | uland.eduwill.net

문의 | 온라인 강의 1600-6700, 학원 강의 02)6736-0600

꿈을 현실로 만드는
에듀윌

DREAM

공무원 교육
- 선호도 1위, 신뢰도 1위! 브랜드만족도 1위!
- 합격자 수 2,100% 폭등시킨 독한 커리큘럼

자격증 교육
- 8년간 아무도 깨지 못한 기록 합격자 수 1위
- 가장 많은 합격자를 배출한 최고의 합격 시스템

직영학원
- 직영학원 수 1위, 수강생 규모 1위!
- 표준화된 커리큘럼과 호텔급 시설 자랑하는 전국 27개 학원

종합출판
- 온라인서점 베스트셀러 1위!
- 출제위원급 전문 교수진이 직접 집필한 합격 교재

어학 교육
- 토익 베스트셀러 1위
- 토익 동영상 강의 무료 제공
- 업계 최초 '토익 공식' 추천 AI 앱 서비스

콘텐츠 제휴 · B2B 교육
- 고객 맞춤형 위탁 교육 서비스 제공
- 기업, 기관, 대학 등 각 단체에 최적화된 고객 맞춤형 교육 및 제휴 서비스

부동산 아카데미
- 부동산 실무 교육 1위!
- 상위 1% 고소득 창업/취업 비법
- 부동산 실전 재테크 성공 비법

공기업 · 대기업 취업 교육
- 취업 교육 1위!
- 공기업 NCS, 대기업 직무적성, 자소서, 면접

학점은행제
- 99%의 과목이수율
- 15년 연속 교육부 평가 인정 기관 선정

대학 편입
- 편입 교육 1위!
- 업계 유일 500% 환급 상품 서비스

국비무료 교육
- '5년우수훈련기관' 선정
- K-디지털, 4차 산업 등 특화 훈련과정

에듀윌 교육서비스 **공무원 교육** 9급공무원/7급공무원/경찰공무원/소방공무원/계리직공무원/기술직공무원/군무원 **자격증 교육** 공인중개사/주택관리사/감정평가사/노무사/전기기사/경비지도사/검정고시/소방설비기사/소방시설관리사/사회복지사급/건축기사/토목기사/직업상담사/전기기능사/산업안전기사/위험물산업기사/위험물기능사/도로교통사고감정사/유통관리사/물류관리사/행정사/한국사능력검정/한경TESAT/매경TEST/KBS한국어능력시험·실용글쓰기/IT자격증/국제무역사/무역영어 **어학 교육** 토익 교재/토익 동영상 강의/인공지능 토익 앱 **세무/회계** 회계사/세무사/전산세무회계/ERP정보관리사/재경관리사 **대학 편입** 편입 교재/편입 영어·수학/경찰대/의치대/편입 컨설팅·면접 **공기업·대기업 취업 교육** 공기업 NCS·전공·상식/대기업 직무적성·자소서·면접 **직영학원** 공무원학원/경찰학원/소방학원/공인중개사 학원/주택관리사 학원/전기기사학원/세무사·회계사 학원/편입학원/취업아카데미 **종합출판** 공무원·자격증 수험교재 및 단행본 **학점은행제** 교육부 평가인정기관 원격평생교육원(사회복지사2급/경영학/CPA)/교육부 평가인정기관 원격 사회교육원(사회복지사2급/심리학) **콘텐츠 제휴·B2B 교육** 콘텐츠 제휴/기업 맞춤 자격증 교육/대학 취업역량 강화 교육 **부동산 아카데미** 부동산 창업CEO과정/실전 경매 과정/디벨로퍼과정 **국비무료 교육 (국비교육원)** 전기기능사/전기(산업)기사/소방설비(산업)기사/IT(빅데이터/자바프로그램/파이썬)/게임그래픽/3D프린터/실내건축디자인/웹퍼블리셔/그래픽디자인/영상편집(유튜브)디자인/온라인 쇼핑몰광고 및 제작(쿠팡, 스마트스토어)/전산세무회계/컴퓨터활용능력/ITQ/GTQ/직업상담사

교육
문의 **1600-6700** www.eduwill.net

업계 최초 대통령상 3관왕,
정부기관상 19관왕 달성!

 2010 대통령상 2019 대통령상 2019 대통령상

 대한민국 브랜드대상
국무총리상

 국무총리상

 문화체육관광부
장관상

 농림축산식품부
장관상

 과학기술정보통신부
장관상

 여성가족부장관상

 서울특별시장상

 과학기술부장관상

 정보통신부장관상

 산업자원부장관상

 고용노동부장관상

 미래창조과학부장관상

 법무부장관상

2004
서울특별시장상 우수벤처기업 대상

2006
부총리 겸 과학기술부장관 표창 국가 과학 기술 발전 유공

2007
정보통신부장관상 디지털콘텐츠 대상
산업자원부장관 표창 대한민국 e비즈니스대상

2010
대통령 표창 대한민국 IT 이노베이션 대상

2013
고용노동부장관 표창 일자리 창출 공로

2014
미래창조과학부장관 표창 ICT Innovation 대상

2015
법무부장관 표창 사회공헌 유공

2017
여성가족부장관상 사회공헌 유공
2016 합격자 수 최고 기록 KRI 한국기록원 공식 인증

2018
2017 합격자 수 최고 기록 KRI 한국기록원 공식 인증

2019
대통령 표창 범죄예방대상
대통령 표창 일자리 창출 유공
과학기술정보통신부장관상 대한민국 ICT 대상

2020
국무총리상 대한민국 브랜드대상
2019 합격자 수 최고 기록 KRI 한국기록원 공식 인증

2021
고용노동부장관상 일·생활 균형 우수 기업 공모전 대상
문화체육관광부장관 표창 근로자휴가지원사업 우수 참여 기업
농림축산식품부장관상 대한민국 사회공헌 대상
문화체육관광부장관 표창 여가친화기업 인증 우수 기업

2022
국무총리 표창 일자리 창출 유공
농림축산식품부장관상 대한민국 ESG 대상

에듀윌 공인중개사 기본서

2차 부동산공시법

에듀윌이
합격자 수 1위인 이유

베스트셀러
1위

합격률
4.5배

브랜드만족도
1위

KRI 한국기록원 2016, 2017, 2019년 공인중개사 최다 합격자 배출 공식 인증 (2024년 현재까지 업계 최고 기록)
YES24 수험서 자격증 공인중개사 판례/용어해설 베스트셀러 1위 (2023년 1월 월별 베스트)
2020년 공인중개사 접수인원 대비 합격률 한국산업인력공단 12.8%, 에듀윌 57.8% (에듀윌 직영학원 2차 합격생 기준)
2023 대한민국 브랜드만족도 공인중개사 교육 1위 (한경비즈니스)

고객의 꿈, 직원의 꿈, 지역사회의 꿈을 실현한다

펴낸곳 (주)에듀윌   **펴낸이** 양형남   **출판총괄** 오용철   **에듀윌 대표번호** 1600-6700
주소 서울시 구로구 디지털로 34길 55 코오롱싸이언스밸리 2차 3층   **등록번호** 제25100-2002-000052호
협의 없는 무단 복제는 법으로 금지되어 있습니다.

에듀윌 도서몰
book.eduwill.net
- 부가학습자료 및 정오표: 에듀윌 도서몰 > 도서자료실
- 교재 문의: 에듀윌 도서몰 > 문의하기 > 교재(내용, 출간) / 주문 및 배송

값 41,000원

14320

9 791136 099730

ISBN 979-11-360-9973-0
ISBN 979-11-360-9978-5(SET)